Der Mann, der es leicht nahm
Gott und die Staatlichen Eisenbahnen

Peter Ustinov

Der Mann, der es leicht nahm

Gott und die Staatlichen Eisenbahnen

Deutsch von Hans M. Herzog und Thomas Lindquist

Econ & List Taschenbuch Verlag

Veröffentlicht im Econ & List Taschenbuch Verlag 1998
Der Econ & List Taschenbuch Verlag
ist ein Unternehmen der Econ & List Verlagsgesellschaft, München

Umschlagkonzept: Büro Meyer & Schmidt, München – Jorge Schmidt
Umschlagrealisation: Init GmbH, Bielefeld
Druck und Bindearbeiten: Ebner Ulm

Der Mann, der es leicht nahm

Aus dem Englischen
von Hans M. Herzog

Inhalt

Der Mann, der es leichtnahm

Erhardt von Csumlay trug Schwarz, nicht weil seine Frau kürzlich gestorben war, sondern weil Schwarz eine eher ernste Farbe ist. Er sah eine elegant gekleidete Menschenmenge in das Auditorium der Universität von Kalifornien strömen und verfluchte Strawinsky. Alles hatte sich dieser Bursche erlauben können. An dem war nichts bewundernswert, außer seiner Unnachgiebigkeit. Hundert Punkte für Beharrlichkeit, für den Glauben an sich selbst. Aber Talent? Was verstanden diese benerzten und bezobelten Damen schon von Musik? Strawinsky war einfach ein toller Name für einen Komponisten, exotisch, aber nicht übermäßig schwierig auszusprechen. Machte sich prima auf einem Programm. Wie Picasso, auch so ein Fall. Eingängig. Leicht zu merken. Von Csumlay war zwar auch exotisch, aber zu authentisch, um populär zu sein, zu unverfälscht.

Das Konzert mußte gleich beginnen. Aber Dr. von Csumlay ließ sich nicht dazu herab einzutreten. Selbst wenn Strawinsky persönlich erschienen wäre, mit ausgestreckten Armen, und hätte gesagt: »Erhardt von Csumlay, endlich lernen wir uns kennen! Ihre Passacaglia für Streicher, zwei Posaunen und Schlagzeug hat mich immer ungemein inspiriert«, hätte Erhardt sich mißmutig abgewandt und erwidert: »Ich wünschte, ich könnte das gleiche von einem einzigen Takt Ihrer Musik sagen, Herr Strawinsky.« Aber Strawinsky erschien nicht. Er weilte gerade in Venedig, um auf den dortigen Festspielen sein neues Werk zu dirigieren.

Als aus dem Saalinneren leise die ersten Töne von *Sacre du Printemps* erklangen, wandte Dr. von Csumlay den Kopf ab und zog eine Grimasse. Dann ging er hinaus in die laue Nacht, die Vergangenheit nach Trost absuchend. Ihm fiel seine Jugend in Ungarn ein, sein Großvater, der ihm seine erste kleine Geige geschenkt und ihn die Melodien seiner Heimat gelehrt hatte. Sein Vater war Musikprofessor in Nyíregyháza gewesen, unterbezahlt, und zwar zu Recht. Während sein Großvater durch und durch Bauer gewesen war, eine einfache, fröhliche Seele, die angenehm nach Plackerei roch, hatte sein Vater versucht, etwas Besseres zu sein, indem er alles in den Himmel hob, was deutsch und akademisch war.

Erhardt hatte ihn als kleinen, vorzeitig kahl gewordenen Mann in Erinnerung, makellos wie ein Bankier gekleidet, dessen glanzlose Augen überheblich durch einen fiesen Kneifer starrten. Offenbar hatte er unbedingt den Beweis erbringen wollen, daß Musik eine Männern durchaus angemessene seriöse Beschäftigung war, mit Regeln, so starr wie die Regeln der Naturwissenschaft. Wenn Erhardt das Geigenspiel übte, wozu er begabt war, stand sein Vater daneben und zählte wie ein zum Mensch gewordenes Metronom mit, in der Hand den Stock, bereit, Erhardt bei jedem falschen Ton auf die Finger zu schlagen. Der Mann war völlig gefühllos, besaß nichts als die Anmaßung zu wissen, was falsch und was richtig war. Alles Zeitgenössische war automatisch falsch.

Der Junge, der die Musik liebte, lehnte sich sowohl gegen den farblosen Professionalismus seines Vaters als auch gegen die törichte Spontaneität seines Großvaters auf. Am Ende des Ersten Weltkrieges wehte ein neuer Geist durch die Kunst, ein chaotischer, ikonoklastischer, mechanischer Geist. Die aufgestaute Verbitterung der Besiegten entfernte Gott von seinem himmlischen Thron, und an seine Stelle trat die vom Menschen geschaffene Maschine. Melodie wurde durch Rhythmus ersetzt, Schönheit durch Unberechenbarkeit.

Voller Inbrunst machte sich der junge Erhardt das neue Credo zu eigen. Es bedeutete die Befreiung von jeder akademischen Verantwortung, von all der Disziplin, auf die sein Vater so stolz gewesen war. Er ließ sich die Haare sehr lang wachsen, trug stets den Gesichtsausdruck des Aufbegehrens zur Schau und zog in einer Budapester Mansarde mit einer sehr schmutzigen Rumänin zusammen, die doppelt so alt war wie er und glaubte, er könne natürlich nichts falsch machen.

Er zechte die Nächte durch und trug seinen Kumpanen Endzeitphilosophien vor, während seine Geliebte wissend an einer langen Zigarettenspitze zog. Tagsüber komponierte er gewalttätige, formlose, unbarmherzige Musik und frönte gelegentlich dem Beischlaf, ebenso gewalttätig und formlos wie seine Kompositionen. Seine Sonate für drei Pauken war ein Überraschungserfolg und hatte die Ehre, bei dem alljährlichen Treffen der Internationalen Gesellschaft für zeitgenössische Musik ausgebuht zu werden. Die Nachricht von diesem fiasco d'estime verbreitete sich überallhin, und man lud ihn ein, in Amerika Vorträge zu halten, was er auch tat, nicht ohne vorher die Rumänin um der amerikanischen Moral willen zu ehelichen. Sein symphonisches Poem, *Testbank* betitelt und der Stadt Cleveland gewidmet, wurde in eben dieser Stadt ausgepfiffen, und die Uraufführung seiner *Formel 21* betitelten

Oper für eine einzelne Stimme, begleitet von einem Doppelorchester sowie einem Chor maskierter Tänzer, führte in der Metropolitan noch vor Ende des ersten Aktes zu einem Krawall. Sein Auftritt in Paris brach einen ähnlichen Tumult vom Zaun. Hier ließ er sich um der Pariser Moral willen von der Rumänin scheiden, auch wenn sie weiterhin zusammenlebten, und die Welturaufführung seines Konzertes für eine musikalische Säge und neun Holzblasinstrumente bewirkte ein Duell zwischen zwei Kabinettsministern, in dessen Verlauf einer ernstlich verletzt wurde.

Nach und nach kam die Welt zur Ruhe, und einige der führenden Gestalten in der Musikwelt nahmen insgeheim wieder das Wort Melodie in den Mund. Die Intellektuellen verloren allmählich das Interesse am Buhrufen, und Beifall gewann als Ausdruck der Wertschätzung wieder an Boden. Erhardt fiel es zunehmend schwerer, seine Arbeiten an den Mann zu bringen, und die mit barometrischem Instinkt ausgestattete Rumänin verließ ihn, um zu einem jüngeren Maler zu ziehen, der sich gerade mit der Subtilität seiner Kompositionen und seiner zarten Farbgebung einen Namen machte.

Zwar war Erhardt immer noch ein junger Mann, doch brachten ihn die Musikkritiker – bei den seltenen Gelegenheiten, da sie ihn noch erwähnten – so sicher mit den frühen zwanziger Jahren in Verbindung, daß er genausogut hätte tot sein können. Lustlos dachte er an das unangenehme Gespräch mit seinem Verleger in Wien. Der Verleger hatte ihn zum Essen eingeladen, aufgrund geschäftlicher Verpflichtungen aber aus dem Essen einen kurzen Drink gemacht. Ein schlechtes Zeichen.

»Glauben Sie mir, nicht daß Sie kein Talent hätten, Ihnen fehlt nur die Fähigkeit zur Selbstkritik«, hatte der alte Mann mit einem Blick auf die Uhr gesagt. »Ich bin Verleger, kein Künstler. Meine Aufgabe besteht darin, das Ohr am Puls der Zeit zu haben. Als der Krieg zu Ende und Österreich-Ungarn zerfallen war, waren wir alle äußerst verwirrt, drehten durch und folgten den lautesten Anführern, nicht den besten. Kakophonie war der legitime Ausdruck unseres Zerstörungsdranges, eines Dranges, uns in die Mittelmäßigkeit zu stürzen, der angenehm grünen, Schubertschen Welt die Worte des Bösewichts aus dem Melodram entgegenzuschleudern: ›Wenn ich sie nicht kriege, soll keiner sie haben.‹ Aber das alles hat sich nun geändert, Herr Csumlay.« Der Verleger ließ immer das »von« weg, als wisse er, daß Erhardt es überflüssigerweise selbst hinzugefügt hatte.

»Was verlangen Sie von mir?« hatte er den Verleger törichterweise gefragt, und bei dem Gedanken daran könnte er sich heute noch in den Hintern treten.

Der Verleger hatte säuerlich gelacht und geantwortet: »Was fragen Sie mich? Sie sind der Künstler, nicht ich. Wenn Sie sich bemüßigt sehen, weiter so zu schreiben wie bisher, dann gehen Sie zu einem anderen, gegenüber abgenutzten Schocktaktiken vielleicht aufgeschlosseneren Haus. Falls Sie sich aber entscheiden – oder dazu in der Lage sind –, vernünftiger zu schreiben, dann lassen Sie uns Ihre Sachen unbedingt zukommen. Aber eins möchte ich Ihnen noch sagen, mein junger Freund: Die einzige Musik, die sich zu veröffentlichen lohnt, ist – von Salonstücken einmal abgesehen – Musik, die aus einem Drang heraus entsteht, aus einem inneren Zwang, und bei der das Ergebnis unvermeidlich ist, wenn es auch unangenehm sein mag. Ihre Musik ist nie unvermeidlich. Wir bemerken einen Zwang zu schockieren, und das stößt uns ab. Hören Sie auf meinen Rat: Wenn keine Kraft in Ihnen wirkt, die Ihnen sagt, wie Sie schreiben sollen, versuchen Sie es mit Salon-

musik, mit einfachen Stücken, die alte Jungfern spielen können und die es vielleicht sogar bis in die Restaurants schaffen. Das ist schließlich auch Musik, und damit verdient man unweigerlich mehr als mit den ernsten Sonaten. Denken Sie darüber nach. Verzeihen Sie, wenn ich Sie jetzt verlasse, aber ich habe einen Termin.« Und der Verleger hatte den wütenden, gedemütigten Erhardt sitzenlassen, der nun sein Bier allein austrank.
Als Erhardt nun durch die unbeleuchteten Straßen ging, den Sommerzikaden lauschte und den flackernden roten Lichtschein über Los Angeles betrachtete, wo die Neonreklamen mit ihren nervösen Fingern auf den ruhigen Himmel pochten, dachte er über diesen inneren Zwang nach. Es war viel Zeit vergangen, und endlich konnte er dem Verleger direkt in die Augen sehen und sich leidenschaftslos an die auf ihn abgefeuerte Kritik erinnern. Denn was ist Musik eigentlich? Sie ist ein Teil der Natur, eine Übertragung der Natur mit anderen Mitteln.
Die großen Romantiker hätten das beeindruckende Panorama in eine großartig-schwülstige Tondichtung verwandelt, durch recht konventionelle Mittel das warme Geheimnis einer Augustnacht mit ihrer sinnlichen Sternenorgie beschworen. Betonung auf den Cellos, ein paar gedämpfte Bläser für das Zeitlose. Gelegentlich löste sich vielleicht eine vereinzelte Violine aus der symphonischen Soße und schlenderte egoistisch über die hohe Tonlage, beschwor die Ergriffenheit des Poeten herauf, der mit seiner Welt allein war.
Doch was hätten die Romantiker mit den neonbeschilderten, den stotternden, vielfarbigen Bekundungen von fiebriger Rastlosigkeit am Horizont angefangen? Hätten sie das nötige Rüstzeug zur Vertonung dessen gehabt, was der Mensch mit der Natur angestellt hatte? Nein, sie waren

nur mit der Natur selbst vertraut, mit Stürmen, nicht mit dem Straßenverkehr. Heute ein Romantiker zu sein wäre realitätsfern.
Dennoch, war es nicht vielleicht ein Irrtum seinerseits gewesen, nur die schäbigen Aspekte der Zivilisation wiederzugeben? Er hatte bloß von verräucherten Höhlen, von Metallstrukturen, von Zement und elektrischem Licht geschrieben. Draußen, im Freien, gab es immer noch Bäume, Gras, Wasser, die gleichen Phänomene, die Beethoven auf seiner Pfadfinderwanderung in der abgedroschenen Sechsten sowie Mendelssohn auf seiner Cookschen Reise in der Schottischen und der Italienischen Symphonie vorangetrieben hatten. Ach, hätte er doch nur im neunzehnten Jahrhundert gelebt, er hätte wahren Erfolg haben können! Er sah gut aus, besser als Liszt. Seine weißen Haare und leidenden Brauen, die blauen Augen, gequält genug, um interessant zu sein, hätten in jenen üppigen Zeiten oberflächlicher Emotionen und diabolischer Virtuosi die Damen in Ohnmacht versetzt. Er hätte eine großartige Ungarische Symphonie schreiben können, in der jeder Satz sorgfältig nach einer erkennbar magyarischen Stimmung benannt war. Ein langsamer Eröffnungssatz, »Mondschein über der Pußta«, geht ohne Pause in die stürmische »Ungarische Dorfhochzeit« über, anschließend erweitert sich das Werk zu dem herrlichen »Wiegenlied für einen siebenbürgischen Säugling«, um in der kontrollierten Hingabe eines »Symphonischen Csárdás« von unglaublichem technischen Raffinement zu enden. Und die Geigen! Humoreske auf Humoreske, nicht enden wollende Elfentänze.
Aber das hatte nicht sollen sein. Hier war er nun, in Los Angeles, in der Mitte des zwanzigsten Jahrhunderts, bis zum Hals in Schwierigkeiten und ohne vorzeigbaren inneren Zwang. In diesem Moment fuhr ein Streifenwagen

dicht an ihn heran. Er war ihm seit zehn Minuten im Schneckentempo gefolgt.
»Wo wolln Sie hin, Mann?« fragte der Polizist am Lenkrad. In Los Angeles gehen nur Stadtstreicher zu Fuß.
»Ich gehe in ein Restaurant«, antwortete Erhardt, der sich hütete, verärgert zu sein.
»Verraten Sie mir, in welches?«
»Antal Laszlo's Rhapsody Room.«
»Wagenpanne?«
»Ich habe kein Auto.«
»Sie haben kein Auto?«
Die Miene des Polizisten gefror, und er trat auf die Bremse. Das war zweifellos verdächtig. »Wie heißen Sie?« wollte er barsch wissen.
»Professor Erhardt von Csumlay.«
»Als Atomwissenschaftler tätig?«
»Musik.«
»Musik? Kenn Sie Perry Como?«
»Nein.«
»Sie sind Musikprofessor und kennen Perry Como nicht?«
Der Polizist wurde immer mißtrauischer. »Wo arbeiten Sie?« fragte er.
»Warner Brothers.«
»Warner Brothers? Komponieren Sie Filmmusik?«
»Ich bin ein Komponist ernsthafter Musik, der gelegentlich Musik für das Kino zu Papier bringt.«
»Wie war doch gleich der Name?«
»Erhardt von Csumlay.«
»Wenn ich auf der Leinwand einen Namen sehe, den ich nicht aussprechen kann, weiß ich, daß Sie die Musik verbrochen haben.«
Erhardt rang sich ein Lächeln ab.
»In welches Restaurant wollten Sie?«

»Antal Laszlo's Rhapsody Room.«
»Sie wissen, wie Sie hinkommen?«
»Ja.«
»Okay. Immer leicht nehmen und locker bleiben.«
Der Polizist fuhr langsam in die Nacht.
Erhardt verabscheute Begegnungen mit Beamten, ließ sich dadurch aber nie überraschen oder verbittern. Europäer hatten sich an Schikanen und endloses Warten an den Grenzen gewöhnt und dabei gelernt, sich herauszureden, ohne zu erröten.
Erhardts Behauptung, er arbeite für die Filmgesellschaft Warner Brothers, war nicht ganz zutreffend. In Wirklichkeit hatte er um 1930, als er in Paris lebte und lehrte, eines Nachts ein Café in Montmartre aufgesucht, um sich seine Sorgen von der Seele zu trinken, als er plötzlich hörte, wie am Nebentisch Ungarisch gesprochen wurde. Durch sorgfältiges Lauschen bekam er folgendes mit: Der Vierergruppe aus zwei Männern und zwei Frauen gehörten ein Filmproduzent namens Geza de Amrassy sowie der Filmregisseur Lajos Dubay an, und zwischen den Damen und den Herren bestand keine ständige Verbindung. Sie befanden sich im gefühlsseligen Stadium der Trunkenheit, und als irgendwann das zusammenhängende Gespräch sein Ende fand, sangen sie mit umwölkter Inbrunst die beliebtesten Schlager ihrer Jugend.
Erhardt begab sich zu dem Wandklavier, das der Hauspianist kurzzeitig verlassen hatte, hämmerte die alten Melodien herunter und trug die ersterbenden Stimmen der vier Ungarn auf den hängenden Flügeln der vergilbten Noten in ihr auserwähltes Elysium. Später wurden Namen und Adressen ausgetauscht, und ehe er sich versah, schrieb Erhardt die Musik zu einem in deutscher Sprache gedrehten Film über das Leben von Lajos Kossuth, dem Befreier

Ungarns. Es war ein Musical, und Kossuth sang Ungarn auf leicht frivole Weise in die Freiheit. Erhardts Erfolg stellte sich prompt ein. Er hatte sogar eine Affäre mit einer der Damen vom Tisch. Weitere Filme folgten: ein Musical über Elisabeth und Essex sowie ein vergnügliches Werk über Rasputin mit dem Titel *Der Mönch des Teufels*.
Zwangsläufig holte man den begabten Geza de Amrassy nach Hollywood, wo er sich den Namen Gaylord de Race zulegte. Angesichts der Aufgabe, einen auf Judith und Holofernes basierenden biblischen Schmachtfetzen zu produzieren, ein Thema, zu dem er keinerlei Beziehung hatte, holte er Erhardt nach, einfach um jemanden zu haben, mit dem er reden konnte. Erhardts gesamte Fähigkeiten, gefühlsselige Ohrwürmer zu schreiben, waren gefragt, die Firmenleitung schwärmte von seiner Musik zu *Diese Frau Judith* und teilte ihm vertraulich mit, ohne die Melodien wäre der Film mit Pauken und Trompeten durchgefallen.
Andere Filme folgten Schlag auf Schlag, mit so unterschiedlichen Themen wie die Gefängnisausbrüche von Alcatraz oder die sexuellen Spielchen am Hofe Iwan des Schrecklichen, über erotische Begegnungen in der Sahara bis hin zu den Eskapaden eines dreißig Meter großen Orang-Utans, der die bekannte Welt bedrohte. Erhardt baute sich ein Haus in merkwürdig mexikanisch-gotischem Stil, entwarf einen Swimmingpool, heiratete ein Filmsternchen und arbeitete in einem Raum, der einem Zimmer nachempfunden war, das er in Pompeji gesehen hatte, sein Schreibtisch umgeben von einem flachen Wassergraben, ausgelegt mit einem glitzernd-blauen Mosaik, das sich als attraktiver Hintergrund für Goldfische erwies. Auf einer Seite der Haustür, die aus einer zerstörten Burg auf den Hebriden stammte, stand eine Büste Franz Liszts, auf der anderen Seite eine von Erhardt persönlich.

An diesem Schreibtisch pflegte er zu sitzen, während sich die von dem Minigraben reflektierten Lichtwellen auf seiner Stirn spiegelten, und jede Art von Musik zu verfassen, die bestellt wurde. Er kleidete sich in etwas, das er gern sein »Schöpfungsgewand« nannte, aus schwarzem Samt geschneidert, auf dem in weißem Kord einige Husarenmotive eingearbeitet waren. Gelegentlich schlenderte er zu dem cremefarbenen Flügel hinüber und schlug versonnen ein paar Arpeggios an. Gewöhnlich hoben dann die Borsois auf den Schafsfellen faul ein Ohr, ehe sie wieder ihrer malerischen Beschäftigung nachgingen: mit der distinguierten Hingabe einer Herzogin auf einem Wohltätigkeitskonzert nichts anzustarren. Er dachte nicht mehr in musikalischen Kategorien, sondern in solchen des Gehalts, der Karten, Cocktails und Grandeur. Seine Freundschaft mit Gaylord de Race gedieh zur Komplizenschaft. Sie spielten miteinander Poker, betranken sich zusammen, betrogen gemeinsam ihre Frauen, und die Marmon-Limousine des einen wurde selten ohne das neben ihr parkende Pierce-Arrow-Cabrio des anderen gesichtet.
Mabel von Csumlay war ein Revuegirl gewesen. Sie war platinblond, stupsnasig und dümmlich. Die Borsois akzeptierten sie als eine der ihren. Erhardt schlief gelegentlich mit ihr, nannte sie »meine Violine, auf der ich meine erlesensten Liebesmelodien spiele«, und dann sah er durch halbgeschlossene Lider ihr vor Ekstase verzücktes Gesicht auf seinem rosafarbenen Kissen liegen, ihr geöffneter Mund bereit, seine Küsse zu empfangen, ihre Augen geschlossen, um ihren armseligen Horizont nicht aus dem Blick zu verlieren. Von diesen Aktivitäten einmal abgesehen, in denen er Experte war, erwies sich ein geistiger Austausch als ein Ding der Unmöglichkeit. Sie war ein Möbelstück, ein unbelebtes Objekt, das man mit Schmuck

behing, wie man Spielsachen an einen Weihnachtsbaum hängt.

Das Leben nahm seinen durchaus angenehmen Verlauf bis zum Jahre 1941, als eines Novembermorgens Gaylord de Race ohne Vorwarnung während einer Besetzungsbesprechung an seinem Schreibtisch tot umfiel. Erhardt hatte de Race so gut gekannt, daß er plötzlich feststellen mußte, niemand anderen zu kennen. Der Produktionschef ließ ihn kommen, und nach ein paar konventionell grämlichen Bemerkungen über den tollen Burschen, der soeben in ein größeres Studio abberufen worden war, wurde Erhardt einem Anti-Nazi-Film zugeteilt, bei dem ein Exildeutscher Regie führte, der während der Dreharbeiten ein Eisernes Kreuz aus dem Ersten Weltkrieg an seinem Hemd trug.
Werner Plack war in seinen Methoden viel eigener, als de Race es gewesen war. Er arbeitete eher mit den Nerven als mit dem Kopf. Erhardt schrieb seine Begleitmusik mit der gleichen Hingabe wie immer. Um die Bedrohung durch den sich nähernden Gauleiter anzudeuten, orchestrierte er eine säuerliche Version des *Horst-Wessel-Liedes*, wohingegen den heimlichen Versammlungen der französischen Untergrundbewegung lediglich *Frère Jacques* unterlegt wurde, intoniert von Blechflöte und kleiner Wirbeltrommel.
Als Plack die Musik hörte, wurde er fuchsteufelswild. »Das hat es alles schon gegeben!« tobte er. »Ohne Inspiration, ohne Phantasie, ohne Pep!« Und an den Produktionschef gewandt, fuhr er fort: »Wie kann ein Ungar die innere Kraft der Widerstandshelden und den dämonischen Sadismus der Nazis erfassen? Er tat nichts weiter, als sich der banalsten Elemente zu bedienen und sie auf altmodischste Art und Weise zu dramatisieren.«
Mit dem Wort »altmodisch« jagt man sogar dem altmo-

dischsten Filmboß Angst ein, und so nahm man Erhardt diesen Film weg und gab ihm einen Western. Er hatte noch nie an einem gearbeitet, da de Race sich beinahe ausschließlich mit Eastern beschäftigt hatte. Sein Versuch erwies sich als wenig erfolgreich. Der Regisseur knurrte: »Verdammt nochmal, was hat der Walzer da drin zu suchen?« Und das reichte. Erhardt wurde auch dieser Auftrag entzogen, und bald lief sein Vertrag aus und wurde nicht verlängert.

Immerhin war er bedeutend genug, um nicht sofort in der Versenkung zu verschwinden. Seine edlen Akkorde in diversen biblischen Epen hallten noch immer in den Köpfen derjenigen wider, die alt genug waren, sich der größeren Tage zu erinnern. Eine Zeitlang hielt er sich als »Höhepunktberater« recht wacker über Wasser. Man sah in ihm nicht mehr einen Komponisten kompletter Filmmusiken, sondern einzelne Produzenten mit Höhepunktproblemen ließen ihn kommen und sagten beispielsweise:

»Professor, wir haben hier eine Szene, die den bildnerischen wie emotionalen Kulminationspunkt des Filmes darstellt. Die Schlacht von Rappahannock erreicht ihre Endphase, sehen Sie? Der Held, Brick Johnston, ist verwundet. Red Gogarty, sein Kumpel, ist tot; um ihn herum nichts als Tod und Verwüstung. Hier blenden wir seine Phantasmagorie von Marilyn Fry, einem Südstaatenmädel und sein Schatz, in ihrer Krinoline ein. Wir sehen, wie er eine Vision unvergänglichen Liebreizes, unsterblicher Grazie, von Hoffnung und Schönheit sieht. Habe ich mich klar ausgedrückt? Sein ganzes Leben lang war er ein rauhbeiniger, ungehobelter Bursche, der an nichts geglaubt hat als an seinen eigenen Schneid und Mumm, aber jetzt, angesichts dieser Eingebung – der Film ist übrigens in Farbe –, findet er zu einem persönlichen Glauben, der ihn automatisch

zum Gebet führt. Er betet: ›Hilf mir, mich all dieser Lieblichkeit gegenüber würdig zu erweisen, und bitte, Gott, laß Marilyn dasein, auf mich wartend, wenn all dieses Töten vorüber ist. Ich will sie mit aller Macht, und ich will, daß sie mich will. Bitte!‹ So betet er, weil er, wie gesagt, ein ungehobelter Kerl ist und weil er es nicht besser weiß. Das hier ist die Melodie, die wir für die Schlachtszenen haben, und hier ist das Liebeslied. Was wir wollen, sind drei Minuten echt mitreißende Klimaxmusik, die beide Themen in einem triumphierend-tragischen und doch inspirierenden Schwall gipfeln lassen, der uns sagt: ›Ja, das Leben ist gelegentlich trostlos und hart, aber es gibt immer ein Morgen, und kein Unglück ist so groß, es birgt doch Glück im Schoß!‹ Glauben Sie, Sie schaffen das?«
Erhardt nahm dann die Blätter mit nach Hause und komponierte irgendeinen neurotisch-symphonischen Quatsch in der angegebenen Tonart. Die Produzenten waren immer zufrieden, da er, obschon als Verfasser kompletter Filmmusiken in Mißkredit geraten – »zu altmodisch«, »typisch wienerischer Schmalz« –, nun als Spezialist für die wirkungsvolle Gestaltung der Gipfelpunkte galt, der einzige Spezialist, als wäre er ein Chirurg, der sich nur auf eine seltene Krankheit spezialisiert hatte.
Natürlich konnte er sich sein Leben in dem gewohnten üppigen Rahmen nicht mehr leisten. Das Haus wurde verkauft, und Mabel erlitt den ersten einer Reihe von Nervenzusammenbrüchen. Ihre einzige Begabung war die, sich aushalten zu lassen, und sie hatte nie verstanden, wie man seine Existenz finanziell plante. Erhardt zog in ein großes Mietshaus und behielt von all dem Luxus nur seinen cremefarbenen Flügel. Seine Arbeit verrichtete er ohne Bedauern. Mitteleuropäer sind unverwüstlich. Es war ihnen zur zweiten Natur geworden.

Eines Tages bot ihm eine kleine unabhängige Firma die Vertonung eines kompletten Films an. Es war nichts Umwerfendes, ein Weltraummärchen über eine Invasion von Stechmücken aus dem All, doch für Erhardt war es wie eine Rückkehr zur alten Würde. Er war jetzt älter, etwas von der alten Leichtigkeit war verschwunden, aber er strapazierte jeden Nerv, um diese Musik zu etwas Gewaltigem, etwas Wuchtigem zu machen, ein Zeichen seiner Rückkehr in die geschlossenen Reihen der Anerkannten. Das Thema der sich sammelnden Stechmückenarmee war durchaus unheimlich, und er polierte es wie ein kostbares Juwel, bis jede einzelne Note zu der umfassenden Architektur des Schreckens beitrug. Das Lied der jungen Liebenden, der letzten Überlebenden in einer von den Insekten verwüsteten Welt, war ein bebendes und anrührendes Andante cantabile, für zahlreiche Streicher in Partitur gesetzt. Die Produzenten waren zufrieden.
Als der Film herauskam, verklagten leider zwei andere Komponisten die Firma, von denen einer behauptete, das Thema der sich sammelnden Stechmücken sei in toto von seiner Musik für eine Fernsehserie über Viehtreiber in Texas geklaut, während der andere darauf bestand, das Lied der jungen Liebenden sei nichts weiter als die unverfrorene Paraphrase des beliebten *Love Me, Gaucho* betitelten Stückes, das er etliche Jahre zuvor für einen gefeierten Schnulzensänger geschrieben hatte. Tapfer versuchte die Verteidigung zu beweisen, Brahms habe einmal ein ganz ähnliches Thema wie das der sich sammelnden Stechmükken in einem Streicherquartett verwendet, und *Love Me, Gaucho* erinnere sehr an ein langsamer gespieltes Geigenstück von Sarasate. Doch beide Kläger gewannen ihre Prozesse, und Erhardt war endgültig und unwiderruflich erledigt, untendurch.

An all das dachte er jetzt ein wenig verbittert zurück. Er hatte die Melodien nicht bewußt plagiiert, sondern war über sechzig und hatte in seinem Leben sehr viel Musik gehört. Wenn man genügend fernsieht, setzen sich einige Bruchstücke, sogar der Werbemelodien, zwangsläufig im Unterbewußtsein fest. Vielleicht sollte ein Komponist in Isolation leben, nie auch nur eine Note Musik anderer hören.

»He, Professor!«

Schon wieder dieser verdammte Polizist.

»Wenn Sie in den Rhapsody Room wollen, hätten Sie vor zwei Blocks rechts abbiegen müssen.«

Warum kümmerte der sich nicht um seinen eigenen Kram?

»Vielen herzlichen Dank.«

»Immer leicht nehmen und locker bleiben.«

Erhardt ging denselben Weg zurück. Was hatte er aus seinem Leben gemacht? Es war ihm nie gelungen, zwischen wahrer Kunst und Kommerz zu unterscheiden. Es gab nicht einmal eine Warte, von der aus er sich selbst beurteilen konnte. Und doch, falls der alte Verleger von seiner Bereitschaft gesprochen hatte, um einer avantgardistischen Sonate willen auf einem Dachboden zu verhungern, die besaß er nicht. Das Leben will genossen werden, und es ist lächerlich, so zu tun, als sei irgendein Musikstück es wert, diesen Genuß zu opfern. Im Grunde genommen war Beethoven ein Narr. Ein paar schottische Tänze mehr und ein paar Symphonien weniger, und er hätte ein bequemeres Leben führen, sich vielleicht sogar ein Hörrohr leisten können. Weilte er etwa unter den Lebenden, um seinen Ruhm zu genießen? Bekam er die Tantiemen von seinen Schallplattenverkäufen?

Aber warum war Mabel aus einem Fenster im fünfzehnten

Stock gesprungen? Warum hatte sie so überstürzt gehandelt? Jetzt war es zu spät zum Rätseln. Er hatte sie kaum gekannt, da es eigentlich nicht viel zu kennen gab. Oder vielleicht doch? Hatte womöglich ein Charakterfehler seinerseits ihren Wunsch zunichte gemacht, dem Mann ihrer Wahl mehr von sich zu geben? War ihre unglaubliche Dummheit nichts weiter als die Tarnung großer Furcht? Ihn schauderte bei diesem Gedanken, doch dann entschied er sich, wie er es sein Leben lang getan hatte: im Zweifelsfall zu seinen Gunsten. Von Anfang an war sie latent hysterisch gewesen, ein Kind ihrer Zeit. Frauen aus der Neuen Welt waren anders. Ihnen fehlte das intellektuelle Brimborium, das seine erste Frau, die Dame aus Bukarest, benutzt hatte, um der Liebe ihr wildes Aroma zu verleihen. Doch während die Rumänin als Muse für fortschrittliche Kammermusik in Ordnung war, wäre sie in Hollywood die Hölle gewesen. Wie hätte Gaylord de Race sie verabscheut! Er lachte laut auf.
Denn was sind Frauen eigentlich? Flüchtige Tröstungen. Aber warum hatte er keine Kinder, anders als sein Vater, ja, sogar sein dämlicher Vater, und sein Großvater und so weiter, ad infinitum, bis zurück zu Adam? Warum mußten Jahrhunderte ungestörter Fortpflanzung mit ihm enden? Er lebte für die Liebe. Er war zwar kein Einsiedler oder Abweichler, aber aus irgendeinem Grund hatte er keine Familie, keine Verantwortung.
Erhardt dachte beim Gehen gründlich nach, fand aber keine Antwort. Dann kam ihm der Gedanke, vielleicht nie wirklich erwachsen geworden zu sein und aus diesem Grund immer nach dem gerade Verfügbaren gegriffen zu haben, wie ein Kleinkind, das auf grausame Art mit etwas spielt und es dann fallen läßt, um herauszufinden, ob es zerbricht. Er hatte Frauen zwar geliebt, aber immer mit

Mißfallen den unangenehmen Augenblick vorhergesehen, der eine Affäre beendet, und sich so den Spaß bereits verdorben, ehe der Genuß begann. Er hatte unweigerlich gedacht – und mehr oder weniger geistreich gesagt –, das Leben sei unvollkommen und müsse daher bis zur Neige ausgelebt werden. Champagner müsse fließen, um die Sorgen zu ertränken. Aber wie oberflächlich waren seine Sorgen! Jetzt war die arme Mabel aus dem fünfzehnten Stock gesprungen, und er hatte kaum etwas dabei empfunden, weil er dazu nicht erzogen worden war. Er hatte Mabel nicht gekannt. Sie war nie zu ihm durchgedrungen.
Von Rechts wegen, so fand er, müßte er eigentlich weinen, doch da war nicht die Spur einer Träne. Sein Gesicht war weiß und sehr edel, und er konnte nichts weiter tun als mechanisch zu seufzen.
Vielleicht hatte er keine Seele? Zuviel Talent, aber keine Seele. Zweifellos war seine frühe Musik nicht schön, aber sie hatte doch wohl etwas? Sie hatte das Publikum wütend gemacht, was ein stichhaltiges Argument zu ihren Gunsten war. Nie hätte man ihr Kälte oder Leblosigkeit vorwerfen können. Auch seine späteren Werke hatten ihren Wert, und sie waren nicht gänzlich erfolglos gewesen. Sie hatten ihm ein herrliches Haus, einen Pool, ein paar Borsois und einen Oscar eingebracht. Unglaublich, was Leute mit Geld machen. Wer, der noch ganz bei Trost ist, will schon Borsois? Sie lungern bloß herum und vertilgen gewaltige Fleischmengen. Er lächelte. Erneut entschied er sich im Zweifelsfall zu seinen Gunsten und blieb bei seinen angenehmeren Erinnerungen.
»Ich dachte schon, Sie schaffen's nie bis hierher, Professor.«
Jetzt parkte dieser gräßliche Polizist direkt vor Antal Laszlo's Rhapsody Room und griente grauenhaft freundlich.

Wahrscheinlich gab es ein saisonal bedingtes Abflauen der Kriminalitätsrate. Da jugendliche Gesetzesübertreter rar waren, mußte er auf einem alten Mann herumhacken, der sich daran erinnern wollte, was frische Luft war.
»Essen gut da drin?«
»Ausgezeichnet. Ich komme immer her.«
»Immer leicht nehmen und locker bleiben.«
Erhardt betrat das Restaurant, und der Gesichtsausdruck des Mädchens an der Garderobe war alles andere als beruhigend. Er küßte ihr galant die Hand, ging zwischen den Gästen hindurch und begab sich verstohlen zu einer Holztür im Mittelteil des Eingangsbereichs, durch die er trat. Nun befand er sich in einem kleinen tristen Raum. Mit nervösen Fingern kramte er in seiner Tasche nach einem Schlüssel, fand ihn und öffnete eine Schublade.
In diesem Moment trat Antal Laszlo in dem Kostüm eines ungarischen Großgrundbesitzers des letzten Jahrhunderts ein. Er war der Eigentümer des Etablissements und Ungarn noch nie näher gekommen als bis Pittsburgh. Aus geschäftlichen Gründen hatte er die ungarischen Ausdrücke für »Willkommen«, »Hier entlang, bitte« und »Beehren Sie uns wieder« gelernt, war aber im Augenblick zu wütend, um etwas anderes als Englisch zu sprechen.
»Das ist die letzte Chance, die ich Ihnen gebe, Csumlay, und das meine ich ernst. Kommen Sie noch mal zu spät, sind Sie gefeuert. Ich würde Sie auf der Stelle feuern, wenn ich nicht wüßte, welche schwere persönliche Tragödie Sie erlitten haben. Ich bin ein gutherziger Mensch, aber es gibt Grenzen, und, Mann, die haben Sie so ziemlich erreicht.«
Mit unterwürfiger Stimme stammelte Erhardt eine Entschuldigung, sich ungeschickt ein Zigeunerkostüm überwerfend. Mit seiner Geige in der Hand betrat er erneut das

Restaurant und stieg auf das Podium. Die anderen Musiker musterten ihn ausdruckslos. Er wischte sich den Schweiß von der Stirn und warf einen Blick zu dem Garderobenfräulein hinüber, das jetzt lächelte. Attraktiv war sie, die langen Beine in Netzstrümpfen, mit ihrem tiefausgeschnittenen Dekolleté und dem frechen Ulanen-Tschako in königlichem Purpur. Er betrachtete sie mit nostalgischer Wehmut. Vielleicht war sie die Frau für diese Phase seiner Karriere, die sich von dem hysterischen Gequietsche einer Zigeunergeige packen ließ? Er lächelte zurück, traurig, distinguiert. Wie eine Katze vor dem Kamin räkelte sie sich, das hübsche Gesicht auf die Hände gelegt.
Das Hackbrett klimperte sein gesamtes Register herunter, und das ungarische Medley nahm seinen Verlauf. Mit verzückt geschlossenen Augen und dem traditionell erforderlichen bittersüßen Gesichtsausdruck hob Erhardt zu spielen an.
Es war zwar himmelweit entfernt von den Experimenten mit der Internationalen Gesellschaft für zeitgenössische Musik oder auch von einer Galapremiere in dem Kino Grauman's Chinese Theater, aber das Garderobenfräulein hörte zu, und er spielte unter ihrer Loge. Die Gäste unterhielten sich während dieses Vortrages hartnäckig weiter, erhöhten sogar die Lautstärke, um ihr Gespräch trotz der Folklore in Gang zu halten, aber Erhardt war das eigentlich egal. Plötzlich verstummte das Orchester. Das war sein Einsatz, um *Schön Rosmarin* als Solo anzustimmen. Ja, vielleicht war seine frühe Musik Schrott, vielleicht handelte es sich bei seinen Filmmusiken um die totale Prostitution eines für Größeres bestimmten Talentes, aber da stand er nun und legte sich voll ins Zeug, um das Salonstückchen eines anderen Komponisten zu interpretieren, in einem Restaurant, wo das Gulasch ungenießbar war. Er hatte

nicht kapituliert. Vielleicht hatte er sogar sein Niveau gefunden. Keiner konnte ihm vorwerfen, er habe aufgegeben. Die Gäste konnten weiterreden, wenn sie wollten, dies war ein freies Land, aber niemand konnte ihn daran hindern, mit Musik seinen Lebensunterhalt zu verdienen. Was er tat, war vielleicht nicht genau das, worauf er gehofft hatte, aber es war etwas, ja, es war etwas.

Beim Spielen öffnete er ein Auge. Das Garderobenfräulein lauschte mit vor Konzentration zusammengezogenen Augenbrauen, die Hände wie zum Gebet verschränkt.

Etwas? Es war mehr als etwas. Es war Kunst. Wertvolle Kunst. »Trotzdem«, dachte er, »verflucht sei Strawinsky.«

Der flügellose Ikarus

Jeder im Schriftstellerclub war über Genosse Zotins anhaltenden Applaus erstaunt, als es der Romancier Efim Grigowiewitsch Grigalka für angebracht hielt, Pasternak mit einer Hyäne zu vergleichen – jeder außer dem Historiker Zasjadko. Grigalka, der mit ein paar saftigen Formulierungen über den beschuldigten Pasternak aufwartete, alle aus der Welt des Bauernhofs und aus der des Tierreichs stammend und jene Sorte agrarischer Beleidigungen repräsentierend, die selbst jeder Dorftrottel versteht, unterbrach seinen Ausfall, um Zotin zu mustern, der immer noch energisch klatschte, während alle anderen aufgehört hatten. Handelte es sich da etwa um so etwas wie Ironie?

Grigalkas Kneifer glitzerte, wenn die Lichter des Kronleuchters auf die Gläser fielen, und das plötzliche Aufleuchten und Verlöschen dieser grellen kleinen Glühbirnen schien seinen Ärger zu unterstreichen. Die Gesichter der anderen großen Schriftsteller der Sowjetunion waren allesamt Zotin zugewandt, und ihre Mienen drückten eher Verblüffung als Begeisterung aus. »Setz dich«, zischte Zasjadko.

Zotin merkte, wohl übereifrig gewesen zu sein, und versuchte daher, seiner Demonstration mit dem Ruf: »Was Sie gesagt haben, ist wahr, Genosse, tausendmal wahr!« einen Anstrich von Rechtschaffenheit zu verleihen. Dann nahm

er schweigend Platz. Er sah zu Zasjadko hinüber. Die beiden kannten sich seit 1911. Zasjadko betrachtete ihn mit dem leisen Mitleid eines Mannes, der nur langsam ein Urteil fällt. Zotin errötete leicht und reckte dann den Hals, um sich noch eine Auswahl ländlicher Vergleiche anzuhören, während der gefeierte Grigalka weiter über den abwesenden Pasternak herzog.
Zasjadko wußte, was kam. Wenn Grigalka sprach, war es immer das gleiche. Es war auch immer das gleiche, wenn Grigalka schrieb, und er schrieb oft und einträglich, über Zement, über Pipelines, über Kraftwerke und Wasserkraftwerke. Zasjadko kam es so vor, als speie er jedesmal, wenn er den Mund öffnete, einen Schwall verbalen Zements aus. Der Historiker starrte die Decke an und hing seinen Tagträumen nach.
Er erinnerte sich an Zotin als jungen Mann, als Außenseiter, verliebt in eine trügerische Kokotte, die Literatur, die er bis in alle Ewigkeit umwerben würde, ohne seine Niederlage je einzugestehen. Zasjadko hatte jung und glücklich geheiratet, und wie so viele ruhige unkomplizierte Paare sahen er und seine Frau sich praktisch gezwungen, den unglücklichen Arkadij Petrowitsch Zotin an Kindes Statt anzunehmen, und die Zuflucht, die sie ihm boten, betrachteten sie als Begleichung einer Schuld, als eine Art Ausgleich, den sie dem Schicksal für ihre Harmonie erstatteten. Bereits als junger Mensch kultivierte Zotin den wirren Habitus der Rebellion, mit dem Spitzbart des Ästheten und den schlechten Zähnen desjenigen, dessen Gedanken zu erhaben sind, um sich mit Zahnpasta abzugeben. 1913 veröffentlichte er ein dünnes Bändchen futuristischer Lyrik und bewahrte einen ermutigenden Brief Majakowskijs auf, einer von wenigen, die das Werk gelesen hatten. Er verbrachte seine Zeit mit Streitgesprächen in Kellern und

Dachkammern, nur in den Zimmern dazwischen sah man ihn kaum. Zasjadko war ein wohlhabender Mann, und lächelnd unterstützte er seinen unberechenbaren Freund, der sich auf jede Opposition stürzte wie ein Terrier auf einen Knochen.
1914 erregte Zotin einen Moment lang Aufmerksamkeit, als ihn die zaristische Polizei festnahm, weil er angeblich ein skurriles Pamphlet mit Angriffen auf die Autokratie verfaßt hatte. Man ließ ihn eine Woche später frei, als die Polizei mit dem typischen Eifer der Inkompetenzen einen anderen Autor gleichen Namens als Übeltäter ermittelt hatte. Und doch bereute Zotin diese Verwechslung nicht, da sie ihm das berauschende Gefühl bescherte, zu seiner Zeit und seinem Volk zu gehören. Massenhaft trafen Schreiben liberaler und radikaler Schriftsteller ein, und einige der kühnsten veröffentlichten sogar Artikel über die ungeheuerliche Tat; einer mit dem Titel »Wann wird dies enden?« stand über der Unterschrift keines Geringeren als Maxim Gorki. Gewiß hatte der Fehler eines ungebildeten Polizeibeamten Zotin berühmter gemacht als die Gedichte ohne Reim und Verstand.
Er meldete sich als Kriegsfreiwilliger, wohl wissend, daß man ihn aus gesundheitlichen Gründen ablehnen würde, da er an Asthma litt. Leonid Andrejew beglückwünschte ihn zu dieser patriotischen Geste und erwähnte ihn in einem leidenschaftlichen Artikel über den Kriegsbeitrag des russischen Künstlers. Zasjadko, dessen Name nicht erwähnt wurde, da seine ersten Werke noch unveröffentlicht waren, hielt sich währenddessen bei seiner Einheit auf und deckte die Österreicher mit Granaten ein.

Das nächste Mal begegneten sich die beiden Freunde in den Wirren von 1917, als Zasjadko sich heimwärts quälte und

Zotin seine Schuld beglich, indem er den sanftmütigen fahnenflüchtigen Offizier dem sowjetischen Kommissar für Erziehung und Bildung, Lunacharskij, vorstellte.
»Anatoli Wassiljewitsch, ich möchte Ihnen Nil Lwowitsch Zasjadko vorstellen«, hatte Zotin gesagt. »Man hat Nil Lwowitsch gezwungen, in den Krieg zu gehen, und aufgrund seiner überlegenen Intelligenz und seiner Menschenkenntnis wurde er Offizier. Sogar die zaristische Armee war elementaren Tugenden gegenüber nicht völlig blind. Doch im Grunde seines Herzens ist Nil Lwowitsch Revolutionär und war immer einer. Er hat mich materiell unterstützt, als die zaristische Polizei mich festnahm, weil ich einen gegen die Autokratie gerichteten Artikel verfaßt hatte, und er war immer ein Freund der gequälten Massen.«
Zotin war ein Lügner, aber ein gutherziger. Seine Selbsttäuschung ging sogar so weit, daß er glaubte, er habe tatsächlich den gegen den Zaren gerichteten Artikel verfaßt, doch die Zeiten waren nicht dazu angetan, überflüssige Rechtschaffenheit an den Tag zu legen, und so schüttelte Zasjadko eifrig die Hand des bärtigen Lunacharskij, der ihm einen kleinen unbedeutenden Posten im Ministerium gab. Hier konnte er in aller Ruhe an seinem ersten Buch von Belang schreiben, der Geschichte der Sumerer. Es wurde 1920 veröffentlicht und zog die Aufmerksamkeit von Wissenschaftlern auf sich, aber im Licht der Öffentlichkeit stand damals Zotin. Im selben Jahr schrieb Kommissar Lunacharskij ein Stück mit dem Titel *Oliver Cromwell*, das passenderweise den berüchtigten Rundkopf in die sozialistische Gußform preßte, und Zotin folgte dem Beispiel seines Chefs, indem er eine *Genossin Johanna* betitelte Tragödie in Versform herausbrachte, in der Jeanne d'Arc Stimmen vernahm, die den noch nicht auf der Welt weilenden Revolutionären Marx und Engels gehörten.

Zasjadko ging zur Premiere und hielt das Drama für absurd, ja blasphemisch. Anschließend diskutierten die beiden Freunde die ganze Nacht lang das Stück mit jenem in Fragen der Kunst typisch russischen Eifer der Unnachgiebigkeit. Zotin belustigten Zasjadkos Vorbehalte. Er redete sehr lange, während eine schlechtgedrehte Zigarette nach der anderen die Lücke zwischen zwei braunen Zähnen ausfüllte, die von der Natur unwissentlich zu seiner Bequemlichkeit konstruiert worden war.
»Du glaubst, mein lieber Nil Lwowitsch, die Geschichte sei ohne Leben, wohingegen ich glaube, sie wird für jede nachfolgende Generation von unzähligen Prinzen wach geküßt. Ich weiß, in deiner konventionellen, ja konservativen Gedankenwelt trägt ein Prinz eine blaue Strumpfhose und ein reichbesticktes Wams, aber du mußt mit der Zeit gehen und erkennen: Heute haben wir es mit einem Genossen Prinz zu tun, einem graugekleideten Proletarier, die Jacke fleckig von ehrlichem Schweiß.«
Zasjadko verabscheute diese Argumentationsweise mit ihrer bedrückenden Metaphorik und mißtraute außerdem der Unterscheidung zwischen ehrlichem und unehrlichem Schweiß, der für seinen logisch denkenden Verstand einfach nur Schweiß und völlig unschuldig war, aus welchen Poren er auch immer stammen mochte. »Die Geschichte ist zu hoch für dich, Arkadij Petrowitsch«, sagte er. »Die Sumerer haben sich überlebt, ob es uns gefällt oder nicht. Als ich mein geschichtliches Werk schrieb, lagen die Fakten vor mir, so sicher, wie sie sich feststellen lassen. Ihre Geschichte hatte einen Anfang, eine Mitte und ein Ende. Falls die Wissenschaft ein neues Licht auf sie werfen sollte, so beleuchtet dieses Licht nur etwas, was ohnehin da ist. Es ist eine Entdeckung, aber keine Neuschöpfung. Wenn du uns weismachen willst, Jeanne d'Arc habe die Stimme von

Karl Marx gehört, so habe ich selten einen derart blühenden Unsinn gehört, der den kultivierten Zuschauer sogar mit echtem Unbehagen erfüllt. Das arme Mädel starb aus Gründen auf dem Scheiterhaufen, die ausschließlich in der Sphäre des Privaten liegen. Es war bestimmt eine besonders ungemütliche Todesart, und wenn sie sich dafür entschied, so ist das einzig und allein ihre Sache. Folglich halte ich es für eine unerträgliche Unverschämtheit gegenüber einer Person, die wirklich gelebt hat, wenn man behauptet, nur weil ein langweiliger deutscher Professor ihr im Traum erschien, habe sie die Verbrennung auf sich genommen; ferner finde ich es recht unfair gegenüber Karl Marx, ihn für ihren Tod verantwortlich zu machen.«

»Du irrst«, widersprach Zotin mit vor Selbstsicherheit und Bosheit glänzenden Augen. »Geschichte wird vererbt wie ein möbliertes Haus, und wir tun damit, was wir wollen. Es handelt sich um Material, das uns nur hinterlassen wurde, damit wir es für die Beeinflussung der Gegenwart verwenden. Wenn es mir politisch zweckmäßig erscheint, Jeanne d'Arc als Marxistin oder Martin Luther als Freidenker darzustellen, werde ich nicht zögern, dies zu tun. Ich bin überzeugt, würde Jeanne d'Arc heute leben, wäre sie eine von uns, da sie in einer Zeit eine Intellektuelle war, in der es keine Intellektuellen gab, wie wir sie heute kennen, und als Frauen keine Waffen trugen, wie sie es heute häufig tun. Sie war eine zutiefst moderne und im Grunde sowjetische Frau. Ihre Loyalität galt einem König und ihren Stimmen – *faute de mieux*. Die Geschichte gehört den Lebenden, Nil Lwowitsch, nicht den Toten.«

»Blödsinn«, entgegnete Zasjadko. »Der Erfolg, dessen sich dein Stück heute abend erfreute, beruht nicht auf der Charakterisierung der Jeanne, die man als nebensächlich und überaus naiv bezeichnen muß, sondern auf deinen

Karikaturen der Priesterschaft, die gerade ausgesprochen in Mode sind. Du hast nicht so sehr die Geschichte verdreht, als vielmehr eine reine Erfindung, ein Hirngespinst verbrochen. Wenn wir nun deine These, die Vergangenheit sei den Launen der Gegenwart unterworfen, auf ihre logische Spitze treiben, möchte ich dich gern fragen, wie du reagieren würdest, falls – in tausend Jahren, während irgendeiner großen christlichen Erweckungsbewegung im Rahmen des sowjetischen Staates – irgendein zukünftiger Zotin ein Drama über Lenin schriebe, dem die Stimme Moses' eingibt, Brotrationierung sei die sicherste Methode, um in Zukunft von den landwirtschaftlichen Produktionsgenossenschaften Milch und Honig zu bekommen.«
»Du lieber Himmel, Vorsicht«, murmelte Zotin und rückte seinen Stuhl näher an den Tisch. »Man weiß nie, wer gerade mithört. Ich betrachte die Geschichte als eine Reihe von Gegenwarten, die wie Teller aufeinandergestapelt sind. Es gibt weder Vergangenheit noch Zukunft. Falls der zukünftige Zotin es für angebracht hielte, Lenin auf diese Art darzustellen, so wäre das sein gutes Recht.«
Und so ging es weiter, ziellos, unversöhnlich, wobei Zasjadko seine Argumente immer auf einer seiner Ansicht nach grundlegenden Logik aufbaute, auf einer Struktur von Gedankengängen, die von der Menschheit im Zuge eines jahrhundertelangen schmerzhaften Prozesses langsamer Fortschritte und Eliminationen aufgebaut worden war; Zotin hingegen, launisch, beharrte stets darauf, ein Schrei im Dunkeln habe seinen eigenen Wert, seine eigene Schönheit, und Kultur sei weniger Architektur als ein zufälliges Kaleidoskop.

Zotin fuhr fort, im Grunde lärmende und platte Lyrik zu schreiben, bis etwa 1926, als sogar die Futuristen aufgrund

seines offensichtlichen Unvermögens jedes Interesse an ihm verloren. Sein Material war überaus nachlässig verfaßt und ungefähr so erhellend wie eine Neonreklame, die man flackern läßt, um die Aufmerksamkeit der Öffentlichkeit zu erregen. 1927 griff man die Futuristen selbst wegen ihres Formalismus an, und Zotins Stimme zählte zu jenen, die ihre alten Kollegen am lautesten verdammen. Er bekannte sogar in einem offenen Brief seine bisherigen Irrtümer und verkündete, der Sozialismus sei positiv, und in Zukunft würden positive Tugenden statt negativer Laster seine Arbeiten auszeichnen.
Er bewarb sich um ein Stipendium, das es ihm ermöglichte, die Traktorherstellung in der Absicht zu studieren, die neue positive Ära seiner Kreativität mit einem Roman über die erfreulichen Fortschritte in der Technik mechanisierter Landwirtschaft einzuleiten, ein Thema, von dem er überhaupt keine Ahnung hatte und für das er sich nicht allzusehr interessierte. Er hoffte jedoch, von einer Lebensweise, die so anders war als die seine, in irgendeine unbekannte Stratosphäre des Denkens und der Kreativität katapultiert zu werden. Sein Aufenthalt bei den Helden der Traktorproduktion entpuppte sich als unbeschreiblich unglücklich.
Zunächst einmal befand sich die Fabrik mitten in Sibirien, und nichts an dem Fabrikstandort oder dessen Umgebung war dazu angetan, Zotins Phantasie zu beflügeln. Die halb fertiggestellten Fahrzeuge, gewaltigen verwundeten Insekten gleich, die Ströme geschmolzenen Stahls, die Schlakkenhalden, die Speere bleichen Sonnenscheins, die durch zerborstene Fensterscheiben in die dunkle Gruft fielen, das Pizzicato der die schwere Luft durchdringenden Funken, die mürrischen, schweißglänzenden Gesichter der Arbeiter, das uralte, schwermütig widerliche Walzer gähnende

Grammophon in der Kantine – das alles waren mächtige, monotone, unaussprechlich traurige Eindrücke, und sie lähmten seine Feder mit ihrer Wucht, ihrer fehlenden Anmut. Dann erklärten ihm Techniker die Funktionen der Maschinen, als wäre er irgendein getarnter Inspektor aus Moskau. Mit geradezu entmenschlichter Effizienz leierten sie endlose Zahlenkolonnen herunter und ließen ihre Finger auf den Produktionsdiagrammen große Bögen beschreiben, sie ließen ihn Metallstücke halten und erklärten mit ausdruckslosen Stimmen Vorteile und Nachteile der verschiedenen Sorten. Er nahm nichts auf und blieb nur wach, weil er wußte, der Schlaf brächte unangenehme Träume mit sich.

Schließlich kehrte er nach Moskau zurück, in der Aktentasche etliche Notizbücher voller Fakten, die zwar für die Traktorproduktion relevant, für die Literatur jedoch irrelevant waren. In seinem Zimmer nahm er vor einem leeren Blatt Papier Platz, bereitete sich geistig darauf vor, mit einem optimistischen Roman zu beginnen, und weinte.

Im Lauf der Wochen schlug sein Trübsal in militante Reue um. »Ist dir eigentlich klar«, sagte er zu Zasjadko, »daß es in diesem Land Menschen gibt, über deren schweres Los wir weniger als nichts wissen, du und ich? Wie können wir es wagen, in unseren möblierten Unterkünften vor uns hin zu vegetieren, während sich da draußen Helden, ja, Helden Tag und Nacht unter unerträglichen Bedingungen abrakkern, um Traktoren herzustellen, die den Boden bestellen und das Brot herbeischaffen, das wir essen, ohne auch nur einen einzigen Gedanken an sie zu verschwenden? Du solltest dort hingehen, dich unter die Leute mischen, statt über uralte Zivilisationen deine gelehrten Abhandlungen zu schreiben, die niemand liest... du solltest dort hingehen, um dich zu stärken. Begib dich in diese stählernen Kathe-

dralen mit ihren Altären aus Lava, ihren Kerzen aus Funken, ihren von ehrlichem Schweiß glänzenden Priestern.«
Ja, Zasjadko war sicher, dort gab es jede Menge ehrlichen Schweißes, doch wie beeindruckt er auch von den Schilderungen des alten Scharlatans über die unbekannte Welt der Industrie sein mochte, so war es ihm doch völlig unmöglich, die ersten fünf Kapitel des Manuskriptes zu lesen, das sein Freund ihm geliehen hatte.
Zotin hatte eine Liebesgeschichte erfunden zwischen der reinen jungen Sozialistin Olga, Vorarbeiterin in der Abteilung, in der die Raupenketten an den Traktoren angebracht werden, und dem reinen jungen Sozialisten Eugenij, Leiter der Testmannschaft. Keiner der beiden besaß irgendwelche erkennbaren Charaktereigenschaften, und ihr einzig erkennbares Lebensziel schien darin zu bestehen, charakterlose und eisern optimistische Kinder großzuziehen. Anfangs wurde ihr edler Plan von einem Nieter durchkreuzt, in Wirklichkeit ein weißrussischer Oberst, der alles daransetzte, Unzufriedenheit unter den Arbeitern zu säen und nebenbei Olga zu vergewaltigen, sowie von einem sogenannten Fachmann für industrielle Dieselmotoren, der ein vom amerikanischen Geheimdienst eingeschleuster Saboteur war und mit augenscheinlicher Leichtigkeit und voller Eifer einen Traktor nach dem anderen zerstörte. In der Geschichte fehlten Licht und Schatten, da sich die Waagschale von Anfang an deutlich der Tugend zuneigte, doch am gründlichsten deprimierten Zasjadko die langen Tabellen mit Statistiken, die Zotin offenbar aus Gründen der Authentizität in den Roman eingebaut hatte. Auf jeder Seite drängten sich Brüche, Quadratwurzeln und Stellen hinter dem Komma, bis einem die arithmetischen Symbole vor den Augen tanzen.
Zasjadko blieb nur zu sagen, er habe nicht geahnt, wie auf-

regend die Traktorenherstellung sein könne. Das *Traktorspuren führen zum Horizont* betitelte Buch wurde nach seiner Veröffentlichung von den eher doktrinären, für Langeweile unempfänglichen Kritikern wohlwollend aufgenommen, von denen einer das Buch sogar als wertvollen Beitrag zur Literatur der sowjetischen Industrialisierung lobte. Leider gibt es sogar in der Sowjetunion einen letzten Schiedsrichter des Geschmacks, und die Verkaufszahlen waren niederschmetternd niedrig, besonders in den Industriezentren. Das einzige Volk, das es wirklich zu genießen schien, waren die Stämme Kasachstans. Dieses Rätsel wurde nie gelöst, aber Zotin plante, die Republik zu besuchen, um ihr zu ihrem Urteilsvermögen zu gratulieren.
Zasjadko, der stets voller Dankbarkeit annahm, allein die Art seiner Tätigkeit werde ihn schon aus dem Einflußbereich der Kontroversen heben, bekam unterdessen selbst Schwierigkeiten. Seine Geschichte des Römischen Reichs wurde von einem anderen berühmten Historiker mit der Begründung angegriffen, Spartakus und dem Sklavenaufstand seien im Rahmen der römischen Geschichte nicht genügend Platz eingeräumt worden. Zasjadko, der sich bei Kontroversen nie wohl fühlte, erklärte, er respektiere jede Ansicht, behalte sich aber das Recht vor, das zu schreiben, was er für die Wahrheit halte. Zwei andere Autoren, von denen keiner eine spezielle Arbeit über die römische Geschichte verfaßt hatte, griffen daraufhin Zasjadko an, er sei »mehr an seinen eigenen Ansichten als an der Geschichte interessiert«.
In dieser unangenehmen Zeit zog Zasjadko es vor, sich aus dem Verkehr zu ziehen. Eine Weile war er versucht, über die Französische Revolution zu schreiben, eine Umwälzung, die ihn seit seiner Jugend brennend interessierte, doch dann überlegte er es sich anders, da er nicht den

Drang verspürte, einen skrupellosen Bösewicht wie Marat zu verherrlichen, nach dem die Russen ein Schlachtschiff benannt hatten. Statt dessen schenkte er seine Aufmerksamkeit Karl dem Großen, über den sehr wenige proletarische Theorien existierten. Mit seiner ihm ergebenen Frau lebte er zurückgezogen in einer kleinen Datscha, arbeitete gewissenhaft und verlor Zotin beinahe aus den Augen.

Die Zeit verging, und Zotin, frustriert von seiner Unfähigkeit, zugleich realistisch, optimistisch und kommerziell zu sein, suchte dort Zuflucht, wohin sich so viele sowjetische Schriftsteller flüchteten: ins Übersetzen. Leider waren seine Fremdsprachenkenntnisse sehr begrenzt, und folglich war es besonders vorschnell von ihm, sich an den Werken Ranbindranath Tagores zu versuchen. Nachdem er sich acht Monate lang mit Hilfe dreier Wörterbücher sowie eines indischen Studenten abgemüht hatte, veröffentlichte er in einer Zeitschrift ein kurzes Gedicht, das jedoch brutal angegriffen und als »dekadenter Mystizismus« verrissen wurde. Rußland interessierte sich noch nicht für indische Kultur, da Indien noch den Briten gehörte, und Zotin gab den ungleichen Kampf auf. Kurz erkundete er den anderen Fluchtweg im sowjetischen Literaturgeschäft und verfaßte ein Kinderbuch, *Der Kulak und der große rote Bär*, aber da er von Kindern keine Ahnung hatte, sie sogar verabscheute, blieb den Kindern kaum etwas anderes übrig, als das zu merken und in Heulkrämpfe auszubrechen, wenn man ihnen die grelle, steife Moralpredigt zur Schlafenszeit vorlas. Nach einer Weile hielt nur noch eine Handvoll Eltern das Bändchen als Bestrafung oder zumindest zur Abschreckung in Reserve.
Kritik und Mißachtung bewirkten bei Zotin genau das Gegenteil wie bei Zasjadko. Er setzte sich mitnichten zur

Ruhe, sondern besuchte jedes Schriftstellertreffen, wo auch immer es abgehalten wurde, und war deutlicher persönlich anwesend als in gedruckter Form. Sein Haar war weiß geworden, sein Gesicht eine Ansammlung widersprüchlicher Falten, die ihm einen zwiespältigen Ausdruck verliehen, irgendwo zwischen Trauer und wüster Freude, in seinem Mund steckte nur noch ein Zahn, wie eine rostige Boje in einem finsteren Meeresarm. Seine Finger, Bart und Lippen waren nikotinbefleckt, und die Brille, die er jetzt trug, schien ihm nicht zu helfen, besser zu sehen, da er ständig die Augen zusammenkniff, als leide er unter Schmerzen. Wie ein alter Hund hielt er die Nase in den Wind und identifizierte die Gerüche, verzichtete aber aufs Bellen.

Kurz nach dem Ausbruch des sogenannten Großen Vaterländischen Krieges veröffentlichte Zasjadko das Buch, das ihm Ruhm bringen sollte, eine Geschichte des Deutschritterordens. Er hatte es bereits 1940 beendet, konnte es aber kaum während einer Zeit erscheinen lassen, in der Rußland und Deutschland Verbündete und die zerstrittenen Glaubensbekenntnisse Kommunismus und Faschismus in einer peinlichen und abgeschmackten Liaison miteinander verbunden waren. Mit seiner Fähigkeit, den richtigen Augenblick abzupassen, erwies sich Zasjadko als überraschend praktischer Mensch, denn kaum war Hitler in Rußland einmarschiert, als Zasjadkos Wälzer über den deutschterritorialen Ehrgeiz und die deutsche Brutalität auch schon zum Bestseller wurde, voll von unverhoffter Symbolkraft, welche die aktuellen Ereignisse lieferten. Er wurde Akademiemitglied, mit Ehren überhäuft und plauderte nett mit Stalin.

Wieder einmal war er an der Reihe, Zotin unter seine Fittiche zu nehmen, und so beschaffte er seinem alten Freund dank seines nunmehr beträchtlichen Einflusses ein paar

Aufträge, patriotische Gedichte für die Zeitungen zu schreiben. Das gelang Zotin recht ordentlich, da sich kritische Maßstäbe in Zeiten der Gefahr dem Gefühl unterordnen müssen. Nach dem Krieg versuchte Zotin, ein Buch über den Krieg gegen die Deutschen und die Finnen zu schreiben, doch auch wenn die Fakten stimmten, hatte er doch weder gedient, noch war er jemals nördlich von Leningrad gewesen, so daß zwangsläufig alles ein wenig hölzern wirkte. Die rasche Wiederherstellung normaler Beziehungen zu Finnland kam ihm auch nicht gerade zupaß, und aus diesen mannigfaltigen Gründen wurde *Auf zum Baltikum, Genossen* ein Mißerfolg.
Ein verbitterter Mann beklatschte also 1946 auf dem Kongreß lautstark die demütigenden Forderungen des Genossen Schdanow, als dieser bissige und untalentierte Theoretiker eine von Enthusiasmus und Heroismus durchtränkte Literatur forderte. Zotin war mittlerweile siebenundsechzig Jahre alt und fest entschlossen, sich auf die Suche nach diesen schwer faßbaren Eigenschaften zu begeben, auch wenn es seine letzte Tat war.
»Was Schdanow sagt, ist völlig richtig«, sagte er zu Zasjadko, während er auf dessen Veranda an einem Glas Kwaß nippte, »und er erklärt es gut. In unserer sowjetischen Literatur kann es keine Konflikte mehr geben, da Konflikte auf gut und böse schließen lassen, und das Böse ist heutzutage so selten geworden, daß es keinen Zweck hat, es darzustellen. Es ist untypisch, verstehst du. Der einzige Konflikt, der eventuell noch existieren könnte, wäre ein Konflikt zwischen gut und besser. Daraus könnte – da die Ziele unserer neuen Literatur Enthusiasmus und Heroismus sind – ein neuer Konflikt zwischen Enthusiasmus und Ekstase entstehen, zwischen reiner Tapferkeit und Heroismus. Das eröffnet uns jedenfalls völlig neue Perspektiven.«

Zasjadko lachte. »Für einen intelligenten Menschen«, sagte er, »bist du ein erstaunlicher Dummkopf.«
Zotin wirkte beleidigt. »Es stammt nicht von mir. Genosse Schdanow hat das gesagt.«
»Das überrascht mich weniger«, sagte Zasjadko.
Zotin lächelte. »Es war schlau von dir, dein Buch über die Deutschritter zu diesem Zeitpunkt herauszubringen.«
»Wie traurig, daß wir in solchen Fragen so berechnend denken.« Zasjadko seufzte. »Vorher hätte ich es nicht veröffentlichen können, und wer weiß, vielleicht ist es schon bald wieder überholt. Das hängt nicht von der historischen Wahrheit ab, sondern davon, wie sich unsere Freunde, die Deutschen, verhalten.«
Zotin lächelte kindisch. »Nil Lwowitsch«, bat er, »hilf mir, ein Thema zu finden.«
»Eines, das sowohl enthusiastisch als auch heroisch ist?«
»Genau.«
Zasjadkos Frau war 1943 gestorben, und seit ihrem Tod trafen sich die beiden alternden Männer sehr häufig. Sie erinnerten einander an so viel, das nun unwiderruflich verloren war. Zasjadko lachte. Obwohl er vieles an Zotin verachtenswert fand, mochte er ihn einfach, ob er wollte oder nicht.
»Wie wär's mit einer Autobiographie?« fragte er.
»Jetzt machst du dich über mich lustig.«
»Stimmt.«
»Ich bin ausgesprochen feige, sowohl moralisch als auch physisch – ja, sogar künstlerisch –, was mich aber nicht daran hindern wird, ein höchst enthusiastisches, äußerst heroisches Buch zu verfassen, das dich überraschen wird.«
»Darauf warte ich mit angehaltenem Atem.«

Zotin verfaßte sechs verschiedene Anfänge, verwarf sie aber alle, weil er das Gefühl hatte, es fehle ihnen an den Eigenschaften, die offiziell verlangt wurden. Es fiel ihm ausgesprochen schwer, konfliktfrei zu schreiben, und er sehnte sich nach der entschwundenen Galaxis von Saboteuren, Spionen und Konterrevolutionären, die sowjetischen Autoren bislang so nützlich gewesen waren.
»Was um alles in der Welt hätte Puschkin gemacht?« wollte Zotin von Zasjadko wissen.
Während des Krieges hatten die Deutschen diese notwendige Aufgabe erfüllt, doch nun konnte man nur noch mit monotoner Tugend spielen, sie zu einer Kugel formen und ebenso enthusiastisch wie heroisch auf die Kritiker abfeuern.
»Das werde ich dir verraten«, lautete die Antwort. »Puschkin hätte den gesamten Shakespeare, den gesamten Byron, den gesamten Keats und den gesamten Shelley übersetzt, und wenn ihm je das Material ausgegangen wäre, hätte er zuerst Schdanow erschossen und sich anschließend das Leben genommen.«
»Du kannst dir solche Reden leisten, du bist Akademiemitglied«, jammerte Zotin.
»Nicht weil ich Akademiemitglied bin, sondern weil ich mir dir allein bin.«
In seiner Verzweiflung reiste Zotin sogar nach Kasachstan, wo er aber niemanden fand, der sein Buch gelesen hatte. Das beflügelte weder seinen Enthusiasmus noch seine heroische Ader.

1953, als Zotin vierundsiebzig und Zasjadko sechsundsiebzig war, starb Stalin. Mit einem Mal konnten alle wieder atmen, aber da sie es nicht gewohnt waren, brauchte die Erleichterung Zeit, um spürbar zu werden. Im folgen-

den Jahr veröffentlichte der Journalist Ehrenburg sein Buch *Tauwetter*, und damit schien eine neue Ära in der sowjetischen Literatur zu beginnen, zumal der schmähende Ehrenburg ein wirklich vorsichtiger Mensch war, ein als Unruhestifter getarnter professioneller Überlebender, jemand, dessen herausragende, in gewundene diplomatische Kanäle gepreßte Intelligenz nur die äußere Maske der Offenheit trug und hinter dessen ruhigem Blick sich ein hektisch opportunistischer Verstand verbarg.
In dieser Phase der Befreiung bekam Zasjadko Zotin seltener zu sehen, ein Indiz für die wiedererwachende Kreativität des alten Schlawiners. Dann verhärteten sich die Arterien der Freiheit wieder, und das kreative Blut geronn. Zotin wirkte wie ein gebrochener Mann. Er redete sehr wenig, war knapp bei Kasse, wartete verdrießlich auf den Tod. Nichts, was Zasjadko sagte oder tat, konnte ihn aufheitern.
Zasjadko arbeitete in aller Stille an seinem Buch über die Assyrer, und Zotin verschwand aus seinem Blickfeld, bis eines Tages an Zasjadkos Datscha ein steinalter Mann auftauchte, abgemagert, verhutzelt, und doch wieder von all dem Schalk seiner Jugend erfüllt. Zasjadko erkannte ihn kaum.
»Nil Lwowitsch, höchst verblüffende Neuigkeiten!«
»Guter Gott, Arkadij Petrowitsch, wo kommst du denn her? Ich dachte, du wärst tot.«
»Ich habe mich tot gestellt.«
»Deinem Aussehen nach zu urteilen, ist dir das ausgezeichnet gelungen.«
»Ja. Ich habe meinen Zahn verloren.«
Bei einer Tasse Tee erklärte Zotin, es ginge das Gerücht, Pasternak habe ein Buch mit dem Titel *Doktor Schiwago* geschrieben.

»Das ist nichts Neues«, warf Zasjadko ein. »Boris Leonidowitsch hat schon seit Jahren daran gearbeitet.«
»Es ist abgelehnt worden.«
»Das ist auch nichts Neues.«
»Nein, aber ein italienischer Verlag hat es akzeptiert und nach Frankreich, England und Amerika verkauft. Amerika!«
»Warum versetzt dich das in Aufregung?« fragte Zasjadko. »Boris Leonidowitsch wird es nicht helfen. Im Gegenteil.«
»Nil Lwowitsch, ich bin neunundsiebzig Jahre alt«, flehte Zotin. »Meine Sicherheit ist mir inzwischen egal, und was meinen Ruf angeht, so weißt du genausogut wie ich, daß ich keinen zu verlieren habe. Mein Leben lang war ich unentschlossen. Ich war ein falscher Futurist, ein falscher Realist, ein schlechter Dichter, ein hoffnungsloser Fall als Übersetzer, ein unmöglicher Kinderbuchautor, aber dumm bin ich nicht, Nil Lwowitsch. Ich bin nicht dumm.«
»Nein, dumm bist du nicht«, wiederholte Zasjadko, wobei ihm Tränen in die Augen traten.
»Ich habe im Laufe meines Lebens eine Menge gesehen. Ich habe ein gutes Gedächtnis, und ich liebe die Schriftstellerei. Sie ist meine einzige Leidenschaft. Ich bin nicht einmal verheiratet, weil ich eine mönchische Anhänglichkeit zu meinem Schreibtisch entwickelt habe. Also, ich möchte dir etwas sagen. Nach Stalins Tod hast du nicht viel von mir gesehen. Ich schrieb das einzig wichtige Werk, das in mir steckte: meine Bekenntnisse, die Bekenntnisse eines Opportunisten, eines Feiglings, eines Spinners. Ich habe alles niedergeschrieben, alles. Im Interesse der Wahrheit habe ich mir keine Demütigung erspart. Ich habe mich bloßgestellt, und damit auch die Futuristen, die Formalisten, die kleingeistigen Theoretiker, Schdanow, Stalin, das

ganze abscheuliche Komplott, das die russische Literatur und damit auch die russische Sprache verhöhnt hat, obwohl sie doch eigentlich die Auserwählte sein sollte, da in ihr Puschkin, Lermontow, Nekrassow, Dostojewski, Turgenjew und Tolstoi ihre magischen Netze von Klang und Bedeutung gesponnen haben. Ach, ich bin alt. Ich konnte nicht schnell genug schreiben. Noch ehe ich fertig war, hatte sich die Freiheit wieder verflüchtigt, und die Ventile waren abgedichtet. Doch wenn ich in Italien hätte veröffentlichen können . . .«
Es entstand eine Pause, dann begannen die alten Männer, bitterlich zu weinen wie Kinder.
Nicht lange, und die Nachricht von Pasternaks Erfolg im Ausland sickerte zu den sowjetischen Schriftstellern durch, anschließend folgte die Zuerkennung des Nobelpreises, der würdevoll angenommen wurde. Der Konsternation in Moskau folgte die ebenso würdevolle, aber weit traurigere Ablehnung der Auszeichnung durch den Autor, und es fand eine große Versammlung statt, auf der ein junger Funktionär namens Semichastnij Pasternak mit einem Schwein verglich. Man sah den anwesenden Chruschtschow diese funkelnde Zurschaustellung von Subtilität laut beklatschen, genau wie alle anderen. Es war eine frappierende Demonstration der Parteisolidarität angesichts der schlimmen Bedrohung durch Qualität und internationale Anerkennung.
Danach ging Zotin zu Zasjadko und sagte: »Gepriesen sei Boris Leonidowitsch. Er hat wahrhaftig demonstriert, daß der Stift mächtiger ist als das Schwert. Schukow ging ohne einen Mucks, Molotow verschwand über Nacht, Gott allein weiß, was mit dem armen Bulganin geschehen ist, Berija machte sich davon wie ein Regentropfen im Sonnenschein, doch hier ist nur ein Autor, und was hat er für ein

Spektakel veranstaltet, mit nichts weiter als seiner Vision, einem winzigen, zwölf Zentimeter langen Stift und ein paar Blatt Papier. Ich sage dir, Nil Lwowitsch, das ist der Sieg des Individuums über die amorphe Masse.«

»Dem stimme ich zu«, sagte Zasjadko. »Für ein Land, das den Persönlichkeitskult verworfen hat, sind wir seltsam paradox. Wir sind praktisch die einzige Nation, die Schiffe, Straßen, Automobilfabriken, ja sogar ganze Städte nach lebenden Personen benennt. Was, um Gottes willen, ist denn Persönlichkeitskult, wenn nicht das?«

»Darum müssen sie die Namen unserer Straßen, Schiffe und Städte so häufig ändern«, fügte Zotin hinzu. »Aber zurück zur Versammlung. Die war wirklich sehr erniedrigend. Wenn auch Boris Leonidowitschs Buch hier nie erschienen ist, so scheinen es doch eine ganze Menge Leute gelesen zu haben. Selbst unser verehrter Sekretär hat laut applaudiert, als dieser junge Bursche Semichastnij Boris Leonidowitsch ein Schwein nannte, und ich kann mir nicht vorstellen, daß er die Zeit fand, das Manuskript zu lesen, schließlich ist er selbst so damit beschäftigt, Briefe an Eisenhower zu schreiben.«

»Das Niveau der russischen Kritik war noch nie hoch.«

»An den Galgen mit den Kritikern«, rief Zotin erregt. »Denk an Pasternaks Ruhm... ein Schwein genannt zu werden und diese Ansicht von einer Versammlung unserer größten, heldenhaftesten und enthusiastischsten Führer bestätigt zu bekommen, die das fragliche Buch obendrein nie gelesen haben! Mein lieber Nil Lwowitsch, das übersteigt sogar jeden Ruhm, das ist Märtyrertum.«

»Und du bist neidisch?«

»Ja, das bin ich«, gab Zotin zu.

Ein paar Tage später sprach Zotin in der Italienischen Bot-

schaft vor. Dem verdutzten Kulturattaché schilderte er seine ganze ausgefallene Geschichte. Der Attaché – nicht nur Italiener, sondern auch für die Kultur zuständig – war von ausgesuchter Höflichkeit und versprach, das gewaltige und unordentliche Manuskript dem Verlag zu schicken, der Pasternak so wacker auf den Weg nach Golgotha gebracht hatte. Zotin ging in Hochstimmung, und er schien täglich jünger zu werden. Für den Fall, daß jemand ihn gesehen hatte, als er die Italienische Botschaft betrat, erzählte er jedem, er habe eine gewaltige Trilogie über das Risorgimento in Arbeit und sei wegen ein paar wissenschaftlicher Bücher dort gewesen.
Es gab keinerlei Schwierigkeiten, und die Tage vergingen in eifriger Erwartung der Nachricht. Dann, eines Morgens, tauchte nicht mehr der verschmitzte Zotin am Tor von Zasjadkos Datscha auf, sondern ein gebrochener Mann, ein dickes Manuskript an sich pressend, das viel zu schwer für ihn zu sein schien.
»Was ist los?« rief Zasjadko.
»Lies das. Du kennst dich mit Fremdsprachen aus«, antwortete Zotin mit leiser, dumpfer Stimme.
Zasjadko nahm den an dem Manuskript befestigten Brief und las ihn. Er war auf französisch geschrieben.
»Eigentlich ist egal, was da steht«, murmelte Zotin, während Zasjadko las. »Tatsache ist, sie schicken das Manuskript zurück, das genügt.«
»Hier steht, es sei nicht die Sorte Buch, nach der sie suchen«, sagte Zasjadko. »Sie finden es interessant, aber zu diffus und stellenweise zu gewalttätig, um wirkungsvoll zu sein.«
Zotins Gesicht nahm wieder Farbe an. »Verflucht sollen sie sein, verflucht, verflucht, diese Westler mit ihrer Überheblichkeit. Zum Teufel, für wen halten die sich eigentlich?«

»Es ist schade«, sagte Zasjadko, dem nichts Besseres einfiel.
»Schade«, heulte Zotin. »Ich bin ein russischer Schriftsteller, verstehst du mich? Ein russischer Schriftsteller, soviel wert wie zehn Gabriele d'Annunzios. Wie können sie es wagen, mich wie irgendeinen einheimischen Emporkömmling zu behandeln! Wie können sie es wagen, ihre Ablehnung überhaupt zu erläutern!«
»Du begehst den klassischen Fehler, den wir Russen alle machen«, sagte Zasjadko bestimmt, sogar ungehalten. »Entweder katzbuckeln wir vor dem Westen, oder wir beleidigen ihn. Wir können ihn einfach nicht als gleichwertig behandeln. Entweder reden wir schlechtes Französisch miteinander wie in alten Zeiten, oder wir nennen Französisch eine minderwertige Sprache. Entweder imitieren wir ihre Technologie, oder wir halten sie für unter aller Kritik. Wir nehmen den Nobelpreis für unsere Wissenschaftler an und lehnen ihn für unsere Schriftsteller ab. Wann ist endlich Schluß mit diesem lächerlichen Komplex? Früher haben wir Tschaikowsky angegriffen, weil er nicht russisch genug sei, und Glinka verachtet, weil er zu russisch sei. Wir haben uns kein bißchen geändert. Russe zu sein ist nicht besser oder schlechter, als irgend jemand anderes zu sein ... nur anders. Warum akzeptieren wir das nicht?«
Zotin schäumte vor Wut. »Russe zu sein heißt, besser zu sein als alle anderen!« brüllte er.
»Gestern noch hieß es, schlechter zu sein als alle anderen, das waren deine Worte. Du konntest es kaum erwarten, im Ausland anerkannt zu werden.«
»Du bist ein Westler und Verräter!« schluchzte Zotin.
»Nein, Arkadij Petrowitsch, das Problem liegt bei dir selber, du guter, törichter Mensch. Nur eines hast du nie gelernt, nämlich dir Zeit zu lassen. Wenn du es eilig hast,

tötest du dein Talent. Lieber Freund, will man zur Sonne gelangen, reicht es nicht, wenn man in die Luft springt.«
Zotin sah Zasjadko vorwurfsvoll an und ging.

Zasjadko wurde sich der Stille bewußt, und sein Tagtraum fand ein Ende. Als er sich in der Runde umsah, merkte er, wie die Blicke sämtlicher Anwesenden auf ihm ruhten. Genosse Grigalka befand sich noch auf dem Podium, augenscheinlich war seine Hetzrede gegen Pasternak soeben zu Ende gegangen. Alle, einschließlich Grigalka, starrten Zasjadko an, weil er sich wohl als einziger nicht an dem donnernden Applaus beteiligt hatte, der traditionell auf eine moralisch strenge Rede folgte.
»Nun«, dachte er. »Schließlich bin ich einundachtzig. Wegen meines Alters müssen sie mir verzeihen.«
Die Pause hielt mit unverminderter Intensität an, und erneut glitzerte Grigalkas Brille. Im hohen Alter war Zasjadko sogar noch weniger ein Freund von Kontroversen, als er es früher gewesen war. Zu dieser verfluchten Versammlung war er nur gekommen, um sicherzugehen, daß sich der arme Arkadij Petrowitsch nicht lächerlich machte. Er war zu alt und zu müde, um etwas drum zu geben, ob Boris Leonidowitsch ein Schwein oder eine Hyäne war oder nicht. Ohnehin zog er generell die Tiere den Menschen vor. Er machte ein letztes Zugeständnis, indem er seine beiden Hände wie einen Pistolenschuß gegeneinanderschlug, einmal. Dann starrte er unter seinen weißen Augenbrauen Zotin an, doch Zotin sah weg.

Dazu ein Spritzer Mitleid

»Sie sind wirklich ein großer Zauderer«, sagte Philip Hedges.
John Otford rutschte auf seinem Drehstuhl hin und her und lächelte unverbindlich. Es war ein herrlicher Spätherbsttag. Die Sonne fiel auf zitternde, goldene Blätter, während das laue Lüftchen dafür sorgte, daß ihre Schatten die Reihen alter Bücher streichelten, die die Wände des Arbeitszimmers säumten. In Fensternähe trieben Staubpartikel ziellos im Raum umher.
»Ich bin faul, das gebe ich zu«, sagte Otford knapp, »andererseits aber ist die Art meiner Tätigkeit ausgesprochen schwächend – außerdem ist mir nach Golf.«
»Mir auch«, seufzte Hedges, »aber ich wage es nicht, der Verlockung nachzugeben. In zehn Tagen gehen wir in Druck.«
»Ach, Sie und Ihr Lexikon, warum können Sie nicht einfach das nachdrucken, was ich vor fünf Jahren geschrieben habe? Damals habe ich Blut und Wasser geschwitzt, um meinen Teil fertigzustellen.«
»Falls Sie meinen Brief gelesen haben, was ich bezweifle«, sagte Hedges mit einer Spur freundlicher Schärfe, »wissen Sie vielleicht noch, daß wir nicht den Wunsch hatten, Ihren bewundernswerten und wissenschaftlich unantastbaren Artikel über Oliver Cromwells Schlachten oder Napoleon

in Ägypten zu ändern, doch da der Italienfeldzug im letzten Krieg in den Memoiren von diversen Generälen so häufig Erwähnung fand, sind einige neue Tatsachen aufgetaucht, die vielleicht eine Überprüfung vertragen.«

»Memoiren von Generälen«, schnaubte Otford. »Die meisten sind verdammt schlechte Schriftsteller oder zeigen zumindest bei der Auswahl ihrer Ghostwriter den gleichen Mangel an Urteilsvermögen wie bei der Auswahl ihrer Stabsoffiziere.«

»Ich weiß wirklich nicht, wie Sie so etwas behaupten können«, sagte Hedges. »Die Bücher, die ich Ihnen vor Jahren zu Ihrem Gebrauch geschickt habe, liegen immer noch hier, auf Ihrem Tisch, und zwar unter einer hübschen Staubschicht. Pattons Buch, das von Mark Clark, Omar Bradley, Eisenhower und von Manstein! Wie ich sehe, liegt Montys ganz oben. Liegt darin eine gewisse Symbolik?«

»Es ist als letztes eingetroffen.« Otford wurde ein wenig ungeduldig. »Philip«, sagte er, »Sie sind ein lieber Mensch, aber ich wünschte, Sie ließen mich in Ruhe. Der Artikel, den ich über den Italienfeldzug geschrieben habe, war äußerst genau, ja peinlich genau, gut dokumentiert und, wie ich mir schmeichle, stilistisch sauber und nüchtern geschrieben. Trotz Ihrer Vorwürfe habe ich diese Bücher durchgesehen, als sie hier eintrafen, und, offen gesagt, sie ändern kein einziges bekanntes Faktum. Und jetzt, als Krönung des Ganzen, bringen Sie mir einen Wälzer von fünfhundert Seiten, frisch aus der Druckerpresse. Die öden Abenteuer des Sir Crowdson Gribbell, eines in jeder Hinsicht mittelmäßigen Offiziers, dessen Anspruch auf Ruhm einzig und allein darauf gründet, die Überquerung des Flusses Rizzio gegen zahlenmäßig weit unterlegene feindliche Kräfte bewerkstelligt zu haben.«

»John, Sie sind unmöglich.« Hedges lachte.

Otford nahm General Gribbells Buch zur Hand und musterte den Einband voller Abscheu. »Sehen Sie sich diesen lachhaften Einband an, Philip, ein Gesicht von solcher Durchschnittlichkeit, daß man es unmöglich vergessen kann, vor dem Hintergrund einer Fotomontage von brennenden Panzern und im Rückzug befindlichen Männern, wahrscheinlich seine eigenen. *So lauteten meine Befehle* nennt er es. Ein wunderbar zweideutiger Satz. Sollten sich die Ereignisse zu seinen Gunsten entwickeln, konnte er zweifellos argumentieren, der Einsatz sei aufgrund seiner Befehle, an die man sich gehalten habe, erfolgreich gewesen, und falls die Lage sich zu seinen Ungunsten entwickelte, konnte er achselzuckend erklären: ›So lauteten meine Befehle‹ und diejenigen verantwortlich machen, die seine Geschicke lenkten und gegen deren Torheiten er machtlos war. Wenn man es recht bedenkt, ist das ein wunderbarer Titel. So typisch für die Armee. Er beinhaltet nichts und alles. Er ist hochtrabend, legt den Autor aber nicht fest. Jedenfalls bekommt Gribbell hundert Punkte für seinen Titel. Er ist wie ein Triumphschrei in einem schalldichten Raum.«
»Für einen Militärhistoriker sind Sie bemerkenswert zynisch.«
»Es ist unmöglich, Militärhistoriker und nicht zynisch zu sein, mein Lieber. Wenn ich die Zeit hätte und nicht von Natur aus ausgesprochen träge wäre, könnte ich allein über die Fehler von Generälen einen Wälzer schreiben, so schwer wie zehn Lexika. Napoleon, Blücher, Marlborough, Ney, sie alle haben sich die eklatantesten und unverzeihlichsten Fehlurteile geleistet.«
»Hätten Sie es besser gemacht?«
Otford lächelte freundlich. »Natürlich nicht, darum bin ich Militärhistoriker geworden und kein Soldat.«

Hedges machte einen neuen Anlauf. Er wurde sehr ernst.
»Wie ist es, John?«
»Warum nehmen Sie nicht jemand anderen?«
»Weil Sie ein ausgesprochen unterhaltsamer Schriftsteller sind, wenn Sie es darauf anlegen, und dazu noch ein scharfsinniger Wissenschaftler.«
»Sparen Sie sich Ihre Schmeicheleien.«
»Und Sie werden mir nicht einreden wollen, daß Sie nicht haufenweise Zeit gehabt hätten. Jedesmal, wenn ich hierherkomme, sitzen Sie in Ihrem Büro und starren aus dem Fenster, und zwar mit einer Miene, als machten Sie die Menschheit dafür verantwortlich, nicht in Südfrankreich zu sein.«
John grinste. In diesem Porträt erkannte er sich wieder. »Es ist nicht lustig, der Hüter von Waffen und Rüstungen in einem großen Museum zu sein«, sagte er. »Man muß nichts weiter tun, als die Relikte sauberzuhalten. Griechen, Ägypter, Römer und all die anderen haben schon die ganze Arbeit für mich getan. Es gibt nichts zu erschaffen. Frühere Generationen von Museumsdirektoren haben das Zeug zusammengetragen, und jetzt, bei unseren gegenwärtigen strikten Sparmaßnahmen, fehlen mir die Mittel, Neues zu kaufen. Die große Schwierigkeit bei meiner Tätigkeit besteht darin, wach zu bleiben.«
»Dann geben Sie also zu, genügend Zeit zu haben, andere Arbeit zu tun.«
»Ich gebe zu, daß ich die Zeit habe«, sagte Otford, »aber mir fehlt die Neigung.«

In diesem Moment klopfte Mr. Pole und trat ein. Er war ein alter Mann mit der Aufgabe, kriegerische Kinder daran zu hindern, die orientalischen Krummsäbel und Hellebarden aus dem Museum zu stehlen. Er trug eine dunkelblaue Uniform mit einem Paar goldener Kronen am Kragen.

»Diese Frau ist wieder da, Sir«, sagte er.
Otford erbleichte. »Schicken Sie sie weg.«
»Sie weigert sich zu gehen. Sowohl Mr. Elvis als auch Sergeant Oakie haben versucht, sie zum Gehen zu bewegen, aber sie ist höchst hartnäckig, gelinde gesagt.«
»Sagen Sie ihr, ich sei fort.«
»Sie hat Ihren Wagen gesehen, Sir.«
»Woher wußte sie, daß es meiner ist?«
»Keine Ahnung, Sir, sie behauptete aber, es sei Ihrer, und ich konnte es schlecht leugnen. Sie kannte die Autonummer. KXR 759.«
Hedges lachte. »Eine Frau?« sagte er. »Vielleicht kann ich Sie erpressen, den Artikel zu überarbeiten. Weiß Jean davon?«
»Damit scherzt man nicht«, murmelte Otford. »Die letzten beiden Tage hat sie mir das Leben schwergemacht, alle Viertelstunde bei mir angerufen oder persönlich vorgesprochen.«
»Wer ist sie?«
»Hab nicht den leisesten Schimmer. Eine Mrs. Allen oder Alban oder so was.«
»Mrs. Alban«, sagte Mr. Pole. »Eine Mrs. Alaric Alban.«
»Ich nehme den Hinterausgang, Pole«, sagte Otford, »und vielleicht könnten Sie Sergeant Oakie bitten, das Auto nach hinten in die Treadington Mews zu fahren.«
»Was soll ich in der Zwischenzeit tun, Sir?« fragte Pole.
»Die arme Lady wirkt sehr mitgenommen. Sie sitzt jetzt im Etruskischen Saal. Ich mußte ihr ein Glas Wasser bringen.«
»Ergreifen Sie selbst die Initiative, Pole«, antwortete Otford vage.
Hedges war verblüfft. »Warum fürchten Sie sich denn so vor ihr, John?«

»Am Telefon ist sie völlig hysterisch, ganz wirr.«
Hedges lächelte. »Ich dachte immer, so etwas passierte nur Filmstars und Schnulzensängern. Was hat sie gesagt, oder ist das geheim?«
»Es ist sehr geheim. Sie hat es für sich behalten. Ich habe kein Wort verstanden, außer daß es etwas mit ihrem Mann zu tun hat.«
»Ihrem Mann?«
»Komisch«, sagte Pole plötzlich und starrte auf Sir Crowdson Gribbells Autobiographie, die Otford wieder auf seinen Schreibtisch gelegt hatte. »Immer wenn sie hier war, hielt sie ein Exemplar dieses Buches umklammert.«
»Sind Sie sicher?« fragte Otford.
»Absolut.«
»Scheint keine sehr passende Lektüre für eine hysterische Frau zu sein«, stellte Hedges fest. »Wie alt ist sie?«
»Mitte Fünfzig, würde ich sagen, Sir.«
»Womöglich eine von Gribbells abgelegten Geliebten aus Old Delhi«, murmelte Otford, unwillkürlich von Neugier gepackt.
»Wie hieß sie doch gleich?« fragte Hedges.
»Alban. Mrs. Alaric Alban«, sagte Pole.
Schweigend schlug Hedges das Buch auf und blätterte das Register durch. Plötzlich zog er erstaunt die Augenbrauen in die Höhe.
»Nun?«
»Alban, Brigadier Alaric, später Oberst. Brigadier, später Oberst. Das ist seltsam.«
Hedges fand die Seite 347 und räusperte sich.
»Man schrieb den 29. November«, las er, »als meine Division die Position am Fluß Rizzio schon etwas über einen Monat gehalten hatte, da ereignete sich einer jener seltenen Zwischenfälle, die sich auf die Laufbahn eines Soldaten

senken und ihn zwingen, Entscheidungen zu treffen, die, wie unangenehm sie auch sein mögen, für das Gelingen eines Feldzuges notwendig sind ...«

»Aufgeblasener Dummkopf«, unterbrach ihn Otford. »Ich kann richtig hören, wie er das diktiert.«

»Am Abend des 28. kehrte ich an Bord eines leichten Flugzeugs von einem längeren Gespräch mit General Mark Clark zurück, der mich gefragt hatte, ob es mir meiner Meinung nach möglich wäre, mitsamt der polnischen Division zu meiner Rechten auf sehr schmaler Front einen konzertierten Großangriff einzuleiten mit dem Ziel, den Rizzio zu überqueren, die Straßenkreuzung in San Melchore di Stetto zu nehmen und dadurch die feindlichen Linien an einer wichtigen Stelle zu durchbrechen. Der polnische General war einverstanden, aber ich protestierte, da ich glaubte, unsere Truppen seien nicht in der Verfassung, mehr zu tun, als die Stellung zu halten, bis der Nachschub so weit organisiert war, den Erfolg zu sichern. Die Aufklärung hatte ergeben, daß sich Elemente zweier feindlicher Divisionen am nördlichen Ufer befanden, die 381. sowie die Elitegrenadierdivision ›Großer Kurfürst‹, und ich war unbedingt gegen jede unnötige Verschwendung von Menschenleben, die mit einem übereilten und unvorbereiteten Angriff auf einen ernstzunehmenden Feind verbunden gewesen wäre. Der amerikanische General blieb zwar höflich, versuchte aber hartnäckig, meine Unterstützung für seinen Plan zu gewinnen, und die unbesonnene, ja prahlerische Attitüde des polnischen Kommandeurs, der sich der überflüssigsten Aufschneiderei hingab, half auch nicht weiter. Ich sagte General Clark, er bekäme meine Antwort innerhalb von vierundzwanzig Stunden, und brach zu meinem Hauptquartier in dem Weiler Valendazzo auf. Die Atmosphäre während meines Aufbruches war etwas

gespannt, aber beherrscht. Als ich in Valendazzo eintraf, lud ich umgehend meine Brigadekommandeure zum Dinner. Freddy Archer-Brown, mein Adjutant, und Tom Hawley, mein Nachrichtenoffizier, waren ebenfalls anwesend. Brigadekommandeur Foulis unterstützte meinen Plan rückhaltlos, die einzige Opposition kam von Brigadier Alban, einem Offizier, der sich in der Vergangenheit zwar als ausgesprochen mutig erwiesen hatte, dessen Temperament sich jedoch als ungestüm und unausgeglichen beschreiben läßt. Brigadier Alban wurde im Verlauf des Dinners äußerst aggressiv und warf mir vor, ich wisse nicht, was ich tue. Er verließ das Hauptquartier sehr aufgebracht und unternahm am nächsten Morgen, allein aus eigener Initiative, einen begrenzten Angriff ohne Artillerieunterstützung auf die feindlichen Stellungen, und obwohl es zwei Kompanien gelang, sich unsicher auf dem anderen Flußufer festzusetzen, gab es gewaltige Verluste, so daß ich mich gezwungen sah, sie zurückzubeordern. Brigadier Alban kam vor ein Kriegsgericht und wurde im Range eines Obersten in den Ruhestand versetzt. Dieses großzügige Urteil wurde nur möglich, weil er sich in der Vergangenheit als ausgesprochen mutig erwiesen hatte.«
Es gab eine Pause. Otford runzelte die Stirn.
»Möchten Sie sie jetzt vielleicht empfangen, Sherlock?« fragte Hedges.
»Wahrscheinlich hatte Gribbell recht«, sagte Otford.
»Das klingt gar nicht nach Ihnen.«
»Pole, bringen Sie die Dame herein.«
Pole verließ kurz das Zimmer und kam zurück.
»Sie ist weg«, sagte er.

Im Telefonbuch fand sich keine Spur eines Alaric Alban, und so suchte Otford an jenem Abend einen Club in der St.

James's Street auf, statt direkt nach Hause zu fahren. Er versuchte sich einzureden, dort lediglich einen Drink nehmen zu wollen, doch in Wirklichkeit war seine Abenteuerlust geweckt. Er war zwar vor einer ganzen Weile in diesen Club aufgenommen worden, hatte ihn aber nie frequentiert, da er ihn zu sehr an seine Privatschule erinnerte. Die Mitglieder, in erster Linie pensionierte Militärs mit einem kleinen Anteil vorzeitig gealterter Herrschaften, hatten sich nie der hierarchischen Aspekte ihres pedantischen Lebens entledigt. Mit feindseligen Mienen saßen sie in tiefen Sesseln herum und versuchten, anhand der relativen Unterwürfigkeit oder Arroganz anderer Gesichter ihre genaue Position im herrschenden Gefüge zu bestimmen.
Otford trat ein, nachdem er seinen Hut an der Garderobe abgegeben hatte, und schlenderte durch die weitläufigen Zimmer, als suche er jemanden. Wie in einer Kirche hörte man im Hintergrund gedämpfte Gespräche. Seine Füße versanken beim Gehen im Teppich. Er wandte sich von der Bar ab, da dort nicht weniger als drei berüchtigte Langweiler hockten und wie Straßenmädchen in einer Spelunke auf Opfer warteten. Schließlich entdeckte er Leopard Bately, der allein im Leseraum saß und in einer auf Pferderennen spezialisierten Zeitschrift blätterte. Kein übler Bursche, der Leopard, ein Generalmajor der Reserve. Er war ein Mann von fiebriger militärischer Phantasie, abgepolstert durch ein Privatvermögen, dank dessen er sich seine ausgefallensten Ideen finanzieren und aus seiner Karriere ein Steckenpferd machen konnte. Sein recht imposanter Spitzname rührte nicht von irgendwelchen außergewöhnlichen Heldentaten, sondern eher daher, daß er seit seiner Jugendzeit von einer Hautkrankheit gepeinigt wurde.
»Guten Abend, Sir.«

Leopard sah auf und lächelte. »Otford, wir haben nicht das Vergnügen, Sie hier sehr häufig zu erleben.«
»Darf ich mich zu Ihnen gesellen?«
»Aber durchaus. Ich vertreibe mir nur die Zeit, und darin bin ich verdammt schlecht.«
Bei einem Scotch mit Soda fragte Otford ihn, ob er je einen Brigadier Alban kennengelernt habe.
Der Leopard runzelte die Stirn. »Alaric Alban? Ja. Bedauerliche Angelegenheit. Hatte es sich aber selbst zuzuschreiben. Hätte gar nicht anders enden können.«
»War er ein schlechter Soldat?«
»O nein, ein überragender. Und das Außergewöhnliche hat dem Mittelmaß noch nie gefallen, wenn Sie wissen, was ich meine. Was ihm passiert ist, wäre mir bei mehr als einer Gelegenheit auch beinahe passiert. Und dann ... ich weiß nicht genau, ob er übermäßig getrunken hat, kannte ihn dafür nicht gut genug, aber er wirkte immer betrunken. Er sprach irgendwie undeutlich, hatte einen verschleierten Blick und war ungeheuer aufbrausend. Er reagierte allergisch auf Dummheit, und wenn man beim Militär der Dummheit gegenüber allergisch ist und trinkt, geht man irgendwann mal im falschen Moment an die Decke, und schon endet man als verbitterter, lästiger Zivilist.«
»Glauben Sie, daß es Ihnen auch so gehen wird?«
»Himmel nein, ich habe keine Allergie gegen Dummheit. Sie amüsiert mich. Wahrscheinlich werde ich noch mal Feldmarschall.«
Nach einer kurzen Pause fragte Otford den Leopard: »Haben Sie zufällig Gribbells Buch gelesen?«
»Sagten Sie Gribbells Buch? Hatte keine Ahnung, daß der Kerl schreiben kann.«
»Wahrscheinlich hat es jemand für ihn geschrieben.«
»Nein, ich habe Besseres zu tun, als mich auf Entdeckungs-

reise in einen durch und durch mediokren Verstand zu begeben.«
Ihnen gegenüber senkte sich die *Times*, und sie wurden von einem Augenpaar gemustert, an dem die Ausdruckslosigkeit auffiel.
»Wir unterhielten uns gerade über Ihr Buch, Sir«, stammelte Otford.
»Mein Buch? Das ist erst seit zwei Tagen auf dem Markt.«
»Ich habe den größten Teil bereits gelesen«, sagte Otford.
»Eine faszinierende Geschichte, nicht wahr?« stellte Gribbell als Tatsache fest.
»Ich habe es nicht gelesen«, sagte der Leopard einigermaßen irritiert.
»Wie war das?«
»Ich habe es nicht gelesen.«
»Ich glaube, es wird Ihnen gefallen, Bately, liest sich gut.«
Otford biß sich auf die Lippen und wagte den Sprung. »Ihre Beschreibung der Durchquerung des Flusses Rizzio warf ein völlig neues Licht auf den Italienfeldzug«, sagte er.
Gribbells Miene wurde beinahe freundlich, sogar dankbar. Er legte seine Zeitung weg. »Sind Sie Soldat, Sir?« fragte er.
»Ich bin Historiker.«
»Militär?«
»Ja. Ich heiße John Otford.«
Darauf reagierte Gribbell nicht. Anscheinend hörte er nur, was er hören wollte, und als John seine Identität enthüllte, dachte der General bereits über seinen eigenen nächsten Gesprächsbeitrag nach. »Wissen Sie«, sagte er, »einige von

euch Kerlen waren uns gegenüber, den armen Knilchen, die wirklich gekämpft haben, verflucht ungerecht.«

»Trifft es nicht zu, daß einige von euch Kämpen verflixt ungerecht zueinander waren? Nachdem ich Ike, Blut-und-Eingeweide, Monty und Omar Bradley gelesen habe, halte ich es für ein Wunder, daß wir überhaupt gewonnen haben.«

Gribbell hörte das nicht. »Keiner hat je bemerkt«, fuhr er fort, »daß wir womöglich bis auf den heutigen Tag in Italien wären, wenn ich nicht den Rizzio überquert hätte, als ich es tat, nämlich am ersten Weihnachtstag.« Er lächelte matt und schien auf Glückwünsche zu warten.

»Und wenn Sie angegriffen hätten, als Mark Clark es von Ihnen verlangte?«

Gribbell behandelte diese Frage als Unverschämtheit. »Mein lieber junger Herr«, sagte er überraschend giftig, »wenn ich getan hätte, was man von mir verlangte, hätte ich grundlos zweitausend Mann verloren.«

»Und wenn Sie Brigadier Albans Angriff unterstützt hätten?«

Gribbell sprang auf, als hätte man ihm einen Schlag ins Gesicht verpaßt. »Ich bin nicht hier, um mich beleidigen zu lassen«, sagte er steif. »Darf ich fragen, ob Sie Gast in diesem Club sind oder Mitglied?«

»Ich bin Mitglied«, antwortete John ruhig.

»Das zu hören tut mir ausgesprochen leid.«

Gribbell stolzierte davon.

»Hundert Punkte«, murmelte der Leopard.

Doch plötzlich war Gribbell wieder da. »Es gibt gewisse Dinge, die ein Mensch wegen der Verleumdungsgesetze nicht in einem Buch schreiben kann«, sagte er ruhiger. »Bei Albans Angriff gibt es einen Aspekt, den ich nicht erwähnen konnte. Der Mann war betrunken. Er befehligte den Angriff im Schlafanzug.«

Auf dem Nachhauseweg arbeitete Otfords Hirn auf Hochtouren. Er mußte sich bewußt anstrengen, um die roten und grünen Ampeln zu beachten. Warum hatte sich General Gribbell so übertrieben beleidigt gezeigt, als Albans Name fiel? Und warum hatte er einen so eindrucksvollen, wenn auch konventionellen Abgang hingelegt, nur um ihn zu verderben, indem er mit einer vergleichsweise rationalen Erklärung über Albans Verhalten zurückkam? Welch merkwürdiges Gewicht hatte er dem ganzen Ereignis durch seine übersteigerte Wut und die ungefragt nachgelieferte Erklärung verliehen!

Otford stellte seinen Wagen ab und wollte gerade das Licht ausschalten, als er glaubte, in etwa dreißig Meter Entfernung, auf Höhe der Hecke, eine Frau stehen zu sehen. Nach kurzem Zögern schaltete er das Licht aus, stieg aus und schloß den Wagen ab. Dann wartete er. Er bildete sich ein, das Geräusch eines auf Kies rutschenden Absatzes zu hören, dann war wieder alles still.

»Mrs. Alban«, rief er.

Stille.

Wieder öffnete er die Wagentür, drehte den Zündschlüssel herum und fuhr im Stockdunkeln langsam weiter. Plötzlich schaltete er die Scheinwerfer an, und da stand eine armselige blasse Frau im Strahl. Sie hielt ein Exemplar von *So lauteten meine Befehle* umklammert. Otford bremste, öffnete die Tür und sagte so beiläufig er konnte: »Mrs. Alban, was halten Sie von einem Drink?«

»Warum laufen Sie immerzu vor mir weg?« platzte sie heraus.

»Ich wußte nicht, wer Sie sind.«

»Sie machen sich über mich lustig!«

»Weshalb sollte ich mich über Sie lustig machen?« Otford war etwas verdutzt. Einen Moment lang fehlten beiden die Worte.

»Kommen Sie doch ins Haus, wo wir uns in aller Ruhe unterhalten können.«
Jean Otford war wütend, weil ihr Mann seine Verspätung zum Dinner nicht telefonisch angekündigt hatte und weil er, als er schließlich auftauchte, nicht allein kam, sondern in Begleitung einer ungepflegten Frau, die wie eine Landstreicherin aussah.
Sie aßen schweigend zu Abend. Eine Barriere der Wut trennte die Eheleute, und Mrs. Alban schürte den stummen Zwist noch mit Bemerkungen wie: das Essen sei fabelhaft, sie habe nicht vorgehabt, zum Dinner zu bleiben, doch da Otford darauf bestand, habe sie nun die letzte Verbindung nach Sunningdale verpaßt, was solle sie nur tun?
Nach dem Kaffee stürmte Jean aus dem Zimmer, ohne ein Wort gesagt zu haben, und Otford wandte sich an Mrs. Alban. »Sagen Sie«, begann er, »warum haben Sie mich wiederholt angerufen und mir die letzten beiden Tage keine Ruhe gelassen?«
»Ihre Frau ist leider nicht sehr erfreut über mich«, stellte Mrs. Alban gedrückt fest.
»Über *mich* ist sie nicht sehr erfreut, auch wenn Sie zufällig die Ursache sind. Ich wünschte, Sie würden meine Frage beantworten.«
»Haben Sie meinen Mann je kennengelernt?« fragte sie, was ihr offensichtlich schwerfiel. Sie war eine äußerst nervöse Frau und nicht sonderlich attraktiv.
»Nein.«
»Nun, ich nehme nicht an, daß Sie dieses Buch gelesen haben.«
»Doch, das habe ich.«
»Oh.«
Sie hielt inne. Otford hatte das Gefühl zu wissen, was kommen würde, aber sie mußte sich noch entscheiden, wie sie

ihren Fall vortragen wollte, und das dauerte. Sie war ein Bild des Jammers, fast eine Vettel, hatte blutunterlaufene Augen, das weiße Haar war zerzaust.
»Dann haben Sie also von Brigadier Alban gelesen.«
»Ja.«
»Glauben Sie das?«
»Ich habe keinen Grund, es nicht zu tun.«
Mrs. Alban begann zu weinen, weckte damit aber seltsamerweise sehr wenig Mitgefühl, da Tränen irgendwie zu ihrem Gesicht zu gehören schienen. »Es ist ungerecht«, jammerte sie, »absolut ungerecht.«
»Waren Sie dabei?« fragte Otford, ein wenig erstaunt über seine eigene Härte. Eigenartig – diese erbarmungswürdige Frau ärgerte ihn.
»Natürlich war ich nicht dabei, aber ich kenne Ric, ich kenne meinen Mann.«
Sie war so trotzig, daß Otford schon fast ein schlechtes Gewissen bekam, aber er sah nur zu Boden und wartete. Schließlich hatte diese Person einen Streit zwischen ihm und seiner Frau ausgelöst, sie hatte von seinem Essen gegessen, warum sollte er ihr behilflich sein, ihre langen peinlichen Pausen zu beenden?
»Ich kenne meinen Mann, und ich kenne Crowdy Gribbell.«
»Ach ja?« Otford schaute abrupt hoch. »Wo haben Sie ihn kennengelernt?«
»Indien, Mesopotamien, ich kenne ihn und Flora. Mit Flora bin ich zur Schule gegangen. Wir sind Cousinen, über ein paar Ecken.«
»Flora? Mrs. Gribbell?«
»Lady Gribbell«, korrigierte Mrs. Alban. In England zollt man sogar Feinden den ihnen gebührenden Respekt. »Eine egoistische, selbstherrliche, habgierige Frau, wie sie im Buche steht.«

Ja, sogar Feinden zollte man den gebührenden Respekt. Mrs. Alban fuhr sich mit der Hand übers Gesicht, als wolle sie ganz von vorn anfangen. »Crowdy war zwei Jahre älter als Ric, aber Ric hat ihn sehr schnell überholt. Mein Mann bekam 1917 den Orden für besondere Verdienste am Band, da war er erst achtzehn. In Estland hat er gegen die Bolschewiken gekämpft und sich dann in Archangelsk Ironside angeschlossen. Mit vierundzwanzig war er Hauptmann in Indien, während Crowdy lediglich ein kleiner Leutnant im Ersten Bataillon seines Regiments in Nordengland war. Anfang der dreißiger Jahre dienten sie zusammen in der Gegend von Madras. Ric war der zweitjüngste Major, während Crowdy Gribbell als amtierender Hauptmann ein Kompanie von Fußlatschern befehligte. Bei Kriegsbeginn war mein Mann einundvierzig Jahre alt. Er war Oberstleutnant und befehligte eine Kompanie Panzerkampfwagen. Damals war Crowdy dreiundvierzig. Er war immer noch Hauptmann und sprach von Pensionierung. Ric geriet in Dünkirchen in Gefangenschaft, konnte aber fliehen. Es war eine der spektakulärsten Fluchten des Krieges, aber er hat nie darüber geschrieben, wollte nicht einmal darüber reden. Im Winter 1940 war er wieder in England, den Kopf voller Ideen, wie man die Hunnen dort schlagen konnte, wo es ihnen am meisten schadete. 1941 führte er mit acht Freiwilligen ein Stoßtruppunternehmen auf den Kanalinseln durch und erbeutete ein überaus wichtiges deutsches Kriegsgerät. Er wurde gleichzeitig belobigt und gemaßregelt.«

»Warum?« fragte Otford.

»Er hatte keinen über sein Unternehmen informiert. Später im selben Jahr gab man ihm in Äthiopien eine Brigade Panzerwagen, und er unternahm einen Vorstoß, weit vor dem Rest der Armee, wobei er sechs italienische Generäle sowie

ihre gesamten Truppen gefangennahm. 1942 kamen Gerüchte auf, er solle eine Division bekommen, aber daraus wurde nichts. Er hatte es sich mit den falschen Leuten verdorben – Jumbo Wilson, dem Kriegsminister. Man gab ihm einen Schreibtischjob im Kriegsministerium, bis er die 241. Brigade übernahm, doch inzwischen hatte Crowdy Gribbell auf seine unspektakuläre Art Karriere gemacht, und der arme Ric sah sich als Untergebener jenes Mannes, mit dem er am allerwenigsten zu tun haben wollte.«
»Sie haben sich gehaßt?«
»Nein, es war kein wirklicher Haß. Sie hatten in der Vergangenheit zwar ein paar erbitterte Auseinandersetzungen gehabt, aber Ric ist kein rachsüchtiger Mensch. Er haßte eher, was Crowdy verkörperte, als Crowdy persönlich: das Langweilige, das Biedere, das Servile. ›Warum um alles in der Welt ist so ein Mann nur zur Armee gegangen?‹ sagte er immer.«
»Um General zu werden, lautet die Antwort«, sagte Otford, der diese Sorte Soldatenfrau enervierend fand. »Aber verraten Sie mir doch bitte, warum haben Sie sich in Ihrem Bestreben, Ihren Mann zu entlasten, an mich gewandt?«
»Ich habe in der öffentlichen Bücherei Ihren Namen im Anhang des Lexikons nachgeschlagen. Sie haben über den Italienfeldzug geschrieben. Wissen Sie, Ric wird nie ein Buch schreiben. Wenn er es täte, würde es keiner je veröffentlichen. Aber Sie schreiben den maßgeblichen Kommentar, den jeder lesen kann. Er ist Teil der offiziellen Geschichtsschreibung.«
In diesem Augenblick platzte Jean herein. Sie hatte ein Nachthemd und einen Bademantel an.
»Kommst du ins Bett?« fragte sie.
Einen Moment lang war Otford versucht aufzubrausen.

Statt dessen antwortete er betont beiläufig: »Bald, meine Liebe. Ich fahre Mrs. Alban nur rasch nach Sunningdale.«
Für Jean war die Vorstellung, zu dieser nachtschlafenden Zeit nach Sunningdale zu fahren, grotesk, ja schon beinahe komisch. Sie warf einfach die Tür ins Schloß.

Die Fahrt dauerte viel länger, als Otford es sich vorgestellt hatte, und die ganze Zeit über quasselte Mrs. Alban monoton vor sich hin – all die Verbitterung einer Lady Macbeth des Regiments abreagierend. Pausenlos erwähnte sie die Ungerechtigkeit, die ihrem Mann widerfahren war, führte aber nicht den geringsten Beweis dafür an, daß Gribbells Verhalten ungerechtfertigt gewesen wäre.
Als sie schließlich die flache Hütte erreichten, in der Mrs. Alban ihren Angaben gemäß wohnte, ging die Tür auf, und vor der Flurbeleuchtung hoben sich die Umrisse einer großgewachsenen hageren Gestalt ab.
»O weh«, murmelte Mrs. Alban ernsthaft beunruhigt.
»Wo zum Teufel hast du gesteckt?« brüllte der Oberst.
»Mr. Otford war so freundlich, mich nach Hause zu fahren«, sagte sie nervös.
»Otford? Sind Sie der eingebildete Fatzke, der das ganze wichtigtuerische Gewäsch über das Italienspektakel geschrieben hat?«
»Woher weißt du das?« fragte seine Frau erstaunt.
»Ja«, sagte Otford.
»Und ich nehme an«, fuhr der Oberst fort, »meine Frau hat Sie mit einem Haufen tränenseliger Geschichten über mich genervt.«
Otford warf Mrs. Alban einen kurzen Blick zu und empfand – vielleicht zum ersten Mal – Mitleid mit ihr. Sie sah so völlig verzweifelt aus, so verloren, so verraten. »Ich bin es, Oberst Alban, der sie genervt hat.«

»Das glaube ich nicht.«
Otford stieg aus seinem Wagen. Es kam ihm würdevoller vor. Ihm fiel auf, daß der Oberst einen Schlafanzug trug. Der Wind wehte leichten Whiskygeruch herüber.
»Sie können glauben, was Sie verdammt noch mal wollen«, fuhr Otford ihn an und überraschte mit seinem Mut sogar sich selbst. »Tatsache ist, mich interessiert die Überquerung des Rizzio, und als Historiker will ich von jeder verfügbaren Quelle soviel wie möglich in Erfahrung bringen.«
»Keine Ahnung, warum Sie aus Ihrem Wagen gestiegen sind«, gab der Oberst zurück. »Wenn Sie glauben, daß ich Sie hereinbitte, täuschen Sie sich gewaltig, und wenn Sie sich der Illusion hingeben, ich würde Ihnen danken, weil Sie meine Frau sicher nach Hause gebracht haben, täuschen Sie sich sogar noch mehr. Mir ist völlig schnuppe, wo sie gesteckt hat, was sie macht oder ob ich sie jemals wiedersehe. Und das gleiche, Sir, gilt auch für Sie.« Und plötzlich holte er zu einem recht kräftigen Fausthieb gegen seine Frau aus, der sie verfehlte; ob er sie allerdings absichtlich verfehlte oder weil er sich verschätzt hatte, war nicht klar. Mit einem leisen Seufzer verschwand sie in der Hütte. In benachbarten Häusern ging das eine oder andere Fenster auf, und verschlafene Stimmen verlangten nach ein wenig Ruhe.
»Und jetzt«, sagte der Oberst, »machen Sie sich dünne, hauen Sie ab, ziehen Sie Leine.«
»Langsam glaube ich, was mir Sir Crowdson Gribbell erzählt hat«, rief Otford hinter der entschwindenden Gestalt her. »Sie sind gefeuert worden, weil Sie betrunken waren.«
Der Oberst drehte sich um und kam langsam zurück. Mit ruhiger Stimme sagte er: »Ganz recht. Ich war sternhagel-

voll. Ich war nicht nur betrunken, sondern bei dieser speziellen Gelegenheit trug ich auch noch einen Schlafanzug, weiß mit schmalen blauen Streifen. Entgegen meinen Befehlen leitete ich einen Angriff und wurde vor einem Kriegsgericht degradiert, ein Schicksal, das ich absolut verdient habe. General Sir Crowdson Gribbell wußte, was er tat, ganz im Gegensatz zu mir. Das Resultat meiner übereilten Handlung kostete uns vierhundertvierundzwanzig Mann und fast achthundert Verletzte. Zufrieden?«
Langsam und leicht schwankend begab er sich wieder zu seiner Haustür.
Ernüchtert sagte Otford: »Hoffentlich lassen Sie meine Torheit nicht an Ihrer Frau aus, Sir.«
»Das«, erwiderte der Oberst, »ist, genau wie die Schlacht am Fluß Rizzio, meine Angelegenheit.« Und damit schloß er die Tür.
Otford traf um vier Uhr morgens zu Hause ein, müde, verunsichert und verwirrt. Er stahl sich auf Zehenspitzen in sein Schlafzimmer und entkleidete sich so leise wie möglich. Als er sich langsam an die Dunkelheit gewöhnte, wurde er gewahr, wie seine Frau ihn aus großen, gekränkten Augen ansah. Er war zu verstört, um zu dieser späten Stunde eine Erklärung zu versuchen, daher tat er, als sähe er sie nicht, und lag bewegungslos im Dunkeln, Schlaf vortäuschend.
Am nächsten Morgen spürte man beim Frühstück eine gewisse Kälte, doch auch da hatte Otford nicht den Mumm, diese zu beenden. In der angespannten Stille konnte er irgendwie klarer denken. Ohne Abschiedsgruß brach er ins Büro auf.
Im Büro gab es wie üblich nichts zu tun. Er saß da, starrte vor sich hin und gähnte. Plötzlich faßte er einen Entschluß. Er rief einen Freund im Kriegsministerium an und setzte

eine Suche nach den Regimentsunterlagen von Albans Einheit in Gang. Innerhalb weniger Stunden und nach etlichen kostspieligen Telefonaten, die er später erklären oder bezahlen konnte, hatte Otford herausgefunden, daß Albans Adjutant zur Zeit der Rizzio-Überquerung ein gewisser Leutnant Gilkie war, der jetzt als Farmer in Kenia lebte, und Albans Putzer ein gemeiner Soldat namens Jack Lennock gewesen war, der heute als Mitglied des Portiersverbandes geführt wurde. Mit Hilfe dieser Organisation wurde Jack Lennocks Spur bald bis zu einem Kino am Leicester Square verfolgt. Otford ließ sein Mittagessen ausfallen und nahm ein Taxi zum Leicester Square, ging zu dem großgewachsenen geschniegelten Portier in seiner prächtigen Operettenuniform und fragte nach Lennock. Der Portier verriet, Lennock arbeite in den Büroräumen im oberen Stock, sei aber erst um fünfzehn Uhr wieder zurück.

Während Otford in einer Milchbar saß und einen minderwertigen Hamburger aß, kam er nicht hinter den Grund für seine Ungeduld. Alles deutete darauf hin, daß es kein Geheimnis gab. Gribbell und Alban waren einer Meinung gewesen, und Alban, der Beklagte, hatte seine Schuld sogar noch vehementer beteuert als Gribbell, der Kläger. Und doch verriet Otfords Instinkt ihm, daß er unmittelbar vor einer Entdeckung stand, die Untersuchung mußte weitergehen.

Um fünfzehn Uhr begab sich Otford in das über dem Kino gelegene Büro der Filmgesellschaft, und im siebten Stock fand er den an einem Schreibtisch sitzenden Lennock. Er trug eine dunkle Uniform sowie eine Ordensspange. Als Otford sich ihm näherte, sah er auf und lächelte. Er hatte ein angenehmes, offenes Gesicht. »Und wen möchten Sie sprechen, Sir?« fragte er.

»Ich glaube, ich suche Sie.«

»Mich?«
»Mr. Lennock?«
»Ja.«
Otford stellte sich vor, dann fragte er direkt nach Alban. Lennocks Miene änderte sich. In seinen Augen schien eine uralte Furcht neu entzündet worden zu sein. »Das habe ich genug durchgekaut, Sir«, sagte Lennock, »genau wie der Alte, schätze ich. Ich würde das Ganze am liebsten vergessen.«
Otford bot ihm eine Pfundnote an, die Lennock ablehnte.
»Mochten Sie ihn?«
»Ich? Ein Besserer ist mir nie begegnet. Aber man mußte ihn wirklich kennen. Er hatte seine Höhen und Tiefen wie jeder andere auch.«
»Aber hat er denn nicht ordentlich der Flasche zugesprochen?«
Lennock musterte Otford mißtrauisch, sogar ein wenig böse. »Er mochte einen Drink zur rechten Zeit, Sir, genau wie Sie.«
»Haben Sie an der Überquerung des Flusses teilgenommen?«
»Allerdings Sir, ja«, sagte Lennock.
»Gehörten Sie zu denen, die das andere Ufer erreichten?«
»Wir alle erreichten das andere Ufer, Sir.«
»Alle? Die ganze Brigade?«
»Die ganze Brigade.«
Otford runzelte die Stirn. »Wie weit sind Sie gekommen?«
»Das dürfen Sie mich nicht fragen, Sir. Kaum kamen wir drüben an, wurde ich am Fuß verwundet und mußte ins Lazarett. Als ich wieder herauskam, schickte man mich in

den Fernen Osten zu unserem 8. Bataillon, und ich habe keinen der Jungs je wiedergesehen.«
»Gibt es einen, zu dem Sie Kontakt haben, irgendwen, den ich fragen könnte?«
»In London sind nicht viele, Sir, wenn man von Kompanie-Hauptfeldwebel Lambert absieht, von der C-Kompanie. Er kümmert sich um die türkischen Bäder im Automobile Athletic Club in der Jermyn Street. Ihn treffe ich gelegentlich.«
In diesem Moment kam ein Angestellter der Filmgesellschaft und rief nach Lennock.
»Entschuldigen Sie mich einen Moment, Sir«, sagte der und ging.
Otford wartete seine Rückkehr nicht ab. Er verließ das Gebäude, hielt ein Taxi an und ließ sich zum Automobile Athletic Club bringen. Der Zutritt war für Nichtmitglieder eine wahre Tortur, aber daß Otford zumindest Mitglied eines anderen seriösen Clubs war, schien den Sekretär zu beruhigen, und nach einer völlig überflüssigen Debatte exkortierte man Otford in das türkische Bad und stellte ihn C. S. M. Lambert vor, einem kleinen drahtigen Mann mit scharfgeschnittenen Gesichtszügen, bei denen sogar einem völlig ruhigen Gewissen unbehaglich zumute werden konnte. Er war von Kopf bis Fuß in Weiß gekleidet und bewegte sich mit dem federnden Schritt des Sportausbilders.
Otford stellte unverzüglich seine Fragen.
»Ich weiß nicht, ob es an mir ist, Ihre Fragen zu beantworten, Sir, da mir das präzise Wissen fehlt, was Ihre Berechtigung betrifft, sie zu stellen.«
»Aber Sie müssen doch irgendwelche Ansichten haben«, sagte Otford, der die Wichtigtuerei der freudig Geknechteten verabscheute.

»Möglicherweise habe ich Ansichten, Sir, was aber nicht bedeutet, daß es mir gestattet ist, selbigen jederzeit Ausdruck zu verleihen, wenn Sie mir folgen können.«

»Nein, ich kann Ihnen nicht folgen.« John war verärgert.

»Nun, sagen wir es so: Ich weiß nicht, ob das, was wir beim Überqueren oder Durchwaten des Flusses Rizzio durchgemacht haben, noch den Geheimhaltungsvorschriften unterliegt oder nicht.«

»Hat Ihnen jemand gesagt, es sei noch geheim?«

»Mir hat niemand gesagt, daß dies nicht mehr der Fall sei«, sagte der Hauptfeldwebel in dem Glauben, einen Punktgewinn erzielt zu haben. Großer Gott, was für ein Trottel.

»Sie kannten Brigadier Alban?«

»Oberst Alban, Sir.«

»Wenn Sie unbedingt kleinlich sein wollen.«

»Ich bin präzise, Sir.«

»War er Ihrer Ansicht nach ein guter Offizier?«

»Meine Ansichten zählen nicht, Sir. Was zählt ist: erstens, die Vorgeschichte eines Mannes sowie zweitens, die Ergebnisse des Kriegsgerichtsverfahrens.«

»Sind Sie mit den Ergebnissen des Kriegsgerichtsverfahrens einverstanden?«

»Es steht mir nicht zu, einverstanden oder nicht einverstanden zu sein, ich habe mich entsprechend zu verhalten.«

»Aber lieber Himmel, Mann, Sie waren dabei!«

»Genau!« sagte der Hauptfeldwebel mit irritierendem Nachdruck.

Otford unternahm einen neuen Versuch. »Sie haben am 29. November den Rizzio überquert. Das ist allgemein bekannt.«

»Wenn Sie es wissen, Sir, wird es wohl so sein.«
»Wenn ich mich nicht irre, gelangte das gesamte Bataillon ans andere Ufer, bevor es zurückbeordert wurde.«
»Das kann ich Ihnen nicht sagen, Sir.«
»Was glauben Sie denn, wem es hülfe, wenn Sie's täten?« rief Otford. »Den Deutschen? Die sind jetzt auf unserer Seite und sehr gern behilflich.«
»Warum fragen Sie sie dann nicht einfach?«
»Donnerwetter, das ist eine Idee!«
Der Hauptfeldwebel verlor die Fassung. Ein bestürzender Gedanke, Otford womöglich auf eine Idee gebracht zu haben. »Was beabsichtigen Sie zu tun, Sir?« fragte er mit zu melodramatischen Schlitzen verengten Augen.
»Ich beabsichtige, Ihren Rat zu beherzigen und die Wahrheit von den Deutschen zu erfahren.«
»Dazu habe ich Ihnen niemals geraten!«
»Und ob«, erwiderte Otford. »Sie sagten, warum ich nicht einfach die Deutschen frage.«
»Das meinte ich nicht wörtlich, Sir, aber falls Sie etwas wissen wollen, wäre ich Ihnen dankbar, wenn Sie Rücksprache mit Major Angwin hielten. Er übernahm das Bataillon, als der Alte, Oberst Radford, fiel.« Jetzt war er ganz hektisch und atemlos.
»Schon besser«, sagte Otford. »Major Angwin, sagten Sie? Wissen Sie, wo ich Ihn erreiche?«
»Ja, Sir. Wir schicken uns gegenseitig Weihnachtskarten, Sir. Er vermietet jetzt Lastwagen, Sir, in Lincoln. Angwin Brothers lautet der Name der Firma.«
»Ich danke Ihnen sehr.«
Otford hielt ihm eine Pfundnote hin, die der Kompanie-Hauptfeldwebel mit einer kleinen Verbeugung annahm.
Otford traf gegen halb vier Uhr nachmittags im Museum ein, wo es keine Nachrichten für ihn gab und niemand

angerufen hatte. Er warf noch einen Blick in *So lauteten meine Befehle*.

»Obwohl es zwei Kompanien gelang, sich unsicher auf dem anderen Flußufer festzusetzen, gab es gewaltige Verluste, so daß ich mich gezwungen sah, sie zurückzubeordern«, las er wieder.

Und doch hatte Lennock behauptet, die ganze Brigade habe den Fluß überquert. Vielleicht war Lennock gar nicht in der Lage, das zu wissen. Vielleicht galt das auch für Gribbell?

Problemlos fand Otford die Telefonnummer von Angwin Brothers in Lincoln, und bald führte er ein Ferngespräch mit Major Angwin. Seiner Stimme nach zu urteilen, hielt Angwin sich für den geborenen Chef von Männern und Lastwagen.

»Alban«, sagte er, »konnte den Burschen nicht ausstehen. Unglaublich schlechte Manieren, höllisch eingebildet und dazu noch exzentrisch. Pflegte seine Mütze mit dem Schirm nach hinten zu tragen und einen Appell im Schlafanzug abzunehmen. Sie kennen die Sorte. Ein echter Angeber. Allerdings, das muß man ihm lassen, seine Männer gingen für ihn durchs Feuer. Er hatte das gewisse Etwas. Er brachte sie zum Lachen. Sie hielten ihn für verrückt, und es kam bestimmt keine Langeweile auf, wenn er in der Gegend war, aber sobald man ihn in die Offiziersmesse brachte, wurde er zu einer echten Bedrohung.«

»Hat er getrunken?«

»Ja, aber er konnte eine ganze Menge vertragen. Mir ist noch keiner begegnet, der soviel vertrug wie er. Unglaublich. Und ich habe nie erlebt, daß er nicht mehr klar gewesen wäre.«

»Ist Ihnen je Sir Crowdson Gribbell über den Weg gelaufen?«

»Ja, auch so ein absolut ekelhafter Zeitgenosse. Das genaue Gegenteil von Alban dem Wüterich, ein echter selbstgefälliger Konservativer. Ist sein Leben lang nie ein Risiko eingegangen. Nie auch nur einen Zentimeter vorwärts marschiert, wenn er nicht seines Erfolges sicher war und die Divisionen an seinen Flanken die Drecksarbeit erledigt hatten. Alban hielt einen wenigstens wach, aber bei einem Gespräch mit Gähner Gribbell war man in Null Komma nichts am Schnarchen.«

Erfrischend, dieser Angwin.

»General Gribbell hat ein Buch geschrieben.«

»Dieser Schnarchsack? Zum Glück bin ich daran nicht finanziell beteiligt. Was schreibt er?«

»Er schreibt, als Alban seinen Angriff begann, seien nur zwei Kompanien auf das andere Ufer gekommen, und ...«

»Das ist von vorn bis hinten gelogen. Mein Bataillon lag in Reserve, und wir sind hinter den beiden anderen Bataillonen der Brigade rüber.«

»Er schreibt, Sie hätten unsicher Fuß gefaßt.«

»Ist das zu fassen! Das Ziel des Manövers war, das Dorf San Dingsbums zu erreichen ...«

»San Melcchore di Stetto.«

»Ganz recht. Nun, wir nahmen den Ort in weniger als einer halben Stunde nach Beginn des Angriffs ein. Wir hatten kaum Verluste. Alban begann, feste Stellung zu beziehen, und bat in einem Funkspruch um Unterstützung durch die Division. Als einzige Antwort bekam er den Befehl zum Rückzug. Er weigerte sich zunächst, mußte aber schließlich nachgeben. Als die Männer merkten, daß sie völlig grundlos den Rückzug antraten, kam es praktisch zu einer Meuterei. Unser Rückzug gab Jerry Selbstvertrauen, und er eröffnete ein mörderisches Feuer. Fünfundneun-

zig Prozent unserer Verluste erlitten wir während des Rückzugs.«
»Großer Gott.«
»Tja, so sieht's aus, wenn Sie mich fragen. Wenn Sie mal in Lincoln sind ...«
Hektisch rief Otford wieder im Kriegsministerium an und erfuhr von seinen dortigen Kontaktpersonen, daß der gegenüber Gribbells Division in Stellung gelegene deutsche General ein gewisser General Schwantz gewesen war, der, welch glücklicher Zufall, noch aktiv und den NATO-Kräften in Paris zugeordnet war. Trotz der späten Stunde ließ Otford sich mit Paris verbinden und erfuhr, daß General Schwantz sich nicht im Hauptquartier aufhielt, sondern im Hotel Raphael zu erreichen sei. Nach einem nervösen Blick auf seine Uhr ließ Otford sich mit dem Raphael verbinden, um zu erfahren, daß General Schwantz ausgegangen sei, wahrscheinlich zu einem Empfang zu Ehren eines durchreisenden amerikanischen Politikers in der Deutschen Botschaft. Unerbittlich rief Otford die Deutsche Botschaft an und fragte, die wenigen zu seiner Verfügung stehenden deutschen Brocken zusammenraffend, nach General Schwantz. Jemand am anderen Ende der Leitung ging ihn suchen, und Otford hörte das gedämpfte Gemurmel von Cocktailstimmen. Endlich meldete sich eine ziemlich hohe, leise Stimme: *»Hallo, hier Schwantz.«*
»Sprechen Sie Englisch?«
»Wer ist am Apparat?«
Otford erklärte, er sei Militärhistoriker, und entschuldigte sich, den General um diese Uhrzeit zu stören. Da die Deutschen Respekt vor allen Historikern haben, besonders vor Militärhistorikern, war der General mehr als höflich.
»Ich möchte Ihnen eine Frage zur Überquerung des Flusses Rizzio stellen, Sir.«

»Rizzio? Ja. Vielleicht schicke ich Ihnen mein Buch, *Sonnenuntergang in Italien*. Ist schwierig zu reden hier, weil es sehr laut ist.«

»Sie haben ein Buch geschrieben?«

»Ja. Erschien vor zwei Wochen in München, natürlich auf deutsch. Ich schicke es Ihnen.«

»Vielen herzlichen Dank, Sir. Ich werde es mit Vergnügen lesen. Darf ich Ihnen aber noch eine einzige Frage stellen?«

»Bitte.«

»Kam der Angriff am 29. November für Sie überraschend?«

»Völlig. Es gab keinerlei Artillerievorbereitung. Wir hatten uns daran gewöhnt, daß die Engländer immer auf die gleiche Art angriffen. Artillerie und dann, etwa eine Stunde später, Infanterie. Hier passierte etwas ganz anderes. Ein weißgekleideter Offizier befehligte den Angriff. Was er trug, sah wie ein Schlafanzug aus. Er rauchte Pfeife und hielt einen Union Jack in der Hand. Auch viele der gewöhnlichen Soldaten rauchten, spielten Dudelsack oder Horn und trommelten. Es war eine Angriffsvariante, die wir im Ersten Weltkrieg benutzt hatten und die psychologischer Angriff hieß, und in diesem Fall war die Moral meiner Soldaten äußerst schlecht, und viele verließen ihre Positionen, ohne einen Schuß abzugeben. Sie waren aus Rußland gekommen, verstehen Sie, und nach Rußland hielt der Generalstab Italien für eine Urlaubsfrische, aber natürlich war es genauso schlimm, nur kleiner. Einige Soldaten waren so nervös, daß sie die weiße Gestalt für ein Gespenst oder, wie sagt man, eine Leiche hielten. Die seltsame Kakophonie, all das war sehr clever, das Cleverste, was ich im Krieg je erlebt habe, da der psychologische Augenblick genau richtig war. Zwischen 1914 und 1918 verloren wir mit solchen Aktionen viele Männer, sofern wir es versuchten, solange der Feind noch frisch und die Moral gut war. Es gelang mir nicht, unser Hauptquartier in San Melcchore di Stetto zu retten, und unsere Linie wurde durchbrochen. Eine meiner letzten Aktionen war, einen Funkspruch mit der dringenden Bitte um Hilfe an den Korpskommandanten, General von Hammerlinck, zu übermitteln, ich wußte aber, von Hammerlinck würde einen allgemeinen Rückzug befehlen, da wir zu diesem Zeitpunkt keine Reserven hatten. Unter meinem Kommando befanden sich kleine Einheiten der 31. Division, vielleicht zweihundert Mann, etwa fünfhundert von der Grenadierdivision ›Großer Kurfürst‹, ein paar überalterte Soldaten diverser Auffangeinheiten sowie um die dreihundert Fanatiker von der SS-Division Seyß-Inquart. Ich mischte sie so gründlich wie möglich durch, da ich den Briten für den Fall, daß Gefangene gemacht würden, den Eindruck vermitteln wollte, wir seien stark. Ich hatte bereits einen begrenzten Rückzug befohlen, um einen völligen Zusammenbruch der Moral zu verhindern – einige unserer Soldaten befanden sich seit acht, neun Monaten an der Front –, da zogen sich die Briten aus irgendeinem nie geklärten Grund zurück. Als man mir diese Nachricht überbrachte, mochte ich es nicht glauben, befahl aber, in die Offensive zu gehen. Wenn Soldaten müde sind und die Moral niedrig, müssen sie etwas unternehmen. Selbst ein Angriff ohne Aussicht auf Erfolg ist besser als gar keiner. Innerhalb von zwei Stunden waren wir auf unsere ursprünglichen Positionen zurückgekehrt und brachten dem Feind beträchtliche Verluste bei. Man verlieh mir das Ritterkreuz mit Diamanten, aber in meinen Memoiren gestehe ich ein, es nicht verdient zu haben. Während meiner gesamten militärischen Laufbahn habe ich keinen so ungeheuerlichen, ja rätselhaften Fehler erlebt, wie ihn die Briten bei dieser Gelegenheit begingen. Beantwortet das Ihre Frage?«

Eins muß man den Deutschen lasse, gründlich sind sie. Für einen Menschen, der um Verzeihung gebeten hatte, weil es schwierig sei, in Hörweite einer Cocktailparty zu sprechen, hatte General Schwantz sein Thema jedenfalls erschöpfend abgehandelt.

»Vielen Dank, Herr General«, sagte Otford, »Sie haben mir mehr als genug Informationen gegeben, und ich werde mir erlauben, Ihnen zur Lektüre ein Buch zu schicken.«

»Schicken was?«

Wenn er ein militärisches Unternehmen schilderte, sprach der General fast perfekt Englisch, doch im Gespräch gab es da gewisse Defizite.

»Nochmals vielen Dank«, sagte Otford.

»Danke Ihnen, und beste Wünsche für Ihre sehr interessante Arbeit.«

Otford legte auf und lächelte grimmig.

Er rief Philip Hedges an und teilte ihm mit, eventuell sei eine leicht geänderte Fassung in die neue Auflage des Lexikons einzufügen. Hedges war entzückt. Dann suchte Otford einen Blumenladen auf, erstand einen großen Strauß roter Rosen und fuhr nach Hause.

Seine Frau war das lähmende Schweigen eines Ehestreits leid, der lediglich auf einer gewissen Gedankenlosigkeit und nicht auf böser Absicht beruhte. Die Rosen brachten sie zum Weinen, da diese Geste ihrem Mann so gar nicht ähnlich sah, und in dieser Nacht im Bett erzählte er ihr die ganze Geschichte.

»Irgendwie konnte ich es dir nicht eher sagen«, fuhr er fort, »da es mir selbst nicht klar war.«

»Ich verstehe«, flüsterte sie, was eigentlich nicht stimmte.

Er musterte sie aus den Augenwinkeln und grinste. »Aber morgen brauche ich deine Hilfe. Wir suchen vormittags Oberst Alban auf.«

»Du brauchst meine Hilfe?« Sie fühlte sich geschmeichelt.

»Allerdings«, sagte er. »Führe ich allein hin, sähe er sich womöglich versucht, mich niederzuschlagen. Vor einer Dame traut er sich das hoffentlich nicht.«

Am nächsten Morgen fuhren die Otfords nach Sunningdale hinaus. Um halb zwölf kamen sie vor der Hütte des Obersten an. Am hellichten Tag sah sie noch um einiges bescheidener aus als nachts. Sie bestand aus Wellblech, und ihre Tristesse wurde ein wenig hinter Reben und anderen Kletterpflanzen versteckt. Nur der winzige Garten stach durch seine Gepflegtheit hervor. Otford klingelte. Nach einer Weile öffnete Mrs. Alban die Tür.

Sie schien über Otfords Anblick entsetzt zu sein.

»Wer ist da?« rief eine barsche Stimme aus dem Inneren der Behausung.

Sie traute sich nicht zu antworten und trat nervös von einem Fuß auf den anderen.

Der Oberst tauchte auf, eine erloschene Pfeife verkehrt herum im Mund. Er trug Shorts unter einem dicken grauen Pullover.

»Was zum Teufel wollen Sie?« sagte er barsch. »Ich dachte, ich hätte Ihnen bei Ihrem letzten Besuch die Tür gewiesen.«

»Sie haben mir nicht die Tür gewiesen«, gab Otford forsch zurück. »Sie haben mich nicht einmal hereingebeten. Das ist meine Frau Jean.«

Alban nickte knapp, seine braunen Augen huschten unsicher von einem zum anderen.

»Sollten sie nicht besser hereinkommen?« schlug Mrs. Alban furchtsam vor.
»Nein. Was wollen Sie?«
»Ich kenne die Wahrheit über die Überquerung des Rizzio und habe vor, sie publik zu machen.«
»Es gibt keine Wahrheit über die bereits bekannte hinaus.«
»Das ist nicht die Meinung des Gefreiten Lennock.«
»Gefreiter Lennock? Wo haben Sie den denn ausgegraben?«
»Ist egal.«
»Er ist nicht qualifiziert, darüber Auskunft zu geben, was geschah.«
»Wie steht's mit C. S. M. Lambert und Major Angwin?«
»Lambert ist die übelste Sorte von gemeinem Soldat, ein Opportunist. Was Angwin angeht, der ist ein dickköpfiger Narr, ein die Profis nachäffender Amateur. Ich würde alles leugnen, was sie behaupten.«
»Wie steht's mit General Schwantz?«
»General Schwantz?«
Oberst Alban lächelte leicht, das Lächeln eines Menschen, der zugibt, daß der Gegner einen Punkt gewonnen hat.
»Kommen Sie herein«, sagte er. »Madge, kümmere dich um Mrs. Otford, ja? Ich möchte allein mit Mr. Otford sprechen. In meinem Arbeitszimmer.«
Jean sah ihren Mann an, der aufmunternd nickte.
»Ich möchte Ihnen gern meine selbstgemachte Marmelade zeigen«, sagte Mrs. Alban.
Jean folgte ihr alles andere als enthusiastisch.
Otford folgte dem Oberst.
»Also, bevor Sie etwas sagen«, sagte Alban, »fällt Ihnen in diesem Zimmer irgend etwas auf?«
»Nun, mir fällt eine phantastische, unglaubliche Samm-

lung von Pflanzen auf. Ein ganzes Heer von Pflanzen, könnte man beinahe sagen.«
Die Stimme des Obersts wurde wieder hart. »Ich lasse jedes Substantiv zu, nur dieses nicht.«
»Einige davon stammen aus dem Orient, nicht wahr?«
»Ja«, bestätigte der Oberst, »dieser kleine Bursche ist aus Tibet, und dieser ziemlich häßliche Gesell kommt aus Kaschmir, sie stammen aus allen Ecken der Welt. Sehr heikel sind sie auch. Müssen bei verschiedenen Temperaturen unter Glas gehalten werden, was in einem Privathaus nicht einfach ist. Und doch, mit ein wenig Erfindungsgabe ist fast alles möglich.« Er lächelte. »Wie Sie bewiesen haben.«
»Wie lange tun Sie das schon?« fragte Otford.
»Seit ich aus der Armee ausgeschieden bin. Fällt Ihnen sonst noch etwas auf? Wegen seiner Abwesenheit vielleicht?«
Schweigend sah sich Otford auf der Suche nach Hinweisen in dem Zimmer um.
»Es ist nichts Bestimmtes«, fuhr Alban fort. »Waren Sie schon mal im Zimmer eines Militärs?«
Plötzlich kam Otford die Erleuchtung. »Es gibt kein einziges Foto von einer Regiments-Wiedersehensfeier«, stellte er fest, »kein einziges Erinnerungsstück, keine gerahmten Porträts von Feldmarschällen.«
»Genau«, bestätigte Alban. »Jetzt haben Sie mich beruhigt. Scotch? Was anderes habe ich nicht.«
»Ist es nicht ein wenig früh?«
»Für Scotch ist es nie zu früh.«
Alban goß zwei großzügig bemessene Drinks ein und reichte Otford ein Glas.
»Könnte ich ein wenig ...«
»Wasser verdirbt ihn«, sagte Alban. »Nun denn.«

Er setzte sich auf einen Campinghocker, so daß für Otford ein ramponierter Lehnstuhl blieb.
»Ich möchte etwas klären«, sagte Otford. »Warum waren Sie so grob, bis ich den Namen Schwantz erwähnte? Und warum sind Sie jetzt so gastfreundlich?«
Der Oberst lachte und kratzte sich mit einem nikotinfleckigen Finger an der Wange. Während er überlegte, was er antworten sollte, stopfte er langsam seine Pfeife. »Es gibt nichts auf Erden, was ich mehr bewundere als Intelligenz. Ich bewundere Menschen, die wissen, wann sie ihren Instinkten gehorchen müssen. Auch das gehört zur Intelligenz. Und so müssen Sie vorgegangen sein. Sie haben mir bewiesen, daß Sie nicht bloß ein Narr auf der Jagd nach einer Sensationsstory sind, sondern ein Mann, der einen Braten gerochen und sein Köpfchen gebraucht hat, um ihn aufzuspüren. Neulich nachts habe ich alles versucht, um Sie zu entmutigen. Ich habe Sie von der Fährte gelockt, doch Sie haben diese sofort wieder aufgenommen. Das bewundere ich, und dadurch haben Sie sich meiner Gastfreundschaft würdig erwiesen.« Der Mann war zweifellos ein geborener Anführer. Er war so gelassen in seiner Eitelkeit, daß man sie ihm unmöglich übelnehmen konnte. Langsam zündete er seine Pfeife an.
»Sie glauben, Sie kriegen eine Geschichte von mir«, fuhr der Oberst fort. »Das werden Sie nicht. Ich kann nicht mehr tun, als es Ihnen für ein Weilchen gemütlich machen.«
»Sie sind nicht begierig darauf zu erfahren, was Schwantz gesagt hat?« fragte Otford.
»Nein. Er hat zweifellos die Wahrheit gesagt. Ich wünschte, er hätte es nicht getan.«
»Sie sind damit zufrieden, daß Gribbells Version dieser Geschichte unwidersprochen bleibt?«

»Aber ja.« Albans Antwort klang beinahe gleichgültig. Er schaute auf, sah Otfords verdutzte Miene und lachte laut. »Meine Vorgesetzten haben mich verwöhnt. In Wirklichkeit war ich eine Art übergroßer Pfadfinder, und damit war die Armee damals einverstanden. Der Balkanfeldzug Ende des Ersten Weltkriegs hat wirklich Spaß gemacht, haufenweise intolerante französische Offiziere, beleidigte Serben, in ihrem Nationalstolz verletzte Bulgaren und griechische Händler, die mit köstlicher Impertinenz einen Haufen Geld machten. Estland hat auch Spaß gemacht, Überfälle auf die bolschewikischen Linien, Soldatinnen gefangennehmen ... ich fühlte mich, wie sich Byron in Griechenland gefühlt haben mußte. Archangelsk war ungemütlich kalt, aber die Wochenenden, die ich in englischen Landhäusern verbracht hatte, waren ein vortreffliches Training dafür gewesen, und es gelang mir, den Aufenthalt dort zu genießen. Später dann, in Indien, spielte ich sehr viel und ausgezeichnet Polo, weshalb ich rasch befördert wurde. Natürlich wurden laufend Menschen getötet, aber ich war jünger, und das schien eben dazuzugehören.«

Er hielt einen Augenblick inne und betrachtete den Rauch aus seiner Pfeife. »Das ganze Elend fing an, als ich 39 nach Frankreich kam. Mir schien, als sei ich von der größten Truppe an Dummköpfen umgeben, die ich je auf einem Haufen gesehen hatte. Ihre Blödheit war so niederschmetternd, daß sie permanent für Unterhaltung sorgte. Die Männer verbrachten ihre Zeit damit, ihre Knöpfe zu polieren und mit Bajonetten auf Sandsäcke loszugehen, wobei sie laut brüllten und sich selbst Angst einjagten. Die gesamte Ausbildung schien darauf ausgerichtet zu sein, sich möglichst auffällig zu benehmen. Ich meckerte und beschwerte mich vergebens. Als der Deutsche seine große Offensive begann, unternahmen wir alles Erdenkliche, um seine Auf-

gabe zu erleichtern, und wir können uns etwas darauf einbilden, überzeugender verloren zu haben, als er gewann.
Danach war Äthiopien eine Art Umkehrung der Sorte Kriege, die ich genossen hatte. Kein großes Abschlachten, nur eine Menge ausgesprochen herrlicher Landschaft und gesunden Lebens an der frischen Luft. Dann London, das Treibhaus, massenweise Schreibtischarbeit, diffus formulierte Schriftstücke von einer Ablage in die andere werfen. Ich bekam von alldem langsam genug, als sie mich losschickten, damit ich dem alten Crowdy Gribbell zur Hand ging. Er war entsetzt, als er mich nach all den Jahren wiedersah, hatte aber nicht den Charakter, auf mein Verschwinden zu bestehen. Nicht viel Charakter, Crowdy. Ich bin zu großzügig. Gar kein Charakter. Volle zwei Monate saßen wir am südlichen Ufer dieses lausigen Bachs mit dem hübschen Namen – die Truppe nannte ihn den Ritzy – und taten nichts, als auf den Rückzug des Feindes zu warten.
Ich wußte ganz genau, daß Jerry mächtig Theater spielte. An seinem Flußufer gab es viel zuviel Bewegung, das konnte nur Schau sein, aber der alte Crowdy ließ sich zum Narren halten. Vor einem Angriff der Hunnen hatte er eine Heidenangst. Dann wurde er ins Hauptquartier bestellt und bearbeitet. Schäumend vor Wut, kam er zurück. Er war immer sehr leicht beleidigt, der alte Crowdy, gewöhnlich weil er nicht recht verstand, was man ihm sagte, und er wollte immer ganz sichergehen. Er lud einige von uns zu einem Dinner ein. Erbärmlich lausiges Dinner, soviel weiß ich noch. In jeder Hinsicht lausig. Er bat uns, ihn in seiner Entschlossenheit zu unterstützen, sich nicht durch einen Angriff die Pfoten zu verbrennen. »Verdammt will ich sein, wenn ich meine Trümpfe aufdecke, bevor der Boche es tut«, sagte er. Ich ging in die Luft und sagte zu ihm, ich schämte mich, unter ihm zu dienen, und ein paar andere,

beträchtlich weniger gemäßigte Dinge. Ich übertrieb es immer ein wenig, hauptsächlich, weil er es sonst nicht begriffen hätte. Ich stolzierte los ins Hauptquartier meiner Brigade und nahm mir vor, einen von Jerrys ältesten Tricks gegen Jerry selbst einzusetzen. Kurz nach dem Morgengrauen rückte die A-Kompanie auf sehr schmaler Front vor, die Leute hämmerten auf Blechtabletts, rauchten, hatten geschwärzte Gesichter, einige in Unterwäsche, andere hatten Bettücher an ihre Gewehre gebunden. Ich befehligte den Angriff im Schlafanzug, pfeiferauchend und beim Marschieren eine Ausgabe der *Illustrated London News* lesend. Wir machten soviel Lärm wie möglich. Einer hatte einen Dudelsack dabei, es waren vier Trompeter unterwegs, drei Ziehharmonikas, die eine oder andere Mundharmonika und teuflisch viel Gebrüll. Wir stießen durch die Linie der Hunnen wie ein Messer durch Butter und marschierten eine halbe Stunde später in San Melcchore di Stetto ein.«

»Wie hoch waren Ihre Verluste?«

»Ein Toter, zwei Verwundete. Dann beging ich meinen entscheidenden Fehler. Statt den polnischen Kommandeur an meiner Flanke um Unterstützung zu bitten, schickte ich die Nachricht an Crowdy. Er antwortete, ich sei festgenommen, und befahl unseren sofortigen Rückzug mit der Begründung, ich hätte seinen Gesamtplan zur Einnahme von San Melcchore verdorben. Ich erwiderte, da sich San Melcchore bereits in unserer Hand befinde, gebe es keinen Bedarf für einen Gesamtplan mehr. Das machte alles nur noch schlimmer. Er teilte mir mit, ich sei ein Lügner, und der letzte Befehl, den ich in der Armee befolgen werde, sei der zum bedingungslosen Rückzug. Während dieses Rückzugs verloren wir vierhundertvierundzwanzig Männer. Das war's.«

Er runzelte gepeinigt die Stirn, dann lächelte er wieder.
»Ich habe genau das getan, was ich vorher ausdrücklich abgelehnt hatte. Ich habe Ihnen meine Geschichte erzählt. Wissen Sie, warum ich mich dazu durchgerungen habe?«
»Nein.«
»Weil ich Menschenkenner bin. Ich war willens, diesen Preis zu zahlen, um Sie dazu zu bringen, die Sache für sich zu behalten.«
»Heißt das, Sie wollen nicht, daß ich die Akten berichtige?« Otford schrie es fast.
»Die Akten? Was sind die Akten?« Alban goß sich noch einen Drink ein. »Bei jeder Vorstands- oder Parlamentssitzung gibt man sich große Mühe, die Akten zu erstellen, und dann wirft nie wieder jemand einen Blick hinein.«
»Außer wenn es zu einem Prozeß kommt.«
»Zu einem Prozeß gehört ein Kläger. In diesem Fall gibt es keinen.« Alban musterte Otford mit einem durchdringenden Blick und rückte mit seinem Campinghocker näher an den Lehnstuhl.
»Ich frage mich, ob Sie das verstehen«, sagte er ganz leise, beinahe ehrfürchtig. »Immer habe ich Kinder gewollt, aber wir haben keine bekommen, und nichts fördert die Achtung vor dem Leben mehr als der Wunsch, Leben zu geben, verbunden mit dem Unvermögen, es zu tun. Mir ist klar, daß auf der Welt gewisse Dinge getan werden müssen, und es gibt gewisse Talente, denen man sich unterordnen muß. Ich war ein guter Soldat. Ich weiß nicht, ob Sie sich mal ein Tennisspiel angesehen haben. Es gibt Momente, da verweilt der Ball auf dem Netz, unentschieden, wohin er fallen soll. Es gibt solche Soldaten, und ich war einer davon. Entweder werden sie bedeutende Heerführer, oder sie werden unehrenhaft entlassen, weil sie

sich wie bedeutende Heerführer benehmen, ohne den Rang, um damit durchzukommen. So war es bei mir. Ich hatte ein Talent für das Soldatische – man hätte es Genie nennen können, wenn ich ein wenig geduldiger gewesen wäre –, aber im Grunde meines Herzens glaube ich, daß mir der falsche Glanz nicht wichtig genug war, als ich kein Frontsoldat mehr war, die Männer aber wurden mir zu wichtig, als man mich nicht mehr bei ihnen sein ließ. Was schließlich das Faß zum Überlaufen brachte, war der Rückzug, dieser verdammte, dämlich-übereilte verbrecherische Rückzug. Wir verloren vierhundertvierundzwanzig Männer. Ich sah sie um mich herum wie die Fliegen fallen. Ich hoffte, auf meinem Weg zurück zu unseren Stellungen würde mich eine Kugel im Kreuz treffen. Das hatte ich verdient, weil ich feige genug war, Crowdys sturen Befehlen zu gehorchen, statt so lange im Dorf auszuharren, bis jemandem mit einem Fünkchen Verstand im Kopf und ausreichend Blech auf der Mütze die Bedeutung unseres Sieges aufgefallen wäre. Doch wissen Sie, inzwischen wollte ich unbedingt aufgeben. Diese vierhundertvierundzwanzig Gefallenen waren nicht nur vierhundertvierundzwanzig in den Gully gespülte Leben, vierhundertvierundzwanzig Embryos, vierhundertvierundzwanzig Namen auf einem Blatt Papier, es waren vierhundertvierundzwanzig Bildungsgänge, vierhundertvierundzwanzig Intelligenzen, vierhundertvierundzwanzig Empfindsamkeiten, vierhundertvierundzwanzig Persönlichkeiten, vierhundertvierundzwanzig Arten zu denken und die Klagen von achthundertachtundvierzig Eltern. Sie starben, weil Crowdy Gribbell wütend auf mich war, aus keinem anderen Grund.«

»Beweist das nicht, daß ich recht habe?« sagte Otford aufgeregt. »Gribbells Verhalten war absolut ungeheuerlich,

und Sie wurden gezwungen, die Schuld für ein Verbrechen zu übernehmen, begangen von einem anderen, der die ganze Ehre des anschließenden Sieges für sich reklamierte!«
»So sehen Sie das?« fragte Alban ruhig. »Ich bin nicht Ihrer Ansicht, weil es mir, ehrlich gesagt, gleichgültig ist. Ich kann nicht zulassen, all die schlummernden Qualen in den Herzen der Eltern jener Jungs zu wecken, indem Sie ihnen deutlich machen, wie unnötig diese Toten waren. Lieber nehme ich die Schuld auf mich. Und wissen Sie, warum? Weil meine Schultern breit genug sind, um diese Last zu tragen; Crowdys sind es nicht. Für mich ist das Kapitel abgeschlossen, für ihn nicht. Er wird den Rest seines Lebens versuchen, seine Handlung zu rechtfertigen, voller Furcht, die Kontroverse könnte wieder aufgerollt werden. Ich habe meine Pläne, Otford, und der Rest ist mir egal. Es ist großartig, etwas wachsen zu sehen, täglich ein Stückchen eines Blattes mehr, wie die Pflanze durch den Boden bricht, nach dem Licht greift, atmet. Es ist ein Kompromiß, aber er ist befriedigend, herrlich und erfüllend. Ich bin den Tod leid, den Schlamm und die Tränen und die Entscheidungen, die dorthin führen. Ich bin ein glücklicher Mensch – Crowdy nicht. Er hockt in diesem deprimierenden Club, den er frequentiert, und fragt sich, was als nächstes passiert. Er wird damit nicht fertig. Ich schon. Auf meinem Gewissen lastet weniger.«
»Ich soll die ganze Angelegenheit also vergessen«, stellte Otford langsam fest.
»Ja, genau. Ich möchte Ihr Versprechen, daß Sie sie vergessen.«
»General Schwantz hat ein Buch geschrieben.«
»Wer wird das lesen? Und wer wird eigentlich Crowdys Buch lesen? Wer liest Ihre Artikel? Nur Freunde, Feinde und ein paar Studenten. Wir sind nicht so schrecklich

wichtig, Sie und ich, wenn man in historischen Dimensionen denkt. Werden Sie es vergessen?«
»Also ...« Otford wollte sich nur ungern festlegen, auch wenn ihn Albans Gelassenheit tief beeindruckte.
»Ich verrate Ihnen noch etwas über Crowdy«, sagte der Oberst. »Seine Frau ist vor einem Jahr gestorben, und sein einziger Sohn fiel in Frankreich, in der letzten Kriegswoche. Von Liebe hat er nie viel verstanden, so daß er jetzt nur noch Leere verspürt, das Gefühl, betrogen worden zu sein. Er ist dumm genug, verbittert zu sein. Tja, auf eine so armselige leere Hülle kann man nicht lange wütend sein.«
Er genehmigte sich einen dritten Whisky.
»Ich habe Artikel von Ihnen gelesen«, sagte Alban. »Sie schreiben gut, knapp und boshaft. Zwar sind Sie ein gutes Stück jünger als ich, aber eines Tages werden Sie plötzlich erkennen, daß in jedem Menschen mehr steckt, als man auf den ersten Blick zu sehen meint; Sie werden mit einem Spritzer Mitleid schreiben und zu wachsen beginnen wie diese Pflanzen. Haben Sie Kinder?«
»Nein«, sagte Otford trübsinnig.
»Es gibt keinen ... keinen Grund, warum Sie keine kriegen könnten, oder?«
»Nein, ich schätze, wir sind einfach nie dazu gekommen.«
»Guter Gott!« Alban ging in die Luft. »Sie wissen gar nicht, was Ihnen entgeht!«
»Wissen Sie's?«
»Keiner weiß das besser als ein kinderloses Elternteil«, sagte Alban entschieden und mit einem Lächen. »Wir verstehen einander – das weiß ich jetzt, und Sie werden freundlicherweise alles außer meiner Insubordination vergessen. Soldaten sind Kinder, die nie erwachsen werden, Otford. Ich werde erwachsen. Geben Sie mir eine Chance.

Und übrigens, werden Sie selber erwachsen, bevor es zu spät ist und man Ihnen einen ständigen Sessel in jener Kinderkrippe für die zweite Lebenshälfte in der St. James's Street besorgt, wohin sich die vergreisten Babys zum Sterben begeben.«
Als sie gemeinsam zur Tür gingen, fügte Alban hinzu: »Übrigens, neulich nachts habe ich meine Frau nicht geschlagen. Das tue ich nicht. Ich habe Ihnen zuliebe Theater gespielt. Sie ist ein großartiges Mädel, meine Madge, aber sie engagiert sich, wie Sie anscheinend auch, und sie wird mir nie vergeben, daß mein Engagement erloschen ist.«
»Das kann ich Ihnen eigentlich auch nicht vergeben«, sagte Otford verlegen lächelnd.
Im Auto redete Otford kaum, und da Jean unter ihrem Small talk mit Mrs. Alban schwer gelitten hatte, braute sich in der Stille erneut eine hitzige Atmosphäre zusammen.
»Wohin fahren wir?« fragte Jean plötzlich.
»Ich muß in der Stadt etwas erledigen«, sagte Otford kurz angebunden.
»Dann setz mich vorher zu Hause ab.«
»Es dauert nicht lange.«
Sie redeten nicht mehr, bis sie in der St. James's Street ankamen, aber an der aggressiven Fahrweise ihres Mannes merkte Jean, wie aufgeregt er war. »Falls die Polizei kommt, sag ihnen, ich sei gleich zurück«, rief er, als er aus dem Wagen sprang.
Drei Stufen auf einmal nehmend, betrat er energisch die von Gemurmel erfüllten Räume seines Clubs. General Sir Crowdson Gribbell saß in seinem üblichen Sessel und starrte ins Leere. Otford musterte ihn mit kalter Wut. Der General hielt seinen Kopf immer in einem merkwürdigen Winkel, leicht nach oben geneigt, als frage er sich, ob eine

unsichtbare Fliege vorhabe, auf ihm zu landen. Ansonsten merkte man ihm kaum etwas an, abgesehen von einer vagen Entschlossenheit und einer farblosen Erziehung. Gelegentlich blinzelte er, und seine weißen Wimpern fingen das Sonnenlicht auf. Keiner saß neben ihm. Er war allein.

Ein alter Kellner trat ein, eine Pikkoloflasche Champagner tragend, die er auf dem Couchtisch vor dem General abstellte.

»Sie feiern, Sir?« fragte der Kellner, als er die Flasche entkorkte und das Getränk ins Glas goß.

»Ja«, antwortete der General tonlos, »den Geburtstag meines Sohnes.«

Plötzlich spürte Otford einen Kloß im Hals und floh aus dem Club.

Als er sich seinem Wagen näherte, sah er in dessen Innerem seine Frau sitzen. Sie war hübsch, aber ein wenig gealtert. Oder vielleicht hatte sie auch nur einen traurigeren Gesichtsausdruck als früher, waren ihre Lippen fester zusammengepreßt, ihre Augen weniger vergnügt.

Er nahm auf dem Fahrersitz Platz und lächelte sie an. »Liebling«, sagte er, »ich möchte dich besser kennenlernen.« Sie lachte, aber nicht fröhlich. »Wovon redest du, um alles in der Welt?« Er betrachtete sie, als sähe er sie zum ersten Mal, und küßte sie, als wären sie noch nicht verheiratet.

Später, am selben Tag, schrieb John an Hedges, in seinem Artikel werde es keine Änderungen geben, und als ein paar Tage später General Schwantz' Buch eintraf, vergaß John sogar, das Päckchen zu öffnen.

Der Mann im Mond

John Kermidge ging die Straße in Highgate bis zum Briefkasten hinunter, in der Hand ein sperriges Päckchen. Er fühlte sich wie in ein anderes, weitläufigeres Jahrhundert zurückgeworfen, in dem die Beine der Menschen noch regelmäßig als Fortbewegungsmittel benutzt wurden, nicht nur als nach Bremse und Gaspedal tastende Gliedmaßen. Er lächelte dem Himmel einen Gruß zu wie einem halbvergessenen Freund. In seinem Lächeln lag eine Spur schlechtes Gewissen. Er hatte den Himmel so lange warten lassen. Wenn er sonst nach oben blickte, sah er nichts als die immerwährende Nacht in seinem Laboratorium.

Für ihn als Wissenschaftler wäre es unmenschlich gewesen, hätte er nicht auf einem Gebiet vor der Tradition kapituliert und wäre er nicht ein wenig zerstreut. Nicht bei seiner Arbeit, sondern in relativ unwichtigen Dingen. Wenn er schrieb, dann mit immensem Fleiß, und die Bedeutung seiner Worte ließ sich nur von ein paar Dutzend begabter Wesen auf diversen Universitäten ergründen; doch wenn er – so wie jetzt – etliche Seiten mit geheimnisvoller Logik bedeckt hatte, vergaß er häufig, Briefmarken auf den Umschlag zu kleben. Der Brief ging in die Schweiz, adressiert an einen gewissen Doktor Nussli in Zürich. Dr. Nussli war sein wohl bester Freund, und es war seltsam, wenn

auch typisch, daß er den Namen auf dem Umschlag mit nur einem *s* geschrieben hatte.
»Wo bist du gewesen?« fragte seine Frau ängstlich, als er wiederkam.
»Ich habe den Brief an Hans eingeworfen.«
»Hätte das nicht bis morgen Zeit gehabt?«
Trotz des kühlen Wetters wischte sich John mit seinem Taschentuch über die Stirn. »Nein«, sagte er.
»Die letzte Post ist schon weg«, murrte Veronica.
Eigenartig, in dieser Stunde des Triumphes war John verärgert, aber er gestattete sich einen Moment der Barschheit.
»Nein«, wiederholte er unnötig laut.
Es entstand eine Pause, ein Unwetter lag in der Luft.
Etliche Monate lang hatten Veronica und John sich kaum einmal gesehen. In dieser Zeit hatte sich Veronica eine ganz Reihe von Fragen erlaubt; John hatte sie nicht mit einer einzigen Antwort zufriedengestellt.
»Ich dachte, du wolltest vielleicht die Kinder noch einmal sehen, bevor sie ins Bett gehen«, sagte sie.
Er knurrte nur: »Wo ist Bill?«
»Bill? Keine Ahnung. Sir Humphrey hat angerufen.«
»Sir Humphrey?« brauste John auf. »Was zum Teufel hat er gewollt?«
»Das hat er nicht gesagt, aber er war ungewöhnlich nett zu mir.«
»Das ist ein schlechtes Zeichen.«
»Wirkte ganz begeistert.«
»Begeistert?« John trat einen Stuhl um.
»Was ist los mit dir?« Veronica schrie es fast.
Es klingelte.
»Das wird der Champagner sein«, sagte John auf dem Weg in den Hausflur.

»Champagner?«
Es war nicht der Champagner. Es war Bill Hensey, Johns Assistent, ein bärtiger Bursche in einem alten Sakko, in dessen Gesicht immer eine erloschene Pfeife hing. Er packte John am Arm, ohne Veronica auch nur zur Kenntnis zu nehmen, und redete mit leiser Stimme atemlos auf ihn ein. Veronica wünschte, sie hätte einen Bankangestellten geheiratet, einen leidlich höflichen Mann mit simplen Problemen. Davon abgesehen, daß gelegentlich Sir Humphreys Name fiel, bekam sie von dem Gespräch nichts mit, aber sie sah, wie Bills böse blaue Augen hektisch hin- und herwanderten.
Sie war eine nette junge, nicht sehr temperamentvolle Frau, die ideale Gattin für John, falls es so etwas gab. Sie wollte keine Aufmerksamkeit auf sich lenken, da sie um die Wichtigkeit der Arbeit beider Männer wußte und auch um die Anspannung, unter der sie standen; Veronicas traurige Pflicht war es, Verständnis zu haben, ohne neugierig zu sein. Doch in diesem Augenblick platzten die Kinder ins Zimmer, die gerade irgendeinen Kleinkrieg um die kakteenbedeckten Badlands des Wilden Westens führten. Dick, über seinem Schlafanzug wie ein Sheriff gekleidet, eröffnete hinter einem Sessel mit einer Spielzeugpistole ein mörderisches Feuer, während Timothy sich hinter dem Radiogramm in Deckung fallen ließ; gefährlich funkelten seine Augen durch die Schlitze einer Banditenmaske.
John explodierte. »Raus mit euch!« brüllte er.
Es war nur natürlich, wenn Veronica ihren Kindern zu Hilfe eilte. »Sie spielen doch bloß«, rief sie. »Allmächtiger Gott, was ist denn mit dir los?«
»Siehst du nicht, daß wir arbeiten?« antwortete John, seine Schuldgefühle hinter Gereiztheit verbergend.
Aber nun war Veronica in Fahrt geraten und machte ihm

eine große Szene. Während sich die Kinder betreten davonstahlen, machte sie ihrem ganzen Groll in einer Flut von Tränen und Beleidigungen Luft. Sie hatte für diese verflixte Reise nach Washington gepackt. Glaubte er etwa, sie wolle nach Washington? Viel lieber würde sie zu Hause bleiben. Warum flog er nicht allein? Und wenn er flog, warum blieb er nicht gleich dort? Wo war überhaupt der Dank? Ihr blieb der ganze banale Kram: Rechnungen bezahlen, Girokonten überprüfen, die erforderlichen Gutenachtgeschichten, die so große Ansprüche an die Phantasie stellten. Warum heiratete er nicht Bill?

Die Türklingel unterbrach sie. Zweifellos der Champagner.

Es war nicht der Champagner, sondern Sir Humphrey Utteridge in Begleitung eines affektierten jungen Mannes mit Bowlerhut.

»Kermidge, gestatten Sie, daß ich Ihnen gratuliere«, sagte Sir Humphrey mit emotionsgeladen zitternder Stimme.

John und Bill tauschten rasch einen ängstlichen Blick aus.

»Danke sehr, Sir Humphrey«, gab John einigermaßen ungeduldig zurück.

»Dieses Ereignis wird den Beginn einer neuen Ära einläuten, nicht nur in den Annalen der schriftlich festgehaltenen Geschichte, sondern auch in der unauslöschlichen Odyssee der britischen Commonwealth of Nations.«

Dies war die für eine Schiffstaufe geeignete wohlklingendwogende Sprache, aber keiner legt Wert darauf, so etwas in seinem Wohnzimmer zu hören.

»Alter Blödmann«, dachte John, sagte aber: »Das ist wirklich sehr freundlich von Ihnen.«

»Erinnern Sie sich noch an mich, Kermidge?« fragte der affektierte junge Mann und stützte sich schwer auf seinen

Schirm. »Oliver de Vouvenay. Wir waren zusammen auf der Charterhouse School.«
Herr im Himmel. Kein Wunder, wenn John sich nicht an ihn erinnerte, er hatte sich kein bißchen verändert. Johns Haare wurden grau, aber dieses untadelige rosige Wesen sah genauso aus wie auf der Schule. Wenn de Vouvenay jetzt Erfolg hatte, war das ein Triumph des Konformismus. Er hatte Erfolg.
Nachdem John widerwillig Hände geschüttelt hatte, verkündete Oliver de Vouvenay, er habe seinen Weg gemacht, schließlich sei er jetzt Erster Privatsekretär des Premierministers, des Sehr Ehrenwerten Arthur Backworth, und mache sich Hoffnungen, bei der nächsten Wahl zu kandidieren.
»Nicht als Sozialist«, sagte John. Oliver de Vouvenay lachte brüllend und verlieh seiner festen Überzeugung Ausdruck, dieser Witz sei ein guter.
Noch ehe Zeit für weitere Neckereien blieb, klingelte es erneut.
»Das wird wohl ...«, begann Sir Humphrey, wurde aber von John unterbrochen.
»Ich habe ein wenig Champagner bestellt«, sagte er. »Ich gehe schon.«

John öffnete und sah sich Auge in Auge einem Kriminalbeamten gegenüber. Der Mann sagte es zwar nicht, aber es war offensichtlich. Seine Verkleidung hätte höchstens einen anderen Mann von der Kripo getäuscht. »Hier sind wir richtig, Sir!« rief der Beamte in Richtung eines wartenden Rolls-Royce.
Die Tür der Limousine ging auf, und ein älterer, recht distinguierter Herr wand sich vorsichtig auf den Bürgersteig.

John spürte, wie die Farbe aus seinem Gesicht wich. Er identifizierte den Mann als den Sehr Ehrenwerten Arthur Backworth, Premierminister von Großbritannien und Nordirland.

»Darf ich eintreten?« fragte der Premierminister mit stimmenköderndem Lächeln.

Es wäre ein herrlich perverser Moment gewesen, um nein zu sagen, aber John bejahte.

Veronica, verblüfft und von starkem Schamgefühl erfüllt, weil sie es gewagt hatte, so triviale Dinge wie Girokonten und Packen auch nur zu erwähnen, sah zu, wie sich ihr bescheidenes vorstädtisches Boudoir nach und nach mit Prominenten füllte, die sie zuvor nur als Gäste auf dem Fernsehschirm gesehen hatte.

»Sie wundern sich wahrscheinlich, warum ich hier bin«, säuselte Mr. Backworth.

Erneut wurde John von dem Verlangen gepackt zu verneinen, aber für den Premierminister war die Frage eine rhetorische, und er fuhr hoheitsvoll und bedächtig fort.

»Als Sir Humphrey mich heute von dem Erfolg Ihres Experimentes verständigte, berief ich umgehend eine Kabinettssitzung ein, die vor einer knappen halben Stunde zu Ende ging. Ihre Leistung stellt vielleicht den großartigsten, den entscheidendsten Schritt nach vorn in der Geschichte der Wissenschaft – nein, der Menschheit dar. Jegliche Anerkennung, die etwas so Unbedeutendes wie eine Regierung gewähren kann, wird Ihnen zukommen, seien Sie dessen versichert.«

»Ohne Bill wäre es unmöglich gewesen ...«, sagte John.

»Ja, ja, Sie beide, Sie beide«, fuhr der Premierminister ein wenig ungeduldig fort. Von Politikern unterbrochen zu werden, war er gewohnt, aber von Laien unterbrochen zu werden, war eine Frechheit. »Also, wie Sie zweifellos wissen«, fuhr er fort, »ist Ihre Leistung von derartiger Bedeutung, daß sie mit Sicherheit die Politik von Staaten beeinflussen wird, und«, ergänzte er leicht aufgekratzt und verschmitzt, »besonders diejenige dieses Staates. Schließlich werden die Russen jeden Moment so weit sein, einen Hund auf dem Mond zu landen; die Amerikaner halten, wie ich erfuhr, eine Maus in Bereitschaft; wir jedoch haben, ohne laute Töne und große Worte, diese Zwischenstadien ausgelassen und sind bereit, einen Mann – oder Männer – auf den Mond zu befördern. Ihnen ist womöglich nicht klar, was das bedeutet.«

John erwiderte bescheiden lächelnd: »Ich schätze mich glücklich, Sir, weil mir die Leitung des Teams oblag, dem, vielleicht mehr mit Glück denn mit eigenem Vermögen, dieser Erfolg gelang. Natürlich freue ich mich enorm auf meinen Besuch in Washington und auf die Gelegenheit, diese Neuigkeit unseren amerikanischen Freunden mitzuteilen.« John ärgerte sich ein wenig über sich selbst, in diesen förmlichen Tonfall verfallen zu sein, aber wenn man sich mit dem Premierminister austauschte, schien man nicht zu sprechen, sondern eine Rede zu halten.

Mr. Backworth sah John seltsam an und lächelte. »Ich möchte Sie für Donnerstag in die Nummer zehn zum Dinner einladen«, sagte er.

»Das geht nicht, ich werde in Washington sein.«

»Nein, das werden Sie nicht.«

»Was?«

Der Premierminister nickte Sir Humphrey zu, der sich räusperte, und sagte: »Das Kabinett – und ich war bei der Sitzung zugegen – hat entschieden, Gwatkin-Pollock an Ihrer Stelle nach Washington zu schicken. Wir brauchen Sie hier.«

»Aber Gwatkin-Pollock hat von interplanetaren Reisen nicht die geringste Ahnung!« rief John.

»Dann wird er auch nichts verraten«, stellte der Premierminister freundlich fest.
»Das ist ungeheuerlich. Ich will dorthin!«
»Das geht nicht«, entgegnete der Premierminister.
»Geht nicht!« wiederholte John, um gleich darauf in die konventionelle Reaktion des verdutzten Demokraten zu verfallen. »Dies ist ein freies Land.«
»Ja«, knurrte der Premierminister auf seine geschwollene Art, »und wir müssen dafür sorgen, daß es frei bleibt.«
Seine Bemerkung besagte nicht viel, aber jeder, der sich mit Politik beschäftigt, wird bestätigen, daß ist wichtiger, das richtige Tamtam zu machen, als vernünftige Argumente von sich zu geben.
Der Premierminister lächelte, was zur Verminderung der unerwarteten Anspannung führte. »Glauben Sie denn wirklich, wir wären so tief gesunken, Sie zu belohnen, indem wir Ihre Freiheiten beschränken?« fragte er.
John kam sich kindisch vor. »Ich habe mich auf Washington gefreut«, bekannte er.
»Ihr Wissenschaftler seht die Dinge in großen Zeiträumen, und es bedarf oft einfacher Gemüter wie uns, um euch gelegentlich die Augen für das Naheliegende zu öffnen. Natürlich sind Sie wegen Ihrer großartigen Leistung überglücklich. Natürlich möchten Sie Ihre weltbewegende Entdekkung den Kollegen mitteilen. Das ist nur menschlich. Aber ach! Zwar mögen Ihnen ihre Kollegen im Geiste nahestehen, aber sie besitzen auch Reisepässe, sie sprechen auch andere Sprachen und rühmen sich ihrer diversen Vorurteile. Es kann keine reine Beziehung zwischen Ihnen und einem, sagen wir, russischen Wissenschaftler geben, weil Sie beide gegensätzliche Verantwortungen haben, wie warm und herzlich Ihr Kontakt in den Laboratorien oder bei einer Tasse Kaffee auch sein mag. Also, Sie bewahren

ein gewaltiges, ein gefährliches Geheimnis. Verfügen Sie über die Erfahrung, es für sich zu behalten, ganz allein, ohne unsere Hilfe? Wird die Belastung für Sie nicht zutiefst unmenschlich sein, wie loyal Ihre Absichten auch immer sein mögen? Dies sind Fragen, auf die wir innerhalb der nächsten Wochen Antworten finden müssen.«

»Wie wollen Sie das bewerkstelligen?« fragte John, zu überrascht, um wirklich wütend zu sein.

»Indem wir Ihren Geist beschäftigen«, sagte der Premierminister ernst. »Donnerstag ist übermorgen. Ich wünsche, daß Sie mit mir und General Sir Godfrey Toplett, dem Chef des Generalstabs, dinieren.«

»Wir werden keinerlei Gemeinsamkeiten haben«, sagte John.

»Vor dem Dinner vielleicht nicht. Aber nach dem Dinner schon, dessen bin ich sicher«, sagte der Premierminister kühl.

»Ich vermute, daß ich auch weiterhin Freunde meiner Wahl treffen darf?« fragte John mit vor Ironie triefender Stimme.

Der Premierminister ignorierte die Ironie und antwortete: »Bis zu einem gewissen Grade.«

John sah Oliver de Vouvenay an, der albern lächelte.

Bill erhob sich. Er hatte kein Wort gesagt, war aber sichtlich bestürzt. »Wenn Sie mich entschuldigen würden ...«, hub er an.

»Seien Sie nicht beunruhigt, falls Sie sich beschattet fühlen«, sagte der Premierminister. »Sie werden es.«

Gwatkin-Pollock war ein Mann der Wissenschaft, der von der britischen Regierung häufig für offizielle Missionen ausgewählt wurde, da er etwas Unnahbares und Berechnend-Majestätisches an sich hatte, was die mit ihm an einem Konferenztisch Sitzenden unweigerlich irritierte. Immer schien er etwas zu verbergen. Außerdem hatte er die Angewohnheit, plötzlich und unvermittelt über irgendeine einen Tag, eine Woche oder ein Jahr zurückliegende komische Situation zu lachen, und zwar meist, während jemand anderes eine ernste Erklärung abgab. Unterstrichen wurde seine rätselhafte Art durch sein kompromißloses Schweigen, wenn er an der Reihe war, eine Erklärung abzugeben.

Zufällig begab es sich, daß John im gleichen Moment, als Gwatkin-Pollock mit amerikanischen Wissenschaftlern bei einer Konferenz auf höchster Ebene in Washington zusammensaß, eine der besseren Zigarren des Premierministers paffte, in deren qualmigem Dunst seine kritische Urteilskraft weitgehend verpuffte. Zu diesem Zeitpunkt funktionierten die finsteren Pläne der britischen Regierung an beiden Fronten gut. Ein genialer amerikanischer Wissenschaftler, der aus irgendeinem Grund mit schwerem deutschen Akzent sprach, erläuterte gerade einen bemerkenswerten Plan, der vorsah, ein ganzes Bataillon weißer Mäuse ins All zu schießen, als Gwatkin-Pollock laut auflachte, da ihm ein lustiges Erlebnis aus seiner Jugend einfiel. Die Mitglieder der amerikanischen Delegation betrachteten einander konsterniert und fragten sich, ob es klug von ihrem Präsidenten gewesen sei, die Briten an diesen streng geheimen Konferenzen teilnehmen zu lassen.

Unterdessen war in London General Toplett, ein Soldat mit einem Gesicht wie eine schnauzbärtige Walnuß, damit beschäftigt, etliche große Fotos aus seiner Aktenmappe zu ziehen.

»Schauen Sie«, sagte er zu John und dem Premierminister, »es liegt auf der Hand: Jeder Nation, der es gelingt, als erste auch nur leichte Einheiten hier im Krater K – ich habe ihn rot gekennzeichnet – zu landen, kontrolliert sämtliche lateralen Täler auf dieser Seite der Mondoberfläche. Folglich sieht mein Plan vor, leichte Luftlandekräfte so nahe wie möglich am Kraterrand zu landen und von dort aus in vier Kolonnen vorzurücken, bis wir diese grüne Linie hier erreichen.«

Das war zuviel für John, und er sprang auf. »Das ist abscheulich!« rief er. »Ich habe keine menschenbefördernde Mondrakete entwickelt, um mitzuerleben, wie sie der Sorte Überlegungen unterworfen wird, die unseren Planeten so ins Elend getrieben haben! Ich will nicht, daß dumpfe Soldaten und Politiker mit Dreck am Stecken meinen Mond verschmutzen!«

»Nun machen Sie mal halblang«, fauchte der General, das Foto des Kraters in die Luft haltend, als sei es eine Handgranate.

Der Premierminister lachte. »Sehen Sie nicht, Kermidge«, sagte er ruhig, »in dieser Entwicklung eine gewisse Ironie? Verstehen Sie mich nicht falsch, die Amerikaner sind unsere Verbündeten und werden es immer bleiben. Das versteht sich von selbst. Aber wenn man so will, haben wir eine ... eine freundliche Rechnung zu begleichen, meinen Sie nicht auch?«

»In der Welt der Wissenschaft gibt es immer ein Element eher harmloser Rivalität ...«, sagte John so gelassen er konnte.

»Ich bezog mich nicht auf die Welt der Wissenschaft«, unterbrach der Premierminister. »Ich bezog mich auf die Geschichte. Kermidge, wir strapazieren unseren Erfindungsreichtum bis an seine Grenze, damit auf dieser winzigen Insel fünfzig Millionen Menschen vollbeschäftigt und wohlgenährt sind. Natürlich sind unsere Regeln strikt, unsere Steuern unmenschlich, und natürlich halten uns andere Nationen für ein wenig habgierig, was unsere Methoden, und für beinahe lachhaft unflexibel, was unsere Vorschriften angeht. Kann uns das freuen? Uns, die wir der Welt so viel gegeben haben?«

»Wir haben auch eine ganze Menge genommen«, sagte John.

»Ich muß Sie doch bitten, mich ausreden zu lassen«, entgegnete der Premierminister leicht irritiert. Das ganze Jahr über mußte er sich so etwas von der Opposition bieten lassen. Seiner Ansicht nach gab es keinen Grund, weshalb er sich in seinen eigenen vier Wänden, in seinem eigenen Zigarrenqualm, Widerspruch gefallen lassen mußte. »Die Amerikaner sind ein äußerst großzügiges Volk«, fuhr er fort, »aber sie können es sich auch leisten. Wenn ein Mann mit hundert Pfund auf der Bank einem Bettler einen Penny gibt, bedeutet das für ihn das gleiche finanzielle Opfer wie für einen Mann mit einer Million Pfund auf der Bank, der einem Bettler vier Pfund, drei Shillings und vier Pence gibt.« Mit dieser Statistik war der Premierminister so schnell bei der Hand, weil sie offensichtlich zu seinem Standardrepertoire gehörte.

»'n Appel und 'n Ei«, sagte John.

Der Premierminister warf ihm einen vernichtenden Blick zu, der sich rasch in ein gewinnendes Lächeln verwandelte. Wie in keinem anderen Beruf lernte man das als Politiker – Selbstbeherrschung.

»Nennen Sie es, wie Sie wollen, die Fakten sind eindeutig. Wir brauchen Raum. Wir müssen expandieren, nicht nur, um zu überleben, sondern um unseren Nationalcharakter zu bewahren, unser ausgeglichenes Temperament, unsere Gelassenheit.«

»Sogar Hitler hat sich bessere Gründe einfallen lassen«, hörte sich John sagen.

Der Premierminister blieb ruhig und gelassen.
»Würden wir je unsere Nachbarn überfallen, um dieses Ziel zu erreichen? Niemals. Aber« – und er beugte sich vor, suchend – »wenn erst einmal Raum da ist, wer weiß? Wir sind noch nie vor einem Abenteuer zurückgeschreckt. Und stellen Sie sich nur einmal vor ... sanft gewellte Hektare auf dem Mond oder auf anderen Planeten. Unerhörter Reichtum an Mineralien. Kermidge, wir stehen in Kolumbus' Schuhen, verfügen allerdings über den Beweis, daß der unbekannte Kontinent existiert. Schauen Sie aus dem Fenster. Sie werden ihn sehen. Und wir haben das Schiff, das uns hinbringt.«
»Sie wollen den Mond rot streichen«, murmelte John. »Sie wollen einen Mond, der Kiplings würdig wäre, auf dem die Sonne nie untergeht.«
»Ziemlich gut formuliert«, sagte der General, da das Gespräch sich nun in verständlichen Bahnen bewegte.
»Genau – und warum nicht?« rief der Premier. »In der Geschichte ist nichts endgültig. Die Geschichte ist wie das Meer, immer in Veränderung begriffen, ein Flickwerk aus Phasen, ein Mosaik unbeständiger Leistungen. Wir waren einmal ein besetztes Volk. Die Sachsen, die Dänen und die Römer haben uns ihren Willen aufgezwungen. Dann erhoben wir uns, mit der wilden Entschlossenheit sicherer Verlierer, und eroberten das größte Reich, das die Welt je gesehen hat. Die Zeiten haben sich verändert – und mit ihnen die Vorstellung von einem Reich. Ob es uns gefällt oder nicht, wir leben heute in einem Zeitalter der Liberalität, in der jede Bananenrepublik in den Vereinten Nationen eine eigene Stimme hat. Wir, mit unserer großen Weisheit und Erfahrung, müssen schweigend dasitzen, während Guatemala Anspruch auf Britisch-Honduras erhebt. So etwas strapaziert unsere Würde auf das äußerste, aber muß es so

bleiben? Müssen wir Burgoynes Niederlage als endgültig hinnehmen? Wir sagen, wir verlieren jede Schlacht außer der letzten. Ist die letzte Schlacht schon geschlagen?« Sein Tonfall verließ die Ebene der Rhetorik, Vertraulichkeit und Ehrlichkeit suggerierend. »Verstehen Sie mich bitte, nicht dem Krieg rede ich das Wort, am wenigsten einem Krieg mit Amerika. Das wäre undenkbar und dumm. Wir würden ihn zwangsläufig verlieren. Jedoch akzeptiere ich die Niederlage unseres Generals Burgoyne nicht als das letzte Wort.«

»Burgoyne war ein Narr«, sagte der General überflüssigerweise.

»Lassen Sie uns als erste den Mond erreichen. Das würde uns nicht nur den Raum geben, den wir brauchen, sondern auch die gewaltige moralische Vormachtstellung, die nötig ist, um die Führung der freien Welt zu übernehmen. Es steht außer Zweifel: Rußland arbeitet in aller Eile auf die Ergebnisse hin, die Sie bereits mit Brillanz erreicht haben. Es sitzt uns sozusagen im Nacken. Unsere Informationen mit den Amerikanern zu teilen hieße nur, zu diesem Zeitpunkt wertvolle Wochen zu vergeuden, und sobald wir unsere gemeinsame Operation umsetzten, würden die Amerikaner das gesamte Verdienst für sich in Anspruch nehmen. Sie sind von ihrer eigenen technologischen Effizienz zu begeistert, als daß sie zugeben würden, jemand könnte irgend etwas leisten, ohne ihre Pläne zu stehlen. Kermidge, wir haben unseren guten Willen bewiesen. Wir haben ihnen Gwatkin-Pollock geschickt. Lassen Sie uns den Rest selbst tun.«

Er entstand eine Pause.

John ergriff langsam das Wort, unter großer Mühe, seine zitternde Stimme zu beherrschen: »Ich will mich weder für amerikanische Wissenschaftler einsetzen noch für russische oder auch für britische Wissenschaftler, was das betrifft. In allen Lagern habe ich Freunde und Feinde, da es für die wahren Männer der Wissenschaft keine Grenzen gibt, nur den Fortschritt; es gibt keine Nationen, nur die Menschheit. In Ihren Ohren mag das subversiv klingen, aber es ist wahr, und ich werde – so ruhig ich kann – erklären, warum es wahr ist und was es wahr gemacht hat. Sie, Sir, erwähnten Kolumbus. Seinerzeit waren die Menschen – trotz all ihrer Kultur, der großartigen Gemälde, Architektur, des Humanismus und so weiter – noch relativ wild. Das Leben galt nicht viel. Schon eine leichte Verfehlung wurde mit dem Tode gesühnt, ein Geburtsfehler mit Sklaverei. Und warum? Weil es Raum zu erobern gab, vielversprechende Horizonte. Der Tagesbefehl hieß Eroberung. Die habgierigen Klauen Großbritanniens, Frankreichs, Spaniens und Portugals griffen nach dem Unbekannten. Aber dann, auf einmal, war alles entdeckt, alles enträtselt. Deutschland und Italien versuchten, die Uhr zurückzudrehen; sie benahmen sich, wie sich früher alle benommen hatten, und wurden nur deshalb für kriminell erklärt, weil sie als veraltet galten und ihre internen Verfolgungen gegen kulturell hochstehende und noch dazu weiße Menschen statt gegen ihre kolonialen Untertanen richteten. Sie wurden von der Menschheit verurteilt, und zwar zu Recht, da sie der Hunger nach Ruhm zu einer Zeit antrieb, da andere Nationen sich den Mund leckten, gesättigt von einem jahrhundertelangen Festmahl. Und warum wurden wir alle so plötzlich zivilisiert? Weil es, Sir, nichts mehr zu erobern gab, nichts mehr übrig war, was man sich ohne einen drohenden allgemeinen Krieg hätte schnappen können; es war kein Raum mehr übrig.« John wischte sich kurz über die Stirn und fuhr fort: »Und was ist jetzt passiert? Der Raum ist wieder in unser Bewußtsein gerückt. Der Horizonte hier unten auf Erden beraubt, haben wir unseren Blick nach oben gerichtet und dort Horizonte gefunden. Was bedeutet das für uns? Wir werden dadurch in präkolumbische Zeiten zurückversetzt. Es wird das Signal für militärische Eroberungen sein, für Religionskriege. Es wird Kreuzzüge für einen katholischen Mond geben, für einen protestantischen, einen islamischen, einen jüdischen Mond. Falls dort oben jemand wohnt, werden wir diese Wesen erbarmungslos unterwerfen, ehe uns klar wird, wie wertvoll sie sind. Man kann keine Zuneigung zu einer Kreatur empfinden, die man nie zuvor gesehen hat, zumal, wenn sie nach unseren Maßstäben häßlich aussieht. Den Vereinten Nationen wird jede Kontrolle entgleiten, da ihr Feind der Geruch von Raum in den Nüstern der Militärs sein wird. Das Leben wird wieder wertlos, genau wie der Ruhm. Wir werden die Uhren auf die Zeit der Finsternis zurückdrehen, und unsere wachsenden Qualen in der Stratosphäre werden mindestens genauso schmerzhaft sein wie die, die wir hier auf Erden erlitten haben. Mit all dem will ich nichts zu tun haben.«

Der Premierminister betrachtete ihn mit echter Zuneigung und bot ihm noch eine Zigarre an, die Johns zitternde Hand automatisch annahm.

»Sie sehen die Welt durch die Augen eines Historikers«, sagte der Premierminister, »aber die Welt wird nicht von Historikern beherrscht. Diesen Luxus können wir uns nicht leisten. Weder können wir Ereignisse aus einer so bequemen Entfernung betrachten, noch können wir es uns erlauben, uns von den unglücklichen Parallelen und Wiederholungen der Geschichte so leicht verbittern zu lassen. Als Historiker haben Sie zweifellos recht, wenn Sie so weit zurückschauen, um nach vorn zu sehen, aber als Politiker haben Sie unrecht, und als Patriot ebenfalls.«

»Zum Patrioten fehlt mir der Ehrgeiz«, erwiderte John. »Ich möchte ein Mensch sein, auf den die Welt stolz ist.«
»Sie sind jung«, stellte der Premierminister fest und bot John Feuer an. »Übrigens hat der Erzbischof von Canterbury den dringenden Wunsch geäußert, Sie kennenzulernen.«
»Ich wußte es«, rief John, »ein Mond der anglikanischen Kirche!«

Wieder zu Hause, blieb John die ganze Nacht auf und schrieb einen Brief. Veronica lag schlaflos da und hörte das fieberhafte Geklapper der Schreibmaschine und gelegentlich einen Wutausbruch. Die Koffer standen noch immer halb gepackt im Schlafzimmer, Indiz für die Enttäuschung beider über ihre ausgefallene Reise nach Washington und für ihre Unsicherheit, was die Zukunft betraf.
John ging in jener Nacht nicht zu Bett, sondern verließ um halb sieben Uhr morgens das Haus, um seinen Brief einzuwerfen. Er bemerkte einen Polizisten in Zivil, der auf dem gegenüberliegenden Bürgersteig herumlungerte, ignorierte ihn aber.
Den ganzen Tag lang sprachen Veronica und John praktisch nicht miteinander, und sogar die Kinder änderten ihre Spiele. Ein Unglück schien über die Familie hereingebrochen zu sein.
Nach dem Mittagessen mußten sie sich mit dem überraschenden Besuch eines ernsten Sir Humphrey abfinden, begleitet von einem höchst pikierten Oliver de Vouvenay sowie einem rosigen Kommissar von Scotland Yard mit Namen Peddick.
»Was darf ich Ihnen anbieten?« fragte John vor Sarkasmus triefend. Inzwischen schien er unfähig zu sein, etwas ohne Sarkasmus zu sagen.

»Nichts. Absolut nichts«, antwortete Sir Humphrey.
»Vielleicht könnten wir uns setzen?« sagte de Vouvenay.
»Ich wüßte nicht, was Sie davon abhalten sollte«, sagte John.
Es entstand ein kurzes verlegenes Schweigen.
»Nun?«
Schweigend öffnete Oliver de Vouvenay seine Aktentasche und holte den Brief heraus, den John am selben Morgen eingeworfen hatte. Der Umschlag war offen.
»Was tun Sie damit?« fragte John heftig.
»Vielleicht sollte ich übernehmen, Sir?« Das war Kommissar Peddick. »Haben Sie das geschrieben?«
»Was geht Sie das an?«
»Es steht eine Schweizer Adresse drauf, Sir.«
»Das kann ich erklären. Da steht eine Schweizer Adresse drauf, weil er in die Schweiz geschickt werden sollte.«
»Soviel ich weiß, Sir, enthält er streng geheime Informationen.«
»Er enthält Informationen, die meinem Gehirn entstammen und die ich nicht für geheim halte. Und außerdem, seit wann ist es in diesem freien Land Praxis, daß die Polizei Privatbriefe abfängt?«
»Dazu, Sir, sind wir durch das Geheimhaltungsgesetz berechtigt.«
»Würden Sie mir verraten, was Ihnen an den Informationen so besonders geheim vorkommt?«
Der Kommissar lächelte. »Das ist wohl kaum mein Fachgebiet, Sir. Ich werde daraus nicht recht schlau, habe aber von oben gesagt bekommen, es sei geheim, und mich dementsprechend verhalten.«
»Aber gelesen haben Sie es?«
»Oh, ich habe es teilweise überflogen, jawohl Sir, im Zuge meiner Pflichterfüllung.«

John zerbrach eine Vase und stieß einen lauten Fluch aus. Sir Humphrey hob beschwichtigend die Hand. »Ihnen muß klarwerden, John, daß Sie sich bis zu einem gewissen Grade der Regierungspolitik zu unterwerfen haben. Sie können nicht Ihr gesamtes Erwachsenenleben lang ein Rebell sein. Was Sie bisher geleistet haben, ist für uns alle ungeheuer wichtig, und Sie müssen aufhören, es aufgrund Ihrer – wie Sie sich einbilden – wissenschaftlichen Integrität zu zerstören. John, ich flehe Sie an, betrachten Sie sich als Hüter eines Geheimnisses, und unternehmen Sie in dem Augenblick Ihres bevorstehenden Triumphes nichts, was Sie in Verruf bringt.«

»Ich bin kein Hüter eines Geheimnisses«, brauste John auf, »ich bin der Erfinder einer öffentlich nutzbaren Dienstleistung!«

»Sie haben einen Brief in die Schweiz geschrieben, an Professor Nussli. Professor Nussli war kürzlich in Moskau«, flocht de Vouvenay ein.

»Na und?« fauchte John. »Ich war mal auf Trinidad, was noch lange nicht bedeutet, daß ich den lieben langen Tag Calypso singe. Was seid ihr alle für gottverdammte Idioten. Nur weil ein Mensch neugierig ist, weil er etwas herausfinden will, glaubt ihr automatisch, er sei völlig blind von dem, was er untersucht hat.«

»Das wollte ich überhaupt nicht andeuten.«

»Warum erwähnten Sie es dann? Was meinen Menschen, wenn sie aus heiterem Himmel das Wort ›Moskau‹ sagen? Für wie naiv halten Sie mich? Ich kenne Nussli seit beinahe vierzig Jahren ... mit anderen Worten, mein ganzes Leben. Ich bin in der Schweiz aufgewachsen, weil ich als Jugendlicher an Asthma litt. Ich bin mit Hans zur Schule gegangen. Wir waren eng befreundet. Er ist heute ein ebenso genialer Mann, wie er damals ein genialer Knabe war, und wahrscheinlich weiß er mehr über mein Spezialgebiet als jeder andere lebende Mensch. Er ist ein durch und durch aufgeklärter liberaler Bursche.«

»Ich bin sehr dankbar, das zu hören«, sagte de Vouvenay.

»*Sie* sind dankbar, das zu hören?« schrie John aufgebracht. »Für wen zum Teufel halten Sie sich eigentlich? Ich bedaure sehr, meine Schule in der Schweiz verlassen zu haben, wo ich gearbeitet und mich amüsiert habe, nur um hierher zurückzukommen, der Ehre willen miterleben zu dürfen, wie sich Ihre miese kleine Karriere entwickelt hat, angefangen bei dem selbstgerechten Streber, der als einziger in der Schule den Stimmbruch noch nicht erreicht hatte und die Sopransoli im *Messias* bewältigen konnte, bis zu dem aufgeblasenen Spießer, der die Stirn hat, Ansichten über Dinge zu verbreiten, von denen er nichts, nichts, aber auch gar nichts versteht! Verschwinden Sie!«

De Vouvenay erhob sich mit wütend gerötetem Gesicht, seine gelben Haare fielen über ein Auge. »Ihr Brief wird vorläufig beschlagnahmt«, sagte er, »und vielleicht lernen Sie mit der Zeit so viel Benehmen, daß wir Ihnen Herrn Nusslis Antworten aushändigen können.«

John war entgeistert. »Soll das heißen ...«

Sir Humphrey sah ihn unverwandt und offen an. »Ich entschuldige mich für Mr. de Vouvenay«, sagte er, »da sich Mr. de Vouvenay augenscheinlich nicht selbst entschuldigen kann.«

»Briefe an mich ...«

»Ja, John. Ich verabscheue die Unsitte, anderer Leute Post zu öffnen. Vor allem verabscheue ich sie, wenn eine Regierung ihr frönt. Doch als Engländer und jemand, der Ihr großes Talent bereits früh in Ihrem Leben erkannt hat, muß ich gestehen, mir über die Notwendigkeit einer solchen

Notmaßnahme zu diesem Zeitpunkt im klaren zu sein. Wir müssen unser Geheimnis nicht nur vor jedem Feind schützen, sondern auch vor Ihnen selbst. Ich weiß nicht, was Sie während der letzten Monate an Professor Nussli geschrieben haben, aber die in unserem Besitz befindliche Antwort läßt vermuten, daß er einen detaillierten, ja sogar exquisiten Einblick in Ihre Methoden besitzt. Besonders beunruhigend ist seine offenkundige Kenntnis über unseren Treibstoff ...«

»Unser Treibstoff – dummes Zeug. Es war genausosehr sein Treibstoff wie meiner. Was glauben Sie, wie zwei Freunde arbeiten, wenn sie von dem gleichen Ehrgeiz getrieben werden? Sie teilen ihre Informationen, selbstlos, zum allgemeinen Nutzen.«

»Auf dem Postweg? Keiner dieser Briefe wurde auch nur als Einschreiben aufgegeben.«

»Zweifellos ist die Post diskreter als das Telefon und gewiß billiger. Nie hätte ich auch nur einen Moment lang angenommen, daß man meine Briefe öffnen würde. Hätte ich es gewußt, wäre mir eine andere Art der Verständigung eingefallen.«

»Als da wäre?« fragte de Vouvenay.

»Tauben«, zischte John.

Als die Besucher gegangen waren, schalt sich John dafür, de Vouvenay nicht geschlagen zu haben. Er war tatsächlich gezwungen worden, sich aus einer Position heraus zu verteidigen, die nicht stärker hätte sein können, schließlich befand er sich in einem Land mit demokratischen Traditionen. Man hatte seine Korrespondenz beschlagnahmt, und doch hatte er irgendwie nicht den Eindruck, seinen Peinigern klargemacht zu haben, wie unmoralisch ihr Verhalten war. Er war zwar ausgesprochen wütend geworden, aber irgendwie war die Wut auch verraucht angesichts der schieren Verblüffung darüber, daß solche Dinge hier und heute, im zwanzigsten Jahrhundert, möglich waren. Das zwanzigste Jahrhundert? Eher die Schwelle zu einem zweiten fünfzehnten Jahrhundert: das Zeitalter der Entdekkungen, des unerwarteten Todes und rücksichtslosen Lebens.

Rasch fällte er einen Entschluß. Er nahm den Telefonhörer ab, rief British European Airways an und buchte einen Platz für den Flug nach Zürich. Da noch zwei Stunden blieben, schritt er durch das Zimmer und rekonstruierte die Szene mit seinen drei Besuchern sowie das Dinner beim Premierminister, wobei seine Stimmung in kalte und rechtschaffene Empörung umschlug, an all die geschliffenen Erwiderungen denkend, die er von sich gegeben hätte, wenn er geistesgegenwärtig genug gewesen wäre.

Als er noch vierzig Minuten Zeit hatte, steckte er den Reisepaß in die Tasche, beschloß, sich nicht von seiner Frau zu verabschieden, da Erklärungen seine Wut nur verwässert hätten, und verließ das Haus, leise die Tür hinter sich schließend. Das Taxi traf ein paar Minuten vor der Zeit am Londoner Flughafen ein, und John ging in die Abflughalle. Die jungen Damen waren sehr nett und wiesen ihm den Weg zum Schalter der Grenzbehörde. Hier betrachtete ein farbloser Beamter eine halbe Ewigkeit lang seinen Paß und schien geheimnisvolle Dinge in seine alten Visa hineinzulesen. Endlich schaute der farblose Herr auf, aber nicht John an, sondern an ihm vorbei.

Eine Stimme sagte in Johns Ohr: »Tut mir leid, Mr. Kermidge.«

Es war Kommissar Peddick.

Veronica sorgte sich die folgenden drei Wochen um John. Er war zwar nicht krank, zeigte aber keinerlei Neigung

aufzustehen und ließ sich aus purer Trägheit einen Bart wachsen. Er sprach nie, außer um bei einer Gelegenheit zu sagen: »Ich bin ein Patriot, meine Liebe. Ich bleibe im Bett, um der Polizei die Arbeit zu erleichtern. Angesichts der zahlreichen Einbrüche und der jugendlichen Straftäter wäre es nicht fair, die Polizei zu sehr zu beschäftigen, indem ich mich bewege.«
Sir Humphrey kam ein- oder zweimal vorbei, aber John starrte bloß die Zimmerdecke an und weigerte sich, auch nur ein Wort zu sagen. Man traf Vorkehrungen, Johns Rakete zu starten, und Sir Humphrey, im Grunde seines Herzens ein anhänglicher Mensch, versuchte Veronica mit der Neuigkeit aufzumuntern, die Adeligsprechung läge in der Luft. »Selbst wenn sich John mit aller Macht dagegen sträubt, Lord Kermidge zu sein, so möchte er bestimmt, daß Sie Lady Kermidge werden.«
»Mir ist das egal, wenn er nur ißt.«
Eines Abends, etwa fünfundzwanzig Tage nach Johns Versuch, nach Zürich zu fliegen, registrierte die Presse weltweit geheimnisvolle und intensive diplomatische Aktivitäten.
Einem wachsamen amerikanischen Journalisten fiel auf, wie der US-Außenminister ein öffentliches Dinner in Cincinnati verließ, um nach Washington zu fliegen. Ein paar Minuten später unterbrach der Präsident der Vereinigten Staaten einen Angelurlaub und begab sich per Hubschrauber nach Washington. Die Mienen der beiden Würdenträger waren außerordentlich ernst.
Zeitungsreporter in Moskau bemerkten, daß für nur eine Stunde später ein Treffen des Obersten Sowjets einberufen worden war und finster dreinblickende Delegierte den Verkehr durcheinanderbrachten, als sie in den Kreml strömten. Gebiete wurden abgesperrt, und die Polizei war wenig

mitteilsam. In Paris wurde die sich abzeichnende Krise beendet, als sich ein Gerücht verbreitete, das die steigenden Lebenshaltungskosten in der Tat lächerlich erscheinen ließ.
Der Sehr Ehrenwerte Arthur Backworth verließ Chequers um vier Uhr morgens in Richtung Downing Street Nummer 10. Beobachter erhaschten einen Blick auf sein aschfahles Gesicht im düsteren Inneren seines Rolls-Royce.
Aus Amerika meldeten die Agenturen nicht nur die unerwartete Anwesenheit des Präsidenten sowie des Außenministers in der Bundeshauptstadt, sondern auch die einer ungewöhnlich großen Anzahl von Generälen und Admirälen, allesamt mißmutig und unwirsch. Geschäftsleute, die versuchten, transatlantische Telefonate zu führen, litten unter endlos langen Verzögerungen. Weltweit lagen die Nerven bloß.
Den Grund hierfür erfuhr der tief schlafende John als einer der letzten, nämlich als Veronica und Bill mit sämtlichen Morgenzeitungen in sein Zimmer platzten. Er warf einen Blick auf die erste Schlagzeile und begann laut zu lachen, erst langsam, dann hysterisch, bis ein Tränenschwall aus seinen Augen floß, sich durch seinen Bart schlängelte und seine Schlafanzugjacke durchnäßte. Er lachte eine volle Viertelstunde lang, heulte, stöhnte, hielt sich die Seiten, zerriß aus einer mit Pein vermischten Begeisterung heraus die Bettlaken, keuchte wie ein Sterbender und riß Bill samt Veronica in seiner irren Freude mit. Unvermittelt hörte das Gelächter auf, und John, Bill und Veronica betrachteten einander ohne Energie, ohne jedes Gefühl.
John atmete tief durch, nahm die Zeitung in die Hand und las noch einmal die Schlagzeile.
Sie lautete, in riesigen Lettern: SCHWEIZER AUF DEM MOND GELANDET.

Ein Wort ins Ohr der Welt

Martha und Vitus Grobchek hatten 1915 geheiratet und seit 1916 kaum ein Wort miteinander gewechselt. Richtige Freunde hatten sie nicht, aber ihre Nachbarn, die nachts dann und wann durch ihr Jammern und seine rauhe Stimme, die auf tschechisch Sarkasmen austeilte, geweckt wurden, fragten sich, warum die beiden überhaupt zusammengeblieben waren.

Hiram Maltby, ein Nachbar, von Beruf Parkplatzaufseher, machte zu gegebener Zeit der Polizei gegenüber folgende Aussage: »Er war kein Typ, mit dem man sich anfreunden konnte, man sagte ›Hallo‹ oder ›Guten Morgen‹ oder machte irgendwelche Bemerkungen über das Wetter und bekam keine Antwort. Er tat, als wäre man nicht da. Als sie einzogen, haben wir ihn zu uns eingeladen. Er sagte okay, kam aber nie rüber. Wir wurden nie zu ihm eingeladen. Ich denke, er war wütend, asozial, das richtige Wort kenne ich nicht, aber wie gesagt, er war kein Typ, mit dem man sich anfreunden konnte.«

Die Nachbarin in der Wohnung 6G gegenüber, eine Madame Zelda Lupcevic, erzählte eine etwas andere Geschichte. Sie war Schneiderin mit der Spezialität, Kleider für Leute mit unbeständigem Gewicht zu ändern. Sie arbeitete zu Hause und hatte daher häufig Gelegenheit, all das zu hören, was es durch die dünnen Wände zu hören gab. »Sie tat mir leid«, erklärte sie mit ihrem Balkanakzent. »Meiste Zeit ist sich Ruhe, nur Geräusch von Füßen oder von Küche. Dann redet sie, nett, leise. Sie war nette leise Frau. Manchmal redet sie halbe Stunde und kriegt keine Antwort. Plötzlich, wie aus Nichts, seine Stimme, wütend, brutal. Dann vielleicht fliegen Teller, oder etwas zerbricht, und dann Stille bis zum nächsten Mal. Sie war gute Frau, immerzu gelächelt. Ich spüre, sie möchte reden, hat aber Angst. Er benimmt sich wie jemand, der trinkt, hab ihn aber nie gesehen, wo er nicht geradeaus gehen oder böses Wort deutlich sagen konnte. Ich verstehe paar Brokken Tschechisch, und ich sage Ihnen, sehr schlimme Dinge gesagt.«

Als sie heirateten, war Martha siebzehn und Vitus zwanzig. In ihrer ersten Blüte als junge Frau war ihr ständiges Lächeln noch sehr attraktiv, da sie auf jeder Wange ein Grübchen hatte und dadurch jeden, dem sie begegnete, in gute Laune versetzte. Vitus war eher klein, aber sein angeborener Mißmut verlieh ihm eine eindrucksvolle Ernsthaftigkeit, die seine älteren Verwandten glauben machte, er werde es noch weit bringen. Sein Vater war Tischler, aber Vitus würde offensichtlich weitere Horizonte erkunden. Daß er mit seinen Eltern ein wenig schroff umsprang, führte man auf seine innere Rastlosigkeit zurück, auf sein ungeduldiges Streben nach Erfolg, und das verstanden nicht nur seine Eltern, sondern die gesamte kleine tschechische Kolonie an der Kreuzung 2nd Avenue und 75th Street.

Nur allmählich dämmerte allen, daß hier kein zweiter Rockefeller heranwuchs, sondern ein Mensch, der lediglich die Früchte der Arbeit genoß, nicht aber die Arbeit selbst. Das Lächeln seiner Frau wurde tapferer und folglich lästiger. 1917 zog er in den Krieg, nicht dem patriotischen Ruf folgend, sondern weil das Unterfangen mit einer kostenlosen Reise fort von zu Hause verbunden war. Um die Wahrheit zu sagen, ihm machte der Krieg riesig Spaß. Für ihn war das Leben nicht viel wert, da es so wenig hergab. Davon abgesehen, mochte er männliche Gesellschaft. Die Kumpanei der Schützengräben bot ihm den emotionalen Trost, den er bei Frauen nie gefunden hatte. Fluchen und Saufen bedeuteten für ihn eine große Befreiung des Geistes, und grobe Sprüche über Frauen waren unendlich befriedigender und problemloser als eine echte Beziehung zu ihnen. Sie waren zum Vergnügen des Mannes auf dieser Erde, sollten mit ihm schlafen und den Mund halten.

Natürlich ging er während des Krieges und danach, in der kurzen Phase der Besetzung, zu Prostituierten, und nur zu Prostituierten. Er wurde ausgesprochen sauer, wenn sie zu der sentimentalen Sorte gehörten, die die abwesende Geliebte in seinem Kopf ersetzen wollten und versuchten, mit süßlichem Geplapper Zeit zu schinden. Er war nur aus einem Grund bei ihnen und hatte es eiliger als selbst die Gefühlloseste von ihnen. Er bezahlte sogar extra, damit sie den Mund hielten.

Bei der Siegesparade war sein Gesicht das einzige, das sich nicht zu einem Lächeln verzog. Er starrte wie ein Hypnotiseur durch den Konfettiregen, die blauen Augen völlig ausdruckslos. Die sorglose Zeit war vorbei. Zu Hause hatte man ihn rührend in Empfang genommen. Es gab Kuchen, tschechische Wurst und Schnaps, den sich seine Eltern kaum leisten konnten. Martha lächelte und weinte, lächelte und lächelte. Unzählige Verwandte küßten ihn. Vier Tage später ließ er sich von der Handelsmarine anwerben.

Er befuhr den Indischen Ozean und das Chinesische Meer, die Ostsee und die Karibik, sah nichts außer dem Inneren von Bars und Bordellen. Fröhlich fluchte er mit seinen Kumpels, schlug sich mit ihnen und anderen aus reinem

Spaß an der Prügelei, und es gab immer Spielkarten statt Gespräche. Die Jahre vergingen, er genoß seine Unreife, war auf seine Einsamkeit stolz und gab sich gründlich jener Sorte von emotionaler Homosexualität hin, die Typen auszeichnet, die sich gegenseitig immer wieder ihre Männlichkeit beweisen müssen, indem sie einander bewußtlos prügeln, und die sich zur Armee und anderen Organisationen hingezogen fühlen, weil Männer dort ungestört von Frauen Männer sein können.
Mit dem Ausbruch des Zweiten Weltkrieges wurde das Leben ein wenig trister, da die Häfen auf jene sorglosen Annehmlichkeiten verzichten mußten, die man traditionell mit ihnen in Verbindung brachte. Viele von ihnen waren verdunkelt, die Navigation wurde schwieriger, und Schlägereien wurden von äußerst tüchtigen, organisierten Trupps Uniformierter unterbunden, die in Jeeps aus dem Nichts auftauchten. Man schien die ganze Zeit mit be- und entladen zu verbringen, oder man fuhr unter dem herrischen Auge der Marine in extremen Klimazonen Zickzackkurs. Alle wirkten nervös, und sogar eine unvorsichtigerweise angezündete Zigarette genügte als Vorwand für eine völlig überzogene Bestrafung.
Vitus verabscheute diesen Krieg. Er hatte einen neuen Typ Mann mitgebracht, einen Mann, der irgendwie die alte Plackerei auf freundlich-harmlose Art ablehnte, einen Mann, der zwar zugab, Amateur zu sein, sich aber dennoch entschlossen zeigte, das Geheimnis des Meeres so rasch wie möglich zu meistern, damit er sich im Krieg nützlich machen und nach dem Sieg so schnell wie möglich wieder in seinen angestammten Beruf zurückkehren konnte. Dieser Typ Mann brachte den verhaßten Geruch von zu Hause auf die Hochsee. Er zeigte Fotos von Frau und Kindern herum, das Gesicht von väterlichem Stolz entstellt,

und wenn die Post kam, verlangte er lautstark danach wie ein Tier zur Fütterungszeit nach seiner Nahrung.
Einige dieser Neulinge waren von überlegener Intelligenz und wurden rasch befördert. Früher war Vitus nie auf Beförderung aus gewesen, da er in diesem Leben nichts so sehr verabscheute wie Verantwortung, aber nun, da diese Burschen, die vor nicht einmal einem Jahr in sein ordinäres Reich eingedrungen waren, ihn auch noch herumkommandierten, packte ihn abwechselnd der wüste Neid oder mißmutige Verbitterung.
Geraume Zeit verbrachte er in Zellen, sowohl an Bord als auch in diversen Seehäfen, und 1943, nach einem stürmisch verlaufenen Gespräch mit einem überarbeiteten Psychiater, befand er sich auf einmal wieder in New York und wußte nicht, wohin er gehen sollte außer nach Hause. Diese Woche der Arbeitslosigkeit war für ihn die längste Woche seines Lebens. Seine Frau erlitt einen schweren Schock, als sie ihn sah, aber als sie wieder zu sich kam, war da wieder dieses ekelhafte, allzeit bereite Lächeln, so willens zu vergeben, so entgegenkommend, geradezu eine Einladung zur Graumsamkeit.

Martha hatte die vergangenen achtundzwanzig Jahre so gut es ging gelebt, zumeist als Kellnerin in der Filiale einer riesigen Kette von Partyserviceläden. Ihre Kollegen kannten und schätzten sie nicht nur, weil sie eine willige Arbeiterin war, sondern auch, weil man ihr so leicht vergab, wenn sie einen Fehler machte. Das Lächeln, das ihren Mann so in Rage brachte, wurde von den meisten Menschen als äußeres Zeichen ihrer inneren Liebenswürdigkeit verstanden.
Vitus war froh, daß sie arbeitete, denn so konnte er etwas Geld aus ihrer Tasche nehmen, deprimiert in den Bars an der 3rd Avenue sitzen und darauf warten, daß etwas

geschah. Es geschah nichts. Es gab nicht einmal mehr richtige, ehrenhafte Schlägereien. Hier gab es nur Bürgersteige, Überbevölkerung und Polizisten auf ihren Rundgängen, alles bekannt und stumpfsinnig, und kein Schiff wartete mit qualmenden Schloten darauf, ihn aus den Schwierigkeiten fortzuschaffen, falls es einmal Schwierigkeiten gab. Nach einer Woche bekam er Arbeit in einer Autowerkstatt. Man gab ihm einen blauen Overall, auf dem vorne und hinten die Worte »Klein's freundlicher Werkstattservice« aufgenäht waren, und wohl noch nie war einer so gewinnenden Formulierung von dem sie krönenden Gesicht gründlicher widersprochen worden. Letztlich bekam er den Job, weil er sich freiwillig für die Nachtschicht meldete. So sah er seine Frau nur sonntags.
Martha hatte seit dem Beginn ihrer Ehe sehr gelitten. Der Tratsch der Gemeinde, mochte er auch gegen ihren Mann gerichtet sein, ließ sie keineswegs unberührt. Seine Eltern waren sehr gut zu ihr gewesen, aber ihre Tränen stellten für Marthas abgestandenen Hoffnungen kaum einen Trost dar. Sie übte sich in Geduld und überwand den gebieterischen Kinderwunsch ihres Körpers mit bäuerlicher Würde. Der zuständige Priester tröstete sie so gut es ging mit der Bemerkung, Gottes Wege seien unergründlich, und sie stimmte ihm zu, dachte aber insgeheim, Gottes Wege könnten wohl kaum so unergründlich sein wie die ihres Mannes. Der Priester hatte ihre natürliche Pein begriffen und Martha ermutigt, die Gedanken von ihrer persönlichen Tragödie abzulenken, indem sie ihm in mancherlei Dingen zur Hand ging.
Nach und nach wurde sie als fromme Frau bekannt, und in der Nachbarschaft wuchs der Haß auf ihren Mann. Allerdings wurde Marthas Frömmigkeit während eines ihrer zahlreichen der Wohltätigkeit gewidmeten Besuche in

einem Krankenhaus einer schweren Prüfung unterzogen. Sie lernte Jiri Smetacek kennen, einen jungen, dem Tode geweihten Invaliden, der ruhig und weise geworden war, als ihm vorzeitig diese Würde aufgedrängt wurde. Man schrieb das Jahr 1917. Die emotionale Stabilität sämtlicher Nationen war bedroht. Ehemänner weilten fern von zu Hause. Die Unsicherheit der Existenz beschäftigte alle. Die ruhigsten Menschen wurden von unerwarteten Sehnsüchten heimgesucht. Dies mochte sogar das Ende der Welt sein, warum also nicht singen, tanzen, lieben? Die Unterlagen für das Jüngste Gericht würden dermaßen durcheinander sein, daß man für das Ordnen allein Jahre bräuchte.
Was als platonische Romanze begann, bei der Martha jeden zweiten Tag Zeitschriften ins Krankenhaus brachte, erblühte unversehens zu etwas Gefährlicherem, als sich der todgeweihte junge Mann entgegen aller ärztlichen Prognosen rasch erholte. Seine Liebe zu Martha schien Wunder gewirkt zu haben, und im Dezember 1917 entließ man ihn aus dem Krankenhaus. Der Rest war nur natürlich. Die Flutwelle der Liebe, der sich Vitus so kalt verweigert hatte, ergoß sich über Jiri. Stundenlang lagen sie sich in den Armen, von einer Zukunft flüsternd, von der beide wußten, daß es sie nie geben würde. In diesen wenigen Monaten wurde jedes Geschenk der Natur überreich verschwendet – Lachen, Tränen, Schweigen, Poesie, körperliche Ekstase und lieblicher Schlaf. Für Jiri war das zuviel. Als es wieder Frühling wurde, war Martha eine Frau, und er war tot.
Sie hatte erfahren, was es hieß zu lieben, und folglich hatte sie erfahren, was es hieß zu leben. Das konnte ihr niemand nehmen, und ihr ständiges Lächeln bekam etwas Stolzes. Als Vitus 1919 zurückkehrte, nahm sie ihren Mut zusammen, um ihm entgegenzutreten, und trotz ihrer Tränen glaubte sie, seinen Blick ohne ein Flehen zu erwidern, auf

gleicher Ebene. Es überraschte sie jedoch, als er sie so bald wieder verließ, um sich der Handelsmarine anzuschließen. Dann, in ihrer neuen Einsamkeit, kamen ihr erste Zweifel. Hatte ihm jemand von Jiri erzählt? Wußte er Bescheid? War er in Wirklichkeit ein anständiger Mensch? Hatte ihn der Krieg von seinem beunruhigenden Mißmut geheilt? War er bereit gewesen, wieder zu ihr zurückzukehren und einen neuen Anfang zu wagen, als er durch irgendwelchen Tratsch von einem anderen erfahren hatte?

Nichts ist dem Seelenfrieden abträglicher als Fragen, die keine Chance haben, beantwortet zu werden. Fünfundzwanzig Jahre lang war sie jede Woche einmal auf den Friedhof gegangen, um Blumen auf Jiris Grab zu legen, und zwar immer zu einer Tageszeit, zu der dort relativ wenig Betrieb herrschte. Sie lungerte zwischen den Gräbern herum, bis sie sich unbeobachtet fühlte, um dann die wenigen liebevollen Worte zu murmeln, die ihre Erinnerung an ihn frisch hielt. Anschließend wurde sie regelmäßig von Schuldgefühlen gegenüber dem Mann überwältigt, der ihr so viel weniger vertraut war als ihr Liebhaber. Der Wunsch, zu vergeben und selbst Vergebung zu erlangen, ist integraler Bestandteil der Liebe; er ist wie die unzähligen Steine, mit deren Hilfe Menschen Gewässer aufwühlen, die aus Gewohnheit zum Stillstand gekommen sind. Und doch, hier gab es keinen, dem man vergeben konnte, nur endlose Zweifel, endlose Schuldgefühle, Erinnerungen an Glück und Einsamkeit, welche die Gedanken krank machen.

Es war für Martha nur natürlich, in Ohnmacht zu fallen, als Vitus nach so vielen Jahren in der Handelsmarine ohne Vorwarnung nach Hause kam, doch als er beschloß, in der Nachtschicht zu arbeiten, statt den Trost seiner Frau zu genießen, fragte sie sich bald, ob er auf diese Weise ihre

Untreue bestrafen wollte. Sie hatte keinen, an den sie sich wenden konnte. Der alte Priester war gestorben. An seine Stelle war ein junger Mann getreten, der ihr Sohn hätte sein können. Über solche Dinge sprach man nicht mit einem Bürschlein ohne jede Lebenserfahrung.
Die Sonntage schienen kein Ende zu nehmen. Sie kochte, und Vitus aß. Sie spülte, während er dasaß und aus dem Fenster sah. Sie wechselten kein Wort. Schließlich kaufte sie von ihren Ersparnissen ein kleines Fernsehgerät, nur der Freude wegen, eine menschliche Stimme zu hören. Er schien nichts dagegen zu haben. Er schaltete nur gelegentlich einmal um.

Etwa zur gleichen Zeit legte sich ein für seine Güte bekannter Mann, ein gewisser Professor Odin Strang Newville, eine eigene Fernsehsendung zu. Seit vielen Jahren schon hatte er in zahlreichen Zeitungen denen Rat erteilt, die ihn brauchten, und sein strahlendes Gesicht war der Nation so gut bekannt, daß es ein paar Sponsoren für lohnend hielten, auf einem der Sender allsonntäglich eine solche öffentliche Dienstleistung anzubieten. Die Sendung nannte sich etwas kühn »Ein Wort ins Ohr der Welt«, und dahinter stand die Idee, irgendein privates Problem einer Runde von Fachleuten vorzutragen, die freigebig Rat spendeten. Die hilfsbedürftige Person wurde auf einer Seite der Trennwand in dramatisches Halbdunkel gehüllt, während Professor Strang Newville persönlich, ein gewisser Dr. X, von Beruf Psychiater, sowie ein für seine Brillanz bekannter Prominenter namens George Q. Nash sich die traurige Geschichte anhörten und anschließend vor Millionen Zuschauern den Fall in seinen Einzelheiten diskutierten.
Bei den Grobcheks war diese Sendung sehr beliebt, da Martha sich angesichts des Elends anderer Leute ein wenig

getröstet fühlte, während Vitus alles mit eisigem Haß betrachtete, in seiner Überzeugung bestärkt, wenn auch der Himmel dort oben war, so war doch die Hölle genau hier und keinen Schritt tiefer. Gelegentlich murmelte er so etwas wie »Geschieht ihr recht« oder »Ich wüßte, was ich täte, wäre ich der Mann von diesem Miststück«, was Martha Gelegenheit gab, seine Stimme zu hören.

Martha hielt sehr große Stücke auf Professor Strang Newville. Wenn sich, was häufig geschah, die Studiobeleuchtung in seiner runden Hornbrille spiegelte, verlieh ihm dies die Aura eines Allessehenden, ein Leuchten, das durch das pausenlose Wimmern der Hammondorgel in etwas verwandelt wurde, das Göttlichkeit sehr nahe kam. Seine Stimme war so ruhig, so selbstsicher, sie übermittelte zweifellos die unbeugsamen Befehle einer anderen, sogar noch wohlklingenderen Stimme, die nur er hören konnte. Dr. X war gequälter, zögerlicher, sein Gesicht war das eines Bernhardiners, den man gezwungen hatte, seine Reise mit leerem Fäßchen anzutreten, aber er arbeitete ja unter Menschen, im Schlamm und Schmutz des Weltgeistes. George Q. Nash versuchte ernst zu wirken, wenn die Orgel ihre erhebendsten Töne von sich gab, aber man merkte ihm an, daß er für seinen Beitrag bezahlt wurde und – nach langem Feilschen – mit der Gage endlich zufrieden war.

Es war die überwältigende Präsenz des Professors, die dafür verantwortlich war, daß Martha das leichtsinnigste Unterfangen ihres Lebens in Angriff nahm. Sie tat, wie man ihr am Ende der Sendung geraten hatte, und schickte auf einer einfachen Postkarte ihre Anmeldung an »Ein Wort ins Ohr der Welt«, wobei sie darauf achtete, ihren Arbeitsplatz als Absender anzugeben. Nach diesem Schritt fühlte sie sich wie neugeboren. Rund um die Uhr plante sie, was sie sagen, wie sie ihren Fall vortragen sollte. In ihren Träu-

men war sie bereits auf Sendung, und der Professor berührte Vitus mit seinem Zauberstab, so daß dieser plötzlich nur noch lächelte, um Vergebung bat und flüsterte, noch sei es nicht zu spät.
Eine Woche darauf erhielt sie eine Antwort, in der man sie zu einem Vorgespräch bat. Sie nahm sich frei und begab sich zu einem Penthouse an der Madison Avenue, wo sie zu ihrer Enttäuschung nicht vom Professor selbst, sondern nur von einer unpersönlichen jungen Dame empfangen wurde, deren Brille mit Glitzersteinen bestückt war, die in dem zellenartigen Zimmer die einzige Lichtquelle zu sein schienen. Als Marthas Augen sich an die gedämpfte Beleuchtung gewöhnt hatten, sah sie die übervollen Wände, bedeckt mit Diplomen und Preisen, die der Professor bekommen hatte, weil er eine bekannte Fernsehpersönlichkeit war, was in ihren Augen seine Größe unterstrich.
Sie beantwortete die nüchternen Fragen der Dame, so gut sie konnte. Zu ihrer Überraschung schien diese nicht merklich beeindruckt zu sein, sondern sagte lediglich: »Wir melden uns bei Ihnen.«
»Ich wäre dankbar«, sagte Martha, »wenn man meine tschechische Abstammung nicht erwähnen würde. Das könnte meinen Mann mißtrauisch machen.«
»Okay«, sagte die Dame, »das können wir alles mit dem Professor klären, wenn es soweit ist. Wäre italienische Abstammung in Ordnung?«
»Sicher, alles außer tschechisch.«
»Ich schreib's rein, italienisch.«
Sechs Wochen später, Martha fühlte sich mittlerweile nicht nur von ihrem Mann, sondern auch von der Gesellschaft abgelehnt, traf ein zweiter Brief mit der Aufforderung ein, sich am Sonntag in einer Woche im Studio einzufinden. Sie entwarf ausgeklügelte Pläne, wie sie ihrem Mann ihre

Abwesenheit erklären sollte, die alle völlig überflüssig waren, da er keinerlei Interesse an Marthas Aktivitäten zeigte, und falls sie verkündet hätte, sie werde für immer verschwinden, hätte er nur geknurrt, sie möge ihren Gehaltsscheck für die Woche vor ihrem Auszug rausrükken.

Am Dienstag vor der Sendung sah sie ihn ein paar Minuten lang, bevor er in die Werkstatt ging, und erklärte, ihre Tante Maria habe sie am Sonntag zum Tee eingeladen, sei das nicht nett von ihr. Sie rief ihre Tante sogar an, um ihr einzuschärfen, sie träfen sich Sonntag zum Tee, falls Vitus sich erkundigen sollte. Tante Maria war überrascht, da sie Vitus seit dem Ersten Weltkrieg nicht mehr gesprochen hatte und weder hoffte noch beabsichtigte, ihre Bekanntschaft zu erneuern, erklärte sich aber einverstanden, im Notfall für ein Alibi zu sorgen. Vitus jedoch reagierte nicht auf die Neuigkeit von dem bevorstehenden Teekränzchen.

Als es schließlich Sonntag wurde, hatte Martha ein schrecklich ungutes Gefühl. Sie fragte sich mittlerweile, ob sie das Richtige getan hatte. Ihr Leben war zwar gräßlich, aber ruhig. Ihr Mann redete nie. Er knuffte sie nur oder schrie sie an, wenn sie ihm direkt im Weg stand oder sich als Hindernis für seinen Gang durch ein Zimmer erwies. Ein kurzer Gedanke an Jiri konnte jeden Schmerz vertreiben. Jetzt würde sie alle Erinnerungen heraufbeschwören, das Risiko eingehen, all die schlafenden Gefühle zu wecken, das gesamte Panorama ihrer Ernüchterung in der Öffentlichkeit ausbreiten, vor Millionen Menschen. Sie sah immer wieder auf die Küchenuhr. Häufig dachte sie, diese müsse kaputt sein, da sich der Minutenzeiger so langsam bewegte. Sie machte Frühstück und spülte. Sie machte Mittagessen und spülte. Schließlich, um halb vier, nahm sie all ihren Mut zusammen und verkündete munter, nun sei es Zeit aufzubrechen. Vitus legte seine Füße auf den Tisch und schloß die Augen. Sie ging.

Es blieben noch zwei Stunden Zeit, bis sie sich melden mußte, also ging sie zu Fuß. Das Wetter war herrlich, aber das merkte sie nicht. Sie war damit beschäftigt, ihren Fall einer imaginären, aus weisen und toleranten Männern bestehenden Jury vorzutragen. Starke Arme reckten sich, um sie zu stützen, edle Gesichter sprachen ihr tröstliche Worte zu, die ganze Welt verstand ihr Elend und schrie ihren Heldenmut hinaus, bis die Orgelmusik in Marthas Kopf ihr die Tränen in die Augen trieb und sie nur noch den vor ihr tanzenden Bürgersteig sah. Ein Taxifahrer fluchte. »Entscheide dich endlich«, schrie er. Sie ging weiter, den Verkehr und andere Leute nicht beachtend, bis sie den gigantischen Bau erreichte, wo sie sich wie Jeanne d'Arc an die Brust schlagen und Stimmen hören würde.

Der Professor befand sich in der Garderobe, als sie ihn zum ersten Mal sah. In seinem weißen Kragen steckte eine kleine Hecke aus Papiertaschentüchern, um das gute Stück vor der Verschmutzung durch Schminke zu schützen, die von einem wie ein Chirurg gekleideten Mann vorsichtig aufgetragen wurde. Die Sekretärin des Professors saß neben ihm, und die beiden gingen gemeinsam die letzten Einzelheiten der Sendung durch.

»Zuerst kommt eine Mrs. Wilefski«, sagte die Sekretärin.

»Wo liegt ihr Problem?« fragte der Professor. »Ist das die mit dem frigiden Ehemann?«

»Nein«, antwortete die Sekretärin, »das ist die, die einfach klauen muß.«

»Ah ja. War sie im Gefängnis?«

»Ja.«

»Und geht es in Ordnung, wenn wir das erwähnen? Haben wir ein schriftliches Einverständnis von ihr?«
»Ja, haben wir.«
»Gut. Und dann?«
»Dann Mrs. Grobchek.«
An dieser Stelle trat Martha vor und erklärte, man habe sie zum Schminken geschickt.
»Das muß ein Irrtum sein«, sagte die Sekretärin, »weil wir Ihr Gesicht überhaupt nicht zu sehen bekommen. Wir hören nur Ihre Stimme.«
»Da bin ich aber froh«, gestand Martha.
Der Professor strahlte. »Sie sind Mrs. Wilefski«, sagte er, »und wir werden unser möglichstes tun, um Ihr Problem in den Griff zu bekommen. Menschen, die solche Waren stehlen, wie Sie es getan haben, tun das nicht, um schnell reich zu werden. Sie tun es, weil etwas in ihnen sagt, sie sollen stehlen.«
»Ich bin Mrs. Grobchek«, sagte Martha.
Ein wenig später erläuterte ihr der Professor bei einem Kaffee den Verlauf der Sendung. »Sie sind gleich nach der Senderkennung und dem zweiten Werbespot dran«, sagte er. »Die Rothaarige dort drüben, Betty, wird Sie hereinwinken, und Sie nehmen in dem Sessel mitten auf der Bühne Platz. Diese ist so ausgeleuchtet, daß man nur Ihren Umriß zu sehen bekommt. Nachdem ich Sie als Mrs. B. vorgestellt habe, geben Sie uns einen fünfminütigen Abriß Ihres Lebens. Wir verraten in dieser Sendung keine Namen. Dann erhalten Dr. X und Mr. Nash Gelegenheit, Ihnen einige Fragen zu stellen, bis ich schließlich unsere gemeinsamen Eindrücke zusammenfasse, daraufhin verabschieden wir Sie mit unserem Segen. Es ist ganz einfach und ganz schmerzlos. Sollten Sie aus der Fassung geraten oder nicht mehr an sich halten können, tun Sie sich keinen

Zwang an. Diese Sendung zeigt die menschliche Seite, ich versuche in dieser Show, Menschen durch Menschen zu erreichen, so lautet mein Wahlspruch: Menschen durch Menschen erreichen, so daß wir alle aus den Erfahrungen und Tragödien jener Nutzen ziehen, die die Herzensgröße besitzen, sie mit ihren Mitmenschen zu teilen. Und Sie sollten wissen, wie sehr ich es zu schätzen weiß, daß Sie heute nachmittag bei uns sind.«

Kurz darauf begann die Sendung mit wirbelnder Orgelmusik. Der Professor sah seine vielköpfige Herde an und sagte: »Ein Wort ins Ohr der Welt – und hier ist Ihr Moderator, Odin Strang Newville. Heute haben wir wieder zwei Fälle bei uns, die an das Gewissen der Gesellschaft rühren, wieder zwei Worte, die wir ins Ohr einer Welt flüstern werden, die allzuoft herzlos ist, zuviel mit ihren eigenen Problemen beschäftigt, um dem Flehen der abgewiesenen Herzen zu lauschen, die am Rand des Lebens um unsere Aufmerksamkeit bitten. Doch zunächst meldet sich unser Sponsor.«

Auf dem Bildschirm priesen nun zwei kleine Zeichentrick-Herren mit witzigen Worten die Vorteile eines Deodorants. Als sie fertig waren, wurde die jämmerliche Mrs. Wilefski zu dem öminösen Sessel geführt und als Mrs. A. vorgestellt. Mit leiser, zittriger Stimme erzählte sie die Geschichte ihrer Kleptomanie. Es folgte eine sanfte Befragung durch die Expertenrunde, bis der Professor sie schließlich mit einigen aufmunternden Worten entließ.

Martha wollte schon vortreten, man hielt sie aber zurück, da ein anderer Sponsor die zweite Hälfte der Sendung präsentierte und der Bildschirm vorübergehend von einer jungen Dame im Badeanzug in Beschlag genommen wurde, die in einem Gebirgssee peinlich unbekümmerte Mätzchen aufführte, während ein Frauenchor ein Reklameliedchen über Minze in einer Zigarette trällerte, die kühler als einfach nur kühl sei. Endlich war der Werbespot beendet, und die rothaarige junge Frau führte Martha zur Hinrichtungsstätte.

Sie war schrecklich nervös, aber als der Professor sie anlächelte und »Guten Abend, Mrs. B.« sagte, lag in seiner Stimme eine solche Wärme und ein solches Mitgefühl, daß sie sich wieder stark fühlte. »Mrs. B., sie sind italienischer Abstammung«, sagte der Professor.

»Ja.«

»Würden Sie der Expertenrunde jetzt erzählen, was Sie hierhergeführt hat?«

Von ihren Gefühlen mitgerissen, erzählte Martha ihre Geschichte, und als ihr eine gewisse Ungeduld in der Gestik des Professors das Ende ihrer fünf Minuten signalisierte, hatte sie nicht das Gefühl, auch nur die Hälfte von dem losgeworden zu sein, was ihr auf dem Herzen lag.

»Lassen Sie mich das klarstellen«, sagte George Q. Nash. »Sie haben 1915 geheiratet und beinahe sofort gemerkt, daß die Liebe Ihres Gatten zu Ihnen, sagen wir: seine Aufmerksamkeiten, insofern abnorm waren, als sie gar nicht vorhanden waren.«

»Ja.«

»1917 meldete er sich freiwillig an die Front, vier Tage nach seiner Rückkehr trat er in die Handelsmarine ein, und vor 1943 sahen Sie ihn nicht wieder?«

»Ja.«

»Hat er geschrieben?«

»Nein.«

»Nie?«

»Nie.«

»Und das Wort ›Scheidung‹ wurde von keinem der Beteiligten je erwähnt, weder vor 1917 noch nach 1943?«

»Nein.«
»Sind Sie beide sehr religiös?«
»Ich glaube, er nicht. Ich war es einmal.«
»Sie waren es einmal... bis zu Ihrer Affäre mit dem anderen Mann?«
»Ja.«
»Was ließ Sie vermuten, Ihr Fehltritt schlösse Sie von den Tröstungen der Religion aus? Ihre Sünde sorgte doch gewiß dafür, daß Sie noch mehr des Trostes bedurften, den die Religion jenen bringt, die mit Glauben gesegnet sind?«
»Ich glaube nicht, der Kirche würdig zu sein... außerdem haßt mein Mann die Kirche. Das heißt, ich weiß nicht, ob er die Kirche wirklich haßt, aber Priester haßt er.«
»Glauben Sie nicht, in Ihrem Fall würde ein Priester helfen?«
»Eigentlich nicht. Nicht mehr.«
George Q. Nash schüttelte ernst den Kopf. Er konnte zwar Priester auch nicht ausstehen und hatte seit seiner Konfirmation keine Kirche mehr aufgesucht, war aber eine öffentliche Persönlichkeit mit öffentlicher Anhängerschaft.
Dr. X stellte ein paar Fragen. »Sagen Sie, haben Sie den leisen Verdacht, daß Ihr Mann von Ihrer Affäre mit dem anderen Mann weiß?«
»Ich bin mir nicht sicher. Manchmal glaube ich es schon, dann wieder nicht.«
»Fragen Sie sich nicht gelegentlich, ob nicht irgendeine winzige Kleinigkeit Ihre Beziehung vergiftet hat? Versuchen Sie nicht manchmal, dies auf ein einziges Ereignis, eine einzige Tatsache zurückzuführen?«
»Doch.«
»Sie schildern ihn als unkommunikativen Menschen. Nun,

manchmal sind Männer unkommunikativ, weil sie im Grunde schüchtern, sogar furchtsam sind. Das könnte auch seine schroffe Art, seine abrupten Stimmungsschwankungen erklären. Männer, die unsicher sind und dies auch wissen, werden häufig versuchen, ihre Schwäche zu tarnen, indem sie Stärke vortäuschen und das übertreiben. Vielleicht weiß er alles über Ihre Untreue, ist aber im Grunde zu ängstlich, um das Thema anzusprechen, und sein Ärger über sich selbst bewirkt jene Schroffheit, die Sie erwähnen.«

»Ja, das ist möglich«, sagte Martha, obwohl sie ihren Mann in dieser Beschreibung nicht recht wiedererkannte.

»Sehen Sie«, fuhr Dr. X fort, »alles, was Sie über ihn berichten, deutet auf eine gewisse Unreife hin. Sie sagen, er war schon immer rasch eingeschnappt, aber bei Ihrer Heirat war er noch sehr jung und eher unsicher. Es könnte sein – womit ich nicht sagen will, daß es zwangsläufig so sein muß –, es könnte aber sein, daß seine Entdeckung Ihrer Untreue ihn in jene Stimmung zurückwarf, in der er die größte Sicherheit fand, was verhinderte, daß er jemals richtig erwachsen wurde.«

»Wenn das stimmt, was kann ich dann tun?« fragte Martha entsetzt.

»Ihre Affäre ereignete sich 1917. Gewiß bleibt nur eins zu tun: Erzählen Sie ihm davon. Vielleicht sehnt er sich am meisten danach, das zu hören. Er bringt es nicht fertig, Ihnen etwas vorzuwerfen, zumal inzwischen so viel Zeit vergangen ist. Es würde sich beinahe lächerlich anhören. Aber wenn Sie den ersten Schritt machten, könnte das durchaus, sogar zu diesem späten Zeitpunkt, all die Liebe und Zuneigung wecken, die sich im Augenblick in ihm aufstauen. Es muß einen Grund geben, warum Sie beide damals überhaupt geheiratet haben. Seitdem halten Ihre

Gefühle notgedrungen Winterschlaf. Legen Sie ein Geständnis ab, erzählen Sie ihm, ehrlich und furchtlos, von Ihrem Seitensprung, und wenn er auch nur halbwegs ein Mann ist, wird er Ihnen vermutlich auf der Stelle vergeben, und Sie werden beide eine Chance bekommen, glücklich zu sein, was unser aller Geburtsrecht ist.«

»Ganz meine Meinung«, sagte George Q. Nash. »Wenn er auch nur einen Funken Humor hat, werden Sie morgen über all das lachen. Es ist eine sehr traurige Geschichte, die aber auch ihre amüsante Seite hat oder haben würde, wenn es ein Stück Literatur wäre statt Realität. Beinahe vierzig Jahre Schweigen aufgrund eines Mißverständnisses! Selbstverständlich müssen Sie es ihm sagen. Schließlich ist die Lage schlimm genug, Mrs. B. Fragen Sie sich doch selbst, was haben Sie zu verlieren?«

Als die Orgel eine ätherisch klingende Coda anstimmte, fügte Professor Strang Newville dem Urteil noch seine persönliche Weisheit hinzu: »Ja, gehen Sie erhobenen Hauptes nach Hause, Mrs. B., schauen Sie Ihrem Mann fest in die Augen, und sagen Sie ihm, Sie seien ein Mensch und hätten gesündigt, was menschlich ist. Bitten Sie ihn um Vergebung, demütig, aber doch würdevoll, da auch er in seinem Verhalten Ihnen gegenüber gesündigt hat. Wenn Sie diesen einfachen Schritt tun, haben Sie ein Alter vor sich, das mit jenem Trost reichlich versehen sein wird, den Jugend und Erwachsenenleben Ihnen vorenthalten haben. Es ist nie zu spät, mit dem Leben anzufangen.«

Martha fuhr im Bus nach Hause: Der Kopf schwirrte ihr vor so viel Psychologie. In dieser modernen komplizierten Zivilisation, in der sie mittlerweile lebte, waren die Dinge nie, was sie zu sein schienen. Herrlich, was der Mensch zu seinem Nutzen erfunden hatte, und traurig, daß sie nur gehorchen konnte, ohne zu verstehen.

Als sie an ihrem Wohnblock ankam, packte sie plötzlich die Angst, Vitus könne die Sendung gesehen haben. Sie hatte keinen italienischen Akzent, egal, was der Professor gesagt haben mochte. Und vielleicht hatte ihre Stimme sie verraten. Die Experten hatten unermüdlich betont, wie ungewöhnlich ihre Geschichte sei. Falls Vitus zugehört hatte, war es ihm wohl kaum entgangen. Erst nach neun Uhr abends betrat sie, bleich und verhärmt, die Wohnung, wo sie einen vor Wut kochenden Vitus antraf. Er brüllte, tobte und zerdepperte ein paar Teller, dann schleuderte er Martha quer durchs Zimmer gegen eine Kommode.
Zitternd fragte sie ihn: »Hast du die Sendung gesehen?«
»Welche Sendung?« schrie er. »Glaubst du vielleicht, ich hätte nichts Besseres zu tun, als fernzusehen, wenn du nicht in der Nähe bist? Ich war weg und bin um acht zum Essen zurückgekommen. Was hast du vor, willst du mich verhungern lassen, oder was?«
Die Nachbarn begannen, gegen die Wand zu hämmern, und während Martha kochte, hämmerte er wie ein Verrückter zurück. Dies war nicht der geeignete Moment, um Untreue zu gestehen.

Die ganze Woche über versuchte sie, ihren Mut zusammenzunehmen, fand aber kaum Gelegenheit. Sie sah sich gezwungen, bis zum folgenden Sonntag zu warten, wenn das strahlende Gesicht des Professors sie vielleicht erneut animierte, tief in ihre Seele zu blicken und dort die nötige Kraft zu finden. Und so kam es, daß sie am späten Sonntagnachmittag ihren Fernseher einschaltete. Vitus las gerade einen Science-fiction-Comic, den er in einem Laden für gebrauchte Groschenhefte gekauft hatte, und schien keine Einwände gegen den Fernseher zu haben. Als sich das Gerät zum Leben erwärmte, tauchte das freundliche Gesicht des Professors auf.

»Ein Wort ins Ohr der Welt«, sagte er, »und hier spricht Ihr Moderator, Odin Strang Newville. Heute wollen wir mit zwei neuen Fällen am Gewissen der Gesellschaft rühren, zwei neue Worte ins Ohr einer allzu häufig herzlosen Welt flüstern ...«

Plötzlich wurde Martha bewußt, wie dringlich die Botschaft dieses genialen Mannes war. Sie erinnerte sich an jedes einzelne Wort der Expertenrunde, als wäre sie eben erst beraten worden. »Er wird Ihnen auf der Stelle vergeben, und Sie werden beide eine Chance bekommen, glücklich zu sein, was unser aller Geburtsrecht ist.« – »Morgen werden Sie über all das lachen.« – »Schauen Sie Ihrem Mann fest in die Augen, und sagen Sie ihm, Sie seien ein Mensch und hätten gesündigt, was menschlich ist.«

»Vitus«, sagte sie laut und deutlich.

»Halt den Mund.«

»Vitus, es gibt da etwas, was ich dir sagen muß.«

»Siehst du nicht, daß ich lese?« Er sah aber trotzdem auf, so verblüffend war ihr Tonfall.

»Ich bin auch nur ein Mensch.«

»Na und, wer ist das nicht?«

»Ich bin nur ein Mensch und habe gesündigt, was menschlich ist.«

»Was ist los mit dir? Religiös geworden, oder was?«

»Ich will dir sagen, was du, wie ich glaube, ohnehin schon weißt, nur will ich es dir auf meine Weise sagen.«

Sie sprach unter großen Schwierigkeiten und mit ungeheurem Nachdruck, und er fand keine Worte, sie zu unterbrechen.

»Ich war dir nicht immer eine gute Frau.«

Jetzt konnte er sich entspannen. »Na und?« sagte er.

»Erinnerst du dich noch an Jiri Smetacek?«

»Nein. Halt jetzt die Klappe.«

»Ich habe mit ihm geschlafen. Ich habe mich ihm hingegeben.«
Vitus sah sie an und lachte, beinahe vergnügt.
Sie mochte ihren Augen kaum trauen. Sein Gesicht wirkte menschlich. Die klugen Männer hatten recht behalten.
»Wann?« fragte Vitus.
»1917.«
»Als ich fort war ... im Krieg?«
Seine Miene verdüsterte sich vor Wut, und seine blauen Augen quollen vor. Wütend schob er mit dem Fuß einen Stuhl weg, dann erstarrte er zu einer eiskalten Ruhe und verließ das Zimmer.
»Wohin gehst du?« rief Martha wie gelähmt vor Angst.
Er kam mit dem Küchenmesser zurück und tötete sie mit einem einzigen Stich. Ihr Schrei hallte durch den stillen Sonntag, und die Nachbarn riefen aus eigenem Antrieb die Polizei, ohne sich untereinander zu besprechen oder Erkundigungen einzuholen, was geschehen war.
Vitus las in seinem Comic, als die Polizisten eintrafen, und schien überrascht, sie zu sehen. Er war ganz ruhig, ja freundlich und teilte ihnen während ihrer Untersuchung von Marthas Leiche mit: »Wäre ich jünger, hätte ich gegen euch alle gekämpft und gewonnen. Ich habe keine Angst. Ich fürchte mich vor keinem Menschen.«
Nur einmal zeigte er eine Spur von Bitterkeit, als er aus heiterem Himmel sagte: »Frauen, man kann ihnen nicht trauen« und auf den Boden spuckte.
In dieser tragischen Situation hatte niemand daran gedacht, das Fernsehgerät abzuschalten, und so war, als man Vitus abführte und Martha mit einem Laken bedeckte, das Gesicht des Professors noch immer auf dem Bildschirm zu sehen, und er sagte: »Wenn Sie Ihren Fall der Expertenrunde vortragen möchten, so schreiben Sie mir, Odin Strang

Newville, ›Ein Wort ins Ohr der Welt‹, Postfach 75 157, New York, und vergessen Sie nicht, schreiben Sie Ihr Problem auf eine einfache Postkarte. Ich wiederhole die Adresse...«

Ein Tag hat 43 200 Sekunden

Normalerweise ging Edwin Applecote nicht in den Zoo, um die Löwen zu sehen, sondern die Kaninchen. Die Natur fand er großartig, weil sie jeden Aspekt des Menschen, jedes Temperament widerspiegelte. Der Chef seiner Abteilung bei der British Broadcasting Corporation war von Natur aus ein Löwe, ein rotbärtiger Schotte mit behäbigem, aber diabolischem Naturell, immer und ewig in haarigen Tweeds gekleidet. Miss Butler, die Produzentin von Edwins Sendung, glich einem Pferd, mehr noch einem Gnu, jenem südafrikanischen Tier mit ausgeprägter schwieliger Nase und winzigen verkaterten Augen. Man durfte zu Miss Butler aber keineswegs grob werden. Sie mochte zwar keine Schönheit sein, hatte aber einen wunderschönen Geist. Miss Mowberry, sie leitete die Abteilung Musik und Bewegung für Kleinkinder, war eine Henne. Wenn sie auf den Zehen stehend ihre Freiübungen absolvierte, was sie für ebenso anmutig wie phantastisch hielt, glich sie auf das schrecklichste einer Henne, die in panischem Entsetzen vor den Rädern eines sich nähernden Autos flüchtet. Miss Alsop, die lyrische Sopranistin, war eine Giraffe. Ihr Hals war so lang, daß man den Noten praktisch auf ihrem Weg aus dem Zwerchfell ins Freie folgen könnte. Und er, der Tenor Edwin Applecote, war ein Kaninchen.
Seine Mutter war vom Temperament her eine alte Jungfer

gewesen, sein Vater ein erklärter Junggeselle. Sie hatten spät im Leben geheiratet, eine Verbindung zweier gewohnheitsmäßiger Mauerblümchen. Dachte Edwin an den Vorgang, der ihm das Leben geschenkt hatte, errötete er jedesmal, da er seine Eltern immer für viel zu nett gehalten hatte, um sich auf eine derart intensiv private Art und Weise zu vergessen. Allerdings war es nur einmal vorgekommen. Er war ein Einzelkind.

Seiner Mutter hatte er sehr nahegestanden, seinem Vater allerdings auch, da seine Eltern einander auf das bemerkenswerteste ähnlich gewesen waren, und so war ihm nichts anderes übriggeblieben, als ihnen beiden zu ähneln. Sie hatten ein harmonisches Familienleben geführt, nie war ein böses Wort gefallen. Das Frühstück wurde um acht Uhr eingenommen, das Mittagessen um Punkt eins, der Tee um halb fünf, das Abendessen um neunzehn Uhr fünfundvierzig. Mr. Applecote war sein Leben lang Verkäufer in einem Textilgeschäft gewesen, ohne je an Beförderung gedacht zu haben. Obwohl er ein frommer Mensch war, stand in seiner Phantasie nicht Gott oder der König an erster Stelle, sondern Mr. Perry, der Inhaber des Ladens, in dem er arbeitete. Mr. Perry dies und Mr. Perry das dominierten jedes Gespräch, und Mrs. Applecote war taktvoll genug zu fragen: »Was hat Mr. Perry denn heute gesagt?«, wenn sie ihren Mann bei einem kurzen Tagtraum ertappte.

Sogar im Tode waren seine Eltern anständig und undramatisch gewesen, jeder war im Schlaf verschieden, und ihr Gesichtsausdruck war unberührt von Qual, Zweifeln, ja sogar Erfahrung.

Edwin genoß eine durchschnittliche Schulbildung und bekam durchschnittliche Noten. Er haßte Mannschaftssportarten, war aber zu furchtsam, um das zuzugeben, und

widmete sich ihnen daher mit rührender Hingabe; sein Sportlehrer erklärte, er »gebe sich Mühe«. Nach einem halben Jahr entließ ihn die Armee wegen Anämie, und gegen Kriegsende, als es noch kaum Konkurrenz gab, fand er eine Beschäftigung, die seinem Temperament entsprach und ihm zu essen gestattete.
Seit sechzehn Jahren arbeitete er nun im Kinderprogramm des Rundfunks, wo er mit Miss Alsop Kinderlieder sang und einer Puppe namens Siegfried, einem zylindertragenden und bei den Kleinen sehr beliebten Kaninchen, seine Stimme lieh.
Diese Arbeit ließ ihm sehr viel Freizeit, und nichts gefiel ihm besser, als seine freien Stunden im Zoo zu verbringen, wo er die kleinen schutzlosen Kreaturen beobachtete, wie sie ihrem harmlosen Treiben nachgingen. Er hatte herausgefunden, wie er sich ihren Behausungen nähern konnte, ohne den großen und gefährlichen Säugetieren zu nahe zu kommen. Wann immer er gezwungen war, bei den Löwen und Tigern vorbeizugehen, stellte Edwin sich vor, wie er sich retten könnte, falls einer von ihnen zufällig ausbrach, während er sich gerade in der Nähe befand. Er betrachtete jedes Geländer, schätzte seine Höhe und ging ein wenig schneller, wenn gerade keine Tür in der Nähe war.
Auch im Verkehr blieb er manchmal allein auf dem Bürgersteig stehen, während eine Horde Menschen bei Rot die Straße überquerte, im Vertrauen darauf, in der Menge in Sicherheit zu sein. Weder bestieg oder verließ er einen rollenden Bus, noch traute er sich in der U-Bahn auf die Rolltreppe. Ihn peinigten Schreckensvisionen, mit dem Fuß in so einem Gerät hängenzubleiben, und häufig träumte er davon. Die Straßenbahn faszinierte und ängstigte ihn gleichermaßen, und er traute sich nicht, sie während der Hauptverkehrszeit zu benutzen, weil er fürchtete, von der

Menge auf die Gleise geschubst zu werden. Aufzüge waren ein weiteres Beförderungsmittel, vor dem er eine Heidenangst hatte. Er fragte sich, ob es – falls der Aufzug plötzlich abstürzte – möglich wäre, im Augenblick des Aufpralls in die Luft zu springen, und schmiedete ausgeklügelte Pläne für einen solchen Notfall.

Einmal versuchte er, auf einem Fahrrad zu fahren, und es fiel ihm ziemlich leicht, das Gleichgewicht zu halten, aber das Geräusch irgendeines Verbrennungsmotors hinter ihm ließ ihn schwanken und schließlich umkippen. Da er im Grunde ein sehr phlegmatischer Mensch war, brauchte er keinen psychiatrischen Beistand, denn kein weiser Rat hätte ihn jemals tapferer gemacht, und das Zusammentreffen mit anderen Leuten, mit Menschenmengen, Maschinen und offenen Flächen verwirrte ihn nunmal. Allein zu Hause, mit seinen wenigen viktorianischen Möbeln, seinen braunen Samtvorhängen sowie seinem diversen Krimskrams, alles geerbt und in liebevoller Erinnerung gehalten, da es aus seiner armen, aber sorglosen Jugendzeit stammte, fühlte er sich völlig selbstsicher und war Herr der Lage.

Wenn er sich einen Tee machte, was häufig geschah, breitete er all die zierlichen Utensilien aus, als erwarte er Gesellschaft. Er schlürfte den Tee aus einer mit verblassenden Rosen verzierten Tasse, machte mit hohem Stimmchen ein paar höfliche Bemerkungen darüber und brauchte neun oder zehn winzige Bissen, um einen kleinen Teekuchen aufzuessen, wischte sich dann die Hände an einer mit seinem Monogramm verzierten Stoffserviette, als versuche er im nachhinein, Blutflecken zu entfernen. Nach jeder Mahlzeit spülte er das Geschirr, eine malvenfarbene Schürze umgebunden, die seiner Mutter gehört hatte. Die Wohnung war gleichbleibend von makelloser Sauberkeit, obwohl sie alt, modrig und säuerlich nach vergälltem Spiritus roch, mit dem die Zinnkrüge und Pferdemedaillen aus Messing geputzt wurden, die wie in einem Landhaus am Kaminsims hingen.

Dieser friedliche Zufluchtsort war eine Zweizimmerwohnung im ersten Stock eines niedrigen Hauses in Bayswater, London, nördlich des Parks gelegen. Diese Gegend verfallender Opulenz erhielt ihren Todesstoß während des Krieges, als die Bomben Gebäude zum Einsturz brachten, die ohnehin eingestürzt wären. Die einzige andere Bewohnerin des Hauses war eine Mrs. Sidney, die Edwin oft im Hausflur grüßte, da sie ihre Wohnung außerordentlich häufig zu verlassen und zu betreten schien. Sie war eine freundliche Dame mit sorgenvollem Gesichtsausdruck, einer gewöhnlichen Stimme, und ihr Parfüm war unangenehm intensiv.

Eines Sommertages beendete Edwin seine Rundfunksendung ein wenig früher als gewöhnlich, und nachdem er zum Tee kurz nach Hause zurückgekehrt war, eilte er per Bus in den Zoo. Er begab sich auf seiner üblichen, komplizierten Route zu den Kaninchen. Dort blieb er volle zwei Stunden lang und dachte, es könne im Leben keinen größeren Trost geben, als ein Wesen zu finden, das die gleichen Ängste wie man selbst hatte. Solange die Kaninchen mit ihren unschuldigen Augen und ihrem zufriedenen Knabbern Teil der Natur waren, so lange war auch er nur ein furchtsamer Mensch und kein Verrückter.

Als er wieder ins Freie trat, dunkelte es bereits. Der Zoo schloß gerade für die Nacht, und Edwin eilte auf dem Weg zurück, den er gekommen war, entdeckte jedoch auf halber Strecke zum Drehkreuz, daß eine Barrikade den Weg versperrte. Man hatte begonnen, irgendwelche unterirdischen Kabel zu verlegen. Es war nicht zu ändern, er mußte denselben Weg zurück und die Abkürzung vorbei am

Löwengehege nehmen. Er rannte nicht nur, weil er befürchtete, über Nacht im Zoo eingeschlossen zu werden, sondern auch, weil die Löwen unruhig brüllten.
Die Dämmerung spielte ihm so manchen grausamen Streich. Während er lief, glaubte er, Umrisse zu sehen, die im Halbdunkel hockten und ihn stumm umkreisten. Er wankte durch das Drehkreuz und blieb fünf Minuten lang auf der Straße stehen, an einen Laternenpfahl gelehnt, bis er wieder bei Atem war. Seine niedrige weiße Stirn war von Schweißperlen übersät. Der Abend fing schlecht an.
Der Bus hielt in der Nähe seines Hauses, und Edwin wollte gerade aussteigen, als das Fahrzeug mit einem Ruck anfuhr. Er beschwerte sich bei dem Schaffner, der nicht sehr hilfreich war, aber immerhin dafür sorgte, daß Edwin an der nächsten Haltestelle vor dem Anfahren ausstieg. Dabei entschuldigte er sich aus purer Gewohnheit beim Schaffner, obwohl dafür absolut kein Grund bestand.
Als er in Gedanken versunken zu seinem Haus zurückging, wimmelte es in seiner Phantasie nur so von springenden Löwen und kauernden Pumas. Du lieber Himmel, wenn es schon so war, während er noch wach war, was sollte erst werden, wenn er schlief? Er würde eine Tablette nehmen und den Wecker stellen müssen. In der Nähe seiner Haustür blickte er auf und sah die Polizei. Nicht einen Bobby, sondern gleich vier, einen Einsatzwagen, einen Krankenwagen und ein paar Kripobeamte in Zivil.
Er blieb abrupt stehen. Das war schlimmer als Löwen. Ihre Augen konnte er nicht erkennen, da sie in dem Schatten ihrer Hüte und Helme verborgen waren, doch zweifellos beobachteten sie ihn. Was hatte er getan? Seine Zulassung als Rundfunkmitarbeiter war rechtzeitig abgeschickt worden, falls sie nicht in der Post verlorengegangen war. Die Miete war bezahlt, genau wie die Steuern. Seine Lohnsteuer

wurde vom Arbeitgeber abgeführt. Während des Krieges hatte er sich absolut nichts zuschulden kommen lassen, was seine Lebensmittelrationen betraf. Zugegeben, er hatte sich ein wenig zusätzlichen Zucker geben lassen, aber nur von einem zuckerkranken Freund. Er war nun mal ganz versessen auf Süßes. War das vielleicht ein Verbrechen? Und wenn schon, mußte man deswegen einen ganzen Schwung Streifenwagen und Kriminalpolizisten aufbieten?
Je länger er dastand, desto schuldiger fühlte er sich. Plötzlich ertrug er die Spannung nicht mehr. Er drehte sich um und ging fort. Hinter sich hörte er zwei, drei Fußschritte. Er fühlte sich schwanken wie auf dem Fahrrad. Die Füße schienen näher zu kommen. Er beschleunigte. Als er an einer Straßenlaterne vorbeilief, sah er, wie sich sein Schatten grotesk in die Länge zog, und kurz bevor er den Lampenkegel verließ, schossen die Schatten dreier Helme Pfeilen gleich an seinen Füßen vorbei und verschwanden in der Finsternis. An der nächsten Laterne waren ihm die drei Helme noch näher gerückt. Er begann zu laufen und erreichte die Straße. Dort hielt er an, um sicherzugehen, daß keine Autos kamen. Als er nach rechts schaute, nach links und dann wieder nach rechts, wie man ihm in der Propaganda gegen verkehrswidriges Verhalten beigebracht hatte, holten sie ihn ein.
»Sind Sie Edwin Applecote?« fragte ein stämmiger Polizist.
»Nein.«
»Sie sind nicht Edwin Applecote?«
»Doch«, gestand Edwin geknickt.
»Warum haben Sie es dann geleugnet?«
»Ich weiß nicht, Sir. Ich habe den Kopf verloren.«
»Warum sind Sie davongelaufen?«
»Aus demselben Grund. Was habe ich getan?«

»Ich weiß nicht. Wir möchten Ihnen ein paar Fragen stellen.«
»Worüber?«
»Es hat einen Mord gegeben.«
»Mord?«
Edwin sank ohnmächtig in die Arme des hinter ihm stehenden Polizisten, und sie trugen ihn zurück zu seinem Wohnhaus.
Als Kriminalinspektor McGlashan das seltsame sich nähernde Grüppchen sah, rief er: »Haben Sie ihn erwischt?«
Er war ein nüchterner Mensch und hatte ausgezeichnete Leistungen in der Westlichen Wüste vorzuweisen, wo Montgomery ihm geholfen hatte, den Feldzug zu gewinnen.
Seine Augen wurden schmaler, als er fragte: »Hat wohl Widerstand geleistet, der Kerl, stimmt's?«
»Nein, in Ohnmacht gefallen«, erwiderte Wachtmeister Matley. »Glatt in Ohnmacht gefallen, als er von dem Mord hörte.«
Sie legten Edwin zum Ausruhen in den Rinnstein.
»Das ist also Applecote, wie?« knurrte McGlashan. »Ziemlich jämmerliches Exemplar.«
»Ich würde sagen, er wiegt knapp über vierzig Kilo«, lachte Matley. »Einige Leute haben einfach Glück.«
Wachtmeister Norton war sehr jung. Als er McGlashans angespannten Gesichtsausdruck sah, sagte er aufgeregt: »Sie glauben doch nicht, er ist es gewesen, oder, Sir?«
McGlashan warf dem Jungen einen vernichtenden Blick zu.
»Ich weiß, Norton, die Verbrecher in der Kriminalgeschichte kehren immer an den Ort ihres Verbrechens zurück, aber gewöhnlich lassen sie einen angemessenen

Zeitraum verstreichen. Wenn Sie einen Mord begingen, würden Sie dann eine Stunde später wiederkommen?«
»Nein, Sir.«
»Warum nicht?«
»Weil ... weil ...«
»Sie hätten Angst, direkt der Polizei in die Arme zu laufen, nicht wahr?«
»Jawohl, Sir.«
»Sehr schön, dann hören Sie auf, so einen Unfug zu reden.«
»Jawohl, Sir.« Norton gab sich nicht geschlagen. Sein eifriges junges Gesicht hellte sich wieder auf.
»Er könnte natürlich ein Irrer sein, Sir.«
McGlashan musterte Edwin mürrisch.
»Das würde ich ihm durchaus zutrauen«, knurrte er.
»Wo bin ich?« fragte Edwin, der rechtzeitig zu sich kam, um mit anzusehen, wie eine Leiche auf einer Bahre aus seinem Wohnhaus getragen wurde.
»Warten Sie«, sagte McGlashan zu den Trägern, drehte sich zu Edwin um und fragte: »Kannten Sie Mrs. Sidney?«
»Ja ... nun, eigentlich kannte ich sie nicht richtig.«
»Sie würden sie aber wiedererkennen?«
»O ja. Sie wohnt seit über drei Jahren hier.«
McGlashan half Edwin auf die Beine und führte ihn zu der Bahre.
Mit einer knappen emotionslosen Bewegung zog er die Decke weg und enthüllte Mrs. Sidneys gräßlich entstelltes, blutbespritztes Gesicht.
Edwin schrie auf und wurde erneut ohnmächtig. McGlashan fing ihn auf und rief angewidert: »Sie ist es. Norton, Mayhew, schaffen Sie ihn mir vom Hals.«
Der Pathologe, Dr. Golly, trat langsam aus dem Haus.
»Sie ist seit knapp einer Stunde tot«, sagte er. »Offensichtlich starb sie nicht sofort.«

»Natürlich nicht. Sie hat noch die Polizei angerufen«, sagte McGlashan.
»Soweit ich im Augenblick sehen kann, wurde der Tod durch die kumulative Wirkung von Schlägen verursacht, sowohl mit Fäusten als auch mit einem Knüppel. Sie hatte getrunken. Sehr ekelhaft.«
Edwin war weiß wie eine Wand. Er hatte heftige Kopfschmerzen und hätte sich am liebsten übergeben.
»Gehen wir rauf in Ihre Wohnung«, sagte McGlashan.
»Einverstanden.«
Edwin ging voran, blieb aber stehen, als er auf dem Holzfußboden des Hausflurs ein paar dunkle Flecken entdeckte.
»Was ist das?« fragte er.
»Blut.«
Edwin erbrach sich und verkündete dann, hier könne er keinen Moment länger bleiben.
Man brachte ihn aufs Revier und gab ihm eine Tasse Tee. Während des Trinkens war er gefaßt genug, um zu bemerken, daß ihr Tee seinem nicht das Wasser reichen konnte.
»Nun denn«, sagte McGlashan, »wo waren Sie vor einer Stunde, also etwa zwischen Viertel nach sieben und halb acht?«
»Im Zoo.«
»Der Zoo schließt um sechs.«
»Nicht im Sommer.«
McGlashan nickte. Edwin war der Falle entronnen.
»Was haben Sie im Zoo gemacht?«
»Ich gehe oft dorthin.«
»Das ist keine Antwort.«
»Ich mag den Zoo. Ich sehe mir die Tiere an.«
»Welche Tiere?«
»Löwen, Tiger, alle Tiere«, log er und errötete. Ihn packte

das Gefühl, seine kleinen Freunde verraten zu haben. »Kaninchen«, ergänzte er lahm.
»Kaninchen«, wiederholte McGlashan mit größerem Nachdruck, als dem Wort zukam. Er zündete eine Zigarette an, um lockerer zu wirken.
»Zigarette?«
»Ich rauche und trinke nie. Könnte ich ein Karamelbonbon haben? Das beruhigt mich.«
McGlashan fragte sich langsam, ob Edwin leicht bekloppt war oder sich vielleicht nur dumm stellte.
»Sie sagen, Sie gehen oft in den Zoo. Sie müssen einer ganz besonderen Tätigkeit nachgehen, um so viel Freizeit zu haben.«
»Ich arbeite für die BBC.«
»Was sind Sie, Sportreporter?«
»Ach Gottchen, nein. Ich arbeite in der neuen Kindersendung *Spielt alle mit*, täglich um Viertel nach drei.«
»Meine Töchter sehen sich das an.«
»Tatsächlich!« rief Edwin begeistert. »Wie alt sind sie?«
»Die eine ist fünf, die andere zwei.«
»Aha, die Zweijährige dürfte ein bißchen zu jung sein, um es zu verstehen.«
»Sie ist ihrem Alter voraus.«
»Hat sie irgendwelche Lieblingsfiguren?«
»Wumbly das Maultier.«
»Ah ja, das ist Miss Alsop.«
»Wie bitte?«
»Miss Alsop leiht Wumbly ihre Stimme. Ich verkörpere Siegfried das Kaninchen.«
»Kaninchen«, wiederholte McGlashan, zwei und zwei zusammenzählend, ohne mit dem Ergebnis zufrieden zu sein. »Würden Sie mir Ihr Autogramm geben, für Jennifer?«

»Wirklich? Meinen Sie das ernst?« Edwin zögerte. »Aber das ist ein offizielles Dokument.«
»Macht nichts.« McGlashan lächelte matt. »Geht in Ordnung. Ich will Sie nicht überreden, ein Verbrechen zu gestehen, das Sie nicht begangen haben. Unterschreiben Sie einfach mit *Siegfried Kaninchen*, wenn Sie möchten.«
Das tat Edwin mit dem Gefühl, daß es sogar im kältesten Herzen Wärme gab, wenn man nur lange genug nachbohrte.
»Also«, sagte McGlashan, als er das Autogramm einsteckte, »dann wollen wir mal zur Sache kommen. Sind Sie Mrs. Sidney oft begegnet?«
»Oh, die Arme, ja, allerdings. Sie schien immer zu kommen oder zu gehen.«
McGlashan lächelte grimmig.
»Überrascht mich nicht, wenn man bedenkt, welcher Tätigkeit sie nachging, und Sie?«
»Welcher Tätigkeit ging sie eigentlich genau nach, Sir? Das habe ich mich oft gefragt, wollte aber nicht aufdringlich wirken. Ich stellte mir immer vor, sie habe ein Privatvermögen.«
McGlashan starrte ihn ungläubig an.
»Wie lange wohnen Sie schon hier?« fragte er.
»Drei Jahre.«
»Und wie lange hat Mrs. Sidney hier gewohnt?«
»Sie war schon hier, als ich eingezogen bin.«
»Ihnen ist nie etwas aufgefallen?«
»Mir fiel auf, daß sie sehr beliebt zu sein schien. Ständig empfing sie Besuch. Um die Wahrheit zu sagen, ich war ein wenig erstaunt, weil sie mich nie hereinbat. Schließlich waren wir Nachbarn.« Er lächelte traurig. »Sie ließ zu jeder Tages- und Nachtzeit ihr Radio laufen, aber das störte mich eigentlich nicht. Ich wollte sie nicht behelligen.

Immer wenn ich nach unten ging, um sie zu einer Tasse Tee einzuladen, hörte ich durch die Tür die Stimmen des Besuchs.«

Es entstand eine Pause.

»Sitzen Sie nicht so auf der Stuhlkante«, sagte McGlashan. »Lehnen Sie sich zurück. Wir wollen nicht, daß Sie wieder ohnmächtig werden.« Er räusperte sich. »Mrs. Sidney war eine gewöhnliche Metze.«

»Eine was?« erkundigte sich Edwin höflich.

»Eine Dirne, eine Nutte.«

»Tut mir leid, ich verstehe nicht.«

McGlashan verdrehte verzweifelt die Augen und schlug mit der Faust auf seinen Schreibtisch. Ruhiger geworden, setzte er eine freundliche Miene auf und sagte: »Eine Liebesdienerin.«

»O nein«, flüsterte Edwin und lief purpurrot an. »Mrs. Sidney? Gewiß nicht.«

»Sie sammelte im Park Freier auf und nahm sie in die Wohnung unter Ihrer mit.«

Zum ersten Mal in seinem Leben verlor Edwin die Beherrschung. »Wie abscheulich!« rief er mit seinem kleinen Stimmchen.

Seine temperamentvolle Meinungsäußerung hatte ihn stark mitgenommen, so daß er offenkundig nicht in der Lage war, weitere Fragen zu beantworten. Da er nur sehr wenig Geld dabeihatte und seine eigene Wohnung augenscheinlich nicht ertrug, lieh ihm McGlashan ein Pfund, und die Polizei besorgte ihm in der Nähe ein Zimmer in einem kleinen Hotel. Als er weg war, wollte Wachtmeister Matley von McGlashan wissen, ob er Edwin irgendwelche Informationen entlockt habe.

»Nein«, knurrte McGlashan. »Er ist ein lieber kleiner Kerl, wird aber ein verdammt schlechter Zeuge sein, wenn

es soweit ist« und ergänzte: »Keine Ahnung, wie so ein Mensch in unserer heutigen Zeit überleben konnte.«
Edwin tat die ganze Nacht kein Auge zu, und bei der Arbeit bereitete er seinen Kollegen Sorgen. Während der Sendung vergaß er den Text von *Apfelsinen und Zitronen*, unfähig, sich von Miss Alsop soufflieren zu lassen. Siegfried das Kaninchen war an diesem Tag besonders mürrisch, ja sogar unverständlich. Aus ganz England riefen Mütter an und beschwerten sich, ihre Kinder hätten kein Wort von dem verstanden, was Siegfried gesagt habe.
Edwin löste einen Scheck ein und kaufte sich ein Hemd, brachte es aber nicht über sich, auch nur in die Nähe des Zoos zu gehen. Er kehrte in das Hotel zurück, setzte sich einfach hin und starrte ins Leere. Um halb sieben kam McGlashan auf einen Sprung vorbei. »Kopf hoch«, sagte er.
Edwin reagierte kaum.
McGlashan setzte sich aufs Bett.
»Das wichtigste ist, daß man sich für das interessiert, was gerade geschieht«, sagte er. »Lassen Sie sich nur nicht hängen. Sonst kriegen Sie einen Zusammenbruch.«
»Sich wofür interessiert?«
»Für unsere Arbeit. Sie sind Teil des Falles, wissen Sie. Abendzeitung gelesen?«
»Nein.«
McGlashan legte sie auf Edwins Schoß.
Die Schlagzeile besagte, man habe wegen des Mordes an Gertrude O'Toole, auch bekannt als Mrs. Sidney, einen Mann festgenommen.
»Ja«, sagte McGlashan, »wir haben ihn heute morgen gefaßt. Ein leichter Fall. Ich bin froh, daß wir ihn so schnell erwischt haben. Die Öffentlichkeit wurde schon unruhig. So viele ungelöste Mordfälle. Wir fanden ein paar Briefe

von ihm in ihrer Handtasche, und am frühen Morgen nahmen wir ihn fest, er schlief auf einer Bank am Embankment.«

»Wer ist es?« fragte Edwin unwillkürlich.

»Ein Zuhälter.«

»Ein was?«

Nicht einmal der Teufel hätte gewußt, wie er Edwin in Versuchung hätte führen können. McGlashan fühlte sich, als habe er es mit einer Pfarrerstochter zu tun.

»Ein Mann, der von den unmoralischen Einkünften einer Frau oder mehrerer Frauen lebt«, sagte MacGlashan und ließ es so natürlich klingen, wie es ging.

»Wie ist das möglich?« fragt Edwin mit zitternder Stimme.

»Die Frau verdient das Geld durch gewerbsmäßige Unzucht, dann gibt sie den größten Teil davon ihrem Freund. Frauen, die auf diese Art leben, haben ein seltsames Gefühlsleben. Sie schöpfen ihr eigenes Leben nur zur Hälfte aus, und diese verrückte Großzügigkeit könnte eine Geste in Richtung auf jenes normale Leben sein, ohne das sie auskommen müssen. Ich weiß nicht. Bin kein Psychologe. Ich sehe nur die Schattenseite des Lebens, erkenne seine Muster, bin aber nicht qualifiziert, darüber hinauszugehen. Ändern kann ich nichts.«

»Aber was ist mit den Männern ... den Männern, die solches Geld annehmen?«

Edwins Gesicht war eine Maske echten Leidens, Entsetzens.

McGlashan behielt einen möglichst entspannten Tonfall bei, er klang beinahe müde.

»Es wird immer Männer geben, die glauben, es sei clever, Geld zu bekommen, ohne was dafür zu tun, genau wie es immer Männer geben wird, die glauben, das männliche

Geschlecht sei dem weiblichen überlegen. Ihr Instinkt scheint sie unweigerlich zu Frauen zu führen, die ihrer Meinung sind und denen es ein schlimmes Vergnügen bereitet, schikaniert und herumgestoßen zu werden.« McGlashan war ein intelligenter, ja sogar interessanter Mensch. Seinem unzweifelhaft vorhandenen physischen Mut entsprach ein forschender und häufig paradoxer Verstand, der kaum zu seinem sehr aktiven Gesicht passen wollte. Ihm war klar, auf der Welt gab es nun mal solche und solche, und er war nicht damit zufrieden, das als bloße Platitüde zu erwähnen, wenn sich die Gelegenheit bot.

Jetzt saß er da und sah Edwin an, mit der Lage so sensibel umgehend wie ein Berufsfeldwebel, der merkt, daß ein armseliger Wehrpflichtiger für die Armee völlig ungeeignet ist und durch seine Anwesenheit der Truppe mehr schadet als nützt. Vertrauensvoll beugte McGlashan sich vor.

»Ich weiß, das alles ist ein echter Schock für Sie, Applecote, aber solche Dinge gibt es, und wenn wir so täten, als gäbe es sie nicht, wären wir nicht ganz realistisch. Übrigens erzähle ich Ihnen das alles nicht, damit Sie eine Reaktion zeigen oder um Ihnen einen Schrecken einzujagen. Mir ist klar, daß Sie ein recht behütetes Leben geführt haben müssen, sonst käme all das kaum überraschend für Sie. Hätten Sie Mrs. Sidney als das erkannt, was sie war, vielleicht wären Sie sogar weggezogen. Aber hören Sie, Sie kommen nicht drum herum, als Zeuge vorgeladen zu werden ...«

»Ich?« rief Edwin.

»Ja.«

»Ich würde sterben!«

»Nein, Sie werden nicht sterben. Ich möchte nur, daß Sie sich nicht zum Narren machen, wenn es soweit ist. Ich möchte Sie nicht im Zeugenstand stehen sehen mit dem

Eingeständnis, nicht gewußt zu haben, was Mrs. Sidney trieb. Das würde Ihnen niemand abnehmen.«
»Sie glauben mir doch, oder?« fragte Edwin, die Augen abgewandt.
»Ich glaube Ihnen, aber es hat mich fast vierundzwanzig Stunden gekostet, und so lange werden Sie nicht im Gerichtssaal sein. Einige dieser Juristen sind harte Burschen. Zu hart, finde ich. Keiner von denen hält viel von der Polizei, daher weiß ich es. Falls Sir Cleverdon Bowyer oder Sir Giles Parrish die Anklage vertritt, tja, die sind ziemlich ungeduldig und sarkastisch. Die wollen Sie konfus machen. Für die ist eine Verurteilung wichtiger als die Wahrheit.«
»Das kann ich nicht glauben, nicht in England.«
»Überall, Applecote. Die sind wie Boxer. Müssen an ihren Ruf denken, genau wie Sie und ich. Und ihren Ruf verlieren sie, indem sie Prozesse verlieren.«
Edwin wurde mürrisch und schweigsam, daher erhob sich McGlashan und ging zur Tür.
»Ich werde stolz auf Sie sein«, sagte er.
»Ich schulde Ihnen ein Pfund«, sagte Edwin.
»Vergessen Sie das jetzt ...« Zum ersten Mal war McGlashan verlegen, und er ging.
Im Revier vertraute er sich Wachtmeister Matley an.
»Der Mörder ist mir scheißegal, der hat sich das selbst zuzuschreiben. Aber Applecote macht mir Sorgen. Falls er Bowyer oder Parrish in die Hände fällt, machen die Kleinholz aus ihm. Eigentlich albern, ihn in den Zeugenstand zu rufen, aber sie tun's bestimmt.«
Nach ein paar Tagen nahm Miss Butler, die Produzentin von Edwins Sendung, ihn beiseite und fragte, ob er krank sei. Offensichtlich konnte er sich nicht ordentlich konzentrieren, seine Gesichtsfarbe war schauderhaft, unter seinen

Augen hingen Tränensäcke, und die ganze Abteilung machte sich Sorgen um ihn. Er platzte mit der Wahrheit heraus und brach in Tränen aus. Alle waren ausgesprochen nett und verständnisvoll, und er bekam eine Woche Urlaub, um sich zu erholen.

Diese erzwungene Abwesenheit tat ihm ganz und gar nicht gut, da er vier Tage lang nur in seinem Hotel hockte, vor sich hin brütete, nichts aß und überhaupt nicht schlief. Am fünften Tag lud man ihn als Zeugen der Anklage vor. Das kam für ihn nicht unerwartet, da ihn der Sekretär des respekteinflößenden Sir Cleverdon Bowyer befragt hatte, der im Prozeß gegen Arnold Ahoe, den Mordverdächtigen, die Staatsanwaltschaft vertrat. Die Befragung war wie im Traum vergangen, und Edwin konnte sich an nichts erinnern. Ein starkes Gefühl der Leere bemächtigte sich seiner. Er konnte nicht mehr deutlich sehen. Schwarze und rotbraune Flecken explodierten in seinen Augen, und durch sein Gesichtsfeld krochen ständig seltsam embryoförmige Gestalten. In seinen Ohren hielt sich ein schrilles, weit entferntes Klingeln.

Unbeteiligt saß er da und wartete darauf, aufgerufen zu werden. Endlich hörte er seinen Namen, geschrien von, so schien es, einem Heer von Ausrufern, und betrat den Gerichtssaal. Die Drüsen hinten an seinem Hals waren geschwollen, seine Nerven zum Zerreißen gespannt. Wenn er den Kopf bewegte, schien es jedesmal, als rutsche bei rauher See eine Ladung Kisten von einer Schläfe zur anderen.

Der Richter, Lord Stobury, wies die charakteristischen Merkmale seines Berufsstandes auf. Ein Geierkopf baumelte unterhalb der gekrümmten Linie seiner Schultern, die weiße Perücke schien mit dem Staub des Todes gepudert zu sein. Man konnte nur schwer sagen, ob die Augen

offen oder geschlossen waren, denn die von den Augenbrauen auf seine Lider geworfenen Schatten glichen seltsam stumpfen, dunklen Pupillen. An der Wand hinter Lord Stobury stützten ein riesiger Löwe sowie ein Einhorn mit rachsüchtigen und intoleranten Mienen das Wappen des Reiches. Sir Cleverdon Bowyer stand da, die Daumen in der Westentasche, ein Bild selbstsicherer Arroganz; über den stahlgrauen Augen hing wie eine Markise seine eine ununterbrochene Augenbraue. Mr. Herbert Ammons, der Anwalt der Verteidigung, saß da mit der kräftigen Milde eines frischen holländischen Käses auf einem Willkommensbüffet, noch ausdruckslos, mit in Ruhestellung boshaft gekräuselten Lippen. Ahoe, der Gefangene, hockte teilnahmslos auf der Anklagebank, ein durchaus unbedeutender Mensch, der es offensichtlich nicht wert war, als Ursache dieser heraldischen Versammlung zu dienen.
Das war also der Ort, an dem britisches Recht gesprochen wurde, der Ort, an dem man Menschen sagte, sie seien unschuldig, bis ihre Schuld bewiesen sei, aber die ganze Atmosphäre ihnen Schuld suggerierte, selbst wenn sie unschuldig waren. Edwin wurde vereidigt, und Sir Cleverdon rollte sich wie ein unheilvolles Stück Artillerie in Angriffsposition. Er war ein Mann, der alles in seinem Leben mit Geschick und Hingabe getan hatte. In den dreißiger Jahren war er die Meile in etwas mehr als vier Minuten gelaufen, er hatte sein Land beim Cresta Run im Bob vertreten, er hatte als Kapitän einer Yacht und als Rallyefahrer Rennen bestritten, und einmal hatte er Tilden zehn Spiele abgenommen. Jetzt wirkte er, als beteilige er sich an einem sportlichen Wettkampf, den zu gewinnen er beabsichtigte.
»Sie sind Edwin Applecote?«
»Ja«, hauchte Edwin unhörbar.

»Spreche ich Ihren Namen korrekt aus? Schreibt er sich Applecote oder -cott?«
»Was Ihnen lieber ist.«
»Sie sind wirklich überaus entgegenkommend. Sie bewohnen, sehe ich das richtig, die Wohnung über der von Mrs. Sidney, der Ermordeten?«
»Ja.«
»Wie lange wohnen Sie schon dort?«
»Drei Jahre.«
Der Richter unterbrach.
»Sie müssen lauter sprechen«, sagte er. »Ich kann die Antwort nicht hören, und ich muß die Antwort hören. Das ist die zentrale Regel bei jeder Zeugenaussage. Was Sie auch sagen, es muß immer zu hören sein.«
Edwin verbeugte sich tief.
»Fahren Sie fort.«
Anfangs waren die Fragen recht harmlos, da Sir Cleverdon sich seines Sieges sicher war.
»Sie waren sich natürlich darüber im klaren, daß sie eine gewöhnliche Dirne war«, sagte er nach mehreren Minuten unversehens.
»Nein«, antwortete Edwin mit geschlossenen Augen. Es war schrecklich, schrecklich, all diese Fragen in der Öffentlichkeit.
Sir Cleverdon schaute blitzschnell auf. »Sie waren sich nicht der Tatsache bewußt, daß diese Frau eine Dirne war? Also wirklich, erwarten Sie, daß ich das glaube?«
Er warf seinem völlig verblüfften Sekretär einen kurzen Blick zu. In dem Vorgespräch hatte Edwin alles gesagt, was ihm McGlashan aufgetragen hatte, aber aus irgendeinem Grund war er jetzt absolut ehrlich.
»Hatte die Verstorbene«, fuhr Sir Cleverdon fort, »nicht die Angewohnheit, häufig Besuch zu empfangen?«

»Doch.«
»Sie empfing doch jedesmal nur einen Gast, stimmt das?«
»Ich weiß es nicht.«
»Nun, Sie sahen aber nie eine Frau ihre Wohnung betreten, oder?«
»Ich kann mich nicht daran erinnern, Sir.«
»Sahen Sie, wie Männer ihre Wohnung betraten?«
»Ein- oder zweimal, ja.«
»Sahen Sie jemals den Angeklagten Mrs. Sidneys Wohnung betreten?«
Edwin sah Arnold Ahoe an.
»Das kann ich ohne meine Brille nicht sagen, Sir.«
»Haben Sie die Brille dabei?«
»Ja.«
»Dann setzen Sie sie doch auf!« donnerte Sir Cleverdon mit vor Ärger gerötetem Gesicht. »Also?«
»Es könnte sein. Ich bin mir nicht sicher.«
»Sie sind sich nicht sicher?« wiederholte Sir Cleverdon ungläubig.
»Genau, ich glaube den Gentleman schon einmal gesehen zu haben, weiß aber nicht, bei welcher Gelegenheit.«
»Den Gentleman?«
Ein kurzes Lachen wogte durch das Gericht. Sogar der Angeklagte grinste freudlos. Der Richter betätigte seinen Hammer.
Sir Cleverdon hatte so etwas noch nie erlebt. Edwin hatte zuvor etwas völlig anderes zu Protokoll gegeben, und Sir Cleverdon hatte sich darauf verlassen, mit Hilfe dieses Zeugen den abstoßenden und zweifelhaften Charakter der Verstorbenen und somit ihres Umgangs zu beweisen.
»Fühlen Sie sich denn wohl?« fragte Sir Cleverdon.
»In letzter Zeit fühle ich mich nicht sehr wohl.«

»In diesem Fall wäre es vielleicht besser, wenn wir Sie so lange von Ihrer Zeugenpflicht entbinden, bis Sie sich besser fühlen.«
Sofort war Mr. Ammons auf den Füßen, die Wangen vom erhöhten Blutdruck und Ehrgeiz gerötet.
»Wenn mein ehrbarer und gelehrter Freund sein Kreuzverhör beendet hat, möchte ich dem Zeugen gern einige Fragen stellen.«
»Der Zeuge ist krank, Mylord«, entgegnete Sir Cleverdon.
»Er scheint stehen zu können«, bemerkte der Richter in kühlem Tonfall, »er steht aufrecht und atmet. Die Behauptung, er sei krank, stammt von Ihnen.« Der Richter musterte Edwin über den Rand seiner Brille hinweg. »Würden Sie sich als krank bezeichnen?«
Edwin verspürte eine große Versuchung, aufzugeben, war aber zu ehrlich.
»Nein, Mylord.«
»Sehr schön. Haben Sie Ihr Kreuzverhör beendet, Sir Cleverdon?«
»Für den Augenblick ja, Mylord«, sagte Sir Cleverdon verbittert.
»Fahren Sie fort, Mr. Ammons.«
Das fürchtete Sir Cleverdon am meisten. Er lehnte sich zurück und flüsterte wütend mit seinem Sekretär, der achselzuckend seine Hände knetete.
Ein verkniffenes Lächeln kroch über Ammons' Gesicht, ein Lächeln von Freundschaft unter Vorbehalt.
»Mr. Applecote, welcher Art von Arbeit gehen Sie nach?«
»Ich bin bei der BBC angestellt, Sir.«
»Der British Broadcasting Corporation«, sagte Ammons, den Geschworenen zugewandt, in einem Tonfall, als han-

dele es sich um ein Teil des nationalen Erbes. »Welche Funktion erfüllen Sie in dieser illustren Körperschaft?«

»Ich arbeite in der Kindersendung *Spielt alle mit*.«

»Als Künstler?«

»Als Sänger, Sir.«

»Und wie lange beschäftigt man Sie bereits auf diese Weise?«

»Seit etwa sechzehn Jahren, Sir.«

»Sechzehn Jahre!« rief Ammons, als wäre es ein Jahrhundert. Er packte sein Revers und senkte den Kopf zum Angriff. »Mit anderen Worten, die British Broadcasting Corporation hielt es für angebracht, Sie sechzehn Jahre lang in einer Sendung zu beschäftigen, die der Freude und Erbauung der Jugend dient, der Männer und Frauen für morgen in ihren entscheidendsten Jahren, den Jahren, in welchen sich am leichtesten die Saat des Hasses, der Verderbtheit säen läßt. Daraus ergibt sich, daß die British Broadcasting Corporation Sie für einen verantwortungsbewußten Menschen hält. Sind Sie mit Ihrer Firma einer Meinung? Halten Sie sich für verantwortungsbewußt?«

»Jawohl, Sir, das möchte ich gern sein.«

»Sie brauchen hier nicht bescheiden zu sein. Würden Sie sich für einen moralischen Menschen halten?«

»Das hoffe ich.«

»Beschränken Sie Ihre Antworten freundlicherweise auf ja und nein«, fuhr Ammons ihn an und verlor kurz sein Lächeln. Er haßte das Unvermögen des Engländers, sich in der Öffentlichkeit im besten Licht zu zeigen, wenn es am dringendsten erforderlich war.

»Gern wäre ich ein moralischer Mann, Sir.«

»Sie halten sich doch nicht für unmoralisch, oder?«

»O nein, Sir«, sagte Edwin entsetzt.

»Sehr schön. Würden Sie, ein moralischer, verantwor-

tungsbewußter Mann, wissentlich die Wohnung über einer bekannten Dame der Nacht beziehen?«
»Dame der Nacht, Sir?«
»Prostituierte«, blaffte Ammons.
»O nein.«
»Wie lange residieren Sie schon unter Ihrer jetzigen Adresse?«
»Seit drei Jahren, Sir.«
»Und Mrs. Sidney wohnte bereits dort, als Sie einzogen?«
»Jawohl, Sir.«
»Somit versteht sich von selbst, daß sie nicht den Anschein einer Frau machte, die von der Vermarktung ihres Körpers lebte, sonst wären Sie nicht dort wohnen geblieben?«
»Nein, Sir, das wäre ich wohl nicht.«
»Und in diesen drei Jahren kam Ihnen nie der Verdacht, daß sie dem ältesten Gewerbe der Welt nachging?«
»Dem ältesten was der Welt, Sir? Ich habe das nicht verstanden.«
»Daß sie eine ... eine Prostituierte war.« Ammons schrie es fast. Es war ihm zuwider, wenn die Eleganz seiner Ausführungen durch Dummheit zuschanden wurde. Er warf Sir Cleverdon einen Blick zu, der grimmig lächelte.
»Nein, Sir, das wußte ich nicht.«
»Aber jetzt wissen Sie es, stimmt das?«
»Es wurde mir gesagt.«
»Gesagt? Von wem?«
»Von der Polizei.«
Ein Raunen ging durch die Reihen. Ammons sah die Geschworenen an. »Eine Unterstellung! Der Charakter einer Frau, die nicht anwesend ist, um sich zu verteidigen, wird hier von der Polizei, die auf eine rasche Verurteilung aus ist, verunglimpft, während ein verantwortungsbewuß-

ter, ein moralischer Mann, in nächster Nähe der Verstorbenen wohnend, in einer Zeitspanne von drei Jahren, von sechsunddreißig Monaten, von weit über tausend Tagen kein Zeichen der unmoralischen Praktiken seiner Nachbarin bemerkte!«

Sir Cleverdon erhob Einspruch. Mr. Ammons habe die Aufgabe, den Zeugen in ein Kreuzverhör zu nehmen, nicht Reden an die Geschworenen zu halten.

Der Richter gab dem Einspruch statt, woraufhin sich Mr. Ammons ohne jede Reue entschuldigte.

»Sehen Sie sich den Angeklagten gut an. Ich behaupte, Sie haben ihn noch nie zuvor gesehen.«

»Ich könnte es nicht beschwören.«

»Würden Sie das Gesicht des Angeklagten unverwechselbar nennen?«

»Ich wüßte nicht, was ich darauf antworten sollte, Sir.«

»Das wüßten Sie nicht? Dann werde ich es Ihnen sagen. Sie antworten darauf mit einem Ja oder einem Nein.«

»Ich gebe nicht gern beiläufige persönliche Bemerkungen über die Gesichter anderer Menschen ab, Sir. Schließlich können sie nichts für die Gesichter, mit denen sie auf die Welt gekommen sind.«

Der Richter reagierte auf Ammons' stummes Flehen mit einem Klopfen des Hammers.

»Dieses Terrain scheint mir für weitere Erkundungen nicht sehr geeignet zu sein, Mr. Ammons«, befand der Richter.

»Ich möchte nur nachweisen, daß Mr. Applecote den Angeklagten nie zuvor gesehen hat, Mylord.«

»Der Zeuge hat bereits erklärt, er könne es nicht beschwören. Da er unter Eid steht, müssen wir seine Antwort als wahr hinnehmen. Soviel er weiß, könnte er den Angeklagten gesehen haben.«

»Oder auch nicht«, sagte Edwin leichtsinnigerweise.

»Wie bitte?«
Langsam geriet nun auch der Richter ein wenig durcheinander. Sein Mund sah aus, als wäre er zugenäht worden.
»Sehen Sie, Mylord«, sagte Edwin. »Vielleicht habe ich Mr. Ahoes Gesicht in einem Bus oder auf der Straße gesehen. Es erscheint mir durchaus bekannt, und doch könnte es sein, daß ich ein sehr ähnliches Gesicht irgendwo einmal gesehen habe.«
»Wir sind nicht hier, um Ihr Gedächtnis für menschliche Physiognomie zu überprüfen«, kommentierte der Richter bissig. »Vielleicht dürfte ich Sie – mit Mr. Ammons' Erlaubnis – fragen, ob Sie tatsächlich den Beschuldigten irgendwann einmal den Wohnsitz der Verstorbenen betreten sahen.«
»Das könnte meines Wissens durchaus sein.«
»Es könnte aber auch nicht sein. Nun gut, fahren Sie fort«, murmelte der Richter laut seufzend. »Die Antwort lautet nein.«
»Nun...«
»Das genügt«, sagte der Richter. »Wir verschwenden unsere Zeit.«
»Haben Sie jemals ein Wort mit Mrs. Sidney gewechselt?« wollte Mr. Ammons wissen.
»Ja, Sir. Allerdings nie viel mehr als ein ›Guten Morgen‹ oder ›Guten Tag‹.«
»Würden Sie sie als angenehme, höfliche Person beschreiben?«
»Jawohl, Sir. Sehr angenehm. Und höflich. Womöglich war ihre Ausdrucksweise ein wenig ordinär, aber das zu beurteilen steht mir nicht zu.«
»Wie kann ein Mensch gleichzeitig höflich und ordinär sein?« schnarrte der Richter.

»Es ist schwierig, das gebe ich zu, Sir. Ich rede nicht gern schlecht über andere. Das steht mir nicht zu.«
»Ihnen steht zu, uns zu erzählen, was Sie wissen, und sich hier keinen Spitzfindigkeiten hinzugeben. Also, war sie Ihrer Meinung nach höflich oder vulgär?« Dem Richter war Grau ebenso zuwider, wie er Schwarz und Weiß mochte.
»Sie war höflich, würde ich sagen.«
»Nun gut. Fahren Sie fort.«
»Mit einer Tendenz zur Vulgarität.«
Der Richter warf die Hände in die Höhe.
Edwin ergänzte rasch: »Sehen Sie, ich glaube nicht, daß sie es ändern konnte.«
»Sie hatte keine der Eigenheiten, die man mit ihrem angeblichen Beruf in Verbindung bringt, oder?« fragte Mr. Ammons. »Keine übertriebene Schminke, kein Parfüm, keine Stöckelschuhe, schwarze Strümpfe oder dergleichen?«
»Nun, sie verwendete ein sehr intensives Parfüm, Sir, das ich ein Stockwerk höher riechen konnte.«
»Wollen Sie damit andeuten, ihr Parfüm drang durch Dielen und Teppichböden?«
»Ja, Sir, ich bekam davon Kopfschmerzen. Ich habe mich ein- oder zweimal beschwert, auf nette Weise.«
»Haben Sie sich mündlich beschwert?«
»Nein. Wenn ich nach unten ging, hörte ich immer durch die Tür, daß sie Besuch hatte. Wenn Sie keinen Besuch hatte, war sie ausgegangen.«
»Heißt das, Sie horchten an ihrer Tür?«
»O nein, Sir, man konnte die Stimmen die halbe Treppe hinauf hören.«
»Haben Sie sich die Gespräche die halbe Treppe hinauf angehört?«
»Nein, Sir, ich hörte nur, daß gesprochen wurde, ohne je zu

lauschen. Das wäre nicht richtig gewesen. Und es waren nicht immer Gespräche. Manchmal hörte man nur das Radio oder wie Möbel gerückt wurden.«
Ammons räusperte sich. »Verstehe. Wie haben Sie Ihre Beschwerden übermittelt, wenn Sie es nicht mündlich taten?«
»Ich schrieb Briefchen, die ich unter ihrer Tür hindurchschob.«
»Wurden sie je beantwortet?«
»Nie. Außer ...« Edwin brach ab.
»Ja?«
»Einmal ging die Tür auf, als ich gerade meinen Zettel durchgeschoben hatte.«
»Wer tauchte auf?«
»Ein Gentleman.«
»Ein Gentleman? Wie war er gekleidet?«
»Mit einem Unterhemd.«
»Und?«
»Sonst nichts.«
Mr. Ammons stockte. »Wollen Sie dem Gericht erzählen, Mrs. Sidneys Wohnungstür sei von einem Mann geöffnet worden, der nichts als ein Unterhemd trug?«
»Vielleicht hatte er noch Strümpfe an, das weiß ich nicht mehr.«
»Keine weiteren Fragen.«
Sir Cleverdon erhob sich, die Augenbrauen triumphierend in die Höhe gezogen.
»Mit Erlaubnis Eurer Lordschaft möchte ich dem Zeugen gern noch einige weitere Fragen stellen.«
»Nicht zu viele, hoffe ich. Tun Sie das.«
»Erinnern Sie sich an das Gesicht dieses Mannes oder Gentlemans, wenn es Ihnen lieber ist? Würden Sie es wiedererkennen?«

»Nun, er war mittelgroß, dunkelhaarig, helle Haut.«
»Sah er dem Angeklagten irgendwie ähnlich?«
»Ja, jetzt, da Sie es erwähnen, sehr ähnlich, ich könnte aber nie beschwören, daß er es war.«
Es entstand eine gewisse Unruhe im Saal, und Ahoe sah Edwin haßerfüllt an.
»Und was sagte dieser Mann zu Ihnen?«
»Ich verstand nicht, was er zu mir sagte, aber es klang wie...« Und hier sagte Edwin zwei Worte, die in keiner Gesellschaft je in den Mund genommen werden. Im Saal hielt man den Atem an, ein Mädchen kicherte, ein älterer Mann rief etwas Unverständliches, und der Richter verlangte nach Ruhe.
»Daran können wir den Grad von Kultiviertheit ermessen, den die Freunde ihrer höflichen Nachbarin gewöhnlich erreichten«, sagte Sir Cleverdon.
»Was bedeuten diese zwei Worte?« fragte Edwin entsetzt.
»Unwichtig«, befand Sir Cleverdon, »aber ich rate Ihnen, sie im Zivilleben nicht als Kraftausdruck zu gebrauchen, selbst wenn sie in den Streitkräften noch so beliebt sein mögen.« Und dann ergänzte er, um Edwin nicht länger auf die Folter zu spannen: »Es ist eine Variante von ›Bitte gehen Sie‹.« (Gelächter)
Als wieder Ruhe eingekehrt war, fuhr Sir Cleverdon fort: »Wann fand dies statt?«
»Etwa um elf Uhr vormittags.«
»Aber wann?«
»Oh.« Edwin hatte sich von seinem Schock noch nicht erholt. »Am Morgen des Mordes.«
Man war konsterniert. In den vorangegangenen Zeugenaussagen hatte Ahoe, ein Lastwagenfahrer, zwar offen zugegeben, Mrs. Sidney sei eine beiläufige Bekannte gewe-

sen, hatte aber erklärt, er habe sich am Tag des Mordes von neun Uhr morgens bis nach dem Mord bei seiner Schwester in Islington aufgehalten. Die Schwester hatte sein Alibi bestätigt.

»Sind Sie da sicher? Am siebten Juli?«

»An das Datum erinnere ich mich nicht, aber es war der Tag. Ich war unterwegs zur Arbeit.«

»Um wieviel Uhr sind Sie aufgebrochen?«

»Gegen elf.«

»Die genaue Uhrzeit, bitte! Wann genau verließen Sie das Haus?«

»Gegen elf.«

»Wollen Sie diesem Gericht weismachen, Sie wüßten nicht, um wieviel Uhr Sie zu Ihrer Arbeit aufbrechen?«

Edwin stockte. Das war zuviel.

»Weiß man denn gewöhnlich die genaue Zeit, wann man zur Arbeit aufbricht?«

»Ja«, blaffte Sir Cleverdon.

War er allein auf der Welt, letztendlich doch eine Monstrosität? Diese schreckliche Erfahrung könnten die Kaninchen nie mit ihm teilen. Wie lange würde er diesen grauenhaften Raum ertragen können, der voll von Leuten zu sein schien, die nicht nur präzise wußten, was sie zu jeder Tageszeit taten, sondern auch was andere tun sollten?

»Gegen elf«, hörte er seine eigene Stimme sagen.

»Um wieviel Uhr beginnt Ihre Arbeit bei der BBC?«

»Um elf Uhr.«

»Wollen Sie damit sagen, Sie brechen gegen elf Uhr auf, um zur gleichen Zeit ein am anderen Ende der Stadt gelegenes Ziel zu erreichen?«

»Ich hatte mich an diesem Tag verspätet.«

»Um welche Uhrzeit trafen Sie ein?«

»Eine Weile nach elf.«

»Wie lange nach elf?«
»Etwa zehn ... Viertel nach elf.«
»Wie lange brauchen Sie, um von Ihrem Wohnhaus zur BBC zu gelangen?«
»Etwa zwanzig Minuten.«
»Man kann also nach den Gesetzen der Logik annehmen, daß Sie zwischen zehn und fünf vor elf ihre Wohnung verließen?«
»Ich nehme es an.«
»Warum konnten Sie mir das nicht zu Beginn sagen?«
»Warum?« platzte Edwin heraus. »Weil ich geschworen habe, die Wahrheit und nichts als die Wahrheit zu sagen, und anscheinend war es falsch von mir, das zu schwören.«
»Wie war das?« fragte der Richter.
»Ich kenne die Wahrheit nicht«, rief Edwin mit großen Augen. »Ich weiß, ich sollte über alles genau Bescheid wissen, aber das tue ich nicht. Ich weiß nicht, um welche Uhrzeit ich zu Hause aufgebrochen bin, und selbst wenn ich es auf die Minute genau wüßte, würde ich es wahrscheinlich nicht auf die Sekunde genau wissen, und wenn ich Ihnen nicht alles, bis auf die kleinste Kleinigkeit, sagen kann, würde ich Ihnen nicht die Wahrheit sagen.«
»Sie müssen lauter reden«, sagte der Richter.
Seltsam, Edwin hatte geglaubt zu schreien. Jetzt schien es, als habe er all das vor sich hin genuschelt. Er schüttelte heftig den Kopf, schloß die Augen, sah aber nicht klarer, als er sie wieder öffnete.
Sir Cleverdon betrachtete ihn durchdringend, ein Adler. Genau wie der Richter, ein Geier, und Mr. Ammons, ein Maulwurf.
»Wie auch immer, Sie brachen nach zehn Uhr dreißig vormittags von zu Hause auf?«

»So muß es gewesen sein.«
»Kehrten Sie vor neunzehn Uhr nach Hause zurück?«
»Ja, ich glaube schon.«
»Sie glauben schon.«
»Sprechen Sie bitte nicht so schnell.«
»Sie müssen lauter sprechen«, sagte der Richter.
Mit einer übermenschlichen Anstrengung riß Edwin sich zusammen.
»Die Sendung wird um Viertel nach drei ausgestrahlt«, sagte er. »Genau um Viertel nach drei. Sie dauert bis fünfzehn Uhr fünfundvierzig.«
»Was taten Sie nach dem Ende der Sendung?«
»Ich kehrte nach Hause zurück, um mir eine Tasse Tee zu machen.«
»Umgehend?«
»Ja.«
»Wir können also davon ausgehen, daß Sie zwischen sechzehn und sechzehn Uhr fünfzehn zu Hause eintrafen?«
»Ich nehme es an.«
»Was soll das heißen, Sie nehmen es an? Das ist doch logisch.«
»Wenn Sie es sagen, Sir.«
»Das tue ich. Wie lange blieben Sie zu Hause?«
»Lange genug, um mir eine Tasse Tee zu machen und ein Hörnchen zu essen. Ich aß ein Hörnchen, mit Margarine und Himbeermarmelade. Dann spülte ich, trocknete das Geschirr, stellte es in den Schrank und begab mich in den Zoo.«
»Das könnte also eine weitere Viertelstunde gedauert haben?«
»Ich weiß es nicht.«
»Sind Sie ein außergewöhnlich langsamer Esser?«
»Ich weiß es nicht.«

»Es ist wirklich eigenartig, daß es Menschen gibt, die durchs Leben gehen, ohne zu wissen, wann sie das tun, was sie tun oder wie sie es tun. Also, konzentrieren Sie sich, wenn es recht ist. Gab es während des Aufenthaltes in Ihrer Wohnung, als Sie den Tee zu sich nahmen, irgendwelche Anhaltspunkte für die fortdauernde Anwesenheit des Mannes in Mrs. Sidneys Wohnung?«

»Ich hörte Stimmen.«

»Stimmen?«

»Ein Mann schrie. Ein Radio lief, spielte Tanzmusik. Es gab ein Geräusch wie von splitterndem Glas.«

»Erkannten Sie die Stimme als dieselbe, die Ihnen den schmutzigen Kraftausdruck ins Gesicht gesagt hatte?«

»Das kann ich nicht sagen. Vielleicht war sie es, vielleicht auch nicht.«

»Hörten Sie irgendwelche Worte, die diese Stimme von sich gab?«

»Ja. Nein, ich wage nicht, sie zu wiederholen, da ich fürchte, sie könnten unanständig sein.«

»Ich weise Sie an, uns zu erzählen, was Sie gehört haben«, sagte der Richter und beugte sich vor, »und reden Sie laut.«

»Ich hörte etwas wie: Noch so'n Quack oder Kack von dir, und ich drück dir eine ... etwas in der Art.«

»Das sagte der Mann?«

»Ja, ist das sehr schlimm? Ich erinnere mich daran, weil ich es nicht verstanden habe.«

»Hörten Sie ihre Stimme?«

»Nein, nur ihr Lachen. Ich hörte sie lachen, bis ich das Haus verließ.«

»Und was dachten Sie, als Sie das splitternde Glas hörten?«

»Ich dachte, jemand hätte ein Glas fallen lassen.«

»War es nicht ein heftigeres Geräusch? War es nicht das Geräusch eines Glases, das geworfen statt fallen gelassen wurde?«
»Was soll das bedeuten?«
»Ein Glas kann verletzen, wenn es nur hart genug geworfen wird und sein Ziel trifft.«
»Ich habe noch nie gehört, daß jemand so etwas tut.«
»Reden Sie lauter.«
»Als Sie zum Zoo aufbrachen«, fragte Sir Cleverdon mit Nachdruck, »haben Sie außerhalb des Hauses ein abgestelltes Fahrzeug gesehen?«
»Ich erinnere mich nicht.«
»Einen dreiachsigen Lastwagen?«
»Ich weiß nicht.«
»Ist Ihnen überhaupt kein Fahrzeug aufgefallen?«
»Ach ja, ich erinnere mich noch, wie ein paar Jungen auf der Straße Kricket spielten. Der Ball rollte unter ein Auto, und einer der Jungen krabbelte hinterher, um ihn zu holen, Ich sagte ihm, er solle vorsichtig sein, da das gefährlich sei, und ich warf einen Blick in das Fahrerhaus, um sicherzugehen, daß der Fahrer nicht da war.«
»Wie alt war der Junge?«
»Etwa zehn, zwölf, vielleicht vierzehn. Ich kenne mich im Alter von Kindern nicht besonders gut aus.«
»Wenn er Kricket gespielt hat, war er vermutlich über sechs.«
»Das glaube ich auch, er hat nämlich geraucht.«
»Geraucht? Sie sagten, es war ein Auto. Würde es einem Jungen in einem Alter, wo man rauchen kann, leichtfallen, unter ein modernes Auto zu kriechen?«
»Nein, es muß größer als ein Personenauto gewesen sein.«
»Mußten Sie sich bücken, um einen Blick in das Fahrerhaus zu werfen?«

»Nein, ich mußte mich auf die Zehenspitzen stellen.«
»Auf die Zehenspitzen stellen? Falls der Wagen nicht vor 1910 gebaut wurde, möchte ich stark vermuten, es war ein Lkw ... vielleicht ein grauer Lkw der Marke Leyland, auf dessen Tür in weißen Lettern der Name Hiscox Brothers aus Hemel Hempstead stand?«
Ammons erhob Einspruch gegen die Form der Frage. Sir Cleverdon zog die Frage zurück, aber es ließ sich nicht leugnen, daß er sie gestellt hatte.
»Etwas fällt mir dazu ein«, meldete sich Edwin zu Wort, eine Hand auf die Stirn gelegt.
Ahoe verkrampfte sichtlich.
»Sprechen Sie lauter«, befahl der Richter.
»Ich erinnere mich ... da war ein Bild ... ich nehme an ein Abziehbild ... von einer ziemlich unanständig mit einem Badeanzug bekleideten jungen Dame ... die einen bunten Ball hielt ... es klebte an dem Fenster, durch das die Fahrer schauen müssen, um die Straße zu sehen ... die Windschutzscheibe, richtig? Ich weiß noch, daß ich mich fragte, wie die Polizei so etwas dulden konnte, schließlich hing es im Sichtfeld und war recht ekelhaft und anzüglich.«
Obwohl dies als Beweis alles andere als stichhaltig war, glaubte Ahoe offensichtlich, er sei in eine Falle getappt, und da er ein unbeherrschter und jähzorniger Mensch war, erhob er sich und brüllte Edwin eine Beleidigung zu, die dieser glücklicherweise nicht verstand.
Sir Cleverdon warf seine Unterlagen dramatisch hin. Ammons murmelte: »Keine weiteren Fragen.«
Der Richter sah Edwin direkt ins Gesicht und sagte, die Stimme so knisternd wie ein Stiefeltritt auf Herbstlaub: »Für den Fall, daß Sie je wieder in die Verlegenheit kommen sollten, als Zeuge auszusagen, gebe ich Ihnen den dringenden Rat, aufmerksamer zu beobachten und präzi-

ser zu sein. Anfänglich schilderten Sie die Verstorbene als einen rosigen und harmlosen Charakter, um ihr dann, im Kreuzverhör, einen so anders gearteten Charakter zu attestieren, daß es schwerfällt, Ihnen zunächst nicht wahrheitswidrige Absichten zu unterstellen. Ich glaube, dies ist nicht der Fall, da Sie augenscheinlich ein Mensch sind, der es nicht gewohnt ist, Zeugenaussagen zu machen, und der ehrlich glaubt, man müsse im Zweifelsfall zugunsten eines anderen entscheiden. Doch an das Gute im Menschen zu glauben ist eine Sache, völlige Blindheit den Fakten gegenüber eine andere. Sie führt zu gefährlichen Aussagen, die, falls man sie nicht den strengsten Methoden unseres Rechtssystems unterwirft, sogar zu Justizirrtümern führen können. Ich bitte Sie nachdrücklich, über meine Worte nachzudenken, da Ihre heutige Zeugenaussage, all meiner Erfahrung gemäß, überaus irreführend und unlogisch war. Der nächste Zeuge, bitte.«

Edwin war keinesfall der Hauptzeuge. Bei erneuter Befragung brach Ahoes Schwester zusammen und gestand, ihr Alibi sei eine Lüge gewesen. Der Lastwagen sei mehr als vierundzwanzig Stunden überfällig gewesen, und die Polizei fand Briefe und Fingerabdrücke, die Ahoe schließlich lebenslänglich hinter Gitter brachten.

Doch Ahoe war nicht der einzige, dessen Leben durch diesen Fall beeinflußt wurde. Edwin konnte nicht mehr nach Hause zurück. Er blieb im Hotel, sorgsam darauf bedacht, bei jeder Gelegenheit die Tür zu verriegeln. Er kaufte sich ein Büchlein, in das er minutiös die genaue Uhrzeit eintrug, wann er zur Arbeit aufbrach, und den präzisen Zeitpunkt, wann er an seiner Arbeit eintraf. Während er im Bus saß, durchforschten seine Augen die Straße nach Auffälligem und Beachtenswertem. Seine Wahrnehmung war übertrieben scharf, sein Benehmen seltsam schroff.

An der Arbeit begrüßte er seine alte Bekannte Miss Alsop mit Bemerkungen, wie er sie noch nie gemacht hatte. »Guten Morgen, Miss Alsop, Sie tragen Grün, wie ich sehe. Grüner Tweed, nicht wahr? Und eine Gemme, auf der der Kopf einer georgianischen Dame im Profil abgebildet ist. Schuhe? Braune Halbschuhe, Baumwollstrümpfe. Danke sehr. Das wäre im Augenblick alles.« Und all diese Einzelheiten hielt er in seinem Buch fest. Miss Butler wurde der gleichen seltsamen Behandlung unterzogen, ja er brach sogar mitten in seinen Kinderliedern ab, nicht weil er den Text vergessen hätte, sondern weil ihm beim Singen plötzlich aufgefallen war, daß die Studiouhr nicht auf die Minute mit seiner eigenen Armbanduhr übereinstimmte. Nur wenn er Siegfried das Kaninchen spielte, war er ganz der alte, zärtlich, wunderlich und ein wenig tragisch.
Miss Butler versuchte tapfer, sein Problem zu verstehen. »Gehen Sie nicht mehr wie früher in den Zoo?« fragte sie freundlich.
Sein Blick bekam etwas Verschlagenes. »O nein«, anwortete er, »Tiere können nicht sprechen. Falls mir dort irgend etwas zustoßen sollte, könnten sie keine Zeugenaussagen machen.«
»Was könnte Ihnen denn zustoßen?«
»Mord«, sagte Edwin ungerührt.
»Mord? Wer sollte Sie denn ermorden?«
»In London leben Millionen Menschen«, sagte Edwin ausweichend, »aber damit würden sie nie durchkommen, nicht jetzt. Wissen Sie, wenn ich abends nach Hause komme, verriegele ich die Tür und schreibe auf einen Zettel, wer ich bin und was ich arbeite, adressiert an alle, die es angeht, und verstecke ihn unter meiner Matratze. Ich gebe einen Abriß all meiner Unternehmungen des Tages, mit wem ich gesprochen habe und worüber. Sie, Miss Butler,

werden heute Erwähnung finden, genau wie unser Gespräch.« Er warf einen Blick auf seine Uhr. »Es ist sechzehn Uhr acht.«
»Aber warum tun Sie das, Mr. Applecote?« fragte Miss Butler, die mittlerweile ein definitiv ungutes Gefühl hatte.
»Um die Beweise zu ordnen, Miss Butler. Ich weiß nicht, ob Sie jemals als Zeugin ausgesagt haben, aber es muß klar und hörbar geschehen. Ich weiß nicht, ob Sie es bemerkt haben, aber ich übe mich darin, mit recht lauter Stimme zu sprechen.«
»Die Toningenieure haben es bemerkt. Sie machen ihnen das Leben sehr schwer.«
Edwin lachte. »Sehen Sie, wenn man das Blatt unter die Matratze legt, entdeckt es die Polizei, aber kein Mörder würde auf die Idee kommen, dort nachzusehen.« Verunsichert runzelte er die Stirn. »Oder vielleicht doch, vielleicht sollte ich es besser anderswohin legen?«
Mit ehrlichem Bedauern war die Abteilung Kinderprogramm gezwungen, sich von Edwin Applecote zu trennen, aber seine Kinderlieder wurden wirklich zu sprunghaft, und sein Verhalten wurde immer beunruhigender. Mit unbeabsichtigter Grausamkeit überreichten sie ihm einen wunderschön gravierten Wecker als Abschiedsgeschenk. Da keine zwei Uhren lange dieselbe Zeit anzeigen, sollte Edwin viele enervierende Stunden damit verbringen, Armbanduhr und Wecker miteinander zu vergleichen und herauszufinden, welche von ihnen richtig ging.

Kommissar McGlashan wartete im Vorzimmer darauf, mit Dr. Feindienst zu sprechen, unter dem Arm einen großen Pappkarton. Endlich betrat der Arzt das Zimmer, und die beiden Männer gaben sich die Hand.

»Wie geht es ihm?« fragte McGlashan.
»Er ist ein liebes Kerlchen«, sagte Dr. Feindienst mit leichtem österreichischem Akzent. »Ganz harmlos und keine Probleme, nicht wie einige andere, gewalttätige Paranoiker und so weiter. Möchten Sie ihn sehen?«
»Darf ich?«
»Natürlich, folgen Sie mir.«
»Darf ich dieses Paket hierlassen?«
»Gewiß.«
Als sie durch den Flur gingen, sagte Dr. Feindienst: »Unser Hauptproblem besteht darin, ihn ruhigzustellen. Er beobachtet so intensiv, daß er alles bemerkt und schriftlich festhält, bis zur eigenen Erschöpfung.«
McGlashan betrat Edwins Zimmer. Die Jalousien waren heruntergelassen.
»Kennen Sie mich noch, McGlashan?«
»Aber gewiß, der deutsche Schäferhund.«
»Hä?«
Edwin war mehr als herzlich. »Nehmen Sie doch bitte Platz, Herr Kommissar. Nun, Sie werden mich nie wieder bei einem Nickerchen erwischen. Sie ziehen die Jalousien herunter, um mich ruhig zu halten, aber wenn sie weg sind, spähe ich nach draußen. Ich habe hinausgespäht, als ich Sie über den Flur kommen hörte. Fast hätten Sie mich dabei ertappt, aber nicht ganz.«
»Was haben Sie gemacht?« fragte der Kommissar. Er rechnete kaum mit der Antwort, die er bekam.
»Ich? Ich werd's Ihnen verraten. Ich bin um sechs Uhr siebenunddreißig aufgewacht, habe mich zwischen sechs Uhr neununddreißig und sechs Uhr einundfünfzig gewaschen, putzte mir um sechs Uhr zweiundfünfzig die Zähne, frühstückte ein gekochtes Ei, das aus Neuseeland kam, wie auf der Schale stand, zwei Brötchen und Butter, trank Tee mit

einem Stück Zucker gesüßt. Das dauerte von genau sieben Uhr neun bis sieben Uhr einundzwanzig. Ich las Zeitung, die *News Chronicle*, zweite Ausgabe, ab sieben Uhr dreizehn, als ich sie in die Hand nahm, bis sieben Uhr neunundzwanzig, als ich sie weglegte. Seitdem war ich, von einem kurzen Spaziergang abgesehen, hier in meinem Zimmer. Ich brach um zehn Uhr neunzehn auf und kehrte um zehn Uhr sechsundvierzig zurück. Als sie das Zimmer betraten, war es zehn Uhr siebenundfünfzig. Übrigens, Herr Kommissar, welche Zeit zeigt Ihre Uhr an?«

»Punkt elf.«

»Sie geht beinahe eine Minute vor.«

»Oh, danke.« McGlashan tat, als stelle er seine Uhr nach.

»Übrigens, falls gegenüber, in der Nummer 18, ein Verbrechen begangen werden sollte«, flüsterte Edwin und deutete mit dem Finger auf das entsprechende Fenster, »dort ist um neun Uhr einundvierzig ein blauer Austin Kombi vorgefahren, und seitdem steht er da. Das Kennzeichen lautet BXC 715.«

»Ich danke Ihnen sehr«, sagte McGlashan traurig und tat, als notiere er sich das Kennzeichen. »Wenn wir ihn kriegen, haben wir das Ihnen zu verdanken.«

Es gab eine zaghafte Pause, während der McGlashan versuchte, Edwin zur geistigen Gesundheit zurückzuhypnotisieren.

»Fehlen Ihnen Ihre Kaninchen nicht?« sagte er endlich.

»Nein«, antwortete Edwin, »sie sind glücklich, wo sie jetzt sind. Sie haben nicht unsere Schwierigkeiten.«

»Vielleicht doch, aber wir verstehen ihre Sprache nicht.«

»Ja, vielleicht doch«, sagte Edwin und seufzte unverbindlich.

»Fehlt Ihnen denn die BBC nicht?«

»Nicht jetzt, wo ich wirklich wichtige Arbeit leiste, Beweise sammle.«
»Aber Sie fehlen ihnen.«
»Wem?«
»Den Kindern.«
»Ich habe jetzt keine Zeit für Kinder. Dies ist eine Männerwelt. Man darf nicht zu sanft sein, man darf den Fakten gegenüber nicht blind sein.« Er gab diesem Zitat des Richters eine beängstigende Betonung.
Zurück im Büro, fragte Dr. Feindienst: »Wie fanden Sie ihn?«
»Verflucht seien die Juristen«, sagte McGlashan giftig. »Was tun sie? Aus Gründen der Beweisführung nehmen sie ein ganz außergewöhnliches Ereignis voller ungewöhnlicher und verdrehter Aspekte und lassen es normal und natürlich klingen. Warum sollte ein harmloser Kerl wie er all die gräßlichen Verwendungen kennen, die jene Menschen für das Leben haben, die es als selbstverständlich hinnehmen? Warum gesteht man ihm nicht das Recht zu, naiv und schlicht zu sein? Sie haben einen Mörder verurteilt und einen Zeugen in den Wahnsinn getrieben. Das nennt sich dann Gerechtigkeit. Und wo sind sie jetzt? In ihren Clubs, wo sie neue Methoden aushecken, uns die Arbeit unmöglich zu machen, während dieser arme kleine Kerl hier drin ist und sich eine Menge Beweise ausdenkt, die vorzutragen man ihn nie aufrufen wird. Das widert mich an.«
Dr. Feindienst lächelte. »Sie klingen, als wären Sie soweit, in eine unserer Gummizellen einzuziehen.«
McGlashan beugte sich mit verschwörerischer Miene vor. »Ich sage Ihnen was, Doktor: Dieser kleine Kerl hatte etwas, und das bilde ich mir nicht ein, was mir partout nicht aus dem Kopf ging. Ich erfuhr es von meinem Töchterchen, fünf Jahre alt. Gestern wollte ich ihr zur Schlafens-

zeit gute Nacht sagen, und sie schaute zu mir hoch und fragte: ›Daddy, warum hat Siegfried das Kaninchen jetzt eine andere Stimme?‹ Bei Gott, Doktor, ich hätte es ihr sagen können. Ich hätte es ihr sagen können, und eines Tages werde ich es tun.«

»Tja, wer weiß, vielleicht kann er in ein oder zwei Jahren seine Arbeit wieder aufnehmen.«

McGlashan schüttelte den Kopf. »Sie wissen so gut wie ich, daß das nicht stimmt, Doktor. Sie haben ihn da draußen zu sehr verletzt. Damit wird er nicht fertig. Und ich sage nur, man sollte die Dinge so einrichten, daß er damit fertig wird.«

Der Arzt seufzte. »Es ist eine grausame Welt, Kommissar. Das müßten uns unsere Berufe eigentlich lehren.«

»Grausam?« wiederholte McGlashan. »Sie ist schmutzig. Schmutzig. Und die am saubersten aussehen, sind häufig die Schmutzigsten. Diejenigen, die Verantwortung tragen.«

McGlashan hob vorsichtig sein Paket auf und ging zur Tür. Bevor der den Raum verließ, drehte er sich um und sagte: »Wir brauchen uns nicht zu beschweren. Wir können uns um uns selbst kümmern.« Seltsam zärtlich betrachtete er sein Paket. »Ich hatte ein Geschenk für ihn, aber das gebe ich ihm besser nicht, nach unserem Gespräch. Ich werde es meiner Tochter schenken.«

»Was ist es?« fragte Dr. Feindienst.

McGlashan schob ein vorstehendes Salatblatt in den Karton zurück und sagte leise: »Ein Kaninchen.«

Ein Platz im Schatten

Die meisten modernen Spanienreiseführer erwähnen Alcañon de la Sagrada Orden kaum; in älteren taucht der Name des Ortes überhaupt nicht auf. Und doch bezeugen die häufige Entdeckung römischer Münzen in seiner Erde sowie ein reicher Amphorenschatz in seinen felsigen Gewässern die weit zurückreichende Vergangenheit dieses Dorfes auf der Iberischen Halbinsel. Es ist zwar weder so schön noch so dramatisch wie einige andalusische Pueblos, aber unverdorben und würdevoll.

Die Kirche La Sagrada Orden ist keineswegs eine architektonische Perle, und ihr Inneres wird durch einige Bilder von erschreckender Sentimentalität entstellt, angefangen bei einem falschen Murillo bis hin zu Bildern der Gründerzeit. Eine riesige Jungfrau Maria, wie aus Marzipan, mit Kristalltränen, eingebettet in rosige Wangen, dominiert das Kirchenschiff, in dem sie in einem verblüffenden Barock-Sonnenrad puppenartig hinter Glas sitzt. Bezeichnenderweise ist diese übergroße süßliche Devotionalie der ganze Stolz des Dorfes, und es wird sogar behauptet, die Tränen aus Kristall hätten sich während der letzten Tage der Belagerung des Alcazars in Wasser verwandelt.

In den Seitenstraßen verbergen sich ein oder zwei großartige Häuser, darunter das Hauptquartier des örtlichen Caïds, das noch aus der Zeit des maurischen Kalifats

stammt, und unter den Bäumen des Hauptplatzes steht kupfergrün eine Statue des stolzesten Sohnes der Stadt, Juan Rodriguez de la Jara.
Laut Beschreibung dieses intolerant dreinblickenden Hidalgos auf dem Sockel seines Standbildes rückte er in Arizona ein, hetzte von der Stelle, wo sich heute Tucson befindet, gen Norden, vorbei an Phoenix bis nach Reno, wo er an irgendeiner einheimischen Seuche starb; seine letzten Worte waren: *»Por España y por Alcañon.«*
Das vielleicht Auffallendste in dem Dorf ist jedoch seine Stierkampfarena, die etwa aus der gleichen Zeit stammt wie die in Ronda und somit beanspruchen kann, eine der ältesten Spaniens zu sein. Weiß und gedrungen, mit aus dem Sand wachsendem Unkraut, wirkt sie für einen solchen Sport gefährlich anheimelnd. Die Worte *Sol* und *Sombra* sind auf der schmutzigen Wand noch immer lesbar, auch wenn die schwarze Farbe verblichen und abgeblättert ist, und die Arena selbst ist bemerkenswert, weil keinerlei Werbung, keine Erinnerung an irgendeinen besonders wohlschmeckenden Sherry oder Cognac den funktionalen Zweck des uralten Gebäudes entweihen.
Obwohl die Arena jahrelang nur gelegentlich genutzt wurde, ist sie noch immer von tierischen Gerüchen durchdrungen, genau wie der beißende Gestank alten Urins sich noch ungesund in der Nähe von öffentlichen Toiletten hält, Treffpunkte für ganze Fliegenparlamente.
Seit den Tagen des Konquistadors Juan Rodriguez de la Jara bis zum Ende des Zweiten Weltkrieges vegetierte Alcañon in seiner Armut und seinem Stolz bequem dahin. Nicht einmal der Bürgerkrieg rüttelte es aus seinem Ruhmestraum, da es sich mit nur zwei Opfern den anrückenden Truppen General Francos ergab. 1940 jedoch setzte das Elend ein, als der bedeutende englische Dichter Oliver

Still beschloß, sich dort niederzulassen. Er war einer jener Menschen, deren Ruhm zunimmt, je weniger sie schreiben. Ein 1912 veröffentlichter schmaler Gedichtband erregte eine gewisse Aufmerksamkeit, und das qualvolle Warten auf einen zweiten Band verwandelte sich nach und nach in übertriebene Verehrung. Als schließlich 1925 ein sehr kurzer Roman erschien, war er auf der ganzen Welt bekannt. Ein drittes, etwa achtzig Seiten langes Buch schlich Ende der dreißiger Jahre in den Druck und machte ihn zu einem Halbgott. Nun war er eine bekannte Gestalt mit seinen wuchernden grauen Haaren und seinem charakteristischen Rollkragenpullover, der aussah, als habe ihn vor Jahren irgendeine halbblinde alte Dame für die stattlichen Rettungsbootmatrosen gestrickt, und den er trotzig trug, ganz gleich bei welcher Witterung.
1948 schuf er ein paar geheimnisvolle verquere Gedichte mit dem Titel *Recuerdos de Alcañon*, die vor wackligen metrischen Varianten nur so strotzten und so komprimiert waren, daß man sie mit normaler Geschwindigkeit kaum lesen konnte. Diese nicht ventilierten Phrasen, eine Art lyrische *foie gras*, eine verdichtete Paste aus Bildern ohne Verben, wurden als bemerkenswert gefeiert, und was Dr. Schweitzer für Lamabaréné tat, tat Oliver Still für Alcañon. Das Dorf wurde zu einer Pilgerstätte, und unweigerlich hielt sich ein schwedischer Journalist mit gezückter Kamera in der Nähe auf, riskant zwischen den Felsen versteckt, um den großen Mann in einer einzigartigen und authentischen Stimmung zu erwischen, während seine Frau geduldig in einem mit Fahnen und Goodwillbotschaften geschmückten Auto wartete.
Als die mächtige Welle von Amerikanern auf der Suche nach uralten Wahrheiten und edlen Wilden über Europa zu schwappen begann und der Sport der *corrida* die Kultivier-

ten mit seinem Versprechen karger und schrecklicher Einfachheit lockte, bekam Oliver Still allmählich einen Rivalen.

Der Bürgermeister des Ortes, Señor Ramón de Villaseca, der seine Ahnenreihe ohne jede Schwierigkeit bis zu einer Geliebten des großen de la Jara zurückverfolgen konnte, erkannte die wachsende Bedrohung und beschloß, ihr mit kühlem und arrogantem Blick entgegenzutreten.

Alles an Oliver Still war ihm zuwider, die Gedichte, der Mann und die Sorte Interesse, das er weckte. Zunächst einmal durchwanderte Still, in entrückte und undurchdringliche Gedanken gehüllt, die Gegend, einen knorrigen Spazierstock in der Hand und einen alten Pfadfinderrucksack auf dem Rücken, eine Pfeife rauchend, die Wolken übelriechenden Qualms ausspie, zu tief in seiner privaten Welt versunken, um auf einen vereinzelten Gruß oder seine hinter ihm hertrottende Frau zu reagieren, eine tragische Gestalt. Man hatte bemerkt, daß die heimischen Hunde, allesamt übertrieben bissige Tiere, die Autos anbellten und in Reifen bissen, schuldbewußt zu Kreuze krochen, sobald sie ihn sahen, was ihm im Ort den Ruf einbrachte, subtil und undefinierbar böse zu sein.

Die Pilger machten die Sache auch nicht besser, mit ihrem verschwörerischen Gehabe und wie sie unaufhörlich die Dorfbewohner befragten. Sie schienen dem Dichter eine Ergebenheit entgegenzubringen, die für Señor de Villaseca obszön war, weil sie einem Geringeren als Gott selbst galt. Daß Still jede Öffentlichkeit gewissenhaft mied und sich alle Mühe gab, seine Jünger durch völliges Ignorieren zu entmutigen, machte ihn bei dem Bürgermeister keineswegs beliebter.

»Erstens ist es unnatürlich, wenn ein Mensch in anderen solch eine Verehrung weckt. Zweitens, hat er sie erst ein-

mal geweckt, ist es gleichermaßen unnatürlich, wenn er sie zurückweist«, sagte er einmal zu Polizeisergeant Cabrera von der Guardia Civil.
»In diesem Fall gilt offenbar, daß zwei Minus ein Plus ergeben«, hatte Sergeant Cabrera scharfsinnig bemerkt.
»Zwei Minus ergeben ein Plus? Seit wann?«
»Seit Aristophanes.«
»Nicht in Spanien, Gott sei Dank. Spanien ist das einzige Land, wo die katholische Ordnung noch Bestand hat und wo zwei Minus immer noch zwei Minus ergeben.«
Sergeant Cabrera stimmte gezwungenermaßen zu, eher aus Patriotismus denn aus Überzeugung.
Señor de Villaseca schrieb selbst Lyrik, überladenes, sorgfältig gereimtes und skandiertes Zeug, angespornt von der unerreichbaren Qualität Calderóns, aber gemildert von einem Fin-de-siècle-Gemüt und einer Vorliebe für das Weinerliche. Diese Gedichte waren zwar nie veröffentlicht, aber bei diversen öffentlichen Anlässen gern deklamiert worden und erzielten, aufgrund ihrer hochtrabenden patriotischen Gefühle, die mit klangvollen Anspielungen auf den Mond, die Rosen, das Herz, die Seele, Jasmin und die Mutterschaft verwoben waren, sofort stürmische Wirkung. Zur gleichen Zeit weckten die Verse Oliver Stills, die dank der Förderung des Kulturinstituts der britischen Regierung in einem dünnen Bändchen ins Spanische übersetzt worden waren, offene Feindseligkeiten, als Señor de Villaseca sie einer ausgewählten Gruppe der heimischen Intelligenz laut vortrug.
Der Priester Don Evaristo neigte noch am ehesten zu Großzügigkeit, aber ihn hatte der Schlaf übermannt, bevor auch nur acht Zeilen rezitiert worden waren.
»Man muß davon ausgehen«, sagte er, das runde Gesicht in ein Strahlen universeller Brüderlichkeit getaucht, »man

muß davon ausgehen, daß ein Teil der Schönheit und sogar ein Teil der Bedeutung des Originals im Zuge der Übersetzung verlorengegangen ist.«
»Das ist völlig abwegig«, entgegnete Señor de Villaseca, »da die Ausdrucksstärke, der plastische und emotionale Gehalt der spanischen Sprache jeden eventuell zustandegekommenen Verlust mehr als kompensiert.«
»Wollen Sie damit behaupten, es sei ein Vorteil für einen chinesischen Gedanken, viele tausend Kilometer verpflanzt zu werden, aus dem einzigen Grund, ihm das Privileg zuteil werden zu lassen, auf kastilisch formuliert zu werden?« fragte der Priester.
»Gewiß«, gab Señor de Villaseca gelassen zurück. »Die chinesische Sprache ist wohl kaum ein angenehmes Vehikel für die Verbreitung irgendwelcher Gedanken, und seien es chinesische.«
»Dieser Meinung bin ich auch«, sagte Sergeant Cabrera. »Mein Bruder war eine Zeitlang in Jokohama.«
Und so ging es weiter, die literarische Debatte artete in Neckerei aus, als jemand vorschlug, Señor de Villaseca wäre es vielleicht am liebsten, die Messe auf spanisch zu hören, und der Bürgermeister erwiderte entschieden, wenn die Römer lateinisch vorgezogen hätten, sei das ihre Sache und wahrscheinlich der Grund ihres Niederganges gewesen. Alle waren jedoch einer Meinung, Oliver Stills Werke seien mehr oder weniger unsinnig und folglich ein Affront gegenüber dem spanischen Intellekt. Die Welt war ein trister Ort, daß sie solche Scharlatanie mit Ruhm belohnte.
»Sie werden Ihre Ernte auf himmlischen Weidegründen einbringen«, tröstete Don Evaristo den Bürgermeister.
»Ich brauche keinen Trost«, erwiderte der Bürgermeister steif. »Meine eigenen Überzeugungen und die Bewunderung der guten Bewohner dieser Stadt reichen aus. Was

mich jedoch abstößt, sind die Jünger, die dieser poetische Quacksalber um sich zu scharen scheint.«
»Wer sind wir, daß wir sie Jünger nennen dürfen?« fragte Don Evaristo. »Sind es nicht lediglich Versucher, gesandt, um seine Eitelkeit auf die Probe zu stellen?«
»Ich finde die Vorstellung noch viel unerträglicher, daß er es wert sein könnte, in Versuchung geführt zu werden.«
»Sind wir es nicht alle wert, in Versuchung geführt zu werden?«
»In einem solchen Maßstab?«
»Nun, schließlich scheint uns Don Juan der am meisten in Versuchung geführte Mann der Geschichte zu sein, und sicherlich weil er sich ständig der Versuchung ergab. Kennen wir nicht alle Versuchung, und bringt uns nicht unser religiöser Hintergrund dazu, ihr zu widerstehen?«
»Vielleicht«, gab Señor de Villaseca zu, der gerade an seine eigene Geliebte dachte.
»Auf welchen Don Juan beziehen Sie sich?« fragte Sergeant Cabrera, der sich mit königlichen Familienstammbäumen auskannte.

Der stumme Krieg zwischen dem gleichgültigen Poeten und seiner Kritikerclique zog sich bis in den Frühling des Jahres 1950, als eine Entscheidung der Herzogin von Torrecaliente für eine Invasion sorgte, die im kleineren Maßstab von ebenso großer Tragweite war wie die der Westgoten viele Jahrhunderte zuvor.
Die Herzogin war eine vollbusige Dame, halb Amerikanerin und halb Polin, die früher einmal eine entfernte Ähnlichkeit mit Goyas Gemälde einer anderen, berüchtigteren Herzogin besessen hatte, die sowohl bekleidet als auch nackt gemalt worden war. Wie um diese beiden Aspekte ihrer illustren Vorgängerin zu kombinieren und dadurch

sowohl in bezug auf Ähnlichkeit wie Unaufdringlichkeit höchste Vollkommenheit zu erringen, kleidete sie sich so verwegen, wie es die natürliche Fülle ihrer Gestalt zuließ.

Der Herzog war ein Mann, den die Unbilden der Erziehung jeglicher Persönlichkeit beraubt hatten, und obwohl er erstaunlicherweise wie König Edward VII. aussah, den irgendwelche respektlosen südamerikanischen Indianer geschrumpft hatten, öffnete er den Mund nur zum Husten. Er war ziemlich genau einen Meter fünfzig groß und ein spanischer Grande. Die vielleicht erwähnenswertesten seiner wenigen Leistungen bestanden darin, in jeder Saison ein oder zwei sehr kleine Vögel zu schießen sowie in etlichen Ausschüssen vertreten zu sein und zu schlafen. Die Herzogin, deren Energien er kaum beanspruchte, saß sogar in noch mehr Ausschüssen als er und war im Vorstand des Tierschutzverbandes besonders aktiv. Von ihr stammte die geniale Idee, einen Stierkampf zugunsten ihrer Lieblingsorganisation zu veranstalten, und es war ihr gelungen, zwei bedeutende Toreros für ihre Wohltätigkeitsveranstaltung zu interessieren. Cordobano IV., überall wegen seiner majestätischen Düsterkeit und in der Gegend wegen seines grünen Pontiac Cabriolet bekannt, eines der modernsten Autos auf der gesamten Halbinsel, hatte sich zu einem Auftritt bereiterklärt, genau wie El Chaval de Caracas, ein ungemein waghalsiger venezolanischer Matador, der aus einem wahren Netz von Wunden bestand und dessen Gesicht wie der Mond von gräßlichen Kratern übersät war.

Don Jesús Gallego y Gallego, einer der gelehrtesten Experten zum Thema *corrida*, hatte dann einen Geistesblitz und schlug vor, diese Wohltätigkeitsveranstaltung nicht in Madrid abzuhalten, das, so seine Worte, »von *turistas norteamericanos* verseucht« sei, vielmehr sei es angebracht, die historische Arena von Alcañon wiederzueröffnen, »Teil unseres *patrimonio nacional*, was daraus ein spanisches Ereignis machen wird, ein Ereignis, bei dem spanische Stiere von spanischen« – und er geriet vor dem Ausschuß ins Stocken –, »aus argumentatorischen Gründen möchte ich Sie daran erinnern, daß Venezuela unserem kulturellen und stierischen Erbe angehört – spanischen Toreros vor spanischem Publikum bekämpft werden, zugunsten spanischer Tiere.« Der Beifall war äußerst heftig, und Rafaelito, den viele für den bedeutendsten lebenden Stierkämpfer hielten, beschloß spontan, seinen Ruhestand zu beenden und das dritte Schwert zu schwingen. Während ihnen Tränen aus den Augen strömten, umarmte er Don Jesús, wozu der Ausschuß in lautstarke Rufe ausbrach und der eine oder andere auf dem Schoß seines aristokratischen Frauchens liegende Pekinese einen Bellanfall bekam. Rafaelito hatte sich ein paar Monate zuvor zum dritten Mal aus der Arena verabschiedet und war vierundzwanzig Jahre alt. Vor kurzem hatte er erfolglos für die Rolle des Propheten Jesaja in Hollywood vorgesprochen. Er war des Englischen unkundig.

Der nächste Schritt bestand im Besuch der Herzogin von Torrecaliente in Alcañon. Sie reiste gemeinsam mit Don Jesús, Rafaelito und einer Freundin von ihr, der Gräfin von Zumayor, die halb Engländerin und halb Italienerin war. Im Rathaus trafen sie Señor de Villaseca, und nach einem angenehmen Mittagessen schlenderte die Gruppe, zu der sich noch Don Evaristo und Sergeant Cabrera gesellten, zur Arena hinüber, um diese zu betrachten. Rafaelito warf seinen Hut in den heißen Sand, zog seine Jacke aus und vollführte – diese als Tuch verwendend – einige exquisite Stöße gegen einen imaginären Stier, während die anderen »*Olé!*« schrien.

»Welch eine Atmosphäre!« rief er, nachdem er seinen Auftritt mit einem perfekten Todesstoß beendet hatte. »Als musterten mich die Geister vergangener Generationen von *aficionados* mit ihren kritischen und feindseligen Blicken. Mir scheint, ich höre Beifall von jenseits des Grabes.«
Die Gräfin schloß die Augen.
»Ja, ja, jetzt höre ich es auch«, sagte sie.
»Wer das nicht hörte, wäre ein unsensibler Mensch«, ergänzte Señor de Villaseca.
»In Wirklichkeit hören Sie wahrscheinlich die Frauen, die ihre Wäsche gegen die Seite der Brücke schlagen«, sagte Sergeant Cabrera.
Don Jesús räusperte sich. »Es wird eine richtig klassische *corrida*. Die Crème de la crème wird anwesend sein. Irgendwie müssen wir die Reinheit unseres nationalen Festes schützen und versuchen, alle Ausländer fernzuhalten.«
»Hierher kommen nie Ausländer«, sagte Señor de Villaseca, »abgesehen von Journalisten, die den englischen Scharlatan, Señor Still, interviewen wollen.«
Rafaelito unterbrach. »Da dies eine ganz besondere *corrida* ist, an der ich teilnehmen werde, sollte es meiner Meinung nach einen *rejoneador* geben, als eine Art Hors d'œuvre vor dem Hauptereignis.«
»Sie haben schon Cordobano IV. und El Chaval als Hors d'œuvres«, sagte Don Jesús.
Rafaelito machte ein finsteres Gesicht. »Ungenügend«, erwiderte er. »Cordobano hat keinen Stil, keine Leidenschaft und keinen Mut. Was El Chaval angeht, der ist ein Stuntman, ein Todeswandfahrer. Man braucht einen *rejoneador*, um die Sache stilvoll anzugehen, einen Reiter. Was könnte für das Anliegen, das wir vertreten, angemessener sein als ein Mann, der vom Pferderücken aus gegen einen Stier kämpft?«

Herzogin und Gräfin geruhten, dieser Ansicht zuzustimmen.
»Das Pferd ist ein so anmutiges Tier«, bemerkte die Gräfin.
Señor de Villasecas Augen leuchteten. »Wäre es nicht angebracht«, sagte er, »wenn ich als Bürgermeister dieser alten Stadt die Veranstaltung einleitete?«
»Um Himmels willen, seien Sie vorsichtig«, flehte Don Evaristo.
»Wir wissen ja, welche Kenntnisse Sie in Fragen der Tauromachie haben«, sagte Don Jesús, »aber haben Sie schon einmal beritten gegen einen Stier gekämpft?«
»Schon oft. Ich bin der beste Reiter in Andalusien«, fauchte Señor de Villaseca so bescheiden, wie es ihm möglich war. »Mein Stutfohlen Paloma kennt keine Furcht, und es wurde nach den ausgeklügeltsten Methoden der Hohen Schule ausgebildet. Ihre Mutter war eine Pippizanderstute.«
»Ihr Vater«, sagte Sergeant Cabrera, »war ein Pferd, das ich gut kenne. Obrador.«
Don Jesús schaute zweifelnd drein und zündete eine gewaltige Zigarre an.
»Was könnte der Tradition unseres Festes mehr entsprechen als die Eröffnung durch den Alcalde persönlich?« fragte Rafaelito. »Nicht vergessen, es ist ein beliebtes Fest, tief im Boden unseres Landes verwurzelt. Erst in letzter Zeit, seit Belmonte und Joselito, hat es seine Eleganz, seine edle Ausstrahlung erlangt. Seine Ursprünge sind rauher, volksnaher, ungeschliffener. Als diese Arena erbaut wurde, hatte man es eher mit der Erprobung von Stärke und Stehvermögen zu tun als mit der Kunstfertigkeit von heute. Was könnte passender sein, als der ruhmreichen Vergangenheit Alcañons durch den ersten Bürger des Ortes Tribut zu

zollen, von einem Amateur, einem Spanier von echtem Schrot und Korn, der durch schiere Anmaßung wettmacht, was ihm an Stil fehlen mag.«
Señor de Villaseca musterte Rafaelito voller Abscheu, da er tadellos stilvoll aufzutreten beabsichtigte, schwieg aber, da der große Mann offenbar für einen Meinungsumschwung sorgte. Don Jesús fehlte es immer noch ein wenig an Enthusiasmus. Als sie die Arena verließen, nahm er Rafaelito beiseite und sagte leise: »Was ist, wenn er sich zum Narren macht?«
»Hoffentlich tut er das«, lächelte Rafaelito.
»Was?«
»Die Leute nehmen uns als selbstverständlich hin«, sagte Rafaelito, das schöne Gesicht kalt und grausam. »Sie halten unsere Arbeit für ein Kinderspiel. Sie erwarten von uns mehr, als wir geben können. Sogar ein Seiltänzer tut, als fiele er, um die Gefährlichkeit seines Berufes zu unterstreichen. Das können wir nicht, also soll es ein anderer für uns tun. Wird er verletzt, wird das der Menge in Erinnerung rufen, daß Stierkampf kein Ballett ist, sondern ein Spiel mit dem Tod.«
Don Jesús' Miene verfinsterte sich. »Das ist eine grauenhafte Hoffnung«, sagte er.
»Nicht die Hoffnung ist grauenhaft«, entgegnete Rafaelito, »sondern die menschliche Natur. Wissen Sie noch, wie man mich beschuldigte, ich ließe die Hörner meiner Stiere stumpf machen?«
»Sind Sie deshalb so verbittert?« fragte Don Jesús. »Man hatte nicht das Recht, Ihnen so etwas vorzuwerfen.«
»Warum nicht«, sagte Rafaelito, »da es doch zutraf?«
»Ich weiß«, entgegnete Don Jesús mit matter Stimme.
Rafaelito lächelte das Lächeln eines Mannes, der doppelt so alt war, wie er war. »Stierkampf ist nicht korrupter als das Leben«, sagte er.

Die bevorstehende *corrida* erregte große Aufmerksamkeit, und ein berühmter Impresario, Don Jacinto de Costats, beschloß, trotz der etwas unökonomischen Größe der Arena würde man dort eine Reihe von Veranstaltungen in der Art von Salzburger Stierfestspielen abhalten können. Don Jacinto, ein eigensinniger, weitgereister Mann aus Barcelona, erklärte in einer Konferenz vor versammelter Presse, seinen Vorstellungen gemäß gebe man Eintrittskarten für den gesamten Zeitraum von zehn Tagen aus. Des weiteren verkündete er, er werde die besten Künstler verpflichten, und die Preise für die Sitzplätze seien hoch, um die Exklusivität der Veranstaltung zu gewährleisten. »Verglichen damit wird das Fest des heiligen Isidro in Madrid einer Wirtshausschlägerei gleichen«, ergänzte er.
Von dem Rausch, selbst als *rejoneador* aufzutreten, war Señor de Villaseca derart eingenommen, daß ihm die Gefahren dieser Publicity nie bewußt wurden, und er genehmigte die Verwendung der alten Stierkampfarena durch die Wohltätigkeitsorganisation wie durch Don Jacinto hauptsächlich deshalb, weil er selbst auftreten sollte. Raffiniert hatte der Geschäftsmann angedeutet, eventuell wünsche der Bürgermeister, mehr als einmal aufzutreten. Nach kunstvoll zur Schau gestelltem Zaudern ließ sich Señor de Villaseca überreden.
Bald wurden überall im Ort und in den benachbarten Städten Plakate geklebt. Eine außerordentliche *corrida de toros* sollte es werden, mit El Famosissimo Rejoneador, Ramón de Villaseca. Als Datum wurde der 10. Mai festgesetzt, und zur gleichen Zeit hing man andere Plakate auf, auf denen vom 11. bis zum 17. Mai die Feria de San Mamerto angekündigt wurde, den jemand in aller Eile als Schutzheiligen von Alcañon ausgegraben hatte, ein Fest, zu dem die bekanntesten Degen Spaniens versprochen wurden.

Am Morgen des Siebten saß Don Jacinto de Costats auf dem Dorfplatz vor der Taverne und unterhielt sich mit Cordobano IV., der soeben in seinem grünen Pontiac eingetroffen war. Der Don war gut gelaunt, und seine kleinen blauen Augen glänzten vor Vergnügen und Boshaftigkeit.

»Sie machen die Arbeit, säubern die Arena, jäten das Unkraut, stellen den ursprünglichen Zustand der Arena wieder her, und dann übernehme ich. Das nenne ich Geschäft.« Er schaute kurz Cordobano IV. an, der die Stirn runzelte, das Gesicht von einem seltsam matten Glanz erleuchtet, als zögen hinter dem Kopf eines gefolterten Heiligen auf einem Buntglasfenster Gewitterwolken herauf.

Don Jacinto folgte Cordobanos Blick auf einen malvenfarbenen Cadillac, der ostentativ neben dem einzigen Parkverbotsschild der Stadt parkte, direkt am Fuße von de la Jaras Standbild.

»Rafaelito?« sagte er. »Wegen ihm brauchen Sie sich keine Sorgen zu machen. Er ist im Grunde ein Schwindler, ein Matinee-Idol, ohne Würde, ohne Melancholie, ohne Ehrlichkeit.«

»Wegen ihm mache ich mir keine Sorgen«, erwiderte Cordobano, »sondern wegen seines Cadillacs. Ein Torero wird nicht mehr nach denselben reinen Maßstäben wie früher beurteilt. Heutzutage kann ein Torero, der in einem Cadillac vor der Arena eintrifft, unmöglich ein Feigling sein, selbst wenn er vor einem Stier das Weite sucht.«

»Sie übertreiben.«

»Ach ja? Glauben Sie vielleicht, mein Pontiac hätte mir nicht bei meiner Karriere geholfen? Früher, als ich noch in einem Taxi am Plaza de Toros vorfuhr, war immer ich schuld, wenn sich der Kampf mittelmäßig entwickelte. Doch seit ich meinen Pontiac habe, ist immer der Stier schuld. Und jetzt kommt dieser unverschämte Mistkerl und verdirbt den Markt, indem er in einem Cadillac vorfährt. Ich sag's Ihnen, Don Jacinto, es ist ein vorsätzlicher Dolchstoß in den Rücken, ein kalkulierter, unfreundlicher Akt.«

»Wenn er sich nur auf Qualität verlassen müßte, wäre er nichts«, sagte Don Jacinto.

»Sie sind ein wahrer Freund«, befand Cordobano warm.

Später am Tag fuhr ein Jeep auf den Platz, vollgestopft mit elektrischen Geräten.

Dem Aussehen des Fahrers nach zu urteilen, war er Amerikaner. Er war sehr blond, hatte einen Bürstenhaarschnitt über einem Gesicht wie ein zerknautschtes Kissen, übersät mit Sommersprossen, eine Brille, der es kaum gelang, auf der winzigen Nase Halt zu finden, und große weiße Zähne, die vor dem Vergilben durch Zahnpasta und Wissenschaft bewahrt wurden. Seine neben ihm sitzende Frau war dunkelhaarig und schmollte. Beide trugen Blue jeans und T-Shirts.

Ein paar Minuten nach ihrer Ankunft brauste ein übertrieben engagiert gefahrener Sportwagen auf den Platz und kam mit quietschenden Reifen neben dem Jeep abrupt zum Stillstand.

»Auf grader Strecke hab ich ihn auf hundertfünfzig gebracht!« rief der Fahrer.

»Du meinst hundertvierundvierzig«, rief die aufgeregte junge Frau an seiner Seite.

»Wo ist der Unterschied?«

Bald saßen alle vier vor der Taverne und schmiedeten Pläne.

Don Jacinto und Cordobano IV. waren noch da und nippten an ihren Getränken, und als instinktsicherer Geschäftsmann gab sich Don Jacinto alle Mühe, das Gespräch mitzuhören. Er konnte ein wenig Englisch, und als ihm nach einer Weile in der Unterhaltung am Nebentisch eine gewisse Verwirrung auffiel, beugte er sich hinüber und fragte, ob sie irgend etwas brauchten. Der Mann mit dem Bürstenhaarschnitt stellte sich als Bayard Bruin junior vor und sagte, er und sein Freund Lake Linquist, der Sportwagenfahrer, sowie ihre Frauen seien alle Direktoren einer Firma, die in New York Folklore-Schallplatten herausbringe. Sie seien – erfolglos – nach Guatemala gefahren, um das Lied des Quetzal aufzunehmen, und sie hätten fast ein Jahr auf ein Visum für Rumänien warten müssen, wo sie die Klänge der herumziehenden Zigeuner festhalten wollten. Bayard Bruin spuckte große Töne, und offenbar verlieh ererbter Reichtum seinen Plänen Gewicht, doch vergaß er zu erwähnen, daß bisher keine seiner Schallplatten den Markt erreicht hatte.

»Warum sind Sie hier?« fragte Don Jacinto.

»Wir sind *aficionados*«, erklärte Bruin ernst, »und wir hoffen, eine authentische Scheibe mit den echten Geräuschen der *corrida* für den amerikanischen Markt herauszubringen ... nicht nur die naheliegenden Geräusche, die Menschenmenge, die Paso dobles, sondern den Sound von Mensch und Stier, die Ruhepausen, die Spannung, den Konflikt. Lake hier ist für die Farbfotos zuständig, und wir hoffen, in einem einzigen Exklusivalbum die Fotos der *corrida* samt der damit verbundenen Geräusche zu kombinieren, zu einem Verkaufspreis von etwa dreißig Dollar. Wir haben einen tollen Brief von Dali, in dem er sich weigert, das Cover zu signieren, halten dies aber für einen Schritt in die richtige Richtung. Vielleicht nehmen wir statt dessen Juan Miró.«

Als Cordobano hörte, daß es um den amerikanischen Markt ging, redete er schnell auf Don Jacinto ein.

Don Jacinto übersetzte ins Englische, während Cordobanos tragisches Gesicht von einem eifrigen Lächeln erhellt wurde.
»Er möchte wissen, ob Sie die *toreros* für den amerikanischen Markt interviewen wollen.«
»Klar.«
»Er würde sich für ein Interview zur Verfügung stellen.«
Cordobano war von heftigem Neid auf Rafaelito erfüllt, was nicht nur an dessen Popularität lag, sondern auch an seinem Besuch in Hollywood. In der Verwirrung, die in naiven europäischen Gemütern bezüglich allem Amerikanischen herrscht, stellte sich Cordobano vor, ein Vorgespräch sei vielleicht schon ein halber Filmvertrag.
»Verzeihen Sie meine Unwissenheit«, sagte Bruin, »aber wer ist Ihr Freund?«
»Der größte *torero* Spaniens«, antwortete Don Jacinto. »Cordobano IV.«
Die jungen Frauen kreischten vor Begeisterung.
»Wir haben Ihre herrlichen Veronikas in Valencia bewundert!« rief Mr. Linquist.
»Alice, und was war mit der *faena*, die wir in Pamplona sahen?« fragte Mrs. Bruin.
Cordobano verbeugte sich ernst, ein mittelalterlicher Ritter, kurz vor der Teilnahme am Wettkampf.
»Ja, was war damit?« tönte Bayard ehrfürchtig.
»Tollste *faena*, die ich je gesehen habe«, ergänzte Lake, warf ein Stück Zucker in die Luft und fing es lässig wieder auf.
Das Interview wurde am selben Nachmittag aufgezeichnet. Cordobano redete etwa eine Stunde lang, griff seine Rivalen an, beschrieb sein eigenes Genie in ernsten und überheblichen Worten und äußerte sein großes Interesse an der amerikanischen Unterhaltungsindustrie. Sämtliche

Bemerkungen über die Vereinigten Staaten wurden von Bayard sofort aus dem Band geschnitten. Er wollte wahrhaft edle Wilde für seine folkloristischen Unternehmungen.
Am nächsten Morgen wandten sich die jungen Männer über Don Jesús an Rafaelito, der versuchte, sie hinauszuwerfen, bis er hörte, Cordobano habe bereits ein Interview gegeben. Nach einer verstohlen geflüsterten Debatte tauchte Rafaelito in einem mit klitzekleinen Matadoren und übergroßen Stieren bedeckten seidenen Morgenrock auf, und Lake schoß umgehend über hundert Fotos, wie ein Maschinengewehrschütze feuernd. Rafaelito verwarf alle anderen *toreros*, man könne sie nicht ernst nehmen. Cordobano IV.? Ein Leichenbestatter, der versuchte, Hamlet zu spielen. Dominguin? Bitte erwähnen Sie den Namen in meiner Anwesenheit nicht, davon bekomme ich Migräne. Litri? Wie buchstabiert man das? Aparicio? Warum beginnen Sie nicht oben auf der Liste? Er beendete sein Interview damit, Oberst Darryl Zanuck und anderen guten Freunden in Hollywood seine persönlichen besten Wünsche zu übermitteln, aber erneut sorgte Bayard dafür, diese Nachrichten rauszuschneiden. Am Nachmittag des Achten trafen El Chaval und seine *cuadrilla* mit der Bahn ein, eine unfeine und rüpelhafte Truppe, Angehörige einer äquatorialen Beatgeneration. El Chaval sprach Englisch, da er im Ölfördergebiet von Maracaibo aufgewachsen war, und brandmarkte alle anderen Stierkämpfer als weibische Schwächlinge, denen es mehr um ihre körperliche Eleganz als um den rauhen Wettkampf ging. Seine Kollegen, viele von ihnen genauso grob wie er, grölten dämonisch Beifall, wenn er seine Rivalen frontal anging, und Bayard mußte den Lautstärkeregler an seinem Tonbandgerät leiser stellen, so ordinär waren ihre Dschungellaute.

Señor de Villaseca war sich dieser Veränderungen in seiner Stadt nicht bewußt, da er sich in einem abgelegenen Feld aufhielt, wo er sein Pferd auf Herz und Nieren prüfte. Sergeant Cabrera stand wie ein Schwarzhändler in den Büschen, und zwar wie kein sehr glücklicher. Das Pferd besaß ein hochentwickeltes Gespür für choreographische Raffinessen, aber offensichtlich hatte sich die väterliche Linie durchgesetzt, und während Sergeant Cabrera auf einem alten Trichtergrammophon einen Walzer spielte, schien es vom Geiste der *sequidillas* und des *zapateado* durchdrungen zu sein, was es Señor de Villaseca sehr schwer machte, seine Anmaßung, geschweige denn seinen Platz im Sattel beizubehalten.

»Würde man auch noch einen Stier auf das Feld lassen, hätte man ein Chaos«, dachte Sergeant Cabrera. »Mit den Worten des unsterblichen Cervantes: Laßt, die ihr eingeht, alle Hoffnung schwinden.«

Auch Oliver Still verlor langsam seine Fassung. Als er durch den Ort spazierte, fiel ihm auf, daß es keinen gab, den er ignorieren konnte, da alle damit beschäftigt waren, ihn zu ignorieren. Er hörte, wie überall Englisch gesprochen wurde, als die Karawane ausländischer *aficionados* in den Ort strömte. Der Rolls-Royce eines gefeierten literarischen Agenten, der noch nie von Oliver Still gehört hatte, traf ein, an Bord ein Filmstar, im Interesse der Öffentlichkeitsarbeit dezent in die spanische Nationaltracht gekleidet. Aus Gibraltar kamen etliche Gruppen zartbesaiteter britischer Marineoffiziere in Begleitung ihrer blutrünstigen Gattinnen. Zu zwei Busladungen westdeutscher Touristen aus Düsseldorf gesellten sich eine Gruppe aus Eindhoven und eine andere aus Uppsala. Etliche berufsmäßige Zigeuner errichteten am Ortsrand ihre Zelte, wo sie gegen astronomisch hohe Preise Flamencotänze aufführten und

Jazzplatten spielten, während sie auf Kunden warteten. Verkäufer von künstlicher Limonade und Zuckerwatte füllten jeden Zug, der in den Bahnhof einfuhr, während direkt vor Oliver Stills Fenster eine Bahn für Autoscooter errichtet wurde, so daß seine erhabenen Sommermeditationen von blitzartigen Kommas aus dem elektrifizierten Gitter und dem heiseren Stöhnen der kleinen Fahrzeuge erfüllt waren, während Erwachsene ihre verlorene Kindheit wiederentdeckten, indem sie ohne böse Absicht ineinanderrasten.

Oliver Still war, gelinde gesagt, extrem schlecht gelaunt. Am späten Abend warf er eine Teetasse auf die Bahn, und alle brachen in lautes, gutmütiges Gelächter aus, weil sie glaubten, auch er habe sich von der Stimmung der *feria* anstecken lassen. Jemand warf sogar eine Flasche Kirschlimonade mit Kohlensäure zurück.

»Pack unsere Koffer!« blaffte Still seine Frau an.

»Weshalb?«

»Typisch, daß du so eine idiotische Frage stellst. Wir reisen ab.«

»Heute nacht?«

»Nicht heute nacht. So rasch es verdammt noch mal geht.«

»Wohin fahren wir?«

»Griechenland. Griechenland oder Japan. Ich sag's dir, sobald ich mich entschieden habe.«

»Aber ...«

»Verstehst du kein klares Englisch?«

Um sich zu trösten, nahm der große Mann eine neuere Ausgabe des *Atlantic Monthly* zur Hand und las: »Fraglos verkörpert Oliver Still sowohl als Mann wie als Künstler das letzte noch existierende Beispiel des zivilisierten Menschen, des liberalen Humanisten, der sich nicht vor Zweifeln fürchtet, der das Gift der Überzeugung nicht braucht, um die Existenz zu rechtfertigen. In seinen eigenen Worten: ›Ist Liebe nicht genug? Sie ist ein Fluß, der durch die Weidegründe des menschlichen Herzens fließt. Was macht es schon, wenn wir seine Quelle nie finden? Erkundung wird nie die Tatsache ändern, daß der Fluß da ist, daß das Wasser klar ist und warm, daß es reinigt, daß es *ist*...‹«

»Brauchst du all deine Bücher?« fragte seine Frau.

»Unterbrich nicht.«

Endlich war der große Tag gekommen. General Castro de Real Montijo, Militärgouverneur der Region, auch bekannt als der Wolf der Sahara, war Präsident der *corrida*. Er wog fast hundertvierzig Kilogramm, und seine Atemgeräusche waren lauter als seine Stimme. Um genau achtzehn Uhr nahm er seinen Platz in der Präsidentenloge ein, wobei er sich schwer auf den Arm eines erschöpften marokkanischen Legionärs stützte. Die Herzogin, von einer weißen Mantilla gekrönt, die sich kompliziert über ein Geflecht von Kämmen erstreckte, so daß ihr Kopf wie eine Radarinstallation unter einem Tarnnetz aussah, saß an seiner Seite und hielt ihren Pekinesen auf dem Schoß, damit er das sportliche Ereignis mitverfolgen konnte. Der aufgrund seiner Polypen grunzende und knurrende Hund trug seine eigene kleine schwarze Mantilla sowie eine Stierkämpferjacke aus rotem Samt, auf die mit Goldfaden sein Name gestickt war. Die Gräfin saß neben der Herzogin. Sie trug andalusische Tracht, was zur Folge hatte, daß die zahlreichen direkt hinter ihr sitzenden Würdenträger die Arena überhaupt nicht sehen konnten. Der Herzog saß neben der Herzogin, oben auf einer Kissenpyramide, und Don Jesús, mit den heruntergezogenen Mundwinkeln und der dunklen Brille des professionellen Kritikers, betrachtete gelangweilt das Ende der Reihe.

Die schattigen Plätze wurden weitgehend von den Mitgliedern der Gesellschaft eingenommen, die zu dieser Gelegenheit aus Madrid und Sevilla angereist waren, aber die gelben Köpfe der schwedischen und holländischen Kontingente waren deutlich erkennbar. Die Deutschen waren damit beschäftigt, sich über immense Entfernungen Bier und Würste zu reichen, und einige der Damen, die sogar im Schatten die Angst vor einem Sonnenstich quälte, hatten in die vier Ecken eines Taschentuches Knoten gemacht und hockten mit diesen unvorteilhaften Helmen auf ihren Köpfen da, ihr endloses Picknick mampfend. Die Elite Hollywoods saß in der ersten Reihe, in der die Linsen der Teleobjektive funkelten. Diese Leute, darunter die Bruins und die Linquists, saßen in der Sonne.
Don Jesús war angewidert. Spanien war zu arm, um auf Ausländer zu verzichten. Er hatte sich alle Mühe gegeben, sie auszuschließen, aber der Dollar, die harte Mark und die feste Krone hatten gesprochen. Der General schaute auf seine Armbanduhr, beziehungsweise streckte er seinen Arm aus, und der Marokkaner teilte ihm die Uhrzeit mit. Seine Atemfrequenz erhöhte sich merklich, als er nach dem Taschentuch in seiner Brusttasche griff. Während er tastete, klimperten seine Orden wie ein Glockenspiel. Schließlich fand er es, strengte sich mächtig an und hielt es in die Höhe.
Die blechernen Trompeten ertönten, langsam öffnete sich eine Tür, und zwei ehrwürdige Reiter tauchten auf, von Kopf bis Fuß in Schwarz gekleidet, an den Hüten orangefarbene Kokarden. Wie alle bei einem Stierkampf auftretenden Hilfspferde schienen diese auf der Stelle zu treten, ältliche Ballerinas bei ihrem Abschiedsauftritt. Sie führten die Prozession an. Ihnen folgten die *toreros*. Cordobanos Anzug war hellgrün, das Grün seines Pontiacs, und er

schritt durch die Arena, ohne auf etwas anderes als seine Haltung zu achten, die bis zur Absurdität würdevoll war.
Rafaelito, malvenfarben gekleidet, genau passend zum Farbton seines Cadillacs, lächelte sein Publikum eisig-einladend an, während El Chaval in einer solchen Gesellschaft offenkundig deplaziert wirkte, mit seinem Anzug in der Farbe alten Elfenbeins, der, den schlecht getarnten Flikken und Rissen nach zu urteilen, ein gerüttelt Maß an *corridas* auf dem Buckel hatte. Er grinste verlegen unter einer mehrere Nummern zu großen Montera. Hinter ihnen kam Señor de Villaseca, der die meiste Zeit damit verbrachte, sich nervös über die Schulter zu schauen, da ihm sein Pferd bereits Probleme bereitete, denn es ging offenbar lieber rückwärts. Die Picadores folgten, wie Sancho Pansas auf Reitpferden, die sie von Don Quichotte geborgt hatten. Hinter ihnen die Maultiergruppe, fröhlich herausgeputzt, um die Kadaver aus der Arena zu ziehen, sowie ein alter Lastwagen, den man von der Straßenreinigung einer benachbarten Ortschaft gemietet hatte und dessen rostige Berieselungsanlage zwei parallele Wasserspuren in den Sand träufelte.

Die beiden *alguacils* verbeugten sich vor dem Präsidenten, ihre Hüte zur Seite schwenkend, dann legten sie steif einen großen Bogen im Galopp zurück, während sich die Matadore wiederum vor dem Präsidenten verneigten, der mit einem Nicken reagierte. Dies preßte das Blut aus seinem Mehrfachkinn, und es wurde weiß. Dann tauschten die Matadore ihre *capotes de paseo* gegen ihre roten Tücher, die Capas, und warteten. Einer der *alguacils* kanterte zurück, bekam vom Präsidenten die Order weiterzumachen und reichte daraufhin den Schlüssel an den Wächter des Tores, das zum *toril* führte. Während er dies tat, tauchte erneut Señor de Villaseca auf, edel wie ein Reiterstandbild, wenn auch nicht ganz so passiv, und an seinem Stutfohlen sah man in eindeutig beunruhigender Weise das Weiße in den Augen.

Bevor es jemandem klar wurde, ging das Tor auf und wieder zu, und einer der wilden Stiere von Doña Concepción Morales Prado aus Albacete stand in der Sonne, verdutzt, aber voller Selbstvertrauen. Ein erwartungsvolles Stöhnen drang aus der Menge. Von diffusen Bewegungen in der Menschenmenge angezogen, bewegte sich der Stier vorsichtig nach vorn, wobei man ein leichtes Hinken sah.

»*Fuera, fuera!*« brüllten die Zuschauer. »Fort mit ihm! Ein anderer Stier!«

Señor de Villaseca musterte seinen Widersacher ohne großen Enthusiasmus, da er sein Pferd nicht dazu brachte, sich vom Fleck zu bewegen. In diesem Moment begann das Orchester auf ein Signal hin, einen *paso doble* zu spielen. Das Pferd, das zu den Melodien eines weit entfernt stehenden Grammophons ausgebildet worden war und während seines kurzen Lebens keine Gelegenheit gehabt hatte, Musik schätzenzulernen, schoß plötzlich in einem ungeheuren Tempo los und raste genau auf den Stier zu. Ein begeisterter Schrei erhob sich. Señor de Villasecas Vormarsch war so überstürzt, daß sich der Stier, der die Natur des auf ihn zukommenden Geschosses nicht so schnell identifizieren konnte, nervös zurückzog.

»Welche Anmaßung!« rief die Herzogin, und selbst die Augen des kleinen Hundes schienen vor Bewunderung hervorzuquellen. Einen herrlichen Augenblick lang waren die Leute wirklich stolz auf ihren Bürgermeister. Sogar Rafaelito fragte sich kurz, ob er nicht einen schrecklichen Fehler gemacht hatte. Doch dieser Zweifel war von kurzer Dauer, denn in dem Moment, in dem der Stier merkte, daß der schwarze Fleck, der durch seinen Gesichtskreis geflitzt war, nichts weiter als ein Mann auf einem Pferd war, bemerkte das Pferd, daß es sich bei dem Hindernis in der Mitte der Arena um etwas so Furchtbares wie einen Stier handelte.

Auf die nun folgende Hatz hatte Señor de Villaseca sehr wenig Einfluß, wenngleich es ihm, was für ihn sprach, gelang, im Sattel zu bleiben. Der Stier hatte sich offensichtlich etwas in den Kopf gesetzt und zudem erstaunlich viel Luft, während das Pferd in strategischer Hinsicht eine absolute Null war und sogar versuchte, die Arena zu verlassen, indem es an der Absperrung scharrte.

Zweimal verfingen sich die Hörner des Stieres im Pferdeschweif, wobei die Menge zu gefesselt war, um zu zischen. Endlich hielt der Stier an und blieb schnaufend im hellen Sonnenschein stehen. Ein Vulkan von Buhrufen brach aus. Ungestüm brachte es Señor de Villaseca fertig, das Pferd am anderen Ende der Arena zum Stehen zu bringen, und nahm grimmig von seinen Helfern in der *callejón* zwei *banderillas* entgegen, um dann dem elenden Tier mit all der aus seiner Demütigung geborenen Gewalt die Sporen zu geben. Widerstrebend bewegte es sich im Seitschritt in die Mitte der Arena.

»Toro!« rief er, daß ganz Spanien es hören konnte.

»Toro!« rief er erneut, Rolands Trompetensignal in Roncesvalles, die christliche Herausforderung an den Ungläubigen.

Der Tumult wurde durch die Größe der Herausforderung beendet, durch ihren unbeugsamen Willen, durch ihre Erhabenheit. Auf die Männer wirkte sie sofort, aber leider hörte sie auch der Stier und sah, als er den Kopf drehte, das Pferd. Eine Sekunde später entdeckte das Pferd den Stier, und die entwürdigende Hatz begann aufs neue. Um alles noch schlimmer zu machen, versuchte der Bürgermeister, sich im Sattel umzudrehen und seine *banderillas* am Rükken des Stiers zu plazieren. Beide fielen harmlos zu Boden. Glücklicherweise war der Stier ein wenig müde, und diese zweite Jagd war viel kürzer als die erste. Unter die Buhrufe mischte sich jetzt Gelächter. Señor de Villaseca ließ sich von seinen Assistenten ein zweites Paar *banderillas* reichen, sagte seinem Reittier ein paar sehr beleidigende Dinge und lockte es zu dem schnaubenden Stier. Diesmal näherte er sich seinem Opfer viel hinterhältiger. Er machte erst gar keine Anstalten zu rufen. Statt dessen profitierte er geschickt von der Vorliebe seines Pferdes für das Rückwärtslaufen und ließ ihm die Zügel schießen, so daß es sich dem Stier näherte, ohne ihn zu sehen. Der Stier war neben einem *burladero* zur Ruhe gekommen, einem der vier geschützten Eingänge in der *barrera*, wo er stand und das lädierte Holz anstarrte, seine schwarze Zunge gerade noch sichtbar.

Während Señor de Villaseca die Entfernung für den großen und triumphalen Angriff abschätzte, den er immer noch im Sinn hatte, schob sich ein langer Metallstab über den Kopf des Stieres. Der Stab hatte ein Mikrofon an einem und Bayard Bruin junior an dem anderen Ende. Der Stier schnüffelte an dem Mikrofon, und Bayard, dessen verängstigte Augen gerade noch über den Rand des *burladero*, der Schutzwand, spähten, schrie in der Hoffnung, den Stier zu irgendeinem aufnehmbaren Geräusch zu bewegen. Señor de Villaseca, fuchsteufelswild, winkte der Polizei und befahl, den Verbrecher zu verhaften, doch dabei drehte er den Kopf des Pferdes, so daß dieses den Stier ansah. Im selben Moment, als der Bürgermeister sich schwer auf die rechte Seite des Pferdes beugte und mit beiden *banderillas*

auf Bayard zeigte, beschloß das Pferd, nach links durchzugehen, und Señor de Villaseca fiel wie ein Stein in den Sand. Der Stier schlenderte hinüber, beschnüffelte ihn und spielte einen Moment lang mit ihm, ehe er auf den hektischen Trommelwirbel reagierte, den die *monosabios* mit ihren Rohrstöcken auf seinem Rücken veranstalteten, drehte sich um, sah das Pferd und nahm die gewohnte Hetzjagd wieder auf.
Das reichte dem Präsidenten, der den Konflikt für beendet erklärte und nach den jungen Ochsen schickte, während der Stier lammfromm aus der Arena trabte und Señor de Villaseca ohne Scham ging, gestützt von dem guten Don Evaristo, der für den Fall der letzten Ölung in der *callejón* bereitgestanden hatte.
»Der Stier hat mich nichtmal getötet!« stöhnte der Bürgermeister.
»Es gibt immer noch ein Morgen«, tröstete ihn Sergeant Cabrera.

Nach einer Fanfare erschien der zweite Stier. Das Vorgeplänkel ließ ein impulsives und unzuverlässiges Tier erkennen. Cordobano musterte ihn grimmig. Das Tier neigte zu abrupten Attacken und ebenso abruptem Zögern. Seltsam genug war sein Interesse an den Pferden der Picadores eher von Neugierde als Feindseligkeit bestimmt. Nachdem ihm einmal die Lanze in den Rücken gebohrt worden war, zögerte es, den Pferden ein zweites Mal zu nahe zu treten. Die ganze Episode dauerte endlos lange und war äußerst unangenehm, da sich die Picadores gezwungen sahen, das Tier langsam in die Mitte der Arena zu treiben, begleitet von den höhnischen und wütenden Rufen der Zuschauer. Endlich verkündete die Fanfare die Entscheidung des Präsidenten, das Tier habe genug von dieser Behandlung genossen, und die Picadores verließen mit unbewegten Gesichtern die Arena. Cordobano IV. begab sich hoheitsvoll auf die Loge des Präsidenten zu, wo er seinen Montera lüftete, sich eine einen Zentimeter tiefe Verbeugung gestattete und um Erlaubnis bat, den Stier töten zu dürfen. Der Präsident gab blinzelnd seine Zustimmung, und Cordobano eignete den Stier der Herzogin zu, die ihre Augenbrauen mit einem Gefühl von Tragik in die Höhe schob; allerdings hätte ein Beboachter aus ihrer Miene auch schließen können, ihr sei ein Tropfen kalten Wassers auf den Rücken gefallen.

Langsam schritt Cordobano zu der von ihm ausgewählten Stelle und starrte den Stier an. Dieser bewegte sich ein paar Zentimeter nach vorn und blieb stehen. Cordobano, die Füße dicht zusammen, das Becken trotzig vorgestreckt, das Kinn nach unten gepreßt, als halte er eine Geige umklammert, bereitete sich darauf vor, einen nicht sehr vielversprechenden Widersacher auf die Ebene der Tragödie zu heben, falls es ihm irgend möglich war. Genau in diesem Moment kam ein unheimlicher Windstoß auf, die erste Andeutung eines Unwetters. Der in der *callejón* eine Zigarette rauchende Rafaelito schaute hoch und musterte den Himmel mit dem grimmigen Blick eines Experten. Er war noch blau, doch in weiter Entfernung zeigte sich eine winzige weiße Wolke, deren Rand sich schwarz färbte. Er verzog das Gesicht.

Der Windstoß hatte Cordobanos *muleta* gepackt und wie den Mantel eines galoppierenden Reiters nach hinten geweht. Der Stier sah diese Bewegung und lief vor, um sie näher zu untersuchen. Ganz in der Nähe von Cordobano blieb er abrupt stehen. Cordobano, die Wangen von melancholischen Furchen durchzogen, blickte in höchster Mißachtung von dem Stier weg.

»Gib acht, was du tust!« riefen die holländischen Touristen, die gründliche Leute waren.
Der Stier griff an und warf mit seinem massigen Körper Cordobano seitwärts um.
»Was haben wir dir gesagt?« riefen die Holländer auf holländisch.
»Hoffentlich hat man dir keinen Führerschein gegeben«, rief ein Mann.
Cordobano probierte es mit einer Reihe kurzer und unbefriedigender Veronikas, aber der Stier hatte ausgezeichnete Bremsen und gar keine Beschleunigung, was die Stöße höchst gefährlich machte. Es gab ein paar schwache Olé-Rufe, allerdings ausschließlich von Touristen, was so klang, als erinnerten sie einen entschwindenden Kellner an die Milch für ihren Kaffee.
»Töte ihn!« riefen die Spanier, die merkten, daß sich mit solch einem verschlagenen Tier wenig anfangen ließ.
Cordobano war jedoch nicht bereit, es dabei bewenden zu lassen. Der Pontiac hatte ihn zum Underdog gemacht, und er war begierig, seine Kühnheit unter Beweis zu stellen. Er beendete seine Reihe von Stößen mit einer Media-Veronika, ging dann stolz von seinem Widersacher fort und nahm eine neue Position ein, da er einige *manoletinas* durchführen wollte, Stöße, bei denen der Torero sich von dem Stier abwendet, wobei er die *muleta* über dessen Hörner hebt, während der Stier vorbeiläuft. Der erste Stoß war überraschend erfolgreich und führte zum ersten kräftigen *olé* des Nachmittags. Doch als Cordobano plötzlich seine Miene verzog, wurde klar: Beim zweiten Versuch war etwas schiefgegangen. Was es war, stellte sich sofort heraus, als Cordobano sich umdrehte und man sah, daß der unberechenbare Stier mit einer abrupten Schleuderbewegung Cordobanos Hosenboden abgerissen hatte und jetzt, als er

etwas Störendes bemerkte, durch die Arena lief und versuchte, den Fetzen grüner Seide von seinem Horn zu schütteln.
»Wie zauberhaft unanständig!« rief die Herzogin und hob eine Lorgnette an die Augen.
»Er hat wirklich einen Körperbau wie ein griechischer Gott«, flüsterte die Gräfin. Sich weiterhin arrogant zu geben, fiel dem armen Cordobano schwer. Das spanische Publikum war zwar bereit, bei einem edlen Wettkampf einen nackten Hintern zu übersehen, aber die nördlichen Delegationen mit ihrem eher groben Sinn für Anstößigkeit tobten vor unkontrollierter Schadenfreude, und bei einigen der Damen wechselten schulmädchenhafte Kicheranfälle mit heuchlerischen Phasen verletzten Schamgefühls.
Bei jeder Bewegung Cordobanos gab der dünne Stoff ein wenig mehr nach, und die berühmte Filmschauspielerin tauschte ihre Sonnenbrille gegen ein stärkeres Fernglas. Im Interesse des Anstandes blieb nichts anderes übrig, als den Stier schnell zu töten und sich in den Umkleideraum zu begeben. Cordobano betrachtete den Stier prüfend und senkte seine *muleta*. Der Stier griff an, und als sich Cordobano vorbeugte, um den Gnadenstoß zu setzen, spürte er, daß nicht nur für den Stier, sondern auch für seine Hose der Augenblick der Wahrheit gekommen war. In die *muleta* gehüllt, schaute er so triumphierend drein, wie er es wagte. Der Todesstoß war gut, sauber und ehrlich.
Ein witziger Einheimischer rief dem Präsidenten zu: »Im Namen des Anstandes, leihen Sie ihm ein Ohr, damit er seine Blöße bedecken kann!« Der Präsident grunzte, erkannte Cordobano aber nichts zu.

Rafaelitos Stier war athletischer; er lief eine Weile ziellos und wütend umher.

»*Fuera, fuera!*« schrie die Menge beinahe gewohnheitsmäßig. Diese Stiere schienen alle nur möglichen Macken aufzuweisen. Der erste war mißgestaltet, der zweite verschlagen, und dem dritten fehlte es an Konzentration. Er griff zwar die Pferde wütend an und beförderte zwei Picadores aus ihren Sätteln, verlor jedoch rasch das Interesse an seinen Widersachern und eilte fort, um etwas anderes zu finden, was er angreifen konnte. Er hetzte die *bandilleros* bis zum *burladero*, ja griff sogar die *barrera* an, während die Menge aufstöhnte.

Rafaelito widmete seinen Stier mit einem Lächeln dem weiblichen Filmstar, der ihm eine Rose zuwarf, die er herausfordernd küßte. In einiger Entfernung von dem Stier legte er ein Taschentuch auf den Boden und stellte sich drauf. Die Menge applaudierte. Der Stier sah ihn, senkte den Kopf und griff an, aber plötzlich kam ein Wind auf, der die Deutschen überraschte und die Reste ihres Picknicks wie einen Schwarm Heuschrecken in die Arena trug. Fettige Papiere, die einst Würste umwickelt hatten, wirbelten samt schmutzigen Zeitungen, Alufolie und sogar einigen Taschentüchern umher. Ein paar Schritte von Rafaelito entfernt sah sich der Stier mit einer Flut weißer und silbriger Gegenstände konfrontiert, ein fettabweisendes Einwickelpapier klebte wie eine riesige Briefmarke an seiner Brust, und eine Abendzeitung, auf der ein großes Foto von Bundeskanzler Adenauer prangte, legte sich über ein Auge. Wütend änderte der Stier seine Richtung und ließ Rafaelito auf seinem Taschentuch stehend zurück, allein und unangefochten. Wenn auch von den Picadores geschwächt, griff der Stier doch die *barrera* an und landete mit einem ungeheuren Satz, der von einem Hund hätte sein können, in der *callejón*.

Es entstand ein Chaos, als die Ärzte, Polizisten, Journali-

sten und Priester holterdiepolter durch die enge Gasse rannten, gefolgt von Kanzler Adenauer, der immer noch auf dem Stierauge zur europäischen Einheit aufrief. Als man den Stier endlich wieder in die Arena gelockt hatte, war diese praktisch leer, abgesehen von der kleinen Gestalt Don Evaristos, der langsam in der Sonne herumspazierte, eine Hand in die Hüfte gestemmt, und von Rafaelito, der immer noch auf seinem Taschentuch ausharrte.
»Ho, ho!« rief Rafaelito, doch der Stier, jetzt ganz in seiner Nähe, war offenbar ein Freund der Weitsicht und sah nur Don Evaristo. Die Menge rief ihm zu, er solle laufen, doch der Priester, der ihre Besorgnis irrtümlich für ein Aufflammen religiöser Überzeugung hielt, winkte heftig zurück. Als das Geschrei anhielt, drehte er sich um, sah den auf ihn zustürmenden Stier, raffte seinen Rock und lief los.
Dieser Anblick gefiel dem Präsidenten ungemein, und er wurde so vom Lachen geschüttelt, daß seine Orden gegeneinanderrasselten.
»Es ist angebracht, daß ein guter Bruder einem gehörnten Wesen den Rücken zuwendet«, schnaufte er.
»Ist er in Gefahr?« erkundigte sich die Herzogin einigermaßen beunruhigt.
Der Hund bellte asthmatisch.
»Bei dieser *corrida* geht es zu wie im alten Rom«, bemerkte Don Jesús sarkastisch. »Mangels fähiger Gladiatoren müssen wir Christen opfern.«
»Zickzack!« flehte die Menge.
Der Stier hatte Don Evaristo beinahe erreicht, als El Chaval hinauseilte und den Stier verwirrte, indem er ihm mit der Handfläche eins auf die Nase gab. Die Menge zollte der waghalsigen Aktion Beifall, und Don Evaristo fiel ihn Ohnmacht, sobald er die *callejón* erreichte. Rafaelito, der auf seinem Taschentuch aufgespießt zu sein schien, war

außer sich vor Wut und beschimpfte El Chaval lauthals, weil dieser sich bei seinem Stier eingemischt hatte. El Chaval machte eine unflätige venezolanische Geste, die nur wenige verstanden, und drehte den Stier großspurig in Rafaelitos Richtung, auf den Rivalen deutend. Der arme Stier war völlig perplex, bewegte sich aber gehorsam auf Rafaelito zu. Inzwischen war die Arena dermaßen mit Müll bedeckt, daß sie aussah wie ein voll erblühtes Löwenzahnfeld. Mit gesenktem Kopf raste der Stier auf Rafaelito zu, der gezwungen war, ein wenig zurückzuweichen, weil der Wind gerade die *muleta* herumwirbelte, um ihn herum. Nach ein paar unbefriedigenden Stößen, einschließlich der Rafaelitina, die kniend ausgeführt wird, den Rücken dem Stier zugewandt und die *muleta* auf dem Boden liegend, so daß das Tier einen langsamen Kreis um den Matador beschreibt, beschloß Rafaelito, ihn zu töten. Er unternahm vier erfolglose Versuche, wobei ihm die Teutoninnen ihre Abscheu entgegenheulten. Keine Ohren, keinen Schwanz.

Es begann zu regnen, als El Chaval aus der Tür des *toril* eilte, seinen Rücken dem Tor zugewandt niederkniete und lächelte. »Nein, nein!« intonierte die Menge. Als der vierte Stier auftauchte, riß eine mächtige Sturmböe El Chaval die Capa aus den Händen, und das aufgebrachte Tier schmiß den Venezolaner hoch in die Luft, begleitet vom Kreischen der Zuschauer. El Chaval landete geschickt auf den Händen, vollführte einen spektakulären Salto und sah sich wieder dem Stier gegenüber.

»Toro!« brüllte er in freudigem Entzücken.

Der Stier ging erneut auf ihn los, und El Chaval, weder mit Degen noch Capa bewehrt, trieb den Stier durch die gesamte Arena, indem er sich knapp in dessen Wendekreis aufhielt, ihn auf die Stirn tätschelte, seine Hörner berührte, ihn neckte. Aus dem Publikum erhob sich lautes Beifallsgeschrei, doch mittlerweile regnete es sehr heftig, und man konnte gar nicht mehr auf die andere Seite der Arena sehen. Offenbar erregte der plötzliche eiskalte Guß patriotische und nostalgische Gefühle der Schweden, die in deprimierendem Unisono ein herzhaft-lautstarkes nordisches Trinklied anstimmten.

Wie Vogelscheuchen standen El Chaval und der Stier in der Arena und sahen zu, wie die Zuschauer zu Hunderten gingen. Der marokkanische Legionär hielt einen riesigen Schirm über seinen Herrn, und der Wolf der Sahara humpelte ins Trockene. Sergeant Cabrera hielt die Autohupe in der Ferne irrtümlich für den Trompetenstoß und fuhr den alten Lkw der Straßenreinigung in die Arena, die Wasserstrahlen auf volle Leistung gestellt, um dem Regen bei seinem Zerstörungswerk zu helfen. Schließlich war er Soldat, und niemand hatte seine Befehle rückgängig gemacht. Als der Stier den Sprengwagen sah, griff er ihn an, hob die Hinterräder vom Boden, um sie gleich darauf so hart fallen zu lassen, daß die Achse brach und der Wagen stehenblieb. Immer und immer wieder griff der Stier das Fahrzeug an, verbog die Sprinkleranlage zu grotesken Gebilden, bis der Sprengwagen wie ein Zierbrunnen aussah, aus dem in alle Richtungen Wasser spritzte. Dann wandte der Stier seine Aufmerksamkeit dem Kühler zu, den er wie eine Bienenwabe hochhob und wegschleuderte. Sergeant Cabrera war ein Veteran der Kriege gegen die Rifkabylen und wußte, wie man unter Beschuß mit Gehorsamsverweigerung umging. Er zog seinen Revolver und leerte ihn in den Stier.

Die Schande dieses Vorkommnisses war in aller Munde. Auf Befragung sagte Doña Concepción Morales Prado, leicht vermännlichte Züchterin der Stiere: »Man gibt seine

besten Stiere nicht für eine Wohltätigkeitsveranstaltung her.« Die Herzogin von Torrecaliente war nirgends zu finden, da sich ihr Pekinese eine Brustfellentzündung zugezogen hatte und sie den Abend zurückgezogen verbrachte, neben seinem Körbchen kniend. (Der Herzog war ein Jahr zuvor an einer Lungenentzündung erkrankt, und die Herzogin hatte noch am selben Tag den Zug nach Vichy bestiegen, um dort eine Kur zu machen.) Die bekannte Filmschauspielerin reiste am Abend nach Cannes ab, in Begleitung Cordobanos, der den Stier pries, weil er seine Hose zerrissen hatte.
»Ihre Popularität ließ sogar schon nach, als ich in Hollywood war«, sagte Rafaelito verbittert.
Doch am meisten von allen hatte Señor de Villaseca gelitten. Don Evaristo versuchte ihn zu trösten. »Überlegen Sie doch, wie wahrhaft demütigend es gewesen wäre«, sagte er, »wären die anderen Leistungen überragend gewesen, aber das waren sie nicht. Überhaupt, wie können Sie dasitzen und grübeln, während enge Freunde von Ihnen sich sogar noch größeren Gefahren ausgesetzt sahen? Das ist nicht sehr gütig, mein Sohn. Na, an Ihnen hat der Stier nur geschnuppert. Ich hingegen habe einen Hufabdruck auf meiner Soutane!«
»Mir geht es nicht um Gefahr«, fuhr ihn Señor de Villaseca an, »sondern um Ehre!«
»Es gibt Zeiten, da Ehre unmöglich ist!« rief Don Evaristo.
»In Spanien?« Die Augen des Bürgermeisters blitzten. »Daran tragen die Ausländer die Schuld, *los extranjeros*, die von Unehre beschmutzt hierherkommen und uns beflecken.«
»Wir müssen mit der Zeit gehen, mein Sohn! Nun, sogar Sergeant Cabrera mußte sich moderner Technik bedienen,

um sich des Stieres zu entledigen. Hätte er nicht seinen Revolver gehabt, wäre er inzwischen eine ehrenhafte spanische Leiche, und ich müßte Dutzende von Verwandten trösten. Ich wette, dieser Revolver ist kein spanisches Produkt.«

»Eine deutsche Waffe«, bestätigte Sergeant Cabrera, »ein Mozart.«

»Genau«, erklärte Don Evaristo. »Wir müssen lernen, und nicht nur lernen, sondern besser sein. Dann werden uns die Ausländer nicht länger herablassend behandeln und auf der Suche nach dem Pittoresken, dem Veralteten in unser Land kommen.«

»Bei Gott und all seinen Engeln!« rief der Bürgermeister. »Sie haben recht! Sie sehen uns inzwischen genauso, wie der große de la Jara sie sah. Wir sind *los indios* geworden, die Kuriosen, die Primitiven, die Wilden. Sie kommen hierher, um uns zu betrachten, als wären wir Tiere in einem Zoo. Die blasierten Frauen Kaliforniens kommen hierher auf der Suche nach primitiven Männern, Maschinen für unkompliziertes, elementares Liebesspiel! Die Männer von drüben kommen her, um unsere seltsamen Sitten für die Nachwelt auf Tonbändern und Filmen festzuhalten! Das ist erniedrigend!«

Er griff zum Telefon und ließ sich mit einer Nummer in Valencia verbinden.

»Was haben Sie vor?« wollte Don Evaristo wissen.

»Sie werden schon sehen.«

Nach zweistündigem Warten war der Anschluß frei.

»Don Alipio Ybazoa? Hier spricht Ramón de Villaseca. Nach reiflicher Überlegung und trotz allem, was mich ein Rechtsstreit kosten wird, habe ich mich entschlossen, auf Ihre Bedingungen einzugehen.« Der Mann am anderen Ende der Leitung schien höchst begeistert zu sein.

Später am Abend ging Señor de Villaseca in die Kirche. Unterwegs kam er am Standbild de la Jaras vorbei. Als er zu dem grünen kupfernen Gesicht aufschaute, sagte er: »Du Narr. Was hast du da angefangen!«
Er kniete vor der wunderwirkenden Jungfrau nieder und betete.
»Gesegnete Jungfrau von Alcañon«, sagte er, »sorge dafür, daß wir wieder unseren Weg in der Welt finden, wie wir es früher taten, und daß wir anderen den Pfad des Fortschritts zeigen, da es unser Stolz nicht gestattet zu folgen, sondern nur zu führen. Inspiriere unsere Männer der Wissenschaft, ein spanisches Flugzeug zu bauen, einen spanischen Lenkflugkörper, eine spanische Rakete, einen spanischen künstlichen Mond, und auch wenn es eine Weile dauern sollte bis sich Sergeant Cabrera wieder einmal gezwungen sieht, einen Stier zu erschießen, so sorge dafür, daß es mit einem spanischen Revolver geschieht.«

Als die *aficionados* am folgenden Abend die Arena aufsuchten, entdeckten sie überrascht überall in der Kampfstätte Zettel mit der Bekanntgabe, die *feria* sei abgebrochen worden. Im Inneren waren Arbeiter damit beschäftigt, eine gewaltige gekrümmte Leinwand zu errichten. Statt der *corrida* sollte eine Drive-in-Filmvorführung stattfinden. Mit unbewußter Ironie hatte man zur Einleitung dieser neuen Phase städtischer Entwicklung den Film *König der Toreros* gewählt. Zufrieden betrachtete Señor de Villaseca sein Werk. Es gab nichts mehr, was Ausländer anziehen könnte. Oliver Still hatte sich samt seiner zerzausten Träume auf die griechische Insel Lemnos davongeschlichen. Nun mußten seine Jünger weitere Reisen in Kauf nehmen. Die Stadt entdeckte von neuem ihre Würde, ihren teuren Platz im Schatten, denn der Preis der Armut ist immer sehr hoch. Aber sie schaute voll Selbstvertrauen nach vorn, in eine moderne Zukunft. Gab es in der gesamten Neuen Welt eine so große Leinwand wie diese?

Während Señor de Villaseca in stolzer Zuversicht dastand, näherte sich ihm ein wütender Don Jacinto.

»Ah, da sind Sie also, Sie Halunke! Den ganzen Tag suche ich Sie schon! Ich werde Sie um den zehnfachen Betrag dessen verklagen, was Sie in Ihrem ganzen Leben verdienen werden!«

Der Bürgermeister schloß gütig die Augen und wiederholte die Worte seines großen Vorfahren.

»Ich tat es«, sprach er, »*por España y por Alcañon*!«

Nachgeschmack

In normalen Zeiten lag Schnee, so weit das Auge reichte, Schnee, so weich wie ein Marshmallow. Doch in diesem Winter fanden sich Schönheitsflecken auf dem sauberen Gesicht der Landschaft. Es war, als hätte ein Messer durch einen gigantischen Apfel geschnitten, um dann eine Familie friedlicher Maden vorzufinden, die dort unordentlich in den vergilbten Schützengräben überwinterten. Da waren Pferde, Menschen, alle tot. Der Wind heulte, pfiff, erstarb, heulte erneut. Schneeflocken trieben vorbei, bockspringend, huschend, geheimnisvoll steigend wie fallend. Mitten im Nichts stand eine Behausung, eine armselige Hütte, die aussah, als wäre sie in den Schneewehen auf ein Knie gesunken, eher etwas Beweglichem ähnlich, das steckengeblieben war, als einem statischen Gebäude. Keine erkennbare Straße führte dorthin. Sie stand allein.
In ihrem Inneren, im Halbdunkel, halb unter Decken versteckt, befand sich die 603. Gebirgsjägerdivision, das 346. SS-Regiment »Nibelungen«, die 425. Spezialingenieurbrigade sowie die 78. italienische Brigade – jede vertreten durch ihr letztes überlebendes Mitglied, General Leopold Reims, General Egon Freiherr von Augenstrahl, General Rudolf Kowalka und General Baldessare Capognoni.
Sie hatten seit zwei Tagen nichts gegessen, sie hatten seit dreien nicht mehr geschlafen, sie hatten seit einer Woche

nicht mehr gekämpft. Falls die Schlacht noch im Gange war, so hatten sie keine Indizien dafür. Man hörte keine Schüsse, nur den Wind.
»Bleiben noch zehn Minuten«, knurrte General Reims mit schwacher Stimme.
»Und dann was?« fragte General Kowalka.
»Und dann nehme ich mir das Leben.«
»Warum zehn Minuten warten?«
Reims warf Kowalka einen verächtlichen Blick zu und klopfte gegen seine Brusttasche. Er holte eine leere Pakkung Overstolz heraus, durchsuchte sie zum vielleicht fünfzigsten Mal, zerknüllte sie zu einer Kugel und warf sie zu Boden.
General Capognoni hatte noch drei Zigaretten, flache italienische. Er hatte sie für Notfälle aufgespart. Jetzt bot er Reims eine aus einem goldenen Etui an.
»Ich rauche nicht«, sagte Reims, ohne Capognoni anzusehen.
»Aber ich, mit Vergnügen«, sagte Kowalka.
Kowalka und Capognoni zündeten ihre Zigaretten an. Der italienische General musterte das Gesicht von Reims, des ranghöchsten der vier Offiziere. Die gewollte Ablehnung der Zigarette hatte ihn getroffen, aber er hatte weder die Lust noch die Energie, um aus der Haut zu fahren. Dafür war sein Haß zu übermächtig.
Reims hatte die Augen eines Raubvogels, dicht nebeneinanderstehend, und er schien den Kopf wenden zu müssen, um ihre ständige Blickrichtung zu ändern, die immerzu gefährlich nach vorn zielte. Er blinzelte nur selten, aber wenn er es tat, senkten und hoben sich seine Lider mechanisch, wie die Langzeitbelichtung einer Kamera. Auf seinem Nasenrücken sah man eine tiefe Rille, als wäre dort einmal eine schwere Brille eingegraben gewesen, die man

mittels eines chirurgischen Eingriffs hätte entfernen müssen. Seine Lippen paßten perfekt und überaus präzise aufeinander, auf ihnen verliefen kleine Einschnitte, eine abheilende Wunde, die genäht worden war und deren Fäden man noch nicht entfernt hatte. Die Nasenlöcher waren groß und geweitet und zitterten irritiert, während ein kleiner Nerv unter einem Auge irgendwo in der Nähe seines Wangenknochens pausenlos einen Trommelwirbel schlug. Reims' Haare fand der Italiener im Grunde genommen fremdartig. Sie standen spitz in die Höhe und ringelten sich um einen Doppelwirbel, wo ein Büschel längere Haare ziellos sproß, ständig ungepflegt und seltsam schutzlos. Die Haarfarbe war die Sorte Grau, die früher einmal blond gewesen sein mußte, und die braune, ledrige Gesichtshaut wurde am unteren Hals zu einem obszönen Weiß, das weniger rasiert als gerupft aussah, wie ein totes Huhn.

Vorsätzlich blies General Capognoni den parfümierten Qualm seiner Zigarette in Richtung Reims, sah zu, wie er sich um den ärgerlichen Kopf des vertrockneten Kriegsherrn schraubte, und beobachtete mit einem gewissen Vergnügen, wie sich das Zucken verstärkte, als die riesigen, geblähten Nasenlöcher den Geruch des türkischen Tabaks einsogen.

»Selbstmord ist die höchste Form von Feigheit«, erklärte General Egon Freiherr von Augenstrahl plötzlich.

»Es ist das Äußerste, der Gipfel der Ehre«, rief General Reims mit dünner Stimme.

»Indem man sich selbst tötet, verrichtet man die Arbeit des Feindes. Man vergeudet eine Kugel, die besser im Kampf Verwendung gefunden hätte.«

»Unsere Befehle untersagen uns ausdrücklich, in feindliche Hände zu fallen«, fauchte Reims.

»Unsere Befehle bekamen wir von einem durchgedrehten

österreichischen Korporal in Berlin. Als deutscher Offizier betrachte ich mich nicht länger an Befehle gebunden, die unsere tragische Lage hervorriefen.«
Kowalka lachte. »Nichts gegen die Österreicher«, sagte er leichthin, »unser Freund in Berlin war Korporal in der deutschen Wehrmacht. Wäre er zu Hause geblieben, wäre er heute noch gemeiner Soldat.«
Es gab keine Widerrede.
Capognoni musterte von Augenstrahl. Ein gutes Gesicht, jung, aber darunter lauerte eine unangenehme und beunruhigende Hysterie. Er war großgewachsen und hager, dunkel für einen Deutschen. Um seinen Hals hing eine Kette. Es konnte eine Identifizierungsmarke sein, aber wahrscheinlich war er katholisch. Sein Mund war permanent verzogen und dadurch entstellt, was häufig zu dramatisch aussah, um nicht Indiz dafür zu sein, daß hier ein schwacher Mensch nach Stärke suchte. Seine plötzlichen Ausbrüche, seine kategorischen Entschlüsse waren die eines Menschen, der rücksichtslos angreift und stur verteidigt, sich aber nicht sicher ist, welche Qualitäten unter der Oberfläche lauern; ein Mann, von dem Generale glauben, er habe das Zeug zu einem geborenen Führer, weil er die einleuchtenden Lektionen zu gut lernt.
»Kennen Sie den von Graf Bobby und dem jüdischen Börsenmakler?« fragte Kowalka.
»Verschonen Sie uns mit Ihren Witzen«, sagte Reims.
»Verzeihen Sie. Ich vergaß, auch die Witze sind rationiert.«
Campognoni sah rasch zu Kowalka hinüber, der den Rest seiner Zigarette zum Gruß und Dank an den großzügigen Geber in die Luft hielt. Campognoni lächelte leicht, weil er von Natur aus höflich war. Kowalka war ein berufsmäßiger Österreicher und als solcher für den Italiener ein Ärger-

nis. Aus den krassesten Unarten seines Volkes zog er Kraft, ja sogar Freude, unerträglich für einen Italiener, der sich alle Mühe gab, genau das Gegenteil zu tun. Und doch war es nur Gerede, dieses bemühte Witzigsein. Im Einsatz hatte sich Kowalka nicht nur als mutig, sondern auch, was sogar noch seltener vorkommt, als einfallsreich erwiesen.
Seine kleinen dunklen Augen irrten hin und her, während er überlegte, was er sagen konnte, etwas Amüsantes, zumindest Ironisches. Sein Mund steckte voller Goldzähne, Gold und ein wenig Weiß, österreichischer Barock. Auf seiner Oberlippe prangte ein kleiner Schnurrbart, nicht die von Hitler kultivierte Briefmarke, sondern ein zerbrechliches Pagodendach. Seine Nase war lustig lang und spitz, aber am Ende gespalten wie ein Kinderpopo. Ein guter Ehemann, dachte Capognoni, für eine Frau, die gerne lacht und nicht zu wachsam ist.

Capognoni begann, über Frauen nachzudenken, die Frauen von Männern wie diesem. Er warf seine Zigarette weg und starrte Reims an. Wahrscheinlich war die Frau Gemahlin eine jener hageren teutonischen Wesen mit sonor-entschuldigender Stimme, zu großgewachsen, um wirklich feminin zu sein, auch zu dürr. Er stellte sich ihre rosa Haut vor, noch hervorgehoben von langen, blonden, binsenartigen Haaren, und ihn schauderte. Wenn Reims nicht mehr war, würde sie hervorragend in schwarze Trauerkleidung passen, die Beileidsbekundungen mit der freudlosen Affektiertheit unterdrückten Heldentums entgegennehmen und sich, einem Zollstock gleich, bücken, um die Trauerblumen auf dem Grab zu plazieren. Von Augenstrahl, so vermutete er, hatte keine Frau. Noch würde er je eine haben, falls er überlebte. Hinter der aristokratischen Fassade lag eine augenscheinliche Agonie des Geistes, eine große Leidenschaft, die keine Richtung gefunden hatte. Er war aus dem Stoff, aus dem Märtyrer, Mönche und stolze, strenge Eremiten sind, was aber nicht ausschloß, daß man sich dem Laster ergab, der Ausschweifung, Korruption und Perversion. Bei einem so fiebrigen Blick und einer so verzweifelten Miene mußte die Versuchung nahe sein. Seine Familie war vielleicht zu alt, die Ehen waren zu lange zu gut gewesen, der Verhaltenskodex zu abgehoben, um in einer Zeit praktikabel zu sein, die mit Ritterlichkeit keine Geduld mehr hatte.

Capognoni schaute auf seine Uhr, die einen goldenen Dekkel hatte. Statt diesen aufzuklappen, um die Zeit abzulesen, betrachtete er sich selbst. Zeit hatte keine Bedeutung mehr, aber er. Er sah ein haselnußbraunes, von den Kratzern auf dem Gold verzerrtes Auge; ein Auge, eine Augenbraue, ein wenig von einer Hakennase.

»Wie anders«, dachte er, »bin ich als diese unberechenbaren Wilden aus dem Norden.« Er war davon überzeugt, daß der Norden Neurosen verbreitete. Sein Leben konnte mit keinen Schwierigkeiten der Sorte aufwarten, die zu Zuckungen oder Stottern führten. Die mediterrane Existenz war so klar und durchsichtig wie der Himmel des Südens. Natürlich gab es Emotionen, und leicht flossen Tränen, aber das waren zweifellos medizinische Vorteile. Leid war nichts Unaussprechliches, das sich zu Komplexen verfestigte. Wenn es Kummer gab, dann sofort und sehr laut. Andere halfen, indem sie selbst weinten, wenn sie Tränen fließen sahen. Präzise, logische Überlegung war nicht erforderlich. Es reinigte den Kopf und war dem Appetit zuträglich.

Er war weiter von zu Hause entfernt als irgendeiner der anderen, weiter von den Zypressen und Oliven, dem Duft der von der Sonne durchtränkten Kräuter, dem sanft rol-

lenden Meer; weiter von zu Hause und den Kindern, den lärmenden Straßen, den quietschenden Autoreifen, den von einem Bürgersteig zum anderen ausgetragenen Streitereien, den Eidechsen auf dem Sand, die schon alt gewesen sein mußten, als die Römer noch lebten. Er dachte mehr an seine Kinder als an seine Frau. Aldo und Teresa in ihren Kostümen, verkleidet als Konteradmirale der italienischen Marine. Er dachte an Poppea, den weißen Hirtenhund, ein auf der Suche nach Schatten über die Veranda humpelnder blinder Bettvorleger. Ja, er dachte an seine Frau, Donna Marcella, mit ihrem resigniert-geduldigen Gesicht, ihrem üppigen Busen, ihrem schwerfälligen Lächeln, das rührendes Verständnis anzeigte. Er wollte weinen, konnte aber nicht, weil diese verdammten Deutschen anwesend waren. Sie würden es mißverstehen, so wie sie immer mißverstanden hatten. Dies war eine Zeit für militante Gedanken.
Er erinnerte sich an seine Vergnügungen, daran, wie leichtsinnig er mit seinem roten Alfa Romeo gefahren war, um seine Geliebten zu beeindrucken. Hundertvierzig Stundenkilometer in einem Wohngebiet waren nichts Außergewöhnliches gewesen; zudem pflegte er ein freundschaftliches Verhältnis zur Polizei. Amalia Portanello war sein Liebling gewesen, eine großgewachsene kühle Blondine, die für Signorelli, sogar Botticelli hätte Modell sitzen können. Auch während ihrer Abwesenheit hatte sich der Geruch ihres Parfüms im Wagen gehalten. Sie badeten gerne nachts, nackt, in Fregenae.
Giovanna Petricoli war vielleicht leidenschaftlicher, aber folglich auch lästiger, da sie unrealistisch genug gewesen war, sich nach einer ständigen Verbindung zu sehnen, einer Art zweiten Ehe nebenher. Chiara Dossi war Schauspielerin. Sehr kultiviert, aber sie hatte ihn eifersüchtig gemacht aufgrund ihrer mangelnden Bereitschaft, sich zu binden,

ihrer verstohlenen Blicke zu Tür und Fenster, ihrer geheimnisvollen Telefonate mit anderen während seiner Anwesenheit. Anna Maria Lisone war die Frau seines besten Freundes, was ihrem Liebesspiel eine subtile Würze und etwas Melodramatisches verlieh. Ah, das Leben war ausgefüllt und ausschweifend gewesen. Was tat er hier, mitten im russischen Winter, halb erfroren? Dank seiner Beziehungen hätte er zu Hause bleiben können, bei irgendeiner Schreibtischtätigkeit im Kriegsministerium. Warum konnte er kaum seine Füße bewegen, er, der nichts lieber mochte, als auf einem Polster von Kiefernnadeln zu gehen und auf heißem Sand, der zum Meer führte?
Seiner Überzeugung nach war Italien eine kriegerische Nation, und den Verlockungen ihrer Landschaft und ihres Klimas mußte man sich um jeden Preis widersetzen. Die Römer liebten das Leben, so pflegte er zu argumentieren, und sie versagten sich keine körperlichen Vergnügungen, aber wenn die Zeit kam, marschierten sie in disziplinierten Reihen in den eiskalten Norden, um zu erobern und zu herrschen.
Plötzlich stellte er sich Reims in einem Bärenfell vor, nicht etwa in seine trostlose Zukunft schauend, sondern in einen übelriechenden Topf voller Haferschleim, das Ergebnis eines Tages primitiven Sammelns. Sich selbst sah er als Römer, Glanz und Ruhm in Person, wie er sich um den zitternden Wilden kümmerte und erklärte, keine Macht auf Erden könne den unaufhaltsamen Vormarsch der Legionen beenden.

In diesem Moment verdarb Kowalka die Stimmung. »He, *Generale*«, sagte er, »wir haben die einzig zivilisierten Kriege bestritten, nicht wahr? Die Österreicher und die Italiener. Bei Caparetto seid ihr davongelaufen, bei Vittorio

Veneto waren wir an der Reihe. Alles wurde so erledigt, wie es sich für Gentlemen gehörte. Beim ersten Anzeichen einer Offensive zog sich die andere Seite zurück. Da gab es nicht diesen Blödsinn, daß beide Seiten gleichzeitig vorzurücken versuchen.«

Capognoni errötete angesichts dieser Beleidigung. »Ich bin anderer Ansicht«, entgegnete er steif. »Kriege müssen gewonnen werden, und es sollte jede Anstrengung unternommen werden, um sie zu gewinnen.«

Reims grunzte.

»Möglicherweise haben Sie Klagen über unsere Soldaten«, fuhr Capognoni in stiller Wut fort, »aber sie verblassen angesichts unserer Klagen über die deutsche Generalität.«

Reims wandte sich ihm zu. »Wie können Sie sich eine derartige Unverschämtheit erlauben!« schrie er, das Weiße in seinen Augen trennte die hellblaue Iris von den Lidern. »Es ist zur Genüge bekannt, daß die italienische Strategie nur in eine Richtung führt, nämlich rückwärts!«

Ehe Capognoni antworten konnte, griff von Augenstrahl ein. »Was Sie sagen, Herr General, ist ungerecht und eines deutschen Offiziers unwürdig.«

»Wie können Sie es wagen, mir etwas über die Würde eines deutschen Offiziers zu erzählen. Ich bin der ranghöchste anwesende General!« Reims' Ausbruch endete in Heiserkeit, als ihn seine Energie verließ.

»Dies ist unser Krieg. Wir können nicht erwarten, daß Italiener, Rumänen und Ungarn unseren Krieg so kämpfen, wie sie ihren eigenen kämpfen würden.«

»Unser Krieg ist ihr Krieg. Wir vollenden unsere historische Mission, Europa vor den Mongolen, den Asiaten zu retten. Es ist Deutschlands Bestimmung, diese ernste Pflicht der Führung wahrzunehmen. Sehen Sie sich die russischen Gefangenen an, kleine, minderwertige Männer mit Schlitzaugen und gelber Haut, und Sie werden begreifen: Dieser Krieg ist Europas Krieg.«

»Sprachen Sie von den Japanern, Herr General?« fragte Kowalka.

»Ich sprach von den Russen, den russischen Gefangenen!«

»Es ist schon so lange her, daß ich russische Gefangene gesehen habe«, sagte Kowalka mit einem komischen Seufzer.

»Die Zeit ist um.« Langsam zog General Reims seinen Revolver und legte ihn auf eine als Tisch dienende Kiste. Er musterte die beiden deutschen Offiziere und sagte: »Ich als ranghöchster General halte die Zeit für gekommen, eine unerläßliche und tragische Entscheidung zu treffen.«

Selbst in der Verzweiflung finden die Deutschen die kompliziertesten und hochtrabendsten Phrasen, dachte Capognoni.

»Ich hatte es zu unserer Pflicht erklärt, falls bis zwölf Uhr mittags kein Ersatz eingetroffen sein sollte, uns in das Unvermeidliche zu fügen und der allen Offizieren gegebenen Anweisung Folge zu leisten, nämlich unter keinen Umständen lebend in Feindeshand zu fallen. Um dies sicherzustellen, befehle ich Ihnen allen, General Capognoni ausgenommen, für dessen Schicksal ich vermutlich weder zuständig bin noch sein möchte, sich auf ordentliche Weise das Leben zu nehmen. Gibt es irgendwelche Fragen?«

Es folgte eine kurze Stille. Von Augenstrahl blinzelte einoder zweimal rasch und sagte dann: »Herr General, meine Ansicht ist Ihnen bereits wohlbekannt. Ich werde mir ersparen, sie zu wiederholen. Ganz abgesehen von gewissen religiösen Vorbehalten, die ich nicht mit denjenigen diskutieren werde, die dazu nicht qualifiziert sind, halte ich Selbstmord für feige, unsoldatisch und eines Ehrenmannes unwürdig.«

»Ist das eine Befehlsverweigerung von Ihnen, einem deutschen Offizier?« krächzte Reims.

»Ich kann keinen Befehlen gehorchen, die gegen die Gebote meines Gewissens und des gesunden Menschenverstandes verstoßen«, fuhr ihn von Augenstrahl an, dem trotz der Kälte der Schweiß über die Stirn lief.

»Sie sind verhaftet!«

Capognoni hätte am liebsten gelacht. Kowalka tat es. Nahm die Absurdität kein Ende?

»Ich gehe«, sagte Kowalka plötzlich.

»Wohin?« fragte Reims. In seiner Stimme lag beinahe so etwas wie eine Spur von Hoffnung, als glaube er, Kowalka habe irgendeine geheime Information, die er bisher zurückgehalten hatte.

»Das ist eine gute Frage«, erwiderte Kowalka. »Ich wünschte, die Antwort wäre genauso gut. Ich weiß nicht. Ich werde die Russen finden, wenn ich kann.«

»Weshalb?« wollte Reims wissen.

»Um mich zu ergeben«, antwortete Kowalka einfach.

Reims Gesicht lief puterrot an, während unter der Haut hektisch das Blut pulsierte. »Können Sie die Drecksarbeit nicht unseren Verbündeten überlassen?« rief er.

Capognoni biß sich auf die Unterlippe. »Ja«, sagte er so beherrscht, daß er selbst überrascht war, »überlassen Sie die Drecksarbeit Ihren Verbündeten. Das liegt in der hervorragenden Tradition der deutschen Armee. In Afrika hat es gut funktioniert; warum nicht auch hier?«

Reims schlug mit der Faust auf die Kiste, fand aber keine Worte, da ihm die Heftigkeit seiner Gefühle augenscheinlich ein gewisses körperliches Unwohlsein bereitete.

»Kommen Sie mit mir?« fragte Kowalka von Augenstrahl.
»Nein. Ich habe noch zwei Kugeln. Keine davon ist für mich bestimmt. Beide sind für Russen.«
»Einer verrückter als der andere«, stellte Kowalka fest. »General Capognoni?«
»Ich bleibe hier«, sagte Capognoni. »Mich als Römer interessiert es zu beobachten, wie sich die Barbaren auf das Ende vorbereiten.«
»Ich hatte keine Ahnung, daß ein Römer das Bedürfnis verspüren könnte, den Barbaren in diesen erbärmlichen Angelegenheiten nachzueifern. Roms Größe lag doch darin begründet, immer zu wissen, wann es geschlagen war. Rom konnte Kompromisse schließen. Deshalb nennt man es noch heute die Ewige Stadt.«
»Es war immer Roms Pflicht, ein Beispiel zu geben.«
Das Zucken in Reims' Gesicht verstärkte sich gefährlich, als liefe das Ende eines Films von der Spule. Tod war eine ernste Angelegenheit, und diese Unverschämtheiten entweihten ihn. Ein Mann stirbt nur einmal. Es hatte stilvoll zu geschehen, mit gebührendem Respekt vor heldenhaftem Selbstmitleid, und es hatte Stille für schwere, tiefsinnige Gedanken zu herrschen.
Kowalka kramte in seiner lädierten Hosentasche und holte einen kleinen Kompaß hervor.
»Osten liegt dort«, sagte er und deutete auf den nicht sehr vielversprechenden Horizont. »Ich breche ostwärts auf, in Richtung Stalingrad. Vielleicht habe ich mit Hilfe der Russen Erfolg, wo die gesamte Sechste Armee versagte.«
»Feigling«, sagte Reims, dessen zitternde Hand versuchte, eine Kugel in die Kammer seines Revolvers zu schieben.
»Feigling?« wiederholte Kowalka freundlich. »Vielleicht.«

Er riß die Abzeichen von seiner Uniform und warf sie zu Reims hinüber. »Hier, fühlen Sie sich nun besser, Herr General?« fragte er und fügte hinzu: »Ich schon. Da verschwindet die Hälfte meiner Schuld.« Er lächelte von Augenstrahl entwaffnend zu. »Sie gehen vermutlich in die andere Richtung. Ich habe nicht den Wunsch, ein Opfer Ihres Pflichtgefühls zu werden.«
»Ich gehe westwärts«, blaffte von Augenstrahl.
»Freut mich sehr, das zu hören. General Capognoni, hoffentlich sehe ich Sie wieder, wenn dieser Schwachsinn vorüber ist. Das Hotel Imperiale in Cortina d'Ampezzo gehört zu meinen Lieblingsherbergen. Sind Sie manchmal dort?«
Capognoni antwortete nicht.
Kowalka schlug preußisch die Hacken zusammen, reckte seine Hand zum Nazigruß empor, rief: »Heil Mozart!« und wankte in den Schnee hinaus.
Von Augenstrahl sah Reims an. »Soll ich ... jemandem etwas ausrichten ... falls ich Glück haben sollte?«
Reims schaute auf, dankbar, pathetisch. »Meine Frau kann sich um sich selbst kümmern«, sagte er ernst, »und meine Söhne werden zu Offizieren und Ehrenmännern erzogen. Ich befürchte nicht, daß sie Schande über unseren Namen bringen werden. Sagen Sie ihnen, ich sei gestorben, wie ich es mir gewünscht hätte, und es sei nötig gewesen.«
»Heil Wagner«, murmelte Capognoni, aber keiner der Deutschen hörte ihn.
»Sagen Sie ihnen, sie sollen meinen Hund töten.«
Capognoni sah von Augenstrahl plötzlich entsetzt an, doch der nickte nur steif, mit geschlossenen Augen.
Das konnte man nicht hinnehmen. Reims und sein heroischer Selbstmord! Jetzt sollte selbst ein armer gesunder Hund sterben, um ihn in die Zwinger Walhallas zu begleiten.

»Warum einen unschuldigen Hund umbringen?« rief Capognoni unwillkürlich aus.
Reims ignorierte ihn, warf aber von Augenstrahl einen traurigen Blick zu. »Freiherr von Augenstrahl, wir waren in vielen Dingen unterschiedlicher Meinung«, sagte er, »aber wir sind beide deutsche Offiziere. Ich möchte Ihnen die Hand schütteln, bevor ich meine Pflicht tue.«
Impulsiv streckte von Augenstrahl seine behandschuhte Hand aus, die Reims in beide Hände nahm, praktisch versteinert in ihren zerschlissenen Fäustlingen. Sie blickten einander tief in die Augen, wie ein Liebespaar, und Capognoni hatte in seinem ganzen Leben noch nie so etwas Widerwärtiges gesehen. Plötzlich schossen unkontrolliert Tränen aus von Augenstrahls dunklen Augen, und Reims' ganzer Unterkiefer zitterte heftig.
Fast wild entriß von Augenstrahl seine Hand dem moribunden Griff des Älteren, salutierte auf die traditionelle vornazistische Weise, drehte sich um und verließ die Hütte.
Capognoni spürte bei sich einen Gesichtsausdruck, den er noch nie erlebt hatte, wahrscheinlich ein Ausdruck des Ekels, der Qual, wie sie ein Mann mit Menschlichkeit im Blut angesichts von Unmenschlichkeit empfand. Er sah zu Reims hinüber.
Reims fing an, sich mit viel Gestöhne und Gegrunze aus seinem Mantel zu schälen. Instinktiv wollte Capognoni ihm helfen, beherrschte sich aber. Weder wollte er an diesem abscheulichen Ritus teilhaben, von dem er nichts verstand, noch fühlte er sich qualifiziert, sich in die köstlichen Vergnügungen eines Mannes einzumischen, der jeden Hauch von Absurdität auskostete, als wäre es ein seltener Jahrgang menschlicher Erfahrung.
Der Revolver lag bereit. Reims durchwühlte seine Tasche

mit Fingern, die ihm kaum noch gehorchten, Fingern, so verwirrt wie die eines Kindes, wenn sie eine unbekannte Substanz finden, so verloren wie die eines jungen Affen, der sich mit einer ungeschälten Banane abmüht. Endlich zog er ein paar Orden heraus und wollte sie an seinen Uniformrock stecken. Doch dazu war er nicht mehr in der Lage, einer nach dem anderen fielen sie zu Boden, was er nicht merkte. Dann schloß er die Augen und fuhr sich mit einer beinahe femininen Geste über die Brust. Seine Augen öffneten sich erneut, als er das Fehlen seiner Orden bemerkte. Er sah nach unten und begann zu winseln. Wie ein Baby, dessen Spielzeug aus dem Laufstall gefallen ist, streckte er die Hand aus, ohne überzeugt zu sein, die Orden jemals erreichen zu können. Flehend schaute er Capognoni an. Auch das Winseln war das eines Babys oder das eines ausgesperrten Hundes.
Capognoni gab den Blick unverwandt zurück. »Mistkerl«, dachte er, »deinen Hund zum Tode zu verurteilen.«
Das Winseln hörte nicht auf.
Capognoni hatte nicht übel Lust, seine eigene Pistole zu ziehen, ein paar Kugeln in Reims zu jagen und ihm das ganze ausgefeilte Ritual zu verderben, aber er bewegte sich nicht. Es war grausamer zu warten.
Reims runzelte die Stirn, fuhr sich wieder mit der Hand über das Herz, ließ sie über den Ordensbändern verweilen und schaute starr geradeaus. Er räusperte sich, als wolle er schreien, dann begann er mit der hohen wackligen Stimme einer alten Frau, die Nationalhymne zu singen.
Auf einmal war Capognonis Geschmack tödlich beleidigt, und ohne nachzudenken, sang er mit durchdringender Tenorstimme *Vesti la Guiba*, füllte die Luft mit sarkastischen Schluchzern, wie es drittklassige Künstler in neapolitanischen Restaurants tun.

Mitten in einer Phrase brach Capognoni ab. Reims hörte ihn nicht mehr. Seine Schläfenadern standen vor wie angespannte Muskeln, und das Blut raste die letzte Runde des Rennens. Reims schien durchsichtig zu sein, ein Netz aus Adern, welches das sich auflösende Fleisch bloßlegt. Es gab einen Knall, und er fiel bewegungslos zu Boden, der bitterkalte Zug von der in den Angeln hängenden Tür bewegte das kleine Büschel schutzloser Haare auf seinem Kopf, wie ein Windstoß, der mit einem Grasbüschel spielt.

Einen Augenblick lang war Capognoni benommen, als der Krach der Explosion den Raum erfüllte, langsamer erstarb als Reims, und dann fing er an zu würgen, doch da sein Magen leer war, führte das zu nichts weiter als einem quälenden Schmerz und tränenden Augen. Als er sich wieder faßte, kam ihm der Gedanke, wie angenehm es war, allein zu sein, unbeobachtet. Gewiß konnte ein Mann alles ertragen, wenn die Notwendigkeit wegfiel, den Schein zu wahren. Er betrachtete den Raum, als sähe er ihn zum ersten Mal. Die unbehauenen Balken hatten eine gewisse Schönheit. Es war wie in Zeiten der Krankheit und des Alleinseins, wenn das Auge mangels irgendwelcher banalen Ablenkungen anfängt, in feuchten Flecken an der Zimmerdecke eine flüchtige Symmetrie zu entdecken, oder die Muster studiert, die Regentropfen auf einem Fenster hinterlassen, während man bei der Betrachtung ihrer Eskapaden vergeistigte Befriedigung empfindet. Die Stille klang wie Musik. Die Luft war kalt, aber er atmete bewußt tief durch und merkte, wie sauber sie war, steril wie Alkohol, hell und schlicht. Er dachte an gar nichts und erfreute sich dieses Gedankens.
Solche Freuden dauern nicht ewig. Sie stellen sich nur als

Reaktionen auf einen ausweglosen Zustand ein, und bald fiel Capognoni wieder ein, wie grausam die Kälte wirklich war. Als er sich in seine Ecke kauerte, versuchte er das Hinüberwandern seines Blicks zu Reims zu verhindern, doch bereits dieses bewußte Vermeiden schien die Anwesenheit der blöden Leiche aufzubauschen, die so grotesk ausgestreckt im Schneematsch lag.

Er war bemüht, an angenehme Dinge zu denken, wie er es zuvor getan hatte, als die anderen noch in der Hütte waren. Jetzt sollte es ihm leichter fallen, an Italien zu denken. Schließlich war er allein. Er dachte an Capri, doch vor seinem inneren Auge sah er nur eine Ansichtskarte. Das Meer war zu blau, um echt zu sein, die Häuser zu rosa. In stummer heimlicher Panik wurde ihm klar, daß zu viel geschehen war, um noch angenehme Gedanken fassen zu können. Es war, als fiele man mit dem festen Vorsatz in den Schlaf, Schönes zu träumen. Kaum schläft man ein, verwandeln sich die Träume in Alpträume. Besser, man hat gar keine Gedanken. Es war zu kalt, nichts zu denken, und zudem war da noch diese Schweinerei auf dem Fußboden. Er lauschte dem Geräusch der Explosion nach und war nicht sicher, ob es schon verklungen war.

Grimmig ließ er die Gedanken herein, die auf ihn eindrangen und vor denen es offenbar kein Entrinnen gab, keine Erleichterung. Ein erbärmlicher Hund wurde einzig und allein aus dem Grunde zum Tode verurteilt, weil die weinerliche Eitelkeit eines Mannes nach einem Scheiterhaufen verlangte, der groß genug war, um seine Stellung zu unterstreichen. Wären keine Zeugen zugegen gewesen, hätte Reims vielleicht auf all diese widerliche Wichtigtuerei verzichtet. Wäre er allein gewesen, hätte er sich vielleicht nicht einmal umgebracht. Kein Schauspieler kann in einem leeren Theater sein Bestes geben. Sterben ist sinnlos, wenn

man nicht in irgendeinem Gedächtnis herumspukt, wenn man keinen Nachgeschmack hinterläßt.
Capognoni dachte an sich selbst. Seine Soldaten hatten nicht gut gekämpft, genausowenig wie er. Für Zermürbungsschlachten war sein Temperament zu impulsiv, besonders wenn die Vernunft erklärte, sie seien von Anfang an verloren. Wie hätte er von seinen Männern verlangen können, mit dem Bajonett anzugreifen, einfach nur um der Ehre willen, wie einen unvermeidbaren Rückzug zu verschieben, einfach nur, um die vorherbestimmte Katastrophe hinauszuzögern? Es war doch gewiß kein Zeichen von Mut, wenn man freiwillig seiner eigenen Intelligenz zuwiderhandelte. Einen Rennwagen mit zweihundertzwanzig Stundenkilometer zu fahren, das war mit Intelligenz kombinierter Mut. Doch auch dabei produzierte man sich vor einem Publikum. Eine Fehleinschätzung bei dieser Geschwindigkeit, und man stirbt beobachtet, beklatscht, bedauert, heldenhaft. Nicht wie in all diesem Schnee, unbeachtet, unidentifiziert.
Er hatte erlebt, wie die Deutschen im Motorsport die Vorherrschaft errangen, unterstützt von gewaltigen Regierungssubventionen, die Maschinen von nie dagewesener Brutalität finanzierten. Die Fahrer saßen am Steuer dieser monströsen Waffen und zwangen sie wüst und unsensibel über die Rennstrecken. Die Italiener hielten dank ihres Könnens mit, indem sie ihre langsameren Autos zu erstaunlichen Leistungen überredeten und beschwatzten, indem sie mit ihren Motoren sprachen, mit den Blasen werfenden Reifen flüsterten, das Unbelebte vermenschlichten.
Das war Mut! Die italienische Geschichte war durchsetzt von respektgebietenden *condottieri*, vorzüglichen Mördern, unglaublichen Helden sowie, in letzter Zeit, Dutzen-

den von Teufelskerlen in den gefährlichsten Sportarten. Jeder Trottel kann in offener Feldschlacht mutig sein, wenn er nur dumm genug ist und die Indoktrination ihn der Menschheit entfremdet hat, aber echter Mut ist erforderlich, um wie Savonarola verbrannt zu werden, mit dem deutlichen Bewußtsein seines Opfers und mit bis zum Ende unbehinderter Intelligenz. Doch auch Savonarola war öffentlich verbrannt worden. Er starb vor Zeugen. Der Nachgeschmack war dagewesen, um gleich nach der Flamme einzusetzen.

Wie trist es war zu verhungern. Was, wenn die Russen gar nicht kämen? Capognoni sah sich nach etwas um, worauf er schreiben, irgendeine Nachricht hinterlassen konnte. Dann fiel ihm ein, daß sein Füller verlorengegangen war, und schon bevor er verlorengegangen war, hatte er keine Tinte mehr gehabt. Diese Verschwörung, ihn anonym von der Erdoberfläche zu wischen, hatte etwas kompliziert Endgültiges. Allmählich war er davon überzeugt, den Hungertod zu sterben. Er lauschte, hörte aber nichts. Er schrie und war überrascht, seine eigene Stimme zu hören.

Was würde er tun, falls die Russen doch kämen? Natürlich sich ergeben. Das war logisch. Außer ein paar Russen würde es keine Zeugen geben, und etwas anderes würden sie nicht erwarten. Dann sah er zu Reims hinüber und spürte einen Teil jener alten Abneigung in ihm aufwallen. Er mußte wieder an die höhnischen Bemerkungen dieses erbärmlichen Lohengrins denken und an die prüfend-komplizenhaften Blicke Kowalkas mit seinem zynischen Quatsch über Caporetto und Vittorio Veneto, über den Krieg als rauschgoldenes Menuett zwischen zivilisierten Staaten. Plötzlich sah er Afrika vor sich, Italiens Platz an der Sonne und den grausamen Komplex, der die herrlichsten Träume

in peinliche Wirklichkeit verwandelt hatte. Er dachte an die Straßen, die in Äthiopien gebaut worden waren, wie sich herausstellte nur, um den britischen Vormarsch zu ermöglichen. Was stimmte da nicht?
Er stimmte nicht. Er hatte an Kapitulation gedacht. Und er hatte nicht nur an Kapitulation gedacht, sondern er hatte Kapitulation für logisch gehalten. Er hatte sich geirrt, und er war Italien. Lange genug hatte er Beleidigungen geschluckt und so getan, als höre er sie nicht, lange genug war er höflich, entgegenkommend, diplomatisch gewesen. Wollte man gewinnen, reichte es nicht aus, darauf zu warten, daß sich der Feind in Bewegung setzte, um dann zu reagieren. Wollte man gewinnen, war es von größter Wichtigkeit, ein Risiko einzugehen, die Initiative zu ergreifen. Er hätte Kowalka nach seiner Beleidigung an die Gurgel gehen müssen, statt sich zurückzulehnen und mit Sarkasmus zu antworten. Er hätte Reims niederbrüllen, erschießen sollen, irgend etwas. Seine natürliche Höflichkeit war von diesen Witzfiguren immer als Schwäche ausgelegt worden. Jetzt wollte er sie alle zurückhaben ... lebendig. Er wollte die Szene noch einmal spielen. Er war mordswütend.
Zwei Schüsse fielen. Von Augenstrahl? Eine Entscheidung, rasch. Er war immer sehr ungern zum Zahnarzt gegangen, weil er unweigerlich auf den Schmerz durch den Bohrer reagierte, noch bevor das Instrument seine Arbeit begonnen hatte. Eines Tages hatte er sich völlig entspannt und eingeredet, sein Zahnarztbesuch sei ein alltägliches Ereignis, ohne besondere Bedeutung. Obwohl das Bohren höllisch weh tat, war es schon vorbei, bevor er zugelassen hatte, davon beeindruckt zu werden, und danach war er als ein Muster an Entschlossenheit auf die Straße getreten. Gefahr war etwas, in das man hineingetrieben wurde,

dafür konnte man keine ausgefeilten Vorkehrungen treffen. Laß deine Gedanken schweifen.
In einiger Entfernung rief eine Stimme etwas. Zwei Stimmen. Capognoni warf einen Blick auf die Balken und dachte darüber nach, wie komplex Holz war. Was für ein Getue. Die Nationalhymne zu singen und sich diese blechernen Nadeln anzustecken, die zu Tausenden vergeben werden, zur Hebung der Moral. Rasch betrachtete er noch einmal das Holz, dann zündete er eine Zigarette an. Seine Hand zitterte, aber nur leicht. Es lag vermutlich an der Kälte.
Langsam öffnete sich die Tür, und eine Maschinenpistole schob sich schüchtern in die Hütte. Ihr folgte ein junger russischer Soldat, so gegen die Kälte gepolstert, daß er beinahe wie ein Taucher aussah. Nur sein Gesicht war zu sehen, ein stupsnasiges, pickliges, pubertäres Gesicht mit großen ängstlichen Augen. Sein Mund stand offen, und aus ihm quoll der Atem wie eine Sprechblase in einem Cartoon.
»*Raus!*« befahl der Russe nervös auf deutsch.
Capognoni lächelte und antwortete auf italienisch, er fühle sich wohler, wo er jetzt sei.
»*Raus?*« wiederholte der Russe und betonte das Wort wie eine Frage.
Erneut antwortete Capognoni auf italienisch, und nach kurzem Zögern stolperte der Russe ins Freie und rief nach jemandem mit größerer Autorität.
Capognoni inhalierte seine Zigarette mit Behagen und las wieder und wieder das auf sie gedruckte Wort *Nazionale*.
Ein Leutnant trat ein und fragte: »*Sprechen Sie Deutsch?*«
»*Lei parla Italiano?*« fragte Capognoni zurück.
»*Raus!*« schrie der Leutnant, der es eilig zu haben schien.

»Parler vous français?« fragte Capognoni.
Der Leutnant kam auf ihn zu, wobei er über Reims stolperte. Besänftigend hielt Capognoni eine Hand hoch.
Verärgert fuhr ihn der Leutnant an: *»Sie sind Kriegsgefangener! Raus!«*
Es schien nichts anderes übrigzubleiben. Das einzige Kommunikationsmittel war diese verdammte Sprache, die ihn geplagt hatte, seit er nach Rußland gekommen war.
»Ich weigere mich, mich zu ergeben«, sagte Capognoni ziemlich leise auf deutsch. Der Leutnant schien nicht zu verstehen.
»Wir befinden uns immer noch im Krieg«, ergänzte Capognoni.
Der Leutnant lächelte recht freundlich. »Was wollen Sie daran ändern?« fragte er.
Capognoni erwiderte das Lächeln. Er spielte eine Szene, die seiner würdig war, und er kannte den Wert jeder Nuance. Langsam öffnete er seine Halfter und zog genauso langsam seine Pistole.
Das gewinnende freche Lächeln des Leutnants wich plötzlich aus seinem Gesicht, als er sich der ungeheuren Gefahr bewußt wurde. Er griff nach seiner eigenen Waffe und hantierte ungeschickt damit herum. Capognoni zielte langsam und bedächtig auf den Leutnant, drückte aber nicht ab. Schließlich schoß der Leutnant; Capognoni saß ganz ruhig da.
»Sagen Sie ihnen ...«, sagte er unter Schwierigkeiten, »die italienische Armee ... hat als letzte den Widerstand an der Front aufgegeben.«
Der Leutnant war wütend. »Wen zum Teufel kümmert das«, rief er, »solange wir siegen?«
Capognoni sah sein Publikum an und entnahm dem besorgten Gesichtsausdruck des Leutnants, daß seine

Geste in wenigstens einem Hirn unauslöschlich eingegraben sein würde. Der Nachgeschmack.
Wütend schlug der Leutnant mit der Faust auf die Kiste und heulte: »Warum haben Sie das getan?«
Capognoni öffnete den Mund, um zu antworten, starb aber statt dessen.
»Blödmann«, sagte der Leutnant, der ein Wehrpflichtiger und verlobt war.

Gott und die Staatlichen Eisenbahnen

Deutsch von
Thomas Lindquist

Inhalt

Die Grenzen des Meeres

Alte Männer sitzen auf Mauern und beobachten das Meer; junge Männer tun's ebenso, aber aus Pflichtgefühl. Zwischen Netzen und grünen Glaskugeln tun sie es, scheinen den Himmel zu lesen wie eine Zeitung. An allen vier Ecken des Kompaß sitzen sie auf Mauern, als wäre das Meer eine weite Arena voll Schauspiel und Pomp und Bedeutung, was es für sie auch ist. Der Duft von Teer und brackigem Wasser, dick wie Blut für die Riechnerven, schwebt um die Ränder dieser Arena, und die alten Männer bemerken ihn nicht mehr. Sie sind weit hinaus über so banale Beobachtungen, auf die eine Landratte in den Ferien begeistert fliegen mag; sie sind über Dichtung und Wahrheit hinaus, in jenem Reich letzter Einfachheit, das sie vom Leben so sicher trennt, wie das Glück und die Seemannskunst sie stets vom Tod geschieden haben. Sie verbringen ihre Tage in einem wortlosen Limbus des Begreifens. Sie denken an nichts und verstehen.

Festgepflanzt wie Bäume oder eher wie Masten und auf den besten Plätzen, starren sie mit der leuchtenden Geduld alter Hunde auf das weite Jagdrevier. Sie sind Teil der Meereslandschaft, und oft scheint es, daß sie – Asche zu Asche und Staub zu Staub – langsam in die Natur zurückkehren, ohne Erstaunen und ohne Angst vor dem Tod. Die Muscheln am Strand sehen aus wie abgeworfene Fußnägel dieser alten Männer, und sie sind schöner als an den Zehen, dort zwischen all den anderen Überresten der Vergängnis, den zerbrochenen Ankerflügeln, den sandverklebten Krabben, den Silberfischen mit ihren überraschten Augen, dem einsamen Damenschuh, dem verrosteten Spielzeug. Gereinigt durch Salz und durch Jod, sterilisiert im großen Spital des Meeres, sind Verfall und Auflösung dort an der Küste genauso beziehungsreich wie die geborstenen Säulen und nasenverletzten Götter im Binnenland, und sie sind noch älter. Hier gibt es keinen Kompromiß. Unnötig, sich die Fernsehantennen wegzudenken, die als Silhouetten vor dem pfirsichfarbenen Himmel über dem Kolosseum stehen; unnötig, halb die Augen zu schließen, um diese Autostrada auszulöschen, die sich um bröckelnde Tempel und starre Palisaden schwingt. Die See ist, was sie immer war, und wenn ein Flugzeug für ein Weilchen darüber hinpfeift und -heult, wischt sie es weg, wie ein Pferd eine Fliege verscheucht. Der Landmensch hat noch kein Mittel gefunden, vom Meer Besitz zu ergreifen, es zu zähmen und es dem eiskalten Willen der Mechanik zu unterwerfen, während der Seemann etwas Besseres weiß, als dies zu versuchen.

Mit großer Nachsicht und ohne Kritik beobachten die alten Männer die Urlauber: diese krampfadrigen Säulen weißen Fleisches, die wie geäderte Marmorbrocken unter den Baldachinen geraffter Röcke im seichten Wasser stehen; diese fülligen Bäuche, die sanft zum Krater des Nabels ansteigen; diese kleinen Kinder (die einzig Vernünftigen, nach unausgesprochener Meinung der alten Männer), die sich vor Wut und Angst das Herz aus dem Leibe schreien, während ihre lachenden Eltern (diese Idioten) mit Gewalt versuchen, sie Schwimmen zu lehren; diese gebräunten Damen, im Fettglanz stinkender Salben, die mit der gleichen tiefen Hingabe die Sonne anbeten, wie ihre Vorfahrinnen sie einst Gott vorbehielten, und nur ein sündhaft teures Taschentüchlein zwischen sich selbst und einem Skandal.

Dort fahren die Kabinen-Yachten; ihre Besitzer tragen flotte Mützen mit Ankern und Flechtkordeln über dem Schirm – und kein Fünkchen, kein blasser Dunst von Himmelsnavigation bei ihnen allen. Und dort die Playboys und Freizeitmäd-

chen; kreischend flitzen sie auf parallelen Holzplanken vorbei, stehen erst auf dem einen Bein, dann auf dem anderen und versinken dann zwischen den Kämmen der Dünung.
All dies war ein hochsommerlicher Wahnsinn, eine Art Hitzekrankheit. Die Leute von jenseits der Berge haben Köpfe wie leere Eierschalen, und der erste Sonnenstrahl, die erste Brise Seeluft stürzen sie in einen geisteskranken Flirt mit dem seichten Wasser. Die alten Männer überblicken dies alles mit dem Gestus großer Liebender, die eine lebenslange Leidenschaft für eine anspruchsvolle Geliebte hinter sich haben. Sie sind in die Tiefen der Trauer getaucht, haben sich auf die Gipfel der Wonne geschwungen, schweigend und einsam und für ein ganzes Leben. Geistesabwesend registrieren sie diese nichtigen kleinen Ekstasen, diese unwürdige, hinterngrapschende Verführung ihres Elements. Kaum hören sie die Saxophone und zischenden Schlagzeugbesen, wenn belangloser Lärm nächtelang aus den Kneipen blafft. Geduldig warten sie auf den Herbst.

In dem Dorf San Jorge de Bayona war einer dieser alten Männer Vicente Mendendez Balestreros, und für einen Mann mit so klangvollem Namen war es vielleicht verwunderlich, daß er weder lesen noch schreiben konnte. In Wahrheit brauchte er's nicht zu können, denn er bekam nur Briefe von den Behörden, und solche Briefe waren keiner Antwort wert. Er sprach nicht viel, doch seine Gedanken, wenn auch selten, waren geheimnisvoll und abstrakt. Er hatte keine Frau, denn er besaß wenig genug, auch ohne es teilen zu müssen. Geld hatte ihn nie gekümmert, doch er bewahrte sich eifersüchtig die stille Kathedrale seines Geistes.
Der Sommer war jetzt vorbei, Dank sei Gott, dem Schöpfer aller Jahreszeiten. Die Kneipen hatten geschlossen oder waren gedemütigt durch die Anwesenheit der Einheimischen. Die kleinen Boutiquen, mit Namen wie Eros oder Conchita, waren verriegelt, ihre winzigen Schaufenster leer. Die zwei

modernen Touristenhotels, El Fandango und die Hacienda Goya, hatten die Rolläden heruntergelassen, und es gab keine Bikinis auf den Balkons aufzuhängen. Die Nächte waren wieder geräuschlos, abgesehen vom tiefen Atmen der See.
Vicente, ohne eine Frau, die ihn gescholten hätte, und ohne großen Appetit, saß länger als die anderen alten Männer auf der Mauer. Nie sagten sie gute Nacht, wenn sie ihn verließen, so neidisch waren sie auf seine Freiheit. Irgendwie hatte er sich im hohen Alter seine Jugend bewahrt, während sie voluminöse Gattinnen hatten, die in ihren Zweizimmerhütten auf sie warteten, ehrwürdige Vetteln mit Haaren am Kinn, wie die Borsten, die aus überreifen Sofas hervorstechen, und mit Brüsten, die wie Traglasten eines Esels herabhingen. Sie hatten auch lithographierte Heiligenbilder überall an den Wänden. Die Religion kommt mit den Frauen ins Haus. Der Priester kleidet sich sogar wie eine Frau, um zu missionieren.
Vicente war Katholik, aber er glaubte nicht an Gott, falls man den Glauben ans Meer nicht als Form eines Glaubens an Gott auffassen wollte. Wohl murmelte er und machte Handzeichen und kniete und küßte wie alle anderen, weil er nach dieser Art erzogen worden war, doch was den Glauben betraf, konnte er sich nur der Führung der Vernunft unterwerfen, gemildert stets durch die herben Paradoxien der Erfahrung. Priester waren für ihn nicht Männer mit einer göttlichen Berufung, sondern Männer, die sorgfältig jede Arbeit mieden. Die Orgel schmerzte ihn in den Ohren, und je besser sie gespielt wurde, desto heftiger litt er. Gleichzeitig hatte er keine Geduld mit Angehörigen anderer Religionen, sofern sie nicht Seeleute waren, in welchem Fall sie Besseres zu tun hatten, als sich um Dogmen zu kümmern.
Eines Abends – es war weit nach zehn, der Mond stand voll, und schwarze Wolken jagten in geordneten Formationen über den Himmel – war Vicente noch immer auf seiner Mauer, und allein. Plötzlich zitterte er, und die Zehen seiner nackten Füße krümmten sich auf wie in höchster Bedrängnis. Ein kühler

Wind seufzte aus unerwarteter Richtung, und Geräusche wie von einem fernen Kavallerieangriff drangen in unregelmäßigen Abständen vom Horizont herüber. Ein Laken an einer Wäscheleine flatterte wie ein Segel, wenn das Schiff seine Richtung ändert. Er stand auf. Sein Gesicht legte sich in Falten, während seine haselbraunen Augen in die Ferne blickten, wo die letzten Farben des Tages jetzt nur noch angedeutet waren in einer Spur Grün, einer malvenfarbenen Nuance und einem Schildpattflecken Schwarz und Orange.
Er humpelte zur nächsten Hütte und pochte an die Tür. Eine der kolossalen Frauen öffnete und fragte, was er wolle. Zu dieser nächtlichen Stunde, beinah zu jeder Stunde, gab es eine Schranke zwischen jedem Mann und der Außenwelt. Vicente verriet nicht, was er wollte. Er deutete nur mit dem Kinn zum Horizont. Schließlich erschien der Mann. Es war Paco Miranda Ramirez.
»Was siehst du dort?« fragte er.
Nachdem Vicente sich nicht dazu bewegen ließ, es zu sagen, marschierte Paco in Unterhosen hinaus, schob das Gekreisch seiner Frau beiseite und warf selbst einen gemessenen Blick zum Horizont.
»Es ist zu dunkel, um etwas zu sehen«, sagte Paco.
Vicente schüttelte kurz den Kopf, um zu widersprechen.
»Was siehst du?«
»Komm herein!« schrie die Frau.
»Still, Frau!« überschrie sie der Mann, der in Gegenwart eines anderen Mannes immer mutig war.
»Ein Schiff?« fragte er Vicente.
Vicente nickte.
»In Not?«
Vicente machte eine Gebärde, eine müde, alles umfassende Armbewegung, und warf den Kopf zurück, um anzudeuten, wie ungeheuer die Not sei.
Paco stolperte barfuß davon und weckte mit seinem Gerede von Schiffbruch eine Anzahl anderer Männer. Der Grund,

warum die Männer seinem Ruf so bereitwillig folgten, war dieser: Vor beinah zwanzig Jahren hatten sie eine belgische Yacht in Sicherheit geschleppt und waren mit der Hälfte ihres Kaufpreises belohnt worden, was einem Gesetz der Seefahrt entspricht. Dieses Prisengeld hatte viel Glück ins Dorf gebracht, und einer der Männer, ein gewisser Diego Liñares Montoya, konnte sich aufgrund dieser Gabe vom Himmel sogar seinen lebenslangen Traum erfüllen, an Leberzirrhose zu sterben. Auch damals hatte Vicente, in jener Zeit neu auf der Mauer am Strand, in den pechschwarzen Himmel gespäht und ein Unglück vorausgeahnt. Er war in der ganzen Gegend berühmt für die Schärfe seiner Sinne, denn die anderen erkannten, nicht ohne Verbitterung, daß er den Mut gehabt hatte, Junggeselle zu bleiben, und daß, wie zur Belohnung, sein Auge und Ohr, vor allem aber sein telepathisches Gefühl klar und ungeschwächt blieben.

»Ich möchte wetten, diesmal hat er sich geirrt«, brummte José Machado Jaen, der mithalf, das schwere Boot ins Wasser zu schieben.

»Und wenn du deine zehntausend Peseta hast, will ich zuschauen, wie du an deinen Worten erstickst«, sagte Paco.

Die Frauen standen als wimmernde Phalanx am Rande des Wassers, ihre Taschentücher an den Mund gedrückt, nach Tragödie gierend und Gebete murmelnd. Wie ein Odysseus stand Vicente im Heck, die Ruderpinne umklammernd, und steuerte das Boot hinaus in die Zone des jähen Windes. Die Frauen sahen ihre Männer verschwinden, wieder auftauchen, verschwinden, noch einmal auftauchen und schließlich im Dunkel verschwinden. Nur der Rhythmus der Ruder war noch ein Weilchen zu hören, dann wurde auch er verschluckt vom anschwellenden Sturm.

Die Wellen türmten sich hoch wie Berge, aber die Männer achteten kaum darauf. Erst als Vicente die Hand hob und sie zu rudern aufhörten, wurden sie sich bewußt, welch ein Wahnsinn dies alles war. Jetzt regnete es, und Brecher stürzten

auf sie herein und tauchten ihre Füße bis über die Waden in Springfluten hysterischen Wassers.
»Wir werden alle ertrinken, es wird ein prächtiges Begräbnis geben!« brüllte José Machado Jaen.
»Der Alte weiß, was er tut!« schrie Paco.
Vicentes Miene blieb ungerührt, als er sich umsah – sein hageres Gesicht feucht von der Gischt. Er gab mit der Hand ein Zeichen, und die Männer stellten das Boot quer zu den Wellen, wobei es fast kenterte. Da war nichts zu sehen von Mast oder Rumpf, kein Laut zu hören, nur das fröhliche Toben der See. Die Männer blickten ängstlich auf Vicente, und plötzlich straffte sich seine Gestalt. Sie folgten seinem starren Blick, und plötzlich tauchte ein dunkler Gegenstand auf, nur um gleich wieder in einem tiefen Wellental zu versinken. So sehr sie sich anstrengten, es schien unmöglich, ihn zu erreichen. Das Meer zerstört jedes Gefühl für Entfernung. Mal trieb der dunkle Gegenstand davon, mal war er neben ihnen, wie festgesaugt an der Seite des Bootes. Es war ein Mensch.
Die Füße der spanischen Fischer waren geschickt, sie waren gewandt wie Affenfüße, und jetzt hängten sich die Männer gefährlich weit über die Bordwand, und auch wenn eine elementare Angst sie zuweilen erfaßte, hielten sie ihn fest, den armen Kerl, und endlich gelang es ihnen, ihn in das Boot zu ziehen. Niemand konnte Vicente zum Vorwurf machen, daß es diesmal kein Prisengeld gab. Seine Sinne waren so scharf gewesen wie eh und je, und es war klar, daß er das Werk Gottes verrichtete, das, wenngleich weniger lukrativ als manches Menschenwerk, das Gewissen im voraus für die nächste Todsünde salvieren konnte. Die Besatzung fühlte sich demütig und tugendhaft, während sie mit kräftigem Ruderschlag zum Dorf zurückkehrte. Sie durften sicher sein, daß es ihnen vergönnt war, an einem Wunder mitzuwirken.

Der Gerettete war mehr tot als lebendig, als sie ihn an Land schleppten. Er trug eine weiße Hose aus grober Leinwand, aber sein Oberkörper war nackt und entsetzlich mager. Seine Haut war dunkel, doch man sah, es war ein Fremder. Seine ergrauten Augenbrauen stießen über dem Rücken seiner Adlernase zusammen, und seine vollen Lippen zeigten jene sinnliche Arroganz, die Menschen vom östlichen Mittelmeer oft mit ihren Kamelen gemein haben.

Die Männer waren so stark vom Gefühl eines biblischen Wunders ergriffen, daß es sich auch auf die Frauen übertrug, und so wetteiferten die Paare, dem halbtoten Mann ihre Gastfreundschaft anzutragen – fast kam es zu Prügeleien im Kampf um ein Visum zum Himmel. Schließlich beschloß man, daß die Ehre, diesem triefenden Häuflein Mensch das eigene Sofa zu opfern, einem gewissen Antonio Martinez Mariscal zuteil werden solle; er war der älteste unter den Rettern und würde, wahrscheinlich früher als alle anderen, ein Plus auf der Habenseite des Seelenkontos benötigen. Der nächste Arzt wohnte in Maere de las Victorias, einer Kleinstadt, vielleicht achtzehn Kilometer landeinwärts. Paco Miranda Ramirez strampelte los, auf einem rostigen Fahrrad ohne Beleuchtung, um ihn zu holen. Da ihm die eine Chance für eine gute Tat entgangen war, riß er sich um eine andere, wenn auch anstrengendere und schwierigere. Eusebio Sanchez Marin war bereit, zu Fuß nach Santa Maria de la Immaculada Conception zu laufen, um aus dem Nachbardorf den Priester zu holen: Die gute Tat sollte doch von der richtigen Autorität registriert werden. Die übrigen Dorfbewohner schauten den beiden Freiwilligen nach – eifersüchtig wie Flagellanten in der Karwoche, die feststellen müssen, daß es nicht genügend Geißeln für alle gibt.

Es war schon fast vier Uhr früh, und am Horizont breitete sich federförmig ein schwacher Lichtschimmer aus, als Dr. Valdes in seinem rachitischen Auto eintraf. Auf dem Trittbrett stand Paco Miranda und hielt sein Fahrrad auf dem Wagendach fest. Einer der schwächlichen Scheinwerfer am Auto des Doktors blinzelte unentwegt zweideutig, wie ein alter Lüstling am

hinteren Bühneneingang. Der Arzt und sein Wagen glichen sich, waren sich ähnlich geworden wie Herr und Hund.
»Laßt mal dieses Wunder sehen«, schnaufte er, während er Antonios Hütte betrat. Vicente zeigte mit einem Kopfnicken auf den Fremden. Die Frauen machten ehrfürchtig Platz, und der Doktor sah einen verängstigten kleinen Mann in einem um etliche Nummern zu großen Hemd auf Antonios Bett liegen – wie das Modell einer Rembrandtschen Anatomievorlesung. Der ängstliche Ausdruck in seinem Gesicht war zweifellos bedingt durch diese Runde gigantischer Frauen, die über Nacht bei ihm gewacht hatten, murmelnd, ihren Rosenkranz betend und sein Gesicht nach einem überirdischen Zeichen absuchend. Alles in allem war das sicherlich nervenaufreibender gewesen als ein Schiffbruch.
»Er ist kein Spanier«, verkündete Pacos Gemahlin mit finsterem Blick – und dies bedeutete, daß ihm der Segen des wahren Kreuzes vielleicht verwehrt bleiben müsse. Die anderen Gattinnen wollten in ihren Vermutungen nicht so weit gehen, sie hielten ihn für einen Basken, einen Portugiesen aus einer fernen Provinz, vielleicht gar einen Südamerikaner. Der Arzt erkundigte sich, wie der Mann sich fühle. Er grinste ausdruckslos; anscheinend merkte er am Tonfall der Stimme, daß er angesprochen wurde, schien aber nicht fähig oder willens, eine Antwort zu geben.
»Meiner Meinung nach«, sagte der Arzt, »ist er ein Spanier wie jeder andere hier im Raum, aber geistig zurückgeblieben; oder er steht unter einem traumatischen Schock, der ihm die Sprache geraubt hat.«
»Ist er ein Spanier, Vicente?« fragte Paco.
Vicente schüttelte den Kopf.
»Was, zum Teufel, weiß denn der Alte?« ereiferte sich der Arzt. »Kann weder lesen noch schreiben, und plötzlich maßt er sich die Entscheidung an, ob jemand Spanier ist oder nicht!«
Vicente zuckte mit den Schultern – wie ein Kind, dem es ganz schnuppe ist, ob es bestraft wird.

Als Pater Ignacio, der Priester, eintraf, konnte Pacos Frau ihn in Kenntnis setzen, daß Gott ein Wunder an einem Narren gewirkt habe, der von vernünftigen Leuten aus tobender See gerettet worden sei. Dies habe, so deutete sie an, einen Ruch von christlicher Nächstenliebe, gewürzt mit einer Prise himmlischen Wohlgefallens.

Pater Ignacio, einer der Armen im Geiste, wie auch an Leib und Gliedern, war bestens bewandert in jenem Niemandsland skeptischer Erwartungen, wo manche Dorfpriester ihre Gedanken zur Weide führen. Kurz, er wußte, daß Wunder zu anderen Zeiten, an anderen Orten geschehen waren, und hatte dennoch die traurige Gewißheit, daß ihm selbst niemals etwas Außerordentliches widerfahren würde. Und falls doch, so hätte er sicher nicht gewußt, wie er sich verhalten sollte.
Plötzlich sprach der kleine Mann, er sagte etwas, das sich anhörte wie »Shkipra«.
»Shkipra, Shkipra«, wiederholte er beharrlich, als man ihn um eine Erklärung bat.
Die Frauen äußerten wilde Spekulationen über den Sinn dieses undefinierbaren Wortes, und endlich einigten sie sich, es müsse dem Wahnsinn entspringen. Doktor Valdes zerbrach sich den Kopf, ob es eine Krankheit dieses Namens gäbe – doch er hatte vor sehr langer Zeit sein Examen gemacht, und von seinen Patienten erwartete er, daß sie an wenigen, wohldefinierten Leiden erkrankten. Shkipra war da nicht vorgesehen.
Plötzlich reckte sich Pater Ignacio auf und sagte aus heiterem Himmel: »Senatus Populusque Romanus.«
Die Frauen blickten ihn fragend an.
»Was sagte der hochwürdige Vater?« fragte Pacos Frau.
»S.P.Q.R.«
»Shkipra«, bejahte der kleine Mann und deutete aufgeregt auf seine Brust.
»Der Mann ist zweifellos Römer«, erklärte Pater Ignacio, und

seine Augen funkelten durch den Blechrahmen seiner Brille. »Das ist's, was er uns sagen will.«
»Ein Römer?« stammelte Doktor Valdes. »Wie haben Sie das herausgefunden?«
»Senatus Populusque Romanus«, antwortete Pater Ignacio, »der Senat und das Volk von Rom ... Ich erinnere mich, diese Worte auf jeder Mülltonne der Ewigen Stadt gesehen zu haben.«
»Rom ist die Heimat unserer Mutter Kirche«, besann sich Pacos Gattin, mit einem blassen Anflug von Heiligkeit. »Die Heimstatt aller Wunder.«
»Was wollen Sie damit sagen, verdammt?« polterte Doktor Valdes. Er hatte einst in der Todesschwadron des Caudillo gedient und überlebt. »Spanien hat mehr Wunder hervorgebracht als jedes andere Land der Erde, und ohne Hilfe des Auslands. Die weinende Jungfrau von Fuenteleal, die blutspendende Quelle von San Leandro, der kopfnickende Christus vom Dornbusch ...«
Pater Ignacio hob eine nachsichtige, doch gebieterische Hand.
»Es schickt sich nicht, weltlichen Streit zu führen über die Größe unserer Wunder, verglichen mit jenen anderer Völker, zumal unser Reichtum an solchen göttlichen Erscheinungen uns Toleranz befiehlt gegen alle, die weniger reich gesegnet sind. Dennoch bleibt die Tatsache bestehen, daß dieser einfache römische Bauer sein Leben einer himmlischen Macht verdankt: Sie hat unseren guten Vicente heimgesucht und sein Auge auf einen bestimmten Punkt in den tosenden Wellen gelenkt. Also mag es genügen, daß dieser arme Bauer den einen wahren Glauben mit uns teile. Es ist eine vollkommene Legende – ihre Moral ist so klar und so schön wie eine Blume. *Deo gratias.*«
»Amen«, murmelten die Frauen.
Die Tür wurde aufgestoßen, und dort stand Sergeant Cuenca Loyola, auf dem Kopf die unheilverkündende Mütze der

Guardia Civil, in deren Plastikschirm sich das zitternde Kerzenlicht spiegelte. Hinter ihm stand Baez, sein Assistent.
»Was ist hier passiert?« knurrte Sergeant Loyola.
»Ein Wunder!« kreischten die Frauen.
»Ein Wunder? Ich bin sehr überrascht. Überrascht und empört über euch alle – Pater Ignacio, Doktor Valdes, Paco, Vicente ... Wißt ihr denn nicht, Männer, daß ihr mich sofort von der Ankunft eines Fremden benachrichtigen müßtet? Ich könnte euch verhaften für diesen Versuch des Menschenschmuggels nach Spanien.«
»Wäre ich nicht gerufen worden, dann wär's ein Leichenschmuggel«, zischte Dr. Valdes.
»Man hätte mich gleichzeitig benachrichtigen müssen!« Zu diesem Zugeständnis fand sich Sergeant Cuenca Loyola bereit. »Jetzt aber an die Arbeit!« rief er, und Baez zog ein Notizbuch und einen Bleistift hervor.
»Ich frage mich, zum Teufel, was Sie eigentlich auf Ihren Block schreiben wollen«, kicherte Dr. Valdes.
»Was wir auf unseren Block schreiben, ist eine Amtshandlung, und ich verbitte mir jeglichen Kommentar«, verkündete der Sergeant.
»Ich habe in der Todesschwadron gedient!« protestierte Dr. Valdes. »Ich kenne die amtlichen Vorschriften, und ich respektiere sie. Aber selbst General Millan-Astray, der ein Genie war – seine Seele ruhe in Frieden –, hätte das Schweigen des Kameraden hier nicht zu deuten vermocht.«
»Wir werden ihn zum Sprechen bringen!« rief der Sergeant. Er war überzeugt, daß auch ein Unwissender absichtlich versucht, seine Unwissenheit zu verheimlichen. »Nun also, Sie heißen?«
Der Fremde nickte und lächelte.
Dr. Valdes stieß ein asthmatisches Kichern aus.
»Sie sehen, er gibt Ihnen recht, Sergeant.«
»Ruhe! Ich frage Sie nach Ihrem Namen!«
»Shkipra.«

»Er ist Analphabet«, erklärte der Sergeant. »Baez, halten Sie den Namen in Lautschrift fest. Nun, in welcher Provinz sind Sie geboren?«
»Shkipra.«
»Geburtsdatum?«
»Shkipra.«
Der Sergeant explodierte. »Und Ihr Vater, Ihr Beruf, Ihre militärische Einheit – sie heißen wahrscheinlich allesamt Shkipra!«
»Shkipra.«

Später am Morgen bremste eine prächtige Limousine vor dem Polizeiposten von San Jorge de Bayona, der drei Offiziere der Guardia entstiegen. Sergeant Cuenca Loyola hatte sie in dringender dienstlicher Sache herbeigerufen. Als sie den weißgekalkten Raum betraten, wo Stille herrschte – bis auf das böse Summen der inhaftierten Fliegen –, sprang der Sergeant auf und bedeutete Shkipra, es ihm gleichzutun. Der arme Shkipra, der die Unmöglichkeit einer Kommunikation allmählich bedrückend empfand, saß einfach da und schwieg geduldig und starrte auf den Boden, als sähe er dort irgendwelche faszinierenden Schauspiele.
»Schon gut, schon gut«, lächelte Major Gallego y Gallego wohlwollend. Er setzte sich auf eine hölzerne Bank und winkte seine Kollegen zu sich heran.
»Nun, Sergeant, wo liegt die Schwierigkeit?«
Der Sergeant hob den Kopf. Er kam aber nicht dazu, das Wort zu ergreifen, denn plötzlich war das ganze Dorf vor dem kleinen vergitterten Fenster zusammengeströmt – ganz zu schweigen von Vicente, der in der offenen Tür lehnte, mürrisch und geistesabwesend an einem Ort, wo er nichts zu suchen hatte.
»Weg da! Weg vom Fenster! Hinaus, hinaus!« brüllte der Sergeant.
»Ruhe«, sagte der Major. »Wir wollen doch Haltung bewah-

ren, ich muß sehr bitten. Also, Sergeant, erstatten Sie uns Bericht.«
Dem Sergeanten war peinlich bewußt, daß er sein Gesicht verloren hatte. Er verfluchte die dienstlichen Vorschriften, die einen Mann manchmal zwangen, höhere Mächte zu Hilfe zu rufen. Er räusperte sich.
»Diese Person, Señor, hat gestern abend, zwischen dreiundzwanzig und vierundzwanzig Uhr, auf ungesetzliche Art und Weise spanischen Boden betreten.«
Der Major lächelte.
»Hat der Mann sich bei der Polizei gemeldet?« fragte Hauptmann Zuñiga.
»Hatte er Waren zu verzollen?« fragte Leutnant Quiroga, der Kommandant der örtlichen Zollbehörde.
Der Major hob die Hand und bat um Ruhe.
»Was verstehen Sie unter ungesetzlicher Art und Weise?« erkundigte er sich.
Der Sergeant zögerte.
»Eine Art und Weise, die nicht mit der üblichen gesetzlichen Art und Weise der Einreise ins Land übereinstimmt«, sagte er.
»Falls ein Engel vom Himmel plötzlich auf Ihrem Dach landen sollte – würden Sie dies als ungesetzliche Art und Weise der Einreise ins Land bezeichnen?«
»Nein, Señor.«
»Warum nicht?«
Der Sergeant spähte nervös nach dem Priester, der, weil er mit dem ganzen Dorf vor dem geschlossenen Fenster stand, von dem Wortwechsel nichts gehört haben konnte.
»Nun ja, Señor. Äh, ich würde dies als ungesetzlich betrachten, falls ich keine diesbezügliche Dienstanweisung erhalten hätte.«
»Von wem?«
»Von Ihnen, Señor.«
Der Sergeant fuhr sich mit einem Tuch über die Stirn.

»Warum von mir?«
»Von Ihnen oder von Pater Ignacio.«
»Sehr gut.« Der Major grinste.
»Wären Sie nun bereit, Sergeant, mir den genauen Hergang zu schildern, wie diese Invasion die spanische Grenze verletzte?«
»Diese Invasion?«
»Nun, dieser Mann.«
»Er wurde von den Dorfbewohnern an Land geholt. In einem Boot.«
»In einem Boot? – Mit anderen Worten, er stand im Begriff, in spanischen Hoheitsgewässern zu ertrinken?«
Der Sergeant verabscheute den Ton des Majors, ohne ihn ganz zu verstehen.
»Er ertrank, jawohl, oder zumindest schwamm er im Wasser.«
»Auch eine Art, die Kosten alltäglicherer Verkehrsmittel einzusparen. Obwohl es anstrengend sein könnte, wenn man viel Gepäck hat.«
Der Major wandte sich an Quiroga, den Herrn der Zölle. »Wir dürfen doch mit hoher Wahrscheinlichkeit annehmen, Quiroga, daß dieser Mann bei der Einreise nur sehr wenig zu verzollen hatte. – Wie war er bekleidet, Sergeant?«
»Mit einer Hose, Señor.«
»Einer Hose – war das alles?«
»Nur eine Hose, Señor.«
»Falls er irgend etwas zu verzollen hatte, Quiroga, dürfte es dasjenige Teil gewesen sein, das jedes Mitglied des männlichen Geschlechts schamhafterweise verbirgt.« Er lachte über seine eigene Frivolität, dann sagte er mit gespielter Besorgnis: »Der Priester kann, hoffe ich, nicht am Fenster lauschen?«
»Nein, Señor.«
»Was aber, Sergeant, gab dieser Mann zu Protokoll, nachdem er sich einigermaßen erholt und die Sprache wiedergefunden hatte?«

»Nichts, Señor. Er weigerte sich hartnäckig, etwas zu sagen.«
»Er weigerte sich? Kamen Sie nicht auf die Idee, er könnte unfähig sein, etwas zu sagen?«
»Doch, er sagte *ein* Wort, Señor.«
»Ein *Wort*, Sergeant? Folglich hat er nicht *nichts* gesagt, wie Sie behaupten.«
Wieder fuhr sich der Sergeant über die Stirn.
»Wie lautet dieses Wort, Sergeant?«
»Shkipra.«
»Und was bedeutet es?«
»Ich weiß nicht, Señor.«
Der Major seufzte.
»Auf welche Frage antwortete er mit diesem Wort – wie hieß es doch gleich?«
»Shkipra, Señor. Auf alle Fragen, Señor.« Der Sergeant hielt zwei Blätter seines Formulars empor. »Ich weiß nicht, in welche Spalte ich die Antwort eintragen soll, Señor.«
Der Major wandte sich an den Fremden.
»Wie heißen Sie?«
»Shkipra.«
»Wie gefällt es Ihnen in Spanien?«
»Shkipra.«
»Verstehe, was Sie sagen wollen.«
Der Major zog ein Päckchen Bisontes aus der Tasche und bot dem Mann eine an.
»Zigarette!« rief der Mann erfreut und nahm sich eine.
»Er spricht zumindest *zwei* Wörter, Sergeant«, drohte der Major. »›Shkipra‹ und ›Zigarette‹.«
»Zigarette«, pflichtete der Mann eifrig bei.
»Nun, ich weiß, was wir tun werden«, sagte der Major. »Olá, Sie da«, rief er dem in der Tür lehnenden Vicente zu. »Laufen Sie rasch ins Schulhaus, und holen Sie einen Weltatlas.«
»Es ist sinnlos«, seufzte der Sergeant. »Er kann weder lesen noch schreiben.«
»Haben Sie verstanden?«

Vicente ersparte sich eine Antwort, setzte sich aber gemächlich in Bewegung.

Die Dorfbewohner staunten nicht wenig, als sie Vicente bald darauf mit einem Globus daherkommen sahen, den er wie eine Speckseite hoch über dem Kopf trug.
»Ist nicht gerade das, was ich meinte«, sagte der Major. »Aber es muß genügen.« Er wandte sich an den Fremden. »Shkipra?« fragte er.
Der Fremde runzelte angestrengt die Stirn. Er hatte Probleme mit der merkwürdigen Form dieser Landkarte, fuhr aber mit einem tastenden Finger auf ihr herum. Plötzlich stoppte er den kreisenden Globus und zeigte auf ein kleines Land, wobei er aufgeregt rief: »Shkipra! Shkipra!«
Der Major setzte seine Brille auf und musterte das angegebene Territorium.
»Albanien«, verkündete er.
»Albanien«, hallte das Echo durch den Raum.
»Unmöglich«, sagte Zuñiga.
»Tirana?« fragte der Major.
»Tirana«, erwiderte der Fremde. »Dürres, Elbasan, Shkoder.«
»Also, es ist Albanien«, erklärte der Major und klappte seine Brille zusammen.
»Aber, dies ist ein kommunistisches Land«, wandte Quiroga ein.
»Es ist auch ziemlich weit für einen einsamen Schwimmer«, grübelte der Major.
»Was tun wir jetzt?«
Der Major überlegte einen Moment, dann sagte er: »Dies ist ein Fall für Madrid.«
»Einstweilen werde ich den Mann in Haft nehmen«, meldete sich der Sergeant erneut zu Wort.
Der Major musterte seinen Mann.
»Oh, ich denke, das wird kaum nötig sein, Sergeant. Geben

Sie ihm etwas zu tun. Ich vermute, er ist keine große Gefahr für unsere Sicherheit.«

Bevor der Sergeant protestieren konnte, ließ Vicente ein Zungenschnalzen hören, das ihm die Aufmerksamkeit aller Anwesenden eintrug. Mit einem Wink seiner Augen forderte er den Fremden auf, ihm zu folgen. Der Fremde sprang auf, ohne zu fragen und ohne jemanden um Erlaubnis zu bitten, und ging mit Vicente fort.

»Wer ist das?« fragte der Major bewundernd. Selten hatte er eine so eindrucksvolle Haltung der Autorität erlebt, wie Vicente sie zur Schau trug.

»Ach, ein armer Ignorant«, erwiderte der Sergeant mit schlecht verhohlenem Haß. »Er war es, der El Albanes gerettet hat.«

»Dann ist es gut, daß sie Freunde werden«, sagte der Major. »Kommen Sie, wir müssen unseren Bericht für Madrid aufsetzen.«

Mit einer nachsichtigen Abschiedsgebärde, die bewies, daß der Major gar kein so furchterregender Mann war, erklärte er dem Sergeanten, daß es nicht nötig sei, das Formular auszufüllen. Der Sergeant aber konnte in solcher Milde nichts anderes als eine Kränkung sehen, denn in seinen Augen war ein Sergeant ohne ein ausgefülltes Formular nur ein halber Sergeant.

Tag für Tag, manchmal bis spät in die Nacht, saßen nunmehr zwei Gestalten auf der Mauer am Meer. Sie sprachen nie miteinander – es gab nichts zu sagen und keine gemeinsame Sprache, in der etwas gesagt werden konnte. Ihre Augen richteten sie unverwandt auf diese mächtige Winterlandschaft mit ihren kreischenden Möwen und ihren großen Ungewißheiten. Manchmal drehten sie sich eine Zigarette; manchmal knüpften sie nutzlose Knoten in herumliegende Fetzen alter Fischernetze und lösten sie dann wieder auf. Hin und wieder weckte irgend etwas ihre Aufmerksamkeit; sie hoben den Kopf, nah-

men Kenntnis oder lächelten sogar. Das Äußerste, was sie im Sinn eines normalen Gesprächs je erreichten, geschah, wenn einer fragend eine Wolke betrachtete und der andere bedächtig nickte oder halb die Schulter hochzog. Die Dorfbewohner hüteten sich, in dieses große Schweigen einzudringen; es war für sie ein Quell der Ruhe geworden, ein guter Einfluß auf alle, die dafür empfänglich waren – und die Vorgeschichte kannten. Gelegentlich kam Pacos Frau oder eine andere dieser stattlichen Damen mit einem Leckerbissen, der übriggeblieben oder extra für die zwei Alten gekocht worden war. Und jeden Morgen befragten die Fischer Vicente nach dem Wetter, und er antwortete mit einer bejahenden oder verneinenden Gebärde. Der Albaner, der solche Fragen mühelos verstand, antwortete schweigend und auf die gleiche Art wie Vicente – aber mit freundlicheren und weniger knappen Gebärden als sein Freund: Gebärden, die einer schmeichelnden Choreographie entsprangen.
Lärmende Kinder verstummten für einen Moment, wenn sie auf dem Schulweg oder zurück an der Mauer am Meer vorbeikamen; räudige Hunde, verwildert und scheu, die jedem Menschen in weitem und mißtrauischem Bogen auswichen, verdächtig zitternd und ängstliche Blicke aus gelben Augen werfend, trabten zutraulich zu den beiden Alten hin, wedelten mit dürrem Schwanz und blickten wachsam. Manchmal täuschte sie der Albaner, indem er so tat, als schleudere er einen Stein. Die Hunde wirbelten herum, lauerten auf das Geräusch des fallenden Kiesels, und wenn es ausblieb, wandten sie langsam den Kopf – mit dem geduldigen Blick von Genasführten. Manchmal pfiff dennoch ein Steinchen durch die Luft, hüpfte fröhlich über andere Steine, während die Hunde ihm jaulend nachjagten und verblüfft vor einem Meer von Kieseln stehenblieben, ohne den einen entdecken zu können, der durch die Luft geflogen war und jetzt so reglos dalag wie alle anderen. Dann mochte irgendein harmloser Dorfbewohner vorbeikommen, und wieder ließen die Hunde die

Köpfe hängen, fletschten ihre ungesunden Zähne und trippelten, wie auf Zehenspitzen, in scheinbar ziellosen und haßerfüllten Kreisen um den Eindringling herum.
Eines Tages fuhr Major Gallego y Gallego wieder in seinem blauen Auto vor, und El Albanes wurde fortgebracht. Vicente lehnte sich gegen die Tür des Wagens, und der Major mußte ihn auffordern zurückzutreten. Er weigerte sich. Der Wagen fuhr los, und Vicente stolperte hinter ihm auf die Straße. Fast einen Kilometer weit lief er hinter dem Auto her – dann blieb er stehen, mitten in dieser kahlen spanischen Landschaft. So weit vom Meer entfernt, fühlte er sich verloren. Die Straße führte nirgendwohin. Nur Staub und Trockenheit gab es hier. Die Bäume schienen abgestorben, die Büsche waren grau vor Wassermangel. Sogar das erregte Zirpen der Zikaden war für Vicentes Ohren ein fleischloser Ton, ein Aneinanderschaben bleicher Knochen, fast ein Signal des Todes. Bedrückt wandte er sich ab und kehrte zum Meer zurück, zu den Grenzen seines Begreifens. Sein Gesicht war voll Trauer – ein Gefühl, soviel schlimmer als Schmerz, weil es beharrlicher war.
Zurückgekehrt, legte er sich an den Strand und schlief ein. Als es dämmerte, wachte er auf, wollte aber nicht aufstehen. Die Dorfbewohner waren beunruhigt, als sie ihn dort liegen sahen; noch beunruhigter waren sie, ihn nicht auf der Mauer sitzen zu sehen. Pacos Frau kochte etwas für ihn, aber er weigerte sich, es anzurühren. Die Besorgnis der Dorfbewohner verwandelte sich in Wut.
»Warum durfte El Albanes nicht hierbleiben?« kreischte die Gattin des José Machado Jaen. »Was hatte er denen getan?«
Die Männer waren weniger sentimental. Sie waren tolerant gegen Formulare und Fragebogen und Soldatendienst und Krieg. Auch wenn sie diese Dinge nicht völlig verstanden, waren es immerhin Schranken, die der Einfluß einer Frau nicht zu durchdringen vermochte. Die Regionen maskulinen Schwachsinns sind gut bewacht.
Erst nachdem allen klar wurde, daß Vicente sterben wollte,

vereinigten sich die Männer mit dem Chor der Klageweiber.
Pater Ignacio kam, über seine Soutane stolpernd, herunter zum Strand. Er versuchte Vicente zu überzeugen, daß Selbstmord eine Todsünde sei. Doch alle Hinweise auf Feuer und Schwefel der Hölle verhießen nur Erlösung vom sinnlosen Schmerz dieser Welt.
Auch Dr. Valdes stattete dem Strand einen Besuch ab, auf Bitten des Paco Miranda Ramirez, der wieder auf seinem Fahrrad nach Maera de las Victorias gestrampelt war.
»Wenn Sie nicht essen wollen«, keuchte Dr. Valdes, »lasse ich Sie fortschaffen. Und im Krankenhaus von Maera wird eine schreckliche und verschrumpelte alte Nonne etwas mit Ihnen machen, was man als intravenöse Ernährung bezeichnet. Wissen Sie, Don Vicente, was das ist? Man wird Ihnen ein fingerdickes Loch in den Arm stoßen und Fleischbrühe hineinpumpen, bis sie Ihnen aus den Augen fließt. Ich kannte mal eine Frau, der, immer wenn sie weinte, Fleischbrühe über die Wangen floß. Jeder sah ihre Schande, und statt Mitleid mit ihrem Kummer zu haben, sagten die Leute: ›Aha, sie war bei den guten Schwestern im Hospital von Maera, sie wurde intravenös ernährt, die verworfene Seele.‹«
Es war vergeblich. Immer wenn Dr. Valdes Vicente den Puls fühlen oder ihm ins Gesicht sehen wollte, wälzte sich dieser auf die andere Seite. Schließlich gab der Arzt sein Bemühen auf und fragte nur noch, wer sein Honorar zu bezahlen gedächte.
In letzter Not baten die Dorfbewohner den Sergeanten, Cuenca Loyola, an den Strand zu kommen. Es gab wenig Hoffnung, daß er Erfolg haben würde, wo andere vor ihm gescheitert waren. Dennoch machte er einen tapferen Versuch.
»Hör mich mal an, *hombre*«, sagte er und versuchte, sich in den Sand zu knien, ohne seine Uniform zu beschmutzen. »Du hast keinen Grund, traurig zu sein. El Albanes wird nach Hause fahren, hörst du, nach Albanien, oder wo immer diese

Leute wohnen, diese Shkipras. Wie würdest du es finden, in einem Land zu leben, wo du die Sprache nicht verstehst?«
Vicente sah ihn müde an. Doch sein Gesicht verriet, daß er es wunderbar finden würde.
»Und jetzt sieh zu, daß du etwas in den Bauch bekommst. Sei doch kein Narr. Ich kann dir nicht befehlen, etwas zu essen. Ich kann dich nur bitten, weißt du, was ich hiermit tue. Du hast gute Arbeit geleistet mit El Albanes, jetzt mach nicht alles kaputt. Ich habe einen Bericht geschrieben, und du bist darin erwähnt. Einen Bericht an die Behörden in Madrid. Dein Name liegt also zur Stunde auf einem Schreibtisch in Madrid!«

Das Rettungswerk an Vicente hielt alle in Atem. Tagsüber gab es kaum einen Moment, in dem nicht irgend jemand bei ihm war, sogar Journalisten aus der nächsten Stadt. Und der erste, der morgens aufstand, erzählte den anderen, daß Vicente noch am Leben sei.
»Was sollen wir machen?« fragte Major Gallego y Gallego, den man in seiner dienstlichen Funktion hinzugezogen hatte. Wie immer war er fasziniert von den Launen des Schicksals und von der unergründlichen Dummheit der Menschen. »Einen Mann, der sterben will, kann man nicht am Sterben hindern«, sagte er. »Vielleicht würde solch ein Versuch sogar die Würde und Freiheit des Individuums verletzen, egal, was Mutter Kirche sagen mag. Aber welchen Grund hat dieser Mann, sterben zu wollen? Jedem aufgeklärten und gebildeten Menschen mag es lächerlich vorkommen, und dennoch: Hat die Schlichtheit und Reinheit dieses Wunsches nicht etwas Erhabenes? Erinnert er nicht an die junge Liebe zweier Schulkinder oder gar an die bedingungslose, stumme Anhänglichkeit eines Hundes? Ja, eines Hundes! Dies ist kein entwürdigender Vergleich: Denn sosehr ich meine Frau und meine Kinder liebe, ist mein Hund doch das einzige Wesen auf dieser Welt, dem ich immer vertrauen kann – gerade weil er stumm

ist. Wörter betrügen nur, sie machen alles so kompliziert. Ich weiß nicht, wie ich ohne sie leben könnte; aber gelobt seien diejenigen, die es können.«

»Ach, können wir ihm denn gar nichts sagen, was ihn aufheitern würde?« fragte Pater Ignacio, der bei jedem auch nur entfernt Voltairianischen Gedanken schamhaft errötete und vermeiden wollte, sich in einen Disput mit dem Major verwickeln zu lassen – hauptsächlich aus Angst vor Ansteckung durch den Zweifel.

»Ich bin überzeugt, es wäre ein Trost für unseren armen Freund, wenn wir ihm sagen könnten, daß El Albanes wohlbehalten seine Heimat erreicht hat; daß er wieder glücklich mit seiner Familie vereint ist.«

»Wir könnten es ihm sagen, aber es wäre eine Lüge.«

»Lügen dürfen wir nicht. Nein, das dürfen wir nicht«, erwiderte Pater Ignacio. »Aber gibt es denn keinen fröhlichen Aspekt der Wahrheit, den wir noch etwas fröhlicher ausschmücken könnten?«

»Noch nicht. Man hat ihn nach Madrid gebracht. Zur Zeit gibt es nur zwei albanische Flüchtlinge in Spanien, und beide werden von der Polizei als politisch unzuverlässig eingestuft. Was die Frage betrifft, wieso der Albaner in unseren Hoheitsgewässern schwamm, tappen wir noch immer völlig im dunkeln. Wir haben keine diplomatischen Beziehungen mit Albanien, darum sind wir auf die Schweiz angewiesen, um ihn dorthin zu bringen, woher er gekommen ist. Außerdem gab es leider eine Verzögerung. Die Amerikaner haben Wind von der Sache bekommen und wollten den Mann verhören, denn sie befürchten, daß albanische und sogar chinesische Unterseeboote in diesen von einer amerikanischen Flotte befahrenen Gewässern operieren. Ein Admiral, ein Vizeadmiral und drei Konteradmirale haben ihn drei Stunden lang verhört.«

»Was hat er gesagt?« fragte Zuñiga.

Der Major lächelte.

»Shkipra«, sagte er.

Eines Morgens, man hatte schon alle Hoffnung aufgegeben – der Fall dieses Mannes am Strand beschäftigte die ganze spanische Presse und sogar die internationalen Nachrichtenagenturen, und die Polizei hatte beschlossen, Vicente mit Gewalt in ein Krankenhaus zu bringen –, bat der Alte mit schwacher Stimme Pacos Frau um ein Stück Brot. Er aß ein paar Brocken, trank einen Schluck Fleischbrühe, und nach einer Weile stolperte er unsicher, Schritt für Schritt, bis zur Mauer, wo er sich hinsetzte, tief durchatmete und zufrieden aufs Meer blickte.
Manche, wie Dr. Valdes, äußerten ihr Bedauern, daß er nicht gestorben sei: Es wäre ihm eine Lehre gewesen. Pater Ignacio ahnte ein neues Wunder und ließ aus Dankbarkeit die Kirchenglocken läuten. Der Sergeant hätte Vicente lieber im Hospital gesehen, »wo solche armen Irren hingehören«. Nur Paco und die Fischer wußten, daß Vicentes plötzliche Rückkehr auf die Mauer mehr mit Vernunft zu tun hatte als mit Verzweiflung.
»Die Angst vor dem Sterben hätte nicht ausgereicht, ihn zur Besinnung zu bringen«, erklärte Paco mit einem Blick nach der wunderlichen kleinen Gestalt, die wieder auf ihrem alten Platz saß.
In Wahrheit aber hatte es für Vicente nichts Rätselhaftes, wenn ein Albaner vor den Küsten Spaniens im Wasser schwamm. Er wäre auch nicht überrascht gewesen, hätte der Mann sich als Pygmäe oder als Kopfjäger aus Borneo herausgestellt. Das Meer ist das Meer, ein Ort ohne Grenzen und ohne Überraschungen. Seine Gesetze sind älter und unerbittlicher als das Gesetz der Menschen. Ein Mann, der über Bord gefallen ist, wird gerettet, gleichgültig welcher Rasse und welchen Glaubens er ist. Zumindest versucht man, ihn zu retten, und äußerstenfalls kann nur Heldenmut, nichts Geringeres, dem alten Gesetz gehorchen. Ein Kriegsschiff könnte einer offenen Stadt einen Freundschaftsbesuch abstatten; aber wer hätte je davon gehört, daß eine Infanterieeinheit in freundlicher Absicht eine Stadt besetzte?

Das Land ist's, wo die Schwierigkeiten beginnen. Diese Straßen, die nirgendwohin führen, Staub und Sand und verdurstende Bäume, und all diese Menschen, zusammengepfercht auf einen wimmelnden Haufen, diese Kasernen und Kirchen, und diese schmutzigen Fluten der üblen Nachrede, des Gerüchts und der Denunziation.
All dies dachte Vicente nicht. Er brauchte keine solchen Gedanken, um zu wissen, daß er seinen eigenen, bescheidenen Einsichten folgen sollte. Und diese waren hell und klar. Seine Ahnungen waren unfehlbar, sein Begreifen so tief, daß es selbst für einen Dichter unaussprechlich gewesen wäre.
Wenn er also beschlossen hatte, auf seine Mauer am Strand zurückzukehren, so deshalb, weil etwas in ihm – vielleicht seine Zehen, seine Augen, sein inneres Ohr oder eine Regung des Herzens – ihm sagte, daß irgendwo, an einer anderen Stelle dieser weiten Arena, ein Freund wieder an seinen Platz auf der Tribüne zurückgekehrt war – und dort wohl auf einer anderen Mauer saß, vor einem anderen Haufen von Kieseln am Strand, seine Sinne auf einen anderen Horizont gerichtet, der nicht derselbe, aber dennoch in etwa der gleiche war.

Die Schweizer Uhr

Wie zahlreiche andere Italienerinnen, die die Ehe an sich hatten vorüberziehen lassen, war Pia Chiantella in die Fremde gezogen, um dem realen oder eingebildeten Leid ihrer Heimat zu entfliehen und ihr Brot anderswo zu verdienen. Zu gefühlvoll, um verbittert zu sein, verdingte sie sich in Paris als Dienstmagd bei Monsieur Petiton, einem französischen Bankier, der die meisten ihrer guten Eigenschaften ignorierte – er hatte einfach keine Zeit, sie aufzuspüren –, jedoch ihre Ehrlichkeit schätzte; eine Tugend, für die ein Bankier außerordentlich empfänglich ist, vor allem dann, wenn sie sich im Bereich kleinerer Summen und belangloser Vertrauensgesten äußert.

Als Weihnachten nahte, bereiteten die Petitons sich vor auf den alljährlichen Umzug in ihr Chalet in der Schweiz – ein neues und ziemlich gewöhnliches Bauwerk, entsprungen der vielseitigen Phantasie Monsieur Petitons, der wie so mancher Selfmademan überzeugt war, von Architektur mehr zu verstehen als diejenigen, die das Handwerk gelernt haben. Das Chalet stand an einem schattigen Hang, mit Blick auf ein sonniges Tal, und hatte in all seiner Arroganz und Feindseligkeit etwas Mittelalterlich-Strenges, aufgelockert nur durch den verschwenderischen Prunk modernen Gitterwerks vor dem Hintergrund mediterran-pinkfarbener Stuckarbeiten und alpenländischen Arvenholzes – sowie durch die scheußlichen Zwerge aus buntem Gips und die geschmacklosen steinernen Hasen und Eichhörnchen, die im Garten verstreut standen.

Madame Petiton hatte den Vorschlag gemacht, man könne doch Pia auf diese Reise mitnehmen, sowohl zur Belohnung für ihre Dienste wie auch zu dem Zweck, sie tüchtig mitarbeiten zu lassen bei der Betreuung von vier aufsässigen Kindern, die der Bankier zwischen all seinen weitgestreuten Aktivitäten wie nebenbei gezeugt hatte. Monsieur Petiton war einverstanden. Kurz vor Weihnachten brach die Karawane auf aus Paris – die Familie im Schnellzug, Monsieur und Madame Petiton in ihrem Cadillac mit Chauffeur.

An dem ersten Tag oben in den Bergen hatte Pia die Kinder ganz für sich allein. Unterstützung fand sie nur in Madame Demoruz, einer Einheimischen, die das Chalet das runde Jahr hindurch zwei Stunden täglich putzte. Etwas wie Freundschaft entstand zwischen diesen beiden, die nichts Gemeinsames hatten. Doch immerhin werden Freundschaften überall auf der Welt aus keinem besonderen Grund geschlossen, außer aus Einsamkeit, insbesondere wenn auch noch jener Kitt beiderseitig vermuteten Unglücks hinzutritt, der dem taktvollen Schweigen etwas Pikantes verleiht.

Der Cadillac war, hundert Kilometer vom Ziel entfernt, elend in einer Schneewächte steckengeblieben, und Monsieur und Madame Petiton hatten keine andere Wahl, als ihre erste Urlaubsnacht in einem Hotel an den Gestaden des Genfer Sees zu verbringen. Der holländische Chauffeur, der sich möglicherweise als Held bewährt hätte, wo es den mächtigen Wagen aus Deichbruch und Sturmflut zu bergen galt, war völlig hilflos gegenüber den Bedingungen in den Bergen, die er noch nie gesehen hatte. Übrigens war es typisch für Monsieur Petiton, lieber ausländischem Personal sein Vertrauen zu schenken. Gegenüber Mitgliedern der eigenen Nation fühlte er sich etwas unbehaglich, da er ihre Kritik zu spüren meinte. Und er lebte diesen Komplex auch aus, indem er verkündete, daß die Franzosen seiner Wertschätzung nicht mehr würdig wären.

Genau an jenem ersten Abend, allein in einer überheizten

Küche, bekam Pia etwas von der obszönen Einsamkeit aller großen amtlichen Feiertage zu spüren. Diese Feste haben eine gewisse Art, Menschen zusammenzuführen und jene doch auszuschließen, die allein stehen und niemanden haben, zu dem sie gehen könnten. Die Kinder waren im Bett. Sie tobten dort oben mit wildem Geschrei, aber offiziell waren sie im Bett. Es waren nicht Pias Kinder, und ihre Eltern waren nicht da. Im Dorf stand ein Weihnachtsbaum, beleuchtet von bunten Lampen. Es schneite. Ein Kloß bildete sich in Pias Kehle. Sie war einverstanden gewesen, in die Schweiz mitzukommen, sie hatte sich willig und gar begeistert gezeigt, aber dies war nur ihre instinktive Treue zu Menschen, die freundlich zu ihr waren. Für sie bedeutete es, ihren Mann in Paris zurückzulassen. Ihr Mann (*il mio uomo*, so nannte sie ihn) war ein Verschwender und unverbesserlicher Taugenichts, ein italienischer Kellner, den es nie in einer Stellung hielt. Es gab wenig Verbindendes zwischen ihnen beiden, außer dem Geld, wovon sie immer ein bißchen und er nichts besaß; aber sie sprachen Italienisch, und bei ihm fühlte sie eine gewisse Sicherheit, sogar Geborgenheit.

Ihre Liebe hatte etwas von jener rätselhaften Beziehung zwischen Hure und Zuhälter, und jetzt fragte sie sich, was er ohne sie in Paris wohl anstellen würde. Wahrscheinlich würde er sich betrinken und in seinem fröhlichen Rausch ein anderes Mädchen finden, das er beschützen konnte.

In wachsender Wut über solche nagenden Zweifel schaltete sie ihr kleines Transistorradio an. Der Italienische Rundfunk übertrug »Cavalleria Rusticana« – in voller Länge – direkt aus der Scala. Das machte die Sache nicht besser. Bei jener herzergreifenden Szene, als Turiddu von seiner Mutter Abschied nimmt, brach Pia zusammen und weinte. Nachdem sie geweint hatte, betete sie. Nachdem das Gebet sie ein wenig getröstet hatte, begann sie nachzudenken, und zwar im Banne dieses ganz und gar unwirklichen Opern-*Verismo*.

Sie dachte an ihre Schwester Margherita, die ihr stets eine gute

Freundin gewesen war – bis zu ihrer Verheiratung. Danach aber hatte sie eine herablassende Haltung gegenüber ihrer unverheirateten Schwester eingenommen und jeden – noch so förmlichen – Kontakt zwischen ihren Söhnen und der »Tante in dienender Stellung« abgelehnt. Sie waren zwei prächtige Burschen, Giorgio und Manlio, achtundzwanzig und sechsundzwanzig, auch wenn sie sich noch immer für keinen Beruf entschieden hatten. Manlio konnte man seine Faulheit leichter verzeihen, denn er war sehr schön, Giorgio dagegen bodenlos häßlich, aber dies änderte nichts an der Tatsache, daß beide am liebsten in der Sonne lagen, mit kleinen goldenen Medaillons auf der behaarten Brust, und darauf warteten, daß irgend etwas passierte. Und während sie warteten, träumten sie vom Auswandern nach Australien, träumten von der Eröffnung einer Snackbar in Rom, träumten davon, auf ihren Fahrrädern den »Giro d'Italia« zu gewinnen. Aber keiner von beiden hatte die Energie, mit dem Rad bis zur nächsten Straßenecke zu strampeln, ohne sich unterwegs lang hinzustrecken und von etwas anderem zu träumen – manchmal sogar vom Elend im tiefen Süden Italiens, mit seinen alten Rivalitäten und seiner noch älteren *indifferenza,* seinem widerlich blauen Himmel und seinem Meer unter sengender Sonne. Armes Italien, arme Menschen, wir alle! Und doch schien es ihnen – wie den meisten Taugenichtsen – nie an Taschengeld zu mangeln, auch wenn niemand sagen konnte, woher es kam und wieviel es war.

Jetzt, unter dem Einfluß von Mascagnis berauschender Musik, entflammte Pia in wilder und törichter Liebe zu diesen beiden Burschen, mit denen sie durch Blutsbande verwandt war und die gewiß ihr eigen gewesen wären, hätte ein launischer Gott es nicht anders gewollt. Auch entbrannte sie in loderndem Haß auf den Schnee, dieses glitschige Kostüm der Erde in alpinen Regionen, das seine Bosheit hinter scheinbarer Harmlosigkeit verbarg. Sie wurde von Sehnsucht gepackt – Sehnsucht nach heißer, rissiger Erde, die unter nackten Füßen brannte, nach

dem Duft sonnendurchglühter Pinien, nach dem herben Geruch getrockneter Fische und Kräuter in den Läden.
Als die Oper zu Ende war, ging sie zu Bett und versank in zornige und rührselige Träume.
Am anderen Morgen, als Madame Demoruz gekommen war, nutzte sie die Gelegenheit zu einem Ausflug ins Dorf. Dort gab es, am anderen Ende, ein kleines Geschäft, in dem beinah alles zu haben war – von Kleiderhaken in Form von Hirschgeweihen bis hin zu Skistiefeln, von schlichteren Schweizer Uhren bis zu holzgeschnitzten Souvenirs. Dort kaufte Pia für einhundertachtzig Franken und all ihre Liebe ein Weihnachtsgeschenk für Manlio. Für Giorgio kaufte sie keines, und zwar aus mehreren Gründen: Zum einen war er häßlich, und notfalls hätte sie ihn – selbst in der Phantasie – mit Freuden ihrer Schwester überlassen; zum anderen konnte sie sich, wenn sie auch Giorgio bedenken wollte, kein wahrhaft schönes Geschenk für Manlio leisten. Und letzten Endes war Giorgio der ältere und konnte gut für sich selber sorgen.
Beraten von Monsieur Knüsperli, dem Inhaber des Geschäfts, wählte sie eine oktagonale Armbanduhr, die nicht nur das Datum anzeigte, sondern auch einen Wecker hatte. Er packte die Uhr in eine hübsche Schachtel, verziert mit einem endlos fortlaufenden Weihnachtsmotiv; und sie brachte sie zur Post, adressiert an ihren Neffen.
Das Ehepaar Petiton traf Stunden später ein, und das Leben verfiel in eine behäbige Routine. Monsieur Petiton machte lange Spaziergänge von wenigen hundert Metern, bewaffnet mit einem Alpenstock und behütet von einem grünen, mit Talismanen und Rasierpinsel verzierten Trenkerfilz. Madame Petiton, jünger als ihr Gemahl, frönte in Dauerbegleitung eines berühmten Bergführers dem Skisport. Die Kinder tobten am Idiotenhügel, während Pia, verloren in ihrer städtischen Kleidung, unten wartete – in der einen Hand einen Rodelschlitten, über dem anderen Arm ein Bündel Wolldecken.
Die Ferientage vergingen wie im Flug, und bald war es wieder

Zeit für die Schule. Pia sollte die Kinder zurück nach Paris begleiten, wo Miss Frazer, das schottische Kindermädchen, nach ihrem weihnachtlichen Heimaturlaub ihrer harrte. Das Ehepaar Petiton wollte noch ein Weilchen bleiben – Madame, weil der große Bergführer ihr versprochen hatte, sie auf entlegene Gipfel zu führen und ihr neue Tricks beizubringen; Monsieur, weil er eine dem Skilauf ebenso abgeneigte Gefährtin aus einem Nachbar-Chalet gefunden hatte. Der Cadillac wartete inzwischen im Unterland auf neue Taten, so daß Pia die kreischende Bagage mit dem Nachtzug in die Obhut von Miss Frazers strengen Augen und harter Hand zurücktransportieren mußte. Sie erreichte Paris im Zustand seelischer und körperlicher Erschöpfung, nur um dort ein Päckchen vorzufinden, das an sie adressiert war. Es war eine Uhr, an sie zurückgesandt mit einem verlegenen Entschuldigungsbrief von Manlio, der sie bat, sie womöglich gegen ein anderes Modell umzutauschen – ohne Wecker! Denn diese Uhr habe ihn einmal in einer heiklen Situation geweckt – mit bedenklichen Folgen für sein Herz.

Der Brief war kurz, wie man es von einem Menschen mit so geringer Ausdauer erwarten konnte, und enthielt kein Dankeswort für das Geschenk der Tante. Sie verübelte es dem Neffen nicht, denn Männer haben Wichtigeres zu tun, als sich an Dankesschulden zu erinnern. Aber es machte ihr Kopfzerbrechen, wie oder wo sie die Uhr wohl umtauschen könnte.

Schließlich steckte sie sie in einen Briefumschlag, den sie an Madame Demoruz adressierte – die einzige Menschenseele, mit der sie im Dorf Bekanntschaft geschlossen hatte. Freundlich bat sie Madame Demoruz, diese Uhr in Monsieur Knüsperlis Laden zurückzutragen und gegen eine andere umzutauschen – ohne Wecker. Sie wäre bereit, wie sie sagte, jede allfällige Preisdifferenz zu begleichen, meinte jedoch, daß eine Uhr ohne Wecker logischerweise weniger kosten müsse als eine mit. Den Inhalt des Umschlags deklarierte sie als »Muster ohne Wert«, wie sie es in Italien gelernt hatte.

Nachdem Madame Demoruz die Uhr erhalten hatte, übergab sie diese ihrem Gatten, der sich um die Sache kümmern sollte. Er war ein Mann, der den offiziellen Berufstitel eines Bauern führte, aber keine Mühe gescheut hatte, um niemals in den Besitz eines Bauernhofs zu gelangen. Darum hatte er mehr freie Zeit als seine Frau, die sich wie ein Maultier plagte und vier bis fünf Chalets täglich putzte, um ihre Familie über Wasser zu halten.

Monsieur Demoruz richtete seine großen, schwarzen Augen begehrlich auf die Uhr und lauschte auf ihr Ticken. Er stellte den Wecker und war sichtlich erfreut, ihn klingeln zu hören. Nachdem er dies Spiel eine halbe Stunde lang wiederholt hatte, nahm Madame Demoruz sich das Recht heraus, ihn zu warnen, er könnte das Uhrwerk kaputtmachen.

»Halt's Maul«, sagte Monsieur Demoruz und kippte noch ein Glas Lie hinunter, einen weißen, aus dem Trester der Trauben gebrannten Schnaps. Solcherart geistig gestärkt, streifte er seine klobigen Bauernstiefel über und marschierte ins Dorf, um Monsieur Knüsperli einen Besuch abzustatten. Die beiden Herren hatten nicht viel für einander übrig. Es war weniger eine Frage des Temperaments als vielmehr der Tradition. Seit Jahrhunderten bevölkerten die Familien Knüsperli und Demoruz dieses Alpental mit seinem unergründlichen, speziellen Menschenschlag, eingekreist von deutschen, französischen und italienischen Welten und untermischt mit den Resten versprengter römischer Legionen. Sie hatten untereinander geheiratet, einander betrogen und dennoch, absurderweise, im Verein mit ein paar anderen Familien, ihre eigene, stolze Identität bewahrt. Im Telefonbuch dominierten sechs Namen – der Rest waren Fremde oder Zuwanderer.

Monsieur Knüsperli blickte mit unverhohlener Mißbilligung von seiner Ladentheke auf, als jetzt ein Demoruz – egal, welcher – das Geschäft betrat.

»Was wünschen Sie?« fragte er, oder vielmehr, sein Unbehagen unterstreichend: »Was willst du?«

»Es geht um diese Uhr«, antwortete Monsieur Demoruz.
»Welche Uhr?«
»Diese hier«, sagte Monsieur Demoruz und öffnete das Päckchen. »Sie wurde hier gekauft – von einem italienischen Dienstmädchen, das beim Bankier oben arbeitet.«
»Ja?«
»Das ist nicht die Uhr, die sie wollte.«
»Wie weißt du das?«
»Sie hat meiner Frau geschrieben. Sie will eine ohne Wecker. Unter uns gesagt, ich finde, sie spinnt. Es ist doch eine schöne Uhr. Ich hätte nichts dagegen, solch eine Uhr zu besitzen.«
»Solch eine Uhr könntest du dir niemals leisten!«
Da war irgend etwas in Knüsperlis Tonfall, was Demoruz wütend machte, doch dies war nicht neu für ihn.
»Was ich mir leisten kann und was nicht, geht dich überhaupt nichts an«, erwiderte er. »Und sei versichert, falls du eines Tages eine solche Uhr an meinem Handgelenk siehst, wird sie nicht bei dir gekauft sein.«
»Was will die Italienerin von mir?«
»Habe ich doch gesagt. Bist du taub, oder wie? Sie will die Uhr umtauschen, gegen eine ohne Wecker.«
»Eine billigere?«
»Sie will die Differenz bezahlen, sagt sie in ihrem Brief. Aber sie meint, eine ohne Wecker müsse weniger kosten.«
»Das ist nicht unbedingt der Fall«, sagte Knüsperli kopfschüttelnd. »Ganz und gar nicht. Diese weißgoldene Vacherin hier, zum Beispiel, flach wie ein Keks, hat keinen Wecker, nicht mal ein Datum, und doch kostet sie etwa das Zwanzigfache dessen, was eine Zona Wakemaster kosten würde. Das ist eine ganz andere Klasse von Uhr.«
»Ich will dir nicht widersprechen«, meinte Demoruz verschmitzt. »Aber ein italienisches Dienstmädchen wird sich nicht so in Unkosten stürzen wollen, oder wie? Und außerdem«, fügte er mit großzügiger Bosheit hinzu, »hast du die wirklich guten Uhren gar nicht am Lager, oder wie?«

»Ich brauche nur ein Telegramm an eine der großen Fabriken zu schicken, und sofort habe ich jede Uhr, die hier im Katalog steht, schon morgen früh«, bellte Knüsperli wütend.
»Ich will dir ja gerne glauben«, antwortete Demoruz mit spöttischem Lächeln. »Aber du hast sie gewiß nicht am Lager, oder wie? Das italienische Dienstmädchen könnte doch nicht, weißt du, hier in den Laden kommen und sagen: ›Geben Sie mir diese Vacherin, diese Piaget aus dem Fenster dort.‹ Könnte sie doch nicht, oder wie?«
»Doch, das könnte sie, wenn ich ihr die Kataloge vorlege. Doch, das könnte sie.«
»Aber sie hat es nicht getan, oder wie? Ich meine, du hast es nicht getan, oder hast du doch? Ihr die Kataloge gezeigt, meine ich.«
»Worauf willst du hinaus?« fragte Knüsperli kühl.
Ein wilder Ausdruck verletzter Unschuld loderte auf Demoruz' Gesicht.
»Ich? Worauf ich hinauswill? Ich mache einfach Konversation!«
Knüsperli runzelte die Stirn, und es entstand eine lange Pause.
»Weißt du, was sie gemacht hat?« fragte Demoruz plötzlich in kleinlichem und moralisierendem Ton.
»Wer?«
»Das italienische Dienstmädchen.«
»Nein.«
»Sie hat die Uhr in einem gewöhnlichen Briefumschlag geschickt – ohne Einschreiben, meine ich – und darauf geschrieben: ›Muster ohne Wert‹.«
Ungläubig pfiff Knüsperli durch die Zähne.
»Hier habe ich den Umschlag! Ich habe ihn mitgebracht«, rief Demoruz und zog das Beweisstück aus der Tasche.
Knüsperli strich den Umschlag glatt, dann blickte er auf – mit einem ebenso kleinlichen und säuerlichen Gesichtsausdruck wie vorhin Demoruz.

»Ha, das ist ein Versuch, den Schweizer Zoll zu beschwindeln«, sagte er.
»Das ist ein Kriminaldelikt!«
»Wäre das Päckchen geöffnet worden, meine ich, dann hätte es mindestens eine Beschlagnahmung gesetzt.«
»Oder eine Buße«, fügte Demoruz hinzu, »oder sogar Gefängnis. Die Behörden sind streng heutzutage. Vielleicht sogar alle drei Strafen gleichzeitig. So etwas ist Edith passiert, der Schwester meiner Frau. Sie kriegte alle drei gleichzeitig aufgebrummt. War überhaupt das erste Mal, daß jemand im Kanton alle drei Strafen gleichzeitig kriegte. Und sie ist immerhin eine Frau, da kann man nie wissen. Außerdem steht hier dein Name auf dem Umschlag, siehst du? So wurde auch die Schwester meiner Frau ertappt. Sie hat Sachen geklaut, aus den Geschäften. Ertappt wurde sie durch den Namen eines Geschäfts auf der Einkaufstüte. Solche Dinge sprechen sich doch herum. Ich meine, sie werden aufgebauscht. Es fängt damit an, daß jemand eine Uhr schmuggelt, die in deinem Geschäft gekauft wurde – und am Ende, bis das Gerücht die Runde gemacht hat, bist *du* es, der die Uhren in *deinen* Laden schmuggelt.«
»Ich werde dir etwas sagen«, meinte Knüsperli, nachdem er ein Weilchen über diese traurigen Wahrheiten nachgedacht hatte. »Ich nehme die Uhr nicht zurück. Sie kommt aus dem Ausland und ist mit einer falschen Zolldeklaration in die Schweiz eingeführt worden. Ich werde mir nicht die Hände schmutzig machen.«
»Richtig!« pflichtete Demoruz bei. »Trotzdem, es ist eine wunderbare Uhr.« Er zog sie aus der Tasche und streichelte sie. »Obwohl sie hier eine Delle hat ... Da, schau her.«
»Nein«, sagte Knüsperli. »Das gehört zum Design. Auf der anderen Seite hat sie auch eine Delle, siehst du?«
»Hm, das ist wahr. Aber diese Delle hier ist ein klein bißchen größer, oder wie? Je länger man hinschaut, desto größer wird diese Delle hier ...«

Die beiden Männer schauten einander tief in die Seele.
»Kannst du vierzig Franken ausgeben?« fragte Knüsperli.
»Ob ich vierzig Franken ausgeben kann?« lachte Demoruz.
»Mach mir nichts vor. Ich kenne dich und weiß, was du bist: ein Säufer ... ein liederlicher Mensch ... eine Schande für das ganze Tal.«
»Ich kann soviel ausgeben, wie ich will und wann ich will und wofür ich will«, kreischte Demoruz. »Die Frage ist, *ob* ich vierzig Franken ausgeben will!«
»Na, willst du?«
»Für diese Uhr? – Ja, ich will.«
»Gut, nimm sie mit. Aber unter einer Bedingung.«
»Und die wäre?«
»Das hier, das ist eine Uhr für vierzig Franken. Eine Pomona Ever-Go, in stoßfestem Chromgehäuse. Gute Ware, für diesen Preis. Die schickst du der Frau und sagst ihr, du habest sie selber ausgesucht und sie koste genausoviel wie die andere, die sie zurückgeschickt hat. Auf deine Verantwortung!«
»Abgemacht«, flüsterte Demoruz und zählte vierzig Franken auf die Theke – in Münzen, die zum Schluß immer kleiner wurden.
Knüsperli zählte das Geld zweimal nach und warf es in seine Kasse.
»Nur noch eines«, sagte Demoruz.
»Ja?«
»Wer bezahlt das Porto?«
Knüsperli überlegte rasch. Er hatte ein gutes Geschäft gemacht und wollte sich großzügig zeigen.
»Das Porto teilen wir uns.«
Die beiden Männer schüttelten sich die Hand.

Drei Tage später empfing Pia in Paris die umgetauschte Uhr. Sie war im selben Umschlag gekommen, zurück an den Absender adressiert. Die Behauptung, es handele sich um ein Muster ohne Wert, stand noch immer in Pias Handschrift auf

dem Umschlag. Die neue Uhr kam ihr verdächtig schäbig vor, und als sie sie aufziehen wollte, fiel die Krone heraus. Sie brachte die Uhr gleich zum Uhrmacher, der ihr sagte, daß es kaum die Mühe lohne, sie zu reparieren, denn die Reparaturen – und es werde nicht bei der einen bleiben – würden teurer sein als der ganze Kaufpreis der Uhr. Pia bat ihn, ihren Wert zu schätzen, aber der Uhrmacher meinte, mit Waren dieser Preisklasse habe er keine Erfahrung. Auf weiteres Drängen sagte er, zwanzig Franken wären bereits übertrieben hoch.
Aufgebracht lief Pia nach Hause, und in ihrer Verzweiflung schrieb sie Monsieur Petiton einen ausführlichen Brief, in dem sie ihm die Art des Betrugs erklärte, dem sie zum Opfer gefallen war. Monsieur Petiton las den Brief beim Frühstück – leicht belustigt am Anfang, dann aber mit willkommener Empörung. Um die Wahrheit zu sagen, langweilte sich Petiton dort in den Bergen. Er haßte den Schnee. Was die Sache erträglich machte, war die Art, wie die Frauen sich kleideten, um dem schlüpfrigen Element entgegenzutreten. Monsieur Petiton liebte die flotten Windjacken, in denen das schöne Geschlecht paradierte, und insbesondere die hautengen Après-Skihosen, welche die weibliche Figur im Sitzen auf so zarte, in Bewegung aber auf so handgreifliche Weise nachzeichneten. Er war einer jener Voyeure, die sich niemals vor einem Schlüsselloch bücken würden. Aber selbst dieser harmlose Zeitvertreib hatte für ihn allmählich seinen Reiz verloren. Telephon und Fernschreiber genügten nicht mehr, um seine Aufmerksamkeit zu fesseln oder seinen Scharfsinn zu fordern. Andererseits hatte sein Beruf ihn wachsam gemacht gegen jede Art von Betrug: Tatsächlich glaubte er oft, Verdachtsmomente zu entdecken, wo gar keine vorlagen. Pias Brief kam ihm also wie gerufen, wie einem schläfrigen Hund ein unerwarteter Knochen. Er beschloß, sich des Problems anzunehmen, und mobilisierte all seine vielseitige und bittere Erfahrung mit menschlicher Falschheit, um sich dieses delikaten Auftrags zu entledigen.

Gegen Mittag betrat er den Kaufladen, wo Madame Knüsperli ihrem Gatten zur Hand ging.
Knüsperli ließ ein paar andere Kunden stehen und dienerte lächelnd vor seinem prominenten Gast.
»Nicht oft haben wir die Ehre, Sie persönlich zu begrüßen, Monsieur Petiton«, sagte er. »Es gibt doch hoffentlich keine Klagen wegen der Skistiefel für Ihren Herrn Sohn?«
»Ich weiß nicht einmal, ob sie überhaupt hier gekauft wurden«, antwortete Petiton.
»Oh, gewiß, wir haben die ganze Familie ausgerüstet. Madame war erst gestern hier – mit ihrem Trainer –, um ein paar anspruchsvollere Ski auszusuchen. Ich habe die Marke ›Einsamer Adler‹ empfohlen – die Marke des Weltmeisters ...«
Petiton fixierte ihn scharf.
»Ich habe nicht die Absicht, hier Einkäufe zu tätigen«, sagte er. »Im Gegenteil, ich verlange Geld von Ihnen zurück.«
»Von mir?« Knüsperli erbleichte.
»Es handelt sich um eine Uhr«, fügte Petiton auf seine ruhige, selbstbewußte Art hinzu.
»Eine Uhr? Ich kann mich anscheinend nicht erinnern –«
»Ganz im Gegenteil! Ich muß vermuten, daß Sie genau Bescheid wissen. Mein Dienstmädchen hat hier eine Uhr erworben ...«
»Eine Italienerin? O ja, gewiß –« Knüsperlis geheuchelte Unschuld zwang ihn, sich möglichst dienstbeflissen zu geben.
»Richtig. Eine Italienerin. Sie hat für einhundertachtzig Franken eine Uhr gekauft.«
»Tatsächlich kostete die Uhr einhundertachtundneunzig Franken, Monsieur, aber ich machte der Dame einen Sonderpreis.«
»Sehr großzügig von Ihnen, davon bin ich überzeugt. Aber ich frage mich, ob ihre weiteren Handlungsweisen von der gleichen Großzügigkeit inspiriert waren. Soweit ich weiß, erwies die betreffende Uhr sich als ungeeignet. Darum sandte die

Dame sie Ihnen zurück, mit der Bitte, sie umzutauschen – eine Usance, die in allen besseren Fachgeschäften üblich ist.«
»Völlig einverstanden, Monsieur.«
»Sehr erfreut, dies zu hören. Und Sie haben Ihre Korrektheit weiter unter Beweis gestellt, indem Sie der Dame im Austausch eine Uhr schickten, die vielleicht zwanzig französische Franken wert ist... zum gegenwärtigen Wechselkurs etwa achtzehn Schweizer Franken.«
»O nein, Monsieur. Ich protestiere! Wer hat überhaupt den Wert der Uhr geschätzt?«
Monsieur Petiton konsultierte einen Zettel, auf dem er den Sachverhalt zusammengefaßt hatte.
»Firma Augier, Dupont et Fils, 118 Boulevard de la Victoire in Paris – die offizielle Niederlassung von wenigstens drei renommierten Schweizer Uhrenherstellern.«
»Aber Monsieur, diese Uhr ist eine Pomona Ever-Go!«
»Eine solche Firma ist mir unbekannt«, erklärte Monsieur Petiton. »Und ich habe geschäftliche Verbindungen zu den großen Herstellern in Genf und La Chaux-de-Fonds. Immerhin will ich einräumen, daß meine Kenntnisse lückenhaft sein könnten. In diesem Fall brauchen Sie nur den Katalog der Firma Pomona vorzulegen, und wir werden gemeinsam feststellen, wieviel Sie meinem Dienstmädchen schulden.«
Knüsperli wurde unsicher, besonders jetzt, da seine Frau zugegen war.
»Die Firma Pomona bringt keinen Katalog heraus«, sagte er.
»Warum nicht? Ist das nicht eine allgemeine Praxis im Geschäftsleben?«
»Ich weiß nicht, warum, Monsieur. Es ist – in mancher Hinsicht – eine eigenartige Firma.«
»Das glaube ich gern. Vielleicht können Sie mir Adresse und Telefonnummer geben, damit wir der Sache nachgehen.«
»Die Adresse habe ich zufällig nicht zur Hand.«
»Und wie kommen Sie dann in den Besitz der Uhren?« fragte

Monsieur Petiton. »Sie produzieren sie doch nicht etwa selbst?«
»Ich will ehrlich zu Ihnen sein, Monsieur Petiton.«
»Na endlich.«
»Was gibt es, Heinrich?« fragte Madame Knüsperli.
»Ah, nichts. Nein, gar nichts.« Knüsperli beugte sich vor. »In Ihren Diensten steht eine gewisse Madame Demoruz, die in Ihrer Abwesenheit Ihr Chalet reinigt.«
»Sehr richtig.«
»Als Ihr Dienstmädchen diese Uhr für einhundertachtzig Franken aussuchte –«
»Und bezahlte!«
»Ich will nicht behaupten, sie hätte nicht bezahlt. Das habe ich nicht behauptet. Niemals, Monsieur!«
»Schon gut, fahren Sie fort.«
»Sie – ich meine, das Dienstmädchen – schickte die Uhr nach Italien, soviel ich weiß, als Geschenk. Es erwies sich als ungeeignet, wie sich zeigte. Statt nun die Uhr an mich zurückzusenden, wie sich's gehört hätte, sandte die Dame sie an Madame Demoruz, die sie ihrem Gatten aushändigte, einem gewissen Monsieur Demoruz.«
»Klingt ganz logisch.«
»Dieser Monsieur Demoruz kam nun in mein Geschäft und weigerte sich strikt, die Uhr herauszugeben. Er behauptete, die Uhr sei nicht mehr fabrikneu, da er sie am Handgelenk trug. Und er behauptete ferner, sie sei beim Transport beschädigt worden. Was blieb mir also übrig? Ich kann mir nicht leisten, Geld zu verschenken. Ich sagte ihm also, er solle dem Dienstmädchen eine andere Uhr aussuchen und sich mit ihr einigen. Immerhin hatte sie die Uhr an seine Adresse geschickt. Monsieur Demoruz wählte eine Pomona Ever-Go, genau das richtige für die Dame, wie er meinte. Er bezahlte sie auch. Beide Uhren wurden korrekt bezahlt, und für mich ist damit dieses Kapitel abgeschlossen. Hier kommen dauernd Leute in mein Geschäft und kaufen Sachen – und solange sie

bezahlen, geht es mich nichts an, was mit den Waren geschieht, sobald sie den Laden verlassen haben. Ich bin doch kein Wohltätigkeitsverein!«
»Sehr schön«, sagte Moniseur Petiton mit ruhiger Stimme. »Das ist Ihre Auffassung. Was *mich* betrifft, so kann ich nur sagen, daß irgend jemand den Differenzbetrag zwischen achtzehn und einhundertachtzig Franken bezahlen muß. Wenn wir uns das nächste Mal sehen, werde ich in Begleitung des Gendarmen kommen.«
»Die Uhr kostete vierzig Franken, Monsieur, nicht achtzehn!«
»Ich halte mich lieber an das Urteil eines renommierten Uhrmachers, vor allem, da Sie anscheinend nicht in der Lage sind, sich den offiziellen Pomona-Katalog zu verschaffen. *Bon appétit*!«
»Oh, verfluchter Demoruz!« brüllte Knüsperli, nachdem Petiton gegangen war. Doch sein Wutausbruch rettete ihn nicht vor der höchst demütigenden Moralpredigt seiner Gattin.
Petiton speiste im Skiklub zu Mittag und beobachtete die eleganten Frauen, die an ihm vorbeidefilierten. Nach dem Essen kehrte er in sein Chalet zurück, da er wußte, daß Madame Demoruz dort mit dem Putzlappen am Werk war.
»Der Herr Gemahl besitzt eine schöne neue Uhr, wie ich höre?« sagte er, scheinbar ins Studium des »Figaro« vertieft.
»Eine neue Uhr, Monsieur? Wirklich, ich habe gar nicht bemerkt.«
»Ah, kommen Sie, Madame Demoruz. Gewiß haben Sie es bemerkt. So sorgfältig, wie Sie jedes Stäubchen in diesem Chalet aufwischen, bin ich mir sicher, daß Ihnen nichts entgeht.«
»Mag sein, daß er eine Uhr hat. Aber sie ist nicht neu«, beharrte Madame Demoruz.
»Nicht neu? Wie alt ist sie denn? Zum Beispiel ein paar Wochen?«

»Worauf wollen Sie hinaus, Monsieur?«
»Nur auf dies, Madame Demoruz«, antwortete er und schaute ihr direkt und beinah freundlich in die Augen. »Pia hat Ihnen eine Uhr geschickt, die sie für ihren Neffen kaufte und die, wie sich zeigte, ungeeignet war. Ist das nicht richtig?«
»Ja, das stimmt.«
»Vielleicht wären Sie so freundlich, den Rest der Geschichte selbst zu erzählen?«
»Wieso? Was ist denn passiert?«
»Das will ich Ihnen gerne erzählen, wenn Sie mit Ihrer Geschichte fertig sind.«
Madame Demoruz zuckte mit den Schultern. Gewiß, sie benahm sich weniger verdächtig als Monsieur Knüsperli. Aber immerhin war sie eine Frau, überlegte Monsieur Petiton. Und wenn es schon nicht genügend Schönheit gab auf der Welt, um sie auf alle Töchter Evas gerecht zu verteilen, so war die Kunst des Lügens doch ein unerschöpflich sprudelnder Quell.
»Als Pia mir die Uhr sandte«, berichtete Madame Demoruz, »übergab ich sie selbstverständlich meinem Mann. Ich habe keine Zeit für etwas anderes als meine Arbeit. Am Abend sah ich, daß mein Mann diese Uhr am Handgelenk trug, und stellte ihn zur Rede. ›Ach‹, sagte mein Mann, ›Knüsperli hat sich geweigert, die Uhr zurückzunehmen.‹ – ›Oh‹, sagte ich, ›er hat sie dir geschenkt?‹ – ›Nein‹, sagte er, ›sie ist ja bezahlt. Knüsperli weiß nichts damit anzufangen, weil er sie ja nicht zurücknehmen will. Also muß irgend jemand sie behalten.‹ – ›Na ja‹, sagte ich, ›Pia hat die Uhr doch bezahlt, darum sollte sie sie behalten.‹ – ›Aber sie will sie nicht haben‹, sagte mein Mann. ›So steht es doch in ihrem Brief.‹ – ›Richtig‹, sagte ich, ›aber sie wollte eine andere Uhr haben.‹ – ›Ich weiß‹, sagte mein Mann, ›und ich in meiner Herzensgüte habe ihr eine gekauft. Hat mich nur vierzig Franken gekostet.‹ – ›Vierzig Franken?‹ sagte ich. – ›Nun ja, dreißig‹, sagte er.– ›Es gibt keine anständige Uhr für dreißig Franken!‹ sagte ich. – ›Nun ja,

vierzig‹, sagte er. Also, Monsieur, er hätte doch gar nicht nötig gehabt, für Pia etwas zu kaufen. Er tat es, wie gesagt, aus reiner Herzensgüte. Er wollte nicht, daß sie mit leeren Händen dasteht, wo sie doch Ausländerin ist, Monsieur, und keine Schweizerin.«

»Kurz, Sie behaupten, Madame Demoruz, daß Monsieur Knüsperli sich weigerte, die Uhr zurückzunehmen?«

»Richtig, so hat mein Mann es mir erzählt«, sagte Madame Demoruz, und ihre Unterlippe zitterte in vorschnellem Zorn.

»Monsieur Knüsperli aber behauptet, daß Ihr Mann sich weigerte, die Uhr herzugeben.«

»Oh, oh«, zeterte Madame Demoruz, wobei sie nach einer Tonlage suchte, die der Ungeheuerlichkeit des Vorwurfs angemessen wäre.

»Ich will niemanden als Lügner bezichtigen«, sagte Monsieur Petiton gelassen. »Mir geht es nur um die Rückerstattung einer Summe, die ich auf einhundertzweiundsechzig Franken veranschlage. Heute nachmittag gehe ich auf die Gendarmerie.«

Monsieur Demoruz befand sich bei Monsieur Knüsperli, als Monsieur Petiton den Laden betrat – zusammen mit Broglio, dem Gendarm. Er war ein Cousin von Knüsperli und ein Neffe von Demoruz und hatte allen Grund, beiden zu mißtrauen. Madame Demoruz war sofort nach Hause gelaufen und hatte ihrem Mann berichtet, was Monsieur Petiton gesagt hatte. Monsieur Demoruz, der werktags immer zu Hause anzutreffen war, raffte sich auf und stürmte, brüllend vor Wut, ins Tal. Er und Knüsperli, auf dem Gipfelpunkt ihres Zanks, erstarrten jetzt zu Statuen: Beide begrüßten den Gendarmen mit einem mürrischen »*Adieu*, Jules«. Der Gendarm nahm sein Käppi ab, um den Familienzwist zu schlichten.

»Soll ich anfangen?« fragte Monsieur Petiton.

»Ich habe die Fakten zur Kenntnis genommen, Monsieur«, sagte der Gendarm.

»Sie kennen zwei unterschiedliche Versionen, Monsieur le gendarme. Unsere Aufgabe – Ihre Aufgabe – ist es, die Fakten zu entwirren«, korrigierte ihn Monsieur Petiton.
»Ganz wie Sie meinen, Monsieur«, sagte der Gendarm, immer bemüht, seine Begriffsstutzigkeit hinter gespielter Langeweile zu verbergen. Umständlich kramte er seinen Block hervor, benetzte den Finger und fand, nach ausgiebiger Suche, die richtige Stelle auf einem leeren Blatt.
»Wo befindet sich die Uhr?« fragte er.
»Welche Uhr?« fragte Knüsperli.
»Soweit ich weiß, handelt es sich bei dieser Auseinandersetzung um eine Uhr«, sagte der Gendarm.
»Um zwei Uhren.«
»Zwei Uhren«, pflichtete Monsieur Demoruz eifrig bei.
»Zwei Uhren?« – Der Gendarm musterte Monsieur Petiton, als habe dieser die Unwahrheit gesprochen. »Wenn es zwei Uhren sind, könnte eine höhere Dienststelle zuständig sein«, erklärte er.
»Ich habe Ihnen die ganze Geschichte erzählt, auf Ihrem Revier«, sagte Monsieur Petiton mit ausgesuchter Geduld.
»Ich weiß, Monsieur. Ich bin nicht schwer von Begriff, wissen Sie.«
»Gewiß nicht.«
»Sie erklärten, daß eine Italienerin, Chiantella Pia, in Ihren Diensten und wohnhaft unter der Adresse 91, Avenue Foch, Paris, Departement Seine, Frankreich, eine Uhr erworben habe – und zwar *eine* Uhr [betonte er] – im Geschäft des Herrn Knüsperli, Heinrich, für den Preis von einhundertachtzig Franken –«
»Schweizer Franken«, unterbrach Monsieur Petiton.
»Da wir uns auf Schweizer Boden befinden, Monsieur, gelten Franken als Schweizer Franken, sofern nicht ausdrücklich französische Franken gemeint sind. Nach Empfang dieser Uhr beschloß besagte Chiantella Pia, daß diese nicht geeignet sei, und übersandte sie an Madame Demoruz, Irène, wohnhaft

allhier im Chalet Souriante Colline, mit der Bitte, die Uhr an sich zu nehmen und sie gegen eine andere Uhr gleichen oder geringeren Wertes – und ohne Weckvorrichtung – umzutauschen. Wie ferner verlautete, erhielt besagte Chiantella Pia auf dem Tauschwege eine Uhr mit Chromgehäuse, angeblich eine Pomona Ever-Go, die von der Firma Augier, Dupont et Fils, 118, Boulevard de la Victoire in Paris, auf einen Wert von ungefähr zwanzig französischen Franken geschätzt wurde, ohne eine Rückerstattung der Preisdifferenz. Besagte Uhr erwies sich beim Aufziehen des Uhrwerks als defekt, und die Krone fiel zu Boden. Ist das korrekt?«

»Das ist korrekt«, bestätigte Monsieur Petiton.

»Folglich handelt es sich nur um eine Uhr«, sagte der Gendarm. »Denn es entsprach nicht der Absicht von Mademoiselle Chiantella Pia, mehr als eine Uhr zu erwerben.«

»Sie konnte nicht damit rechnen, eine Uhr um den Preis einer anderen, teureren Uhr zu erhalten. Daher handelt es sich in diesem Fall um zwei Uhren«, widersprach Monsieur Petiton.

»Rechnete sie damit, zwei Uhren zu erhalten?« erkundigte sich der Gendarm.

»Natürlich nicht.«

»Folglich handelt es sich in diesem Falle um *eine* Uhr«, beharrte er. »Und Sie verlangen, Monsieur, daß die Chiantella Pia den korrekten Betrag für die Pomona Ever-Go bezahlt?«

»Ja gewiß.«

»Dann ist dies die Uhr, die uns hier betrifft.«

»Aber sie hat bereits eine teurere Uhr bezahlt!« schrie Monsieur Petiton, die Geduld verlierend.

Der Gendarm seufzte. »Wer führt hier die Ermittlung, Monsieur. Sie – oder ich?«

»Sie«, gestand Monsieur Petiton mit offensichtlichem Bedauern.

»Gut. Nun, also.« Der Gendarm wandte sich an Knüsperli und Demoruz. »Als Demoruz, Albert, die Uhr zu dir brachte,

Knüsperli, Heinrich, hast du dich also geweigert, sie zurückzunehmen?«
»Habe ich nicht«, erklärte Knüsperli kategorisch.
»Das ist eine unverschämte Lüge!« brüllte Demoruz und knallte seine schwielige Hand auf die Glastheke.
»Das nimmst du zurück!« fauchte Knüsperli. »Oder du verläßt sofort meinen Laden.«
»Niemand verläßt den Laden, solange ich hier bin«, sagte der Gendarm. »Warst du bereit, die Uhr zurückzunehmen?«
»Wie Monsieur Petiton richtig feststellte, ist das eine normale Geschäftspraxis.«
»Warum hast du sie dann nicht zurückgenommen?«
»Demoruz weigerte sich, sie herauszugeben.«
»Gott sei mein Zeuge!« donnerte Demoruz und ließ seine Faust noch einmal herabsausen, wobei das Glas der Theke in Scherben ging. »Gott sei mein Zeuge, das ist eine schmutzige Lüge. Die Italienerin hat die Uhr in einem gewöhnlichen Briefumschlag geschickt, mit der Aufschrift ›Muster ohne Wert‹, in der offensichtlichen Absicht, den eidgenössischen Zoll zu beschwindeln.«
Die Augenbrauen des Gendarmen schnellten bis zum Haaransatz hoch. »Gibst du diese Aussage zu Protokoll?« fragte er.
»Jawohl!«
»Das müssen Sie beweisen!« schrie Petiton.
»Ich kann es beweisen und werde es tun!«
»Zeigen Sie den Briefumschlag vor!«
Bei Demoruz war plötzlich der Dampf aus dem Kessel. »O nein«, sagte er. »Ich habe den Umschlag benutzt, um die Uhr zurückzuschicken ...«
»Noch immer mit der Aufschrift: ›Muster ohne Wert‹?«
»Ich ... kann mich nicht erinnern.«
»Soviel zu den moralischen Grundsätzen dieser Leute«, wetterte Petiton.
»Wenigstens war es eine billigere Uhr!« kreischte Demoruz. »Eine viel billigere Uhr! Ja, ein Geschenk ohne Wert.«

»Aha, das geben Sie also zu?«
»Natürlich gebe ich's zu.«
»Wenigstens ein Geständnis«, meinte Petiton befriedigt.
»Ich habe niemals geleugnet, daß es eine billigere Uhr war«, betonte Monsieur Knüsperli.
»Sie sind immer ausgewichen, wenn ich Sie nach dem Wert der Uhr fragte«, klagte Monsieur Petiton.
»Vierzig Franken hat er mir abgeknöpft«, heulte Demoruz, »während Sie behaupten, Monsieur, daß die Uhr nur zwanzig wert war!«
»Und wer bezahlt die Beschädigung meiner Ladentheke?« krähte Knüsperli zurück.
»Meine Herren«, sagte der Gendarm mit der gequälten Würde eines Schullehrers, der seinen Schülern klarzumachen versucht, daß sie ihn enttäuscht haben. »Meine Herren, soweit ich sehe, stehen hier nicht ein paar Franken auf dem Spiel, sondern die Ehre der ganzen Talschaft.« Mit einem Instinkt, klüger als sein bewußtes Denken, steuerte er die Debatte auf die Ebene des Bürgerstolzes, weg von den Tatsachen, von denen er nichts verstand. Knüsperli war der schnellere der beiden Gegner, der begriff, daß ihm hier ein Fluchtweg eröffnet wurde.
»Ich bin doch kein Narr«, erklärte er, plötzlich Vernunft annehmend. »Ich schätze Monsieur Petiton als treuen Kunden, schätze ihn höher als diesen kleinen Extraprofit. Und noch wichtiger ist mir mein guter Ruf. Dieses Geschäft wurde im Jahre 1902 gegründet, von meinem Großvater –«
»Dem alten Gauner! Du schlägst ganz in seine Art«, sagte Demoruz.
Knüsperli überging die Kränkung mit melancholisch-nachsichtigem Lächeln. »Wir haben der Gemeinde stets treu gedient«, fuhr er fort, »und darum bin ich bereit, selbst die Preisdifferenz aus eigener Tasche zu erstatten, falls alle Beteiligten einverstanden sind. Die fragliche Summe beläuft sich auf einhundertvierzig Franken. Ist das allseits annehmbar?«

»Nie und nimmer!« schrie Demoruz. »Glaube nur nicht, daß ich dich nicht durchschaue, du Heuchler! Du versuchst mich ins Unrecht zu setzen.«
»Möchtest du vielleicht mit mir teilen? Wir steuern jeder siebzig Franken bei«, lächelte Knüsperli.
»Du willst mich für dumm verkaufen, oder wie?« knurrte Demoruz, der sich in die Enge getrieben fühlte. Er blickte die anderen an, dann wieder den verhaßten Knüsperli, der immer noch lächelte, ein leeres und starres, hirnerweichendes Lächeln. »Keinen Centime werde ich zahlen!« rief Demoruz empört. »Aber du irrst dich, wenn du glaubst, ich würde meine Hand noch länger mit dieser schmutzigen Uhr besudeln.« Er nahm sie ab und warf sie auf die Theke. »Da hast du!«
»Ich werde die Uhr nicht anfassen. Nimm sie mit, und schaffe sie mir aus den Augen. Ich will euch beide nie wieder sehen!«
Demoruz wußte nicht weiter. Er war in seiner Würde gekränkt. Plötzlich hielt er die Uhr – törichterweise – dem Gendarmen hin.
»Ist das ein Bestechungsversuch, Onkel Albert?« fragte der Gendarm herablassend. »Ich bin im Dienst, wie du weißt.«
Verzweifelt überreichte Demoruz die Uhr Monsieur Petiton, der sie ungeduldig beiseite schob. »Ich habe mehr Uhren, als ich gebrauchen kann«, sagte er. »Und bessere als diese hier.«
»Also gut!« donnerte Demoruz, der plötzlich Licht am Ende des Tunnels sah. »Ich werde euch etwas sagen. Ich schicke die Uhr der Italienerin zurück und deklariere auf dem Umschlag den korrekten Inhalt und Wert. Und im übrigen, verdammt, könnt ihr alle machen, was ihr wollt!«
»Sind Sie damit zufrieden, Monsieur?« fragte der Gendarm Monsieur Petiton.
Petiton war, ehrlich gesagt, etwas enttäuscht von solch einem unerwarteten Feuerwerk der Großzügigkeit. Er hatte es nicht vorausgesehen. Dergleichen kommt selten vor im Banken-

und Investitionsgeschäft. »Ich finde, es ist eine vernünftige Lösung«, meinte er, »auch wenn der augenfällige Versuch, ein Dienstmädchen zu betrügen, ungeahndet bleibt. Hätte ich mich nicht der Sache angenommen, dann stünden wir jetzt vor einem schweren Fall sozialer Ungerechtigkeit.«
»Wieviel bezahlen Sie der Italienerin?« fragte Demoruz, blanken Hohn in den Augen.
»Das geht Sie überhaupt nichts an!« erwiderte Petiton mit schneidender Stimme.
»Ich dachte, ich sollte es einmal zur Sprache bringen, wenn wir schon von sozialer Ungerechtigkeit reden«, beharrte Demoruz. »Hoffentlich ist es mehr als der elende Hungerlohn, den Sie meiner Frau bezahlen. Sechs Franken pro Stunde! Er ist stinkend reich, er wälzt sich im Geld und bezahlt die niedrigsten Löhne im ganzen Dorf. Außerdem geht es meiner Frau gar nicht gut in letzter Zeit. Vorsicht also, Monsieur, wenn Sie von sozialer Ungerechtigkeit reden. Vorsicht.«
Petiton wurde rot vor Zorn.
Knüsperli kam ihm zu Hilfe. »Sechs Franken pro Stunde? Dann mußte deine arme Irène sechseinhalb Stunden schuften, um dir diese Uhr zu kaufen. Auch du solltest vorsichtig sein, Albert, wenn du von sozialer Ungerechtigkeit redest.«
»Ich bring' dich um, wenn du mich beim Vornamen ansprichst! Für dich bin ich immer noch Monsieur Demoruz, du elender Hund!«
Der Gendarm trennte die beiden und führte Demoruz schwankend und stolpernd im Polizeigriff hinauf zu dessen Chalet. An diesem Abend soff Demoruz wirklich über den Durst. In seinem Herzen brodelte eine eiskalte Frustration. Er haßte alles und jeden, er prügelte seine Frau und trank Lie direkt aus der Flasche. Sein Hemd war in Schnaps gebadet, so oft hatte er mit dem Flaschenhals seinen Mund verfehlt. Als seine Frau ihm das Nachtmahl hinstellte, schleuderte er den Teller durchs Zimmer. Er brannte sich eine seiner scheußlichen Zigarren an, doch weil ihm übel wurde, warf er sie

aus dem Fenster. Sie landete auf einem Haufen Stroh, der trotz der Kälte bald zu glimmen und dann zu lodern anfing. Madame Demoruz roch den Qualm. Sie lief mit einem Eimer voll Wasser hinaus, aber der Wind wehte brennende Strohhalme gegen die alten Holzplanken der Scheune, die sogleich Feuer fingen. Als die örtliche Feuerwehr – lauter Freiwillige – am Schauplatz auftauchte, war die Scheune nur noch ein hohles Balkengerüst. Die Feuerwehr kam bei solchen Gelegenheiten öfter zu spät, weil sie es sich nicht nehmen ließ, in vollständiger Uniform am Ort des Geschehens aufzumarschieren. Man konnte nichts anderes tun, als die Scheune ihrem Schicksal zu überlassen und Schnee an die Wände des Chalets zu werfen, für den Fall, daß sich die Windrichtung änderte.
Ein satanisches Grinsen auf dem Gesicht, stand Demoruz da und sah seine Scheune brennen. Er knurrte ein einziges Wort: »Knüsperli«, dann wischte er sich glimmende Funken vom Ärmel, holte die Axt aus dem Holzverschlag und wankte ins Dorf. Dort zertrümmerte er das Schaufenster von Knüsperlis Laden und leistete keinen Widerstand, als der Gendarm kam, um ihn zu verhaften.
Halbwegs nüchtern am anderen Morgen, weigerte er sich zu glauben, daß nicht Knüsperli seine Scheune angesteckt habe. »Er hatte es auf mich abgesehen, weil ich ihn entlarvt habe – als das, was er ist«, wiederholte er endlos.
Knüsperli konnte beweisen, daß er mit Verwandten im Café gesessen und Karten gespielt hatte, aber Demoruz beteuerte, diese Verwandten müßten Lügner sein, wenn sie Verwandte von Knüsperli wären. Er behauptete gar, er habe, während er sein Nachtmahl aß, verdächtige Typen im Zwielicht umherschleichen sehen, und wollte zu seiner Frau gesagt haben: »Komisch, nicht wahr? Die Leute, die da draußen in der Dunkelheit umherlaufen, sehen aus wie Knüsperlis Verwandte. Sie haben hier nichts zu suchen.«
Reichlich verschämt pflichtete Madame Demoruz allen Behauptungen ihres Mannes bei. Ihr blaues Auge erklärte sie

damit, sie sei ausgeglitten und hingefallen, als sie Knüsperlis Verwandte in der Dunkelheit zu erkennen versuchte.
Der empörte Knüsperli ging vor Gericht, aber während diese rechtlichen Schritte ihren umständlichen Lauf nahmen, wurde Demoruz, der eines Abends mit einer leeren Lie-Flasche in der Hand vom Café heimkehrte, blutig zusammengeschlagen und liegengelassen. Bald darauf waren eines Morgens die Reifen an Knüsperlis Auto aufgeschlitzt. Der Gendarm erkannte, daß sich Fraktionen gebildet hatten und daß die alten Haßgefühle der Talschaft wiedererwacht waren. Statt den Zwischenfall nach Lausanne zu melden und die finsteren Vorgänge zur Schande des Dorfes an die Öffentlichkeit zu zerren, berief er den Rat der Ältesten ein.
Der *Doyen* der Gemeinde, Monsieur Willy Demoruz-Knüsperli, verwandt mit den Verwandten aller anderen Verwandten und neunzig Jahre alt, trug auf der Versammlung seine Meinung vor. Er erhob sich, seine spärlichen Haare standen ab wie ein Feld voll Ausrufezeichen auf roter, altersgefleckter Erde; seine Gebirgleraugen glichen blauen Sonnenuntergängen in Seen mit blutroten Ufern; ein Kristalltropfen zitterte im haarigen Bug seiner Nase, sein nachlässig rasierter Hals ragte in einer Reihe aufsteigender Furchen bis zum Kinn, sein zahnloser Gaumen kaute auf Erinnerungen herum – und er sprach:
»Wenn wir uns gegenseitig unser Hab und Gut zerstören, so ist dies ebenso blind und sinnlos, wie wenn wir uns selbst zerstörten. Es ist Gottes Wille, daß wir hier in Frieden miteinander leben. Wir Eidgenossen haben unsere Kriege am Anfang unserer Geschichte ausgefochten. Wir haben inzwischen gelernt, ohne sie auszukommen. Gott, in seiner unerschöpflichen Gnade, hat uns hohe Berge geschenkt, die uns schützen, gesunde Kühe, die wir melken, gutes Holz, aus dem wir unsere Häuser bauen. Und nicht genug damit, hat er uns sogar die Touristen geschickt, die wir ausbeuten. Wir haben alles, was wir brauchen, und noch viel mehr. Ich aber sage euch,

wenn wir heute im Hader liegen, so deshalb, weil es unter uns zwei schlechte Gewissen gibt, aus denen alle Probleme entspringen. Ich will nicht entscheiden, wer recht und wer unrecht hat. Ich sage nur, daß es *zwei* schlechte Gewissen braucht, um solche Schwierigkeiten zu verursachen, wie wir sie heute haben. Eines genügt nicht. Mehr will ich nicht sagen – außer, daß uns nur recht geschieht, wenn der Allmächtige, dessen Ratschluß über allem Begreifen steht, uns die Touristen wieder wegnimmt. Dann bleibt uns keine andere Wahl, als uns gegenseitig auszubeuten, wie wir es taten, als wir noch Kriege hatten.«
»Warum sieht man Euch so selten in der Kirche?« fragte der Priester lächelnd, als die Versammlung auseinanderging.
»Keine Lust. Langweile mich. Schlafe besser zu Hause«, murmelte der Alte.

Pia in Paris war überrascht und dankbar, als sie nicht nur ihr Geld zurückbekam, sondern auch noch zwei Uhren in Empfang nehmen konnte. Die wertvollere schickte sie wieder an Manlio – in einem neuen Umschlag mit der Aufschrift: »Muster ohne Wert« –, und sie erklärte ihm, das Geschäft sei nicht bereit gewesen, die Uhr zurückzunehmen, sie habe viel Geld dafür bezahlt und er solle, immer wenn der Wecker klingelte, an die Liebe seiner Tante denken, die das Motiv zu diesem Geschenk gewesen sei. Die andere Uhr schickte sie Giorgio.
Im nächsten Sommer, als sie zu Hause in Italien war, konnte sie feststellen, daß die Jungen sich nicht verändert hatten. Giorgio war häßlich wie eh und je, Manlio sogar noch schöner. Nur die Fahrräder schienen gealtert.
»Nun, und was machen die Uhren?« fragte sie.
Die Jungen wechselten einen Blick.
»Meine ist schon kaputt angekommen«, sagte Giorgio.
»*Porca la miseria*«, seufzte Pia. »Man kann der Post nicht mehr trauen. In Paris war die Uhr noch heil.«

»Zannonelli sagt, es lohnt sich nicht, sie zu reparieren.«
»So schlimm?« stöhnte Pia. »*Madonna!* Und deine?« lächelte sie Manlio an.
»Meine? Die habe ich verloren.«
»Verloren? Du lügst!« sagte Pia anklagend.
Manlio zuckte gleichgültig mit den Schultern.
Wütend packte ihn Pia an seinen nackten Armen und rüttelte ihn. »Wo ist die Uhr?« kreischte sie.
»Ich habe sie verkauft«, sagte Manlio, halb entschuldigend. »Das Geld brauchte ich nötiger als die Uhr. Ich habe sie einem amerikanischen Seemann verkauft.«
»Für wieviel?« flüsterte Pia gespannt.
»Für tausend Lire.«
Pia gab ihm eine Ohrfeige – so schallend, daß es nur eine Geste der Liebe sein konnte. »*Mascalzone!*« schrie sie ihn an. »Du hast weniger verlangt, als ich dafür bezahlt habe.«
Manlio zuckte noch einmal die Schultern und räkelte sich in der Sonne.

Träumen von Papua

Willard C. Holm war noch nicht lange Präsident. Es war ganz unerwartet gekommen, als habe das Schicksal einen riesigen Finger aus den Wolken herabgereckt und auf eine bestimmte Ameise im Ameisenhaufen gezeigt. Immer wenn so etwas passiert, erholt sich das Opfer erstaunlich schnell von seiner Überraschung und beginnt den Mantel der Amtsgewalt mit jener aggressiven Bescheidenheit zu tragen, die Vertrauen einflößt in Ländern, die sich ihrer Freiheit schmeicheln.
Mr. Holm, wie er nun genannt wurde, oder Senator Holm, wie er hieß, bevor er die letzte Sprosse der Leiter erklommen hatte, war ein Mann von schlichten Vorlieben, der im Umgang mit seinen Mitmenschen eine listige und berechnende Klugheit erworben hatte. Instinktiv wußte er, daß seine Vorlieben nicht viel zählten, daß aber ihre Schlichtheit Respekt gebot. Durch das Fernsehen hatte der Wähler eine gewisse Raffiniertheit erlangt, und ein Politiker von allzu nüchterner Wesensart hätte vor den kritischen Linsen der Kameras leicht den Eindruck erweckt, als wolle er »frömmer als du« erscheinen. Folglich war Mr. Holm stets darauf bedacht, ausgiebig, aber mäßig mit harten Trinkern zu trinken, kräftig zu fluchen vor Liebhabern starker Flüche, jederzeit lauthals loszulachen in der Gesellschaft von Witzbolden und Komikern und sich in Gegenwart religiöser Würdenträger selbstverständlich feierlich zu geben. Er wirkte jung in der Begegnung mit Jugendlichen, demütig vor Hochbetagten mit reicher Lebenserfahrung und völlig vorurteilsfrei im Umgang

mit Menschen anderer Rassen und Hautfarben. Er war schwedischer Abstammung, was gewisse Vorteile hatte: Es erinnerte an Sauberkeit, Ehrlichkeit, Unabhängigkeit. Auch deutete es an, er sei frei von gefährlichen Inspirationen, plötzlichen Geistesblitzen und einem Sinn für das Paradoxe – lauter Todsünden für jene, die die Geschicke der Menschen lenken. Daß er sein Leben als Zeitungsjunge in Minnesota begonnen hatte, war ein so glücklicher Start, wie ein Präsident ihn sich nur wünschen kann. Die Tatsache, daß er ein schlechter Schüler gewesen war – pressewirksam ausgewalzt von seinen Reklamefachleuten –, war dazu angetan, ihm die Liebe und Wertschätzung von Millionen anderer Bürger einzutragen, die diese unvergleichliche Tugend mit ihm teilten.
Seine Eltern hatten nicht das Geld, ihn auf die Universität zu schicken, und er hatte nicht die Begabung, sich um ein Stipendium zu bewerben. Statt dessen bewarb er sich als Angestellter bei einer Füllfederhalterfabrik. Hier sicherte ihm seine nette Unauffälligkeit den Aufstieg vor unbequemeren Geistern. Er wurde zum professionellen Erfüllungsgehilfen – Anhänger aller Standpunkte fanden in ihm einen zurückhaltenden, aber aufmerksamen Verbündeten. Es war leicht, sich einem solchen Mann anzuvertrauen, denn er sprach wenig und schien stets bedacht auf Lösungen kniffliger Fragen.
Der eine entscheidende Schritt, den er in diesen langen, bildenden Jahren tat, war ein sehr wichtiger für einen künftig erfolgreichen Politiker. Er heiratete seine Jugendliebe, Grace Line Collins. Daher war es beinah selbstverständlich, daß er in einer Zeit heftiger politischer Rivalität zwischen zwei profilierten und glanzvollen Konkurrenten als Kompromißkandidat für den Senat aufgestellt und im Triumph nach Washington entsandt wurde.
Hier war er unermüdlich fleißig, und bald kannte er sich mit den Besonderheiten und Gepflogenheiten des Senats genauso gut aus wie einst in der Füllfederhalterfabrik. Wieder einmal brachten ihn seine Aufmerksamkeit und Zurückhaltung

in den Ruf eines ehrlichen und vertrauenswürdigen Maklers. Seine Abneigung, sich für eine Sache zu engagieren, verlieh ihm bald eine Aura von Macht, als sei er im Besitz irgendwelcher, nicht jedermann zugänglicher Kenntnisse, die auch die simpelsten Probleme geheimnisvoll und bedenklich erscheinen ließen.

Die Regierung Forsyth stand von Anfang an unter schlechten Sternen. Am Vorabend der Wahl erlag Senator Godfree, Kandidat für die Vizepräsidentschaft, einem Herzinfarkt. Die hektische Suche nach einem unumstrittenen und zuverlässigen Mitbewerber führte in letzter Sekunde zur Aufstellung Senator Holms. Präsident Forsyth, ein kraftvoller und dynamischer Mann, hatte keine hohe Meinung von Bill Holm, aber Bündnisse in der Chefetage sind keine Liebesheiraten. Es sind Versuche, die Mehrheit zufriedenzustelien. Forsyth war klug genug, um zu wissen, daß neben seiner profilierten, manchmal sprunghaften Persönlichkeit eine andere Qualität nötig war, um ihn vorteilhaft hervorzuheben. Das strahlende Bild brauchte einen unauffälligen Rahmen.

Der große Finger vom Himmel war aber keinswegs fertig mit Bill Holm; noch lange nicht. Unterwegs zu einer Kundgebung der Demokratischen Frauen Union, krachte die Präsidentenmaschine – mit Austin C. Forsyth an Bord – gegen die Felswand eines Berges, und in einer Flut nationaler Trauer zog Bill Holm beinah unbemerkt in das Weiße Haus ein.

Nach einer unvermeidlichen Anpassungsphase, in der Holm möglichst wenig tat und abwartete, bis die Wogen sich glätteten, entwickelte er plötzlich eine ganz andere Persönlichkeit als jene, für die er bekannt gewesen war. Mit einundsechzig ist es vielleicht etwas spät, um der Welt zu beweisen, daß man zum Führer berufen ist, besonders wenn man noch keine Zeit fand, es sich selbst zu beweisen. Aber Menschen verändern sich, sobald sie den Zwang verspüren, der Geschichte ihren Stempel aufzudrücken. Der Spiegel im stillen Kämmerchen wird freundlicher – und kritischer in der Öffentlichkeit.

Ohne Vorankündigung holte Bill Holm einen Investmentbanker aus Denver, Morland C. Crust, in das State Department. Und er traf weitere, folgenreiche Personalentscheidungen. In einem Kabinett von lauter Unbekannten war Präsident Holm bald das bekannteste Gesicht. So weit, so gut. Die außenpolitische Lage war genauso chaotisch wie die Lage im Inneren. Dies hatte den unbestreitbaren Vorteil, daß man von der einen zur anderen springen und das eine Chaos als Nebelwerfer für das andere benutzen konnte. In Birma waren die Kommunisten aktiv, der Vietnamkrieg schleppte sich ins fünfundzwanzigste Jahr, Nordlaos hatte sich von Südlaos abgespalten, auch wenn Präsident Ming-Tu-Phot das Gegenteil behauptete. Mindestens fünfzehn Botschafter der USA waren Generale, abkommandiert ins Außenamt. Statistiker schätzten, daß die Militärs, bei solchen Zuwachsraten, binnen eines halben Jahrhunderts die Zahl der Geschäftsleute im diplomatischen Dienst überflügeln würden.

Die Welt war gelähmt durch Paktsysteme, die wie Unkraut wucherten und immer längere Bindestrich-Kettenwörter auf das Zeitungspapier streuten. Ihre Interessen überschnitten sich, ihre Funktionen waren undurchschaubar, ihre Rivalitäten nahmen überhand. Überall auf der Welt wünschten sich Männer in Uniform anderswohin – aber nichts schien so gefährlich wie ein Vakuum, selbst dort, wo ein Vakuum seit unvordenklichen Zeiten friedlich und ungestört existiert hatte.

Eines Abends rief Bill Holm seinen Think-Tank zusammen. General Rutledge B. Hooker sollte über die Lage in Nordlaos berichten. Ein großer Bildschirm an der Wand flammte auf, um den Präsidenten zu unterrichten, wo Nordlaos zu finden sei.

»Wir haben Nachricht von Ming-Tu-Phot, daß die Lage sich dort unten verschlechtert hat, Sir.«

»Finde den Namen nicht auf der Landkarte, Rut«, warf der Präsident ein.

»Nein, Sir. Ming-Tu-Phot ist der Name des Präsidenten – des dortigen Präsidenten, sozusagen –, des Präsidenten von Südlaos.«
Mr. Holm lächelte nicht. Er musterte die übrigen Experten mit drohendem Blick.
»Ich wünsche mir, Männer, wenn ihr an der Reihe seid, sollt ihr mir klar und deutlich erklären, ob wir's mit einem Mann oder mit einem Land zu tun haben. Bei all diesen ausländischen Namen, verdammt, könnten wir uns eine Menge Zeit und Geduld sparen«, setzte er grimmig hinzu.
»Bedaure, Mister President. Dachte, Ming-Tu-Phot sei Ihnen bekannt«, sagte General Hooker.
»Rut, ich erinnere mich kaum an die Namen aller Männer hier im Saal«, lächelte der Präsident.
Dieser Beweis seiner Menschlichkeit wurde mit herzlichem Gelächter quittiert.
»Fahren Sie fort, Rut. Ich fürchte, ich habe Sie unterbrochen.«
»Nun, Sir, die Nordlaoten nutzen anscheinend das Territorium Nordvietnams, um Nordkambodscha zu infiltrieren und uns abzuschneiden.«
»Abschneiden – wovon?«
»Von Nordbirma, Sir.«
»Machen Sie mir mal eines klar«, seufzte der Präsident, mit einer müden Hand über seine Stirn fahrend, während die Leuchtbilder auf dem Schirm mit Blitzgeschwindigkeit wechselten. »Wo sind wir, und wo sind sie?«
General Hooker räusperte sich im Vorgefühl einer übermenschlichen Anstrengung.
»Allgemein kann man behaupten, Sir, daß immer dann, wenn vom Norden die Rede ist, ein Gebiet gemeint ist, wo sie stehen. Immer wenn vom Süden die Rede ist – nun, das ist, wo wir stehen. Obwohl dies oft nur die halbe Wahrheit bedeutet, da es ihnen gelungen ist, weite Teile des Südens zu infiltrieren, während wir in den Regionen Ky-Mang, Phing-Dot und Mien-Det-Sing – das sind Ländernamen, Sir – weit nach Nor-

den vorgedrungen sind. Die Situation wird zusätzlich durch die Tatsache kompliziert, daß Südlaos nördlich von Nordkambodscha gelegen ist.«
Der Präsident lächelte zögernd und ansteckend. Dann bog sich der Saal vor Lachen, und die Spannung verflog. Zwischendurch hörte man Professor Szasz, den weißhaarigen Ungarn und Vater der Eskalation, bewundernd ausrufen: »Nur in Amerika ist so etwas möglich!«
Wieder ernst, fragte der Präsident: »Was unternehmen wir in der Sache, Jungs?«
Der Außenminister meldete sich.
»Botschafter Glimpf schlägt vor, Ming-Tu-Phot durch Ming-Kam-Phot zu ersetzen – bedaure sehr, Sir: General Ming-Tu-Phot durch Marschall Ming-Kam-Phot zu ersetzen.«
»Warum?«
»Tja, sie sind Brüder. Aber sie hassen sich.«
»Ist noch lange kein Grund.«
Der Außenminister behielt einen bewundernswert kühlen Kopf.
»Ich weiß nicht, ob wir die Gründe aus der Ferne beurteilen können. Doch ich bin sicher, wenn Botschafter Glimpf einen solchen Wechsel empfiehlt, hat er gute –«
»Ich begreife nicht, wie eine demokratisch gewählte Regierung so oft wechseln kann – ohne das Mandat des Wählers zu verlieren«, sagte der Präsident, selbstgefällig und im Bewußtsein der höchsten Werte seiner Nation.
»Die Regierung wurde vor einundzwanzig Jahren demokratisch gewählt, Sir, und seither fanden keine Wahlen mehr statt – seit unserem Einmarsch, um die demokratischen Institutionen vor dem Kommunismus zu schützen.«
Der Präsident straffte sein Kinn, und in seinem Blick flammte ein kaltes missionarisches Leuchten auf.
»Diese Tatsachen sollten wir uns jeden Tag vor Augen halten, Freunde. Könnte genauso wichtig sein wie das tägliche Gebet. Damit wir nicht vergessen, warum wir dort unten stehen.«

Einen Moment herrschte Schweigen. Dann schob der Präsident die frommen Gedanken beiseite und stürzte sich wieder mit gewohntem Schwung ins Getümmel.
»Welche Partei, ich meine, Partei in unserem Sinne, hat dort unten die Macht?«
»Schwierige Frage«, murmelte General Hooker.
»Ungefähr, ungefähr«, drängte der Präsident.
»Offiziell, Sir, ist es eine Koalition zwischen der Volksbefreiungsbewegung, dem Neo Lao Hak Sat, den Gewerkschaften, der Friedensbewegung und den Demokraten.«
»Wie viele Demokraten?«
»Drei, Sir. Offiziell. Aber es sind keine Demokraten in unserem Sinn.«
»Nur drei Demokraten?« fragte der Präsident ungläubig. Und dann fragte er: »Warum sagen Sie dauernd ›offiziell‹, Rut?«
»Weil es in Wirklichkeit eine reine Militärregierung ist. Bestehend aus sechzehn Generälen, Sir, und vier Feldmarschällen. Sie vertreten keine Parteien, Sir.«
»Was ist mit dem Kongreß dort unten?«
»Tja, Sir, die Nationalversammlung. Dient heute als Neunzehntes Allgemeines Feldlazarett.«
Wieder umwölkte sich die Stirn des Präsidenten. »So weit kommt es mit der Demokratie, Männer, wenn die fundamentalen Freiheitsprinzipien vernachlässigt werden, wenn sie nicht mehr verteidigt werden. Könnt ihr euch vorstellen, daß unser Kongreß oder Senat in ein Feldlazarett verwandelt wird? Na, so etwas könnte passieren, wenn wir nicht immer bereit sind, für die elementaren Grundrechte zu kämpfen, die das Erbe dieser großen Nation sind.«
»Wir erleben die Geburt eines Staatsmannes«, murmelte Professor Szasz.
»Gut, Morland, geben wir dem neuen Mann eine Chance. Wenn er sich nicht bewährt, müssen wir uns etwas anderes einfallen lassen«, meinte der Präsident unbeschwert, mit einem Blick auf die Armbanduhr.

»Was steht noch auf der Tagesordnung?«
»Haiti, Mister President«, antwortete Mr. Crust voll Elan.
Der Präsident wandte den Kopf nach dem leuchtenden Bildschirm. Eine Landkarte von Haiti flammte auf.
»Was ist das – dort rechts? Das unschraffierte Gebiet?«
»Die Dominikanische Republik.«
»O nein! Nicht schon wieder! Aber sagen Sie, was hört man eigentlich von der Organisation Amerikanischer Staaten?«
»Die Peruaner sagen, sie wollen nicht in alle Ewigkeit für ihre zehn Mann Infanterie bezahlen, Sir.«
»Es ist nicht für alle Ewigkeit, das muß mal gesagt sein!« schrie der Präsident. »Es ist nur so lange, wie wir dort unten keine stabile Regierung haben.«
»Es sind schon zwölf Jahre«, beharrte der Außenminister.
»Zwölf Jahre?« ächzte der Präsident. »Gott, wie die Zeit verfliegt.« Er wußte, wann es ratsam war, das Thema zu wechseln.
»Was ist in Haiti los? Die Kommunisten?«
»Die Franzosen.«
»Oh, noch schlimmer. Bei den Kommies weiß man wenigstens, verdammt, mit wem man's zu tun hat.« Der Präsident geriet in Rage. »Was haben die Franzosen dort überhaupt verloren?«
»Die Haitianer sprechen Französisch, Sir.« Die Antwort kam von Elliott Koslowsky vom State Department.
»Seit wann?«
»Schon immer. Tatsächlich ist es eine Art Kreolisch, auf der Grundlage des Französischen. Und die Franzosen sind sehr empfindlich, wenn es um ihre Sprache geht. Sie haben sogar ein eigenes Wort für Länder, die ihre Sprache sprechen: *Les pays de lange francophone*.«
»Beglückwünsche Sie zu Ihrer Allgemeinbildung«, sagte der Präsident sarkastisch. »Aber ich habe keine Lust, die Vorurteile anderer Leute zu übernehmen. Habe mit meinen eigenen genug zu tun.«

Spärliches Lachen wurde laut.
»Worum geht es in Haiti, Morland?«
»Mr. Koslowsky hat die Fakten, Mister President.«
»Mr. Koslowsky?«
»Uns liegt ein Bericht von amerikanischen Geschäftsleuten vor, Sir, von Mitgliedern der OAGK.«
»Was ist das, eines unserer Paktsysteme?« bellte der Präsident.
»Die Organisation Amerikanischer Geschäftsleute in der Karibik, Sir, ein halboffizieller Sicherheitsausschuß der Handelskammern«, antwortete Mr. Koslowsky. »Die Herren behaupten, sie hätten mit ihren Produkten ziemliche Schwierigkeiten auf dem dortigen Markt. Der Widerstand sei auf tatkräftige Kapitalinvestitionen französischer Geschäftsleute in diesem Land zurückzuführen.«
»Daran gibt es nichts auszusetzen. Nur – daß es die Franzosen sind.«
»Sir, die Herren behaupten, sie wurden von der haitianischen Polizei belästigt, als sie französische Offerten zu unterbieten suchten.«
»Belästigt? Ich verstehe nicht ...«
»Wie inoffiziell verlautet, Sir, haben die französische Regierung und die haitianische Regierung sich verschworen, französischen Waren, wo immer möglich, den Vorrang zu geben. Seit dem Besuch Olympio Pastorales – bedaure, Sir: des Staatspräsidenten Olympio Pastorale – in Paris gibt es den Entwurf eines Handelsabkommens, Sir, über dessen genauen Inhalt wir nicht unterrichtet sind.«
»Warum nicht?«
»Wir fanden noch keine Zeit. Und außerdem ...«
Mr. Koslowsky stockte.
»Joe«, sagte der Präsident knapp.
Joseph E. Shales, Leiter der CIA, nickte unmerklich, wie ein Bieter auf einer Versteigerung, und notierte sich etwas auf einen Zettel.

»Dieses Abkommen regelt, wie wir annehmen müssen, den Tausch französischer Industrieanlagen, inklusive technischer Beratung, gegen Zucker aus Haiti«, fuhr der gemaßregelte Mr. Koslowsky unverdrossen fort. »Wenn man bedenkt, was Haiti produziert und was es dringend benötigt, kann ich mir tatsächlich nicht vorstellen, welchen anderen Inhalt das Abkommen haben könnte.«
»Keine Sorge, Mister Koslowsky. In ein paar Tagen haben wir den Vertragstext.«
Wieder nickte Mr. Shales unmerklich.
»Gehen Sie diesen Beschwerden nach, Morland. Falls tatsächlich eine Behinderung des Freihandels vorliegt, müssen wir uns bei den Franzosen revanchieren. Wer ist dort Botschafter?«
»Generalleutnant Harvey Rice«, sagte Mr. Koslowsky.
»Kenne ich nicht«, sagte der Präsident.
Der Außenminister lächelte sein übliches, steinernes Lächeln.
»Vergessen wir nicht«, flötete er, »daß Frankreich unser Verbündeter ist und daß eine diesbezügliche Verärgerung uns nicht blind machen darf für die Tatsache, daß der Kommunismus unser Feind Nummer eins ist. Nordlaos, Nordkorea, Nordbirma und Nordkambodscha sind reale Probleme, die morgen bereits zu einem Nordnepal, Nordafghanistan, Nordiran oder einer Nordtürkei führen könnten ... Was die Franzosen betrifft, Sir, so gibt es wirksame Gegenmaßnahmen, die sich als Druckmittel gegen Freunde bewährt haben ... Wir revanchierten uns bereits, als wir in unseren diplomatischen Vertretungen nur noch kalifornische Weine kredenzen ließen ... Jetzt könnten wir unsere Gegenmaßnahmen auf die Textilindustrie ausdehnen, wir könnten Strafzölle auf französische Damenmoden erheben oder Frankreich dort treffen, wo es am meisten schmerzt – auf dem Gebiet der Kosmetika und Duftstoffe ... Dies alles aber sind kleine Sticheleien. Unser Hauptproblem ist natürlich, wie wir die Eskalation

steigern können, bei gleichzeitiger Herabsetzung der Kriegsgefahr. Ein Widerspruch in sich selbst, möchte man meinen, aber es gibt einflußreiche Kreise, die diese Auffassung nicht teilen. In Laos haben wir inzwischen Stufe zweiundzwanzig der Eskalation erreicht, in Vietnam Stufe siebenundzwanzig, in Kambodscha lediglich zwölf und in Birma irgend etwas zwischen acht und neun –«

»Helfen Sie meinem Gedächtnis auf die Sprünge, Professor«, stöhnte der Präsident ermüdet auf. »Was sind diese Eskalationsstufen?«

»Sch-tufe siebenundzwaaanzig ist der Aaangriff auf militääärische Ziele mit nukleaaaren Waaaffen«, sagte Professor Szasz mit seinem schleppenden osteuropäischen Akzent. »Sch-tufe zweiundzwaaanzig ist die nukleaaare Kriegserkläärung mit beschränkten Zielen. Sch-tufe zwölf ist konventioneller Krieg in erweitertem Maaaßstab. Sch-tufe neun ist die Konfrontatiooon bewaaaffneter Streitkräfte in erhöhter Alaaarmbereitschaft und ohne offene Feindseligkeiten.«

»Kann mir das jemand bitte mal übersetzen?«

Wieder klang gutmütiges Gelächter auf, in das Professor Szasz nicht einstimmte.

»Nein, im Ernst«, fuhr der Präsident fort, als versuchte er, den Lapsus eines anderen rasch zu überspielen, »falls ich die Lage richtig einschätze, können wir die Dinge laufen lassen, wie sie seit fünfzehn Jahren laufen, und hoffen, daß unsere überlegenen Reserven den Widerstand des Gegners brechen werden. Oder wir können das Risiko einer weiteren Eskalation eingehen und gleichzeitig eine energische Friedensoffensive einleiten – eine Zangenbewegung im Herzen der kommunistischen Verschwörung.«

»In ersterem Fall würde ich mich sicherer fühlen«, meinte der Außenminister beinah wehmütig. »Aber ich bin ja kein Soldat.«

»Hören Sie auf, Morland. Schon damals, 1965, behaupteten bessere Köpfe als Sie oder ich, wir könnten so weitermachen

in alle Ewigkeit. Können wir auch. Aber Zermürbung ist keine Politik; es ist der schwächere Weg.«
»Es ist der sicherere Weg«, widersprach der Außenminister. »Wir haben uns an die Situation gewöhnt. Wir können mit ihr leben. Die Leute werfen kaum noch einen Blick auf die Titelseiten der Zeitungen. Sie blättern gleich weiter zu Comics und Sport. Und inzwischen behindern wir die Kommunisten in ihrer wirtschaftlichen Entwicklung: Unser industrielles Meer unterhöhlt ihren agrarischen Felsen.«
»Das möchte ich nicht unterschreiben, Morland. So sehe ich die Sache nicht«, rief der Präsident, sein Blick starr vor Konzentration und Entschlossenheit. Die Regierungsperiode Holm sollte jedenfalls kein Fest sein für Rip van Winkles. »Barrett?«
Barrett O'Hehir, der Verteidigungsminister, galt als Mann mit der seltenen Gabe, beinah alles zu verstehen: ein Familienvater und Unternehmensanwalt. Er hatte angenehme Umgangsformen, zwanglos und kultiviert. Er war jederzeit ansprechbar und besaß die beneidenswerte Fähigkeit, auch komplizierteste Probleme auf kristallklare Formeln zu vereinfachen. Der Präsident schätzte ihn und vertraute ihm. Neben ihm wirkte der Außenminister, zum Beispiel, beinah unaufrichtig – mit seinem unnötig eleganten Wortschatz und jener Art von Humor, über den niemand lachte. Kurz und gut, der Verteidigungsminister war kein Intellektueller.
O'Hehir lächelte, bevor er antwortete. Bislang hatte er sich nicht an der Debatte beteiligt. Er hatte es vorgezogen, als Trumpf ins Spiel gebracht zu werden. Immer wenn der Präsident erschöpft war oder sich im Dickicht exakter Fakten verirrte, bellte er das eine Wort: »Barrett!«
»Es bleibt uns nur ein einziger Weg offen, der vereinbar ist mit unserer Verantwortung als mächtigste Nation der Welt und als Beschützer der parlamentarischen Institutionen ...« (Oh, es gab nichts auszusetzen an langen Wörtern, wenn es nur die gleichen waren, mit denen der Mann auf der Straße versuchte,

seine Informiertheit zu beweisen) »Wir müssen zeigen, daß es uns Ernst ist. Klar? Und das einzige Mittel, um in den Konfliktregionen unsere Absichten zu verdeutlichen, ist die Offensive. Wir sind versöhnlich und immer bereit für Verhandlungslösungen auf diplomatischem Weg, aber um unsere Verhandlungsbereitschaft zu beweisen, wäre es verrückt, wollten wir darauf verzichten, unser taktisches Potential aufzuwerten und die nächsthöhere Eskalationsstufe in den Konfliktgebieten anzusteuern.«
»Das sagten Sie gestern bereits«, bemerkte der Präsident.
»Ich habe meine Meinung nicht geändert«, erwiderte O'Hehir unkompliziert.
Der Präsident lächelte wohlwollend. Ihm gefiel solch ein Mann, der den Mut hatte, ihm Kontra zu bieten. Und außerdem sprach er gut.
»Wie aber, wenn unsere Gegner zurückeskalieren?« fragte Mr. Crust und lächelte wie die böse Fee auf der Hochzeit.
»Sie haaaben keine Eskalatiooon«, krächzte Professor Szasz, eifersüchtig auf seine Erfindung. »Sehen Sie, unsere Gegner haaaben kein industrielles Potentiaaal, wie wir es haaaben. Sie haaaben keine hochentwickelten Waaaffen. Sie haaaben weder das nötige Kleingeld noch das Know-how für die Eskalatiooon.«
»Sie könnten Vergeltung üben«, warf der Außenminister ein.
»Vergeltung ist nicht Eskalation«, entgegnete Professor Szasz mit Bestimmtheit, und seine blauen Augen funkelten vor verteidigungsbereiter Logik.
»Gegen ihn haben Sie keine Chance, Morland«, lachte der Präsident und wandte sich wieder an O'Hehir. »Was würde dies an Truppenstärke kosten?«
»Sehr wenig, Mister President. Im Fall von Nordlaos«, alle Köpfe wandten sich wieder zum Bildschirm, wo Laos automatisch aufflammte, kaum daß der Name fiel, »würde es die unmittelbare Belegung militärischer Ziele mit taktischen

Atomwaffen zur Folge haben. Dafür brauchen wir – General Scheidemeyer?«
»Die Verlegung der 118. Taktischen Atomkampftruppe aus Concord Field sowie der 415. Spezialkampfeinheit aus Fort Peluskie. Siebenundzwanzigtausend Mann, alles in allem.«
Der Präsident nickte. »Auf dieser Stufe möchte ich keine höheren Einsätze spielen«, sagte er.
»Das Problem in Vietnam ist irgendwie komplexer, eskalationsmäßig«, fuhr O'Hehir fort. »Hier müßten wir um einen Punkt eskalieren, auf Phase achtundzwanzig, das ist – Professor Szasz wird mich verbessern, falls ich mich irre – der erste Schlag mit begrenzten Atomangriffen auch gegen solche Industriebetriebe, die kein Kriegsmaterial produzieren. Landwirtschaftliche Genossenschaften und öffentliche Gebäude fallen unter diese Kategorie.«
»Sehr richtig«, nickte Professor Szasz.
»Hmh. Und was bedeutet das?« fragte der Präsident düster.
»General McAteer?« fragte O'Hehir.
»Keine größeren Veränderungen im Augenblick, Sir«, antwortete der General. »Es bedeutet nur den Übergang von militärischen zu zivilen Zielen. Zum gegenwärtigen Zeitpunkt gibt es keine Anhaltspunkte dafür, daß der Feind ausreichend gerüstet wäre für eine Gegeneskalation – bedaure, einen Vergeltungsschlag gegen uns. Jedenfalls haben wir keine zivilen Ziele dort unten, gegen die sich eine Vergeltung richten könnte.«
»Richtig«, sagte der Präsident.
»In Kambodscha aber sollten wir, meiner Meinung nach, unmittelbar von Phase zwölf zu Phase fünfzehn eskalieren«, sagte O'Hehir.
»Ein ganz beträchtlicher Phasensprung, nicht wahr, Barrett?«
»Ja und nein, Sir. Phase fünfzehn ist eine Phase, in der zum erstenmal eine Atomwaffe zum Einsatz kommt, scheinbar versehentlich, mit nachfolgender Entschuldigung.«

»Wie damals, als wir das buddhistische Kloster in Phing-Aung bombardierten«, sagte Mr. Crust leise.
»Keineswegs«, erwiderte O'Hehir scharf. »Das war ein echter Unfall, kein simulierter.«
»Die Folgen sind die gleichen.«
»Für sie, nicht für uns.«
General Goldsmith E. Cartwright meldete sich zu Wort.
»Ich gebe zu bedenken, Mister President: Es würde unsere logistischen Probleme unnötig komplizieren, wenn wir gezwungen wären, einen konventionellen Krieg und einen Atomkrieg gleichzeitig zu führen. Wir müßten ungeheure Mengen ganz unterschiedlicher Waffen- und Munitionssysteme aus unseren Stützpunkten auf Taiwan und Hawaii verschiffen. Falls wir dagegen auf konventionelle Waffen verzichten oder ihren Einsatz allenfalls auf Birma beschränken, können wir die militärische Operation stromlinienförmiger gestalten und annähernd fünfzehntausend Mann für andere Aufgaben einsparen.«
»Das wäre gut für die Public Relations«, warf O'Hehir ein. »Wir könnten gegenüber der Presse verlauten, daß wir gleichzeitig mit einer diplomatischen Friedensoffensive eine beträchtliche Zahl von Kampftruppen abziehen.«
Dies war konstruktives Denken. Der Präsident nickte beifällig.
»In Anbetracht dieser Erkenntnisse schlage ich vor, daß wir in Birma kurztreten.«
Der Präsident warf einen Blick auf das kleine Birma an der Wand und gab seine Zustimmung.
»In welcher Form aber soll die Friedensoffensive stattfinden?« erkundigte er sich.
»Wir hatten schon lange kein Gipfeltreffen mehr«, seufzte Mr. Crust.
»Was? Die Kerle etwa hierher einladen?«
»Ein Treffen an einem beiderseits annehmbaren Ort. In Genf zum Beispiel.«

»Ich hasse Auslandsreisen.«
»Die Sowjets haben wieder mal ihre Besatzung gewechselt, Mister President. Auch sie haben – in gewissem Sinn – einen neuen Präsidenten. Früher oder später müßten Sie den Mann doch kennenlernen«, beharrte Mr. Crust.
»Eine Diktatur hat einfach nicht das Recht, so oft die Regierung zu wechseln«, brummte der Präsident. »Wer ist der neue Mann überhaupt? Wie heißt er?«
»Mr. Schtscheparenko«, sagte Mr. Crust.
»Was wissen wir über ihn, Joe?«
Mr. Shales klappte einen Ordner auf und las mit der schwerfälligen Betonung eines Mannes, dem entweder die Übung im Lesen fehlt oder der es erst spät im Leben gelernt hat.
»Ignatij V. Sch ... sch ... pa ...«
»Schtscheparenko«, sagte Professor Szasz, mit offenkundiger Zungenfertigkeit.
»Danke«, lächelte Mr. Shales. »Geboren in Novo-Irgendwo, oder wie, oder so ...«
»Überspringen Sie diesen Quatsch«, schnappte der Präsident. »Kommen Sie auf den Punkt. Was ist das für ein Mann? Was ist sein Hintergrund?«
»Wir wissen noch sehr wenig über ihn, Sir«, sagte Mr. Shales düster. »Die Roten verstehen es, ihre Spitzenleute zu tarnen, bis sie dann im Zentralkomitee sitzen. Angeblich war er Kraftfahrzeug-Ingenieur. Dann gab er ein kurzes Gastspiel als Stellvertretender Dritter Sekretär des Parteikomitees der Leichtindustrie der Belorussischen Volksrepublik, in den frühen Dreißigern. Danach haben wir seine Spur verloren, bis heute.«
»Auch wenn Schtscheparenko scheinbar die Spitzenposition besetzt«, warf Mr. Crust ein, »müssen wir annehmen, daß Mr. Taburow gegenwärtig der eigentliche Machthaber ist. Selbstverständlich unter Kontrolle von Mr. Kalstalkow, der seinerseits vom theoretisch orientierten Parteiflügel, vertreten durch Mr. Owsepijan und Mr. Klutchko, unter Druck gesetzt

wird... Und es wäre unklug, Mr. Gribojedow zu unterschätzen, der ein sensationelles Comeback geschafft hat, seit er zum letztenmal in Ungnade fiel.«
»Ganz wie in Washington«, lachte der Präsident inmitten allgemeiner Heiterkeit.
Erneut hob Professor Szasz in Bewunderung für sein neues Vaterland die Hände.
Der Präsident bekundete sein Bedürfnis nach einer Sitzungspause; er wurde von einer Lobbyistengruppe zum Dinner erwartet. Die Sitzung endete ergebnislos, wie solche Sitzungen es häufig tun, nachdem ein Klima gnadenlosen Erfolgsdenkens die Phantasie der Männer ins Grenzenlose gesteigert hat, lange bevor sie gezwungen sind, ihre Überlegungen in politische Praxis umzusetzen. Einige der Militärs putzten sich im Hinausgehen die Nase. Die Klimaanlage hatte wieder mal die Nebenhöhlen terrorisiert.
Der Außenminister machte einen Versuch, den Präsidenten vertraulich beiseite zu ziehen, wurde aber mit einem herzhaften Schulterschlag abgefertigt.
»Ich werde die Berichte herbeischaffen«, meldete Joe Shales knapp, »und sie durch G-14 oder einen seiner Generalleutnants rüberschicken.«
»Wunderbar, wunderbar«, antwortete der Präsident, der G-14 nicht von G-13 unterscheiden konnte – und auch nicht von allen anderen G's.
»Was heißt überhaupt ›G‹?« fragte er O'Hehir vertraulich.
»G-14?« antwortete O'Hehir, der instinktiv ahnte, welches G sein Chef meinte. »Er trägt direkt dem CIC vor, ohne Umweg über Red Arrow.«
»Oh.« Der Präsident nickte verständig.
Welch ein beruhigendes Gefühl, hinter sich und um sich herum einen mächtigen, mit höchster Effizienz arbeitenden Apparat zu wissen. Es gab einem Mann das Gefühl, als säße er in der Business class eines Airliners bei süßen Geigenklängen, die, gefiltert durch Lautsprecher, selbst die Gefahr zum

Bestandteil eines Wiegenliedes für Erwachsene verwandelten. Die Organisation raste auf Hochtouren dahin, auf ihrer vorausberechneten Bahn. Die Temperatur war kühl und steril. Das Denken entschlummerte in einem keimfreien Kokon unauffällig guten Geschmacks, die nervenberuhigenden Farben, ausgewählt von Experten obskurer, aber unentbehrlicher Wissenschaften zur Entspannung der Passagiere.
Der letzte der Generäle hatte die Tür geschlossen. Der Präsident war allein. Pötzlich allein mit seinen Drucken von Currier und Ives, die Szenen aus der frühamerikanischen Geschichte darstellten, zottige Pioniergestalten, die über die ganze Länge der grünen Bürowände galoppierten. Kein Sonnenstrahl verirrte sich durch die Jalousien. In diesem Raum war immer Nacht, nichts unterbrach das Schweigen, abgesehen von dem gelegentlichen Rülpsen des Trinkwasserspenders oder einem elektronischen Stimmbruch der Klimaanlage.
Der Präsident blickte auf seine Armbanduhr, und in sein faltiges Gesicht trat ein fremder, fiebriger Ausdruck, den bislang die wenigsten an ihm kennengelernt hatten. So mochte Dr. Jekyll ausgesehen haben, als er die ersten Regungen Mr. Hydes in sich spürte. Es war ein Blick von unwiderstehlicher Lasterhaftigkeit, von brennendem Verlangen, ein Ausdruck von unversöhnter, nach Befreiung dürstender Gewalt. Wie ein Irrer sprang der Präsident zur Tür und verriegelte sie. Dann huschte er zu der anderen Tür, die sein Büro mit den Räumen des Sekretariats verband, und versperrte auch sie.
Einen Moment blieb er stehen und überblickte sein Zimmer, keuchend, die Augen weit aufgerissen. Dann glitt er leise über den weichen Teppichfilz und fiel vor dem Papierkorb auf die Knie. Hektisch wühlte er in den Briefumschlägen, die sich im Lauf des Tages dort gesammelt hatten. Anscheinend fand er nicht, was er suchte. Er fluchte kräftig, und zum ersten Mal trat eine gewisse Trauer in seine Augen. Wie ein enttäuschtes Kind blickte er ziellos in die Runde, offenbar ohne Kraft,

sich von den Knien zu erheben. Dann machte sich eine Verschmitztheit auf seinen Zügen breit. Er stand auf, glitt schnell zur Tür, die zum Sekretariat führte, und schloß sie geräuschlos auf.
Die Büros waren leer. Die sicherheitsüberprüften Putzfrauen waren noch nicht gekommen. Die Luft war rein. Mit den Gebärden eines Fernsehdetektivs schlich sich der Präsident an die Papierkörbe heran. Er mußte sich beeilen, denn es gab immer einen Wachmann, der seine Runden drehte. Und den Stab. Und seine Familie.
Hurtig wie ein Kassenbeamter ließ der Präsident die Briefumschläge durch seine Finger gleiten. Manchmal zögerte er, wenn ihm etwas ins Auge stach, und mit flatternden Händen stopfte er die begehrten Papierschnitzel in die Tasche. Bevor er den letzten Papierkorb erreicht hatte, tauchte der Wachmann auf. Sofort fühlte der Präsident sich schuldig, wie ein ertapptes Kind.
»Mister President«, sagte der Wachmann mit einem milden Vorwurf in der Stimme.
»Ich wollte nur ... Ich fragte mich gerade, ob Miss Grininger noch hier ist.«
»Miss Grininger ist heute früher gegangen. Ihrer alten Mutter geht es noch immer nicht besser.«
»Tatsächlich?« fragte der Präsident mit echter Besorgnis in der Stimme. »Wie schade. Das tut mir leid.«
»Ja. Eine reizende Person, unsere Miss Grininger.«
»Weiß nicht, was wir ohne sie täten, George.«
George hieß eigentlich Elbert, aber er war auch gerne George, wenn sein Präsident es so wollte.
»Ziemlich harter Tag, heute, Mister President. Diese bekloppten Kommies lassen unsereins nicht zur Ruhe komen«, stellte der Wachmann fest.
»Da haben Sie ein wahres Wort gesprochen, George.«
Der Präsident wollte sich abwenden, aber der Wachmann war gesprächig geworden.

»Ich kann es den Herren stets vom Gesicht ablesen, wissen Sie, wenn sie hier rauskommen. Dieser Mr. O'Hehir läßt sich nichts anmerken, und Mr. Crust, nun, der blickt immer übellaunig drein. Nicht, daß er's wäre – es ist nur die Art, wie er blickt, wissen Sie. Aber General Scheidemeyer, der kann nichts verheimlichen.«

»Ah, tatsächlich?«

»Allerdings, Sir, Ich hatte die Ehre, unter General Scheidemeyer zu dienen. Damals war er noch Colonel Scheidemeyer ... In der 614. Spezialkampfeinheit, die in Cape Esperance landete, auf dem Numa-Numa-Atoll, jawoll, Sir, am achtzehnten September 1944 –«

Während der Wachmann seine ausgebeulte Brusttasche durchforschte, die vollgestopft war mit Notizbüchern und so vielen Kugelschreibern, wie ein Kosak Patronen im Gürtel hat, und nach einem photographischen Beweis für seine Bekanntschaft mit General Scheidemeyer fahndete, floh der Präsident aus dem Bann dieser nostalgischen Kameraderie.

»Ein prächtiger Mann, ein prächtiger Soldat is' er, unser General Arnold B. Scheidemeyer ...«, konnte der Wachmann dem Präsidenten noch nachrufen, bevor seine Einsamkeit ihn wieder einhüllte und jener traurigen Sentimentalität auslieferte, die manche Menschen im letzten Stadium des Suffs zu befallen pflegt. Hier aber genügte die Einsamkeit.

Der Präsident schloß die Tür zwischen sich und einer Welt gemeinsamer Erfahrungen und trat vor sein Bücherregal. Vorsichtig zog er einen Band der gesammelten Schriften Ralph Waldo Emersons heraus, griff ins Regal und zerrte ein fleckiges rotes Album hervor.

Er trug es zu seinem Schreibtisch, und mit der Bedächtigkeit eines Diebes, der seine Beute taxiert, griff er in seine Tasche und zog die Briefumschläge hervor, die er eingesteckt hatte. Den ersten legte er enttäuscht beiseite. Den zweiten strich er glatt und examinierte ihn genauer. Dann schlug er sein Album auf und gestattete sich einen kleinen Freudenschrei.

»Eine saudiarabische Schwarze 3-Rial!« sagte er laut. Er zog eine Tube Kleister aus seiner Schreibtischschublade und schickte sich an, die Briefmarke auf die entsprechende Seite seines Albums zu pappen.
Dann entdeckte er eine thailändische Zehn-Bath-Luftpostmarke, mit Tempeltänzerinnen als Motiv, und ärgerte sich über eine französische Sechzig-Franc-Marke, die das Jubiläum der französischen *Force de frappe* feierte. Eben wollte er, mit vorsichtigen Fingern, eine hübsche südlaotische Fünfundzwanzig-Kip mit dem Bild eines Babys in Gasmaske von ihrem Briefumschlag lösen, als es an der Tür klopfte. Er tat, als hörte er nicht. Das zweite Klopfen klang energischer.
»Was ist?« rief der Präsident.
»Bill, ich bin's, Grace.«
»Um Gottes willen, Grace. Ich ruhe mich aus!«
»Was tust du da drin?«
»Ich ruhe mich aus!« brüllte der Präsident.
»Mach die Tür auf!«
Der Präsident versuchte, den Befehl zu überhören. Die Türklinke fing an zu rattern. Wütend sprang der Präsident zur Tür und riß sie auf.
»Warum hast du dich eingeschlossen?« fragte Mrs. Holm sanft. Dann aber, nach einem prüfenden Blick durch den ganzen Raum, bekam ihre Stimme einen Ton tiefster Enttäuschung, als habe sie einen trockenen Trinker mit einer Schnapsflasche ertappt.
»Oh, nein«, sagte sie.
»Was soll das heißen: ›Oh, nein‹?« zischte der Präsident. »Du führst dich auf, als hättest du mich mit einem schmutzigen Roman ertappt, nicht wahr?«
»Pssst, leise!« flehte Grace und schloß die Tür hinter sich. »Du weißt doch, was Don Rosco dir gesagt hat.«
»Na, was hat Don Rosco gesagt?«
»Über dein Image in der Öffentlichkeit.«
»Hör mal zu«, sagte der Präsident mit Bestimmtheit. »Ich bin

ein erwachsener Mann, und ich habe ein Recht auf ein eigenes Leben –«

»Du bist der Präsident, Bill«, unterbrach sie ihn. »Du bist kein Mann mehr wie jeder andere. Du darfst es nicht sein. Es ist genau das, was du wolltest. Auch wenn du es niemals für möglich gehalten hast. Nun, es ist möglich geworden, es ist geschehen, Bill, auch wenn ich es kaum fassen kann. Manchmal erwache ich wie aus einem Traum und sage mir: ›Bist du das wirklich, Grace Line Collins aus Clambake Heights, Minnesota? Bist du das wirklich, als First Lady der ganzen Nation, im Weißen Haus?‹ Ja, Bill, so ist es. Es ist kein Traum, und das müssen wir begreifen. Es ist Realität geworden, eine ganz wunderbare Realität, eine tief beglückende Realität, und viele wunderbare und reale Menschen haben dazu beigetragen, diese Realität Wirklichkeit werden zu lassen. Jetzt müssen wir diesem großen, herrlichen Traum gehorchen, der uns hierher gestellt hat, an diesen Platz, auf dem wir stehen.«

Ein so unverdorbener, so reiner Idealismus, besonders wenn er quellfrisch den Lippen einer Frau entströmte, die ihm zwei brave Söhne und drei wunderbare Töchter geboren hatte, was zusammen eine wunderbare Familie ausmachte, beschämte den Präsidenten, und er empfand Reue. Er hörte ihr zu und kommunizierte mit ihr, wie ein Frommer mit seinem Gott kommuniziert.

Die First Lady fühlte, daß sie gewonnen hatte, und mit einem psychologischen Scharfsinn, der kluge Frauen auf das Auskosten ihrer Vorteile verzichten heißt, schlug sie einen privateren und freundlicheren Ton an.

»Erinnerst du dich, als wir mit Don Rosco diese erste Besprechung über dein öffentliches Image hatten? Golf sei ein gutes Hobby, sagte er, auch wenn Mr. Eisenhower es leicht in Verruf gebracht habe. Das sei aber lange her, alle hätten es inzwischen vergessen. Golf sei ein prima Sport für die Public Relations, weil es entspannend und besinnlich sei, zum Denken anrege und im Freien stattfinde. Tennis, sagte Don Rosco, falls ich mich nicht irre, habe ein unmännliches Image und sei fürs Herz ein Risiko. Sie lächelte liebevoll. Ich weiß noch, wie du dich nach Pingpong erkundigtest. Don Rosco meinte, dies sei kein ernsthafter Zeitvertreib, und ohnehin seien die Rotchinesen darin unschlagbar gut. Karten seien zu altmodisch, und alles, was nach Glücksspiel riecht, kommt überhaupt nicht in Frage. Segeln ist zu gefährlich für einen Mann, der Verantwortung trägt. Angeln ist gut, Angeln und Golf – und Baseball und Football im Fernsehen.«

»Ich hasse Golf, und ich liebe Pingpong. Darin bin ich gut«, sagte der Präsident voller Selbstmitleid.

»Ich weiß«, tröstete ihn seine Frau. »Aber das ist der Preis, den wir zahlen müssen, Bill. Bücher kannst du lesen, sagte Don Rosco, weil es den Eindruck erweckt, als wärst du nicht abgeneigt, guten Rat anzunehmen. Aber nur ja nicht selbst schreiben, das könnte bedeuten, daß du kein Mann der Tat bist.«

»Ich weiß, ich erinnere mich«, klagte der Präsident.

»Und als ich ihm sagte, daß du Briefmarkensammler bist, sprang er fast an die Decke. ›Niemand‹, sagte er, ›niemand darf es je erfahren! Das ist kindisch, das ist ein Zeichen von geistiger Schwäche. Das ist beinah, als ob jemand Bierfilze sammelt oder Busfahrscheine oder Flaschenkorken oder Silberpapier.‹ Ich bin hier anderer Meinung. Ich finde, Briefmarken sind ein schönes und würdiges Hobby. Aber Don Rosco ist der höchstbezahlte Reklamefachmann der ganzen Branche, und du verdankst ihm eine Menge Publicity.«

»Briefmarken entspannen mich«, sagte der Präsident mit matter Stimme. »Seit jeher haben sie mich begeistert. In meiner Jugend, als ich glaubte, niemals Reisen machen zu können, nicht nach Minneapolis, geschweige denn nach New York, waren Briefmarken für mich ein Fenster zur Welt, Grace. Wir werden nie wieder reisen können, Schatz, du weißt es, als das normale und anständige Ehepaar, das wir sind. Wir werden nur noch als Mr. und Mrs. President verreisen, oder als Ex-Präsident mit Gattin. Wir werden nie all die Dinge sehen, von denen die Briefmarken mir erzählen, fremde Lebensarten, andere Weltanschauungen. Kennst du nicht meine Lieblingsländer, die Orte, die ich immer besuchen wollte? Papua-Neuguinea war eines, Uganda ein anderes, dann das Protektorat Betschuanaland, die Mandschurei, Obervolta und die Malediven und Hijjaz und die Küste von Oman, die Emirate und die Färöer-Inseln – lauter Märchennamen für Märchenländer, Namen für Orte wie aus dem Bilderbuch, die vor mehr als fünfzig Jahren im Herzen eines Jungen Wurzeln schlugen und ihn seither nie mehr losgelassen haben...«

Die Stimme des Präsidenten verhallte in fernen Räumen und ließ ihn in einer seltsam lyrischen Trance zurück. Grace, die ihn liebte, ohne ihn allzugut zu verstehen, drückte ihm zärtlich den Arm und verließ ihn mit einem halb geschluchzten: »Tut mir leid, Bill.«

Der Präsident schob das Album wieder hinter Ralph Waldo Emersons Werke, machte das Licht aus und schloß die Tür seines Arbeitszimmers. Langsam schritt er zu seiner Wohnung hinüber, um sich zu duschen und umzukleiden. Der Fieberanfall war vorbei.

Der Gipfel in Genf war vorbereitet. Vor der Abreise aber unterzog sich der Präsident – abermals »auf Anraten Don Roscos«, wie er sagte – der Mühe, alle noch lebenden Ex-Präsidenten aufzusuchen und sich mit ihnen in ihren Gärten photographieren zu lassen. Drei waren damals noch am Leben, und alle lächelten sie leicht verbissen auf den Photos, als habe höhere Weisheit sie in eine außerweltliche Stratosphäre entrückt, von wo aus sie das Treiben der Sterblichen mit ironischer Distanz verfolgten. Bill Holm verkniff sich ein Lächeln, nicht nur, weil ihm unbehaglich war in Gegenwart dieser großen Männer am Feierabend ihres Lebens, die ihn bereitwillig mit guten, aber realitätsfernen Ratschlägen versorgten, son-

dern weil Don Rosco ihn vor jeglicher Fröhlichkeit bei solchen Anlässen gewarnt hatte.
»Wir wollen nicht das Gefühl bekommen, als gäbe es einen exklusiven Präsidentenklub, der Anekdoten austauscht«, hatte er gesagt. »Wir wollen das Gefühl haben, daß das Präsidentenamt große Opfer verlangt, harte Arbeit ... Wir wollen das Gefühl haben, daß der Präsident auf ein normales Leben verzichtet, damit andere Amerikaner es genießen können. Wirken Sie übermüdet, wirken Sie verärgert – das ist menschlich –, aber wirken Sie niemals fröhlich. Überlassen Sie das Lächeln den anderen. Die haben es sich verdient. Die sind im Ruhestand, ältere Mitbürger.«
Um die patriotischen Seiten der Mission noch stärker hervorzuheben, arrangierte Don Rosco die Berufung des Präsidenten zum Ehrenhäuptling der Taktaminnehoe-Indianer vom Stamme der Schwarzfuß in einem Reservat in Montana. Es brauchte viel Überredungskunst, bis die Taktaminnehoe sich bereit fanden, Präsident Holm als einfachen Krieger aufzunehmen, geschweige denn als Häuptling. Bei der letzten Wahl hatten sie geschlossen für die Opposition gestimmt. Endlich aber ließen sie sich erweichen, als Washington ihnen versprach, irgendwelche Territorialansprüche aus der Zeit der Indianerkriege wohlwollend zu überprüfen. Am Vorabend seiner Abreise nach Genf posierte der Präsident für die Photographen mit einem Kopfputz aus Adlerfedern und einem, so schien es, mit Freimaurersymbolen bedruckten hemdähnlichen Gewand; dazu schmauchte er eine endlos lange, widerlich stinkende Pfeife. Würdige Krieger tanzten in nervtötend engem Kreis um ihn herum, schwangen den Tomahawk, hüpften vorsichtig über ein kleines Freudenfeuerchen und leierten dabei ihre Gesänge für die Fruchtbarkeit der Erde und die Tapferkeit im Kriege.
Damit war ein weiteres, erfolgreiches Image in die Welt gesetzt. »Ich weiß, es war anstrengend«, sagte Don Rosco nachträglich zum Präsidenten. »Aber es war gut für die Pres-

se. Alle Zeitungen bringen die Taktaminnehoe-Story. Die amerikanische Öffentlichkeit hat ein schlechtes Gewissen gegenüber den Indianern. Ist Ihnen im Fernsehen aufgefallen, daß der Bösewicht nicht mehr der Indianer ist, sondern der Kavalleriegeneral, der Profitmacher, der ihnen alte Flinten verkauft? Neger und Juden sind zu kontrovers für das Image, das wir diesmal brauchen. Die Nation fängt eben erst an, ihretwegen Schuldgefühle zu entwickeln. Ich habe nichts einzuwenden, wenn Sie bei einer Jarmulke auftreten oder ein paar farbige Konteradmirale oder Bezirksrichter mehr einsetzen... Einverstanden... Aber erst, wenn Sie von der Reise zurück sind. Diesmal brauchen wir ein Gefühl der Solidarität und Tradition.«

Genf verwirrte die vielköpfige amerikanische Delegation, denn die Leute waren auf ihre eigene, ganz unvergleichliche Lebensart programmiert. Die Villen, in denen sie untergebracht waren, wirkten altmodisch und romantisch; das Dienstpersonal, das die erfahrenen Schweizer ihnen bereitstellten, war korrekt und unerhört tüchtig, aber ohne auch nur einen Moment etwas von jener menschlich entspannten Atmosphäre aufkommen zu lassen, die den Amerikanern vor allem anderen ein Gefühl der Identität und des nationalen Zusammenhalts bietet. Ein paarmal versuchte der Präsident, mit dem Butler Witze zu reißen, aber dieser verstand entweder nicht, oder er betrachtete solchen Kontakt als momentane Entgleisung, über die man lieber hinwegsah. Der Präsident bekam bald das Gefühl, von Robotern, oder schlimmer noch, von Sklaven umgeben zu sein. Liebevoll dachte er an George, den Wachmann, zurück. Das war ein Mann ohne Hemmungen, der wußte, daß er ein freier Bürger war.

Wann immer der Präsident nach einem Sandwich und einem Bier klingelte, brachte man ihm ein vollständiges Menü. Alles, was hinter einer Mahlzeit von drei Gängen zurückblieb, schien unter der Würde dieser Leute. Nachdem er es endlich geschafft hatte, ihnen verständlich zu machen, daß er nur nach einer Flasche kühlen Bieres verlangte, kam diese stets in einem bukolisch verzierten Silberkühler, wie Champagner, serviert zum Zweck einer kunstgerechten Verführung. Der puritanische Sinn des Präsidenten revoltierte gegen solche Assoziationen, und widerwärtige Visionen aus einem längst versunkenen New Orleans, der Hauptstadt des Lasters, tanzten vor seinem inneren Auge, während er es sich auf rotsamt- und blattgoldverzierten Stühlen bequem zu machen versuchte und die Bierflasche im Sektkühler klirrte, da das Eis schmolz.

Nur im amtlichen Cadillac fühlte er sich einigermaßen wohl. Die tiefen Sitzpolster waren häuslich-vertraut, die Luft im Inneren war so kühl, daß sie beinah nach Pfefferminz schmeckte. Wie im Sport war es schwierig, der russischen Mannschaft auf heimischem Platz zu begegnen, schwieriger aber noch auf neutralem Boden.

Die Konferenz begann unter einem schlechten Stern. Kaum waren die Delegierten im Saal versammelt, als die sowjetische Delegation geschlossen auszog. Aus Protest, wie nachträglich verlautete, gegen die neuen Eskalationsphasen, die O'Hehir mit seinem gewohnt machiavellistischen Sinn für die Wahl des Zeitpunkts an diesem Morgen in Kraft gesetzt hatte. Ein kleiner Atomsprengkopf war auf die Hafenanlagen einer Stadt gefallen, die als Tong-Aum angegeben wurde. Auf Grund falscher Berechnungen, verständlich in Anbetracht der Schwierigkeiten bei der Nachrichtenübermittlung, hatten die Amerikaner ihre Entschuldigung für diesen Zwischenfall eine Dreiviertelstunde vor dem »versehentlichen« Abwurf des Sprengkopfes veröffentlicht. Die nordvietnamesische Regierung meldete, ein Krankenhaus, eine Schule, ein Altersheim und weitere hundert Häuser seien völlig zerstört worden. Die Amerikaner antworteten sofort mit einem Kommuniqué, das solche Angaben als »übertrieben« bezeichnete. Sie beteuerten ferner, daß fraglicher Sprengkopf nicht größer gewesen sei als ein Transistorradio, daß er vor seinem Einsatz aufs gründlich-

ste in Nevada getestet und daher als »völlig sauber« zu bezeichnen sei, soweit Bomben sauber sein könnten. Allerdings unterstrich das Kommuniqué die Schwierigkeit, einen so kleinen Sprengkopf zielgenau abzuwerfen, weil mit einer »durch Wind und atmosphärische Verhältnisse« bedingten Abweichung zu rechnen sei. Auf Grund dieser Gegebenheiten, so wurde eingestanden, sei der Sprengkopf nicht genau auf das beabsichtigte Ziel niedergegangen. Der Fehler sei dadurch zustande gekommen, daß nur ein »Probeabwurf« geplant gewesen sei, daß aber irrtümlich eine gefechtsklare Waffe bei dem Angriff mitgeführt worden sei. In Zukunft, so hieß es, müßten die Nordvietnamesen selbst die Verantwortung tragen, falls größere Schäden aufträten als beabsichtigt, denn ihr Beharren auf dem Einsatz neuester, von den Sowjets hergestellter Anti-Tiefflieger-Boden-Luft-Raketen zwinge die amerikanischen Luftoperationen, in große Höhen auszuweichen, aus denen das wünschenswerte Maß an Zielgenauigkeit bei »einem Sprengkopf von nur zehn Unzen Gewicht« nicht mehr gewährleistet sei. Das Dokument schloß mit eindringlichen Mahnungen an die Adresse der Nordvietnamesen, auf den gefährlichen Luxus einer Selbstverteidigung zu verzichten, und unterstrich, daß ihnen stets ein Platz am Konferenztisch offenstünde.
Am zweiten Sitzungstag erschien die sowjetische Delegation wieder vollzählig – hauptsächlich, weil die Nachrichtenagentur Neues China eine vernichtende Attacke auf die »verbrecherische Untätigkeit der Sowjets bei der Verteidigung ihrer sozialistischen Bruderländer« geritten, und weil China mehrere Regimenter von »Freiwilligen« und »Jungen Pionieren« in den Kampf geworfen hatte.
Ohne die feierliche Eröffnung einer Konferenz von solcher Größenordnung und Bedeutung abzuwarten, entfesselte der sowjetische Verteidigungsminister, Marschall K.S. Pribalkow – ein wuchtiger Mann mit grauem Haarschopf und einer witzig in die Stirn fallenden Locke –, eine brüllende Anklage

gegen die »neuerlichen Verbrechen kapitalistischer Banditen und imperialistischer Barbaren«. Nichts vermochte ihn aufzuhalten. Dolmetscher und Berater wurden von der ungehemmten Gewalt seiner Attacke davongeschwemmt. Immer wieder krachte seine Faust auf den Konferenztisch. Federhalter und Tintenfässer wackelten, Löschblätter schienen zu atmen, wenn der Windstoß seiner ausholenden Gebärden zwischen sie und die ledernen Schreibunterlagen fuhr.

Die Amerikaner fühlten sich ihrerseits in Versuchung, den Konferenzsaal zu verlassen, doch Mr. Crust mahnte zur Vorsicht, weil es, wie er begründete, unschicklich wäre für die US-Delegierten, eine Rede zu unterbrechen, die keiner von ihnen verstand.

»Ist doch klar, was er sagt!« brummte der Präsident. »Er hat etwas gegen uns.«

»Das dürfen wir nicht einfach voraussetzen«, zischte der Außenminister. »Die Augen der ganzen Welt ruhen auf uns.«

Tapfer saßen die Amerikaner die Rede aus, auch den Applaus der gesamten sowjetischen Delegation, der eine geschlagene Dreiviertelstunde dauerte und in den auch der Redner einfiel, seine massigen Hände rhythmisch zusammenklatschend, während seine Augen mit unverhohlener Abscheu auf den amerikanischen Gesprächspartnern ruhten. Fehlte nur noch eine unverwüstliche Flamenco-Tänzerin auf dem Tisch, als Mittelpunkt all dieser Rhythmen.

Nach dem Applaus ging man zu Tisch. Mr. Crusts Rede nach dem Essen war eine lahme und zivilisierte Angelegenheit, und den Dolmetschern fiel es schwer, für alle Nuancen und ironischen Anspielungen entsprechende russische Wendungen zu finden. Manchmal entdeckten die Russen eine unfreiwillige Stilblüte, an der sie sich festbeißen konnten, und lachten sarkastisch.

Man hätte sich kaum eine Konferenz vorstellen können, die unter schlechteren Vorzeichen abgehalten worden wäre. Am

nächsten Tag ereilte die Delegierten die Nachricht, daß eine sowjetische oder chinesische oder nordvietnamesische Rakete mit atomarem Miniatursprengkopf einen Lastkahn in die Luft gejagt habe, der den GIs als PX-Laden diente. Weil der Zwischenfall sich zur Nachtzeit ereignete, seien nur wenige Menschenopfer zu beklagen; doch der Fallout sei nach amerikanischen Reinheitsgeboten notorisch schmutzig, und riesige Mengen an Lebensmitteln in benachbarten Lagerhäusern seien kontaminiert. Die amerikanischen Militärs am Konferenztisch waren außer sich vor Empörung und protestierten energisch gegen eine Fortsetzung der Gespräche.
»Wenn das ihr Spiel ist, das sie spielen wollen, okay, dann spielen wir mit«, sagte ein amerikanischer General immer wieder, wie eine hängengebliebene Schallplatte.
Sowjetmarschall K.S. Pribalkow starrte schamlos und unbußfertig über den Konferenztisch, was die Sache nicht besserte. Der Secretary of State lächelte auf seine verlegene Art, als litte er an schlechter Verdauung. Sein Gesicht schien zu sagen: »Ich hab's euch ja gesagt«, und dies in der stoischen Haltung eines alten Römers vor einem wahnsinnig gewordenen Kaiser. Mr. Schtscheparenko verlas eine lange Erklärung, wobei er Schwierigkeiten hatte, sein eigenes Manuskript zu entziffern. Die Übersetzung ergab, daß die Rede nichts Neues enthielt, das über die Patt-Situation hinausgeführt hätte, mit Ausnahme vielleicht des Satzes: »Wir werden euch ins Krematorium schicken«, was von der Presse des Westens als bislang härteste von einem kommunistischen Führer ausgestoßene Drohung hochgespielt wurde, mit allen grausigen Vorstellungen von einem totalen Atomkrieg. Tatsächlich war dieser Satz die Fehlübersetzung eines alten ukrainischen Sprichworts, das besagte: »Wessen Haus brennt, der spricht nicht mit der Stimme der Vernunft«, was selbst hartgesottene Brandstifter nicht mal im Traum bestreiten würden.
Daß die Konferenz überhaupt fortgesetzt wurde, war das Verdienst der restlichen Welt, mit Ausnahme der Chinesen, die

keinen Sinn in Gesprächen mit den Amerikanern sahen, hauptsächlich, weil die Amerikaner keinen Sinn in Gesprächen mit den Chinesen sahen, sowie der Franzosen, die zwar für Gespräche schwärmten, nicht aber für Gespräche, die ohne ihr Beisein stattfanden. Die Engländer badeten in edlen Gefühlen und gaben sich gern der Täuschung hin, ihre Stimme würde, eingedenk alter Zeiten, doch noch Gehör finden.

Weil die solcherart zum Scheitern verurteilten Gespräche auf Grund der in sie gesetzten Hoffnungen fortgeschleppt werden mußten, verzettelten die Kontrahenten die wichtigsten Fragen der Tagesordnung auf eine Reihe von ohnmächtigen Unterausschüssen, und schließlich fand sich der Präsident allein mit Mr. Schtscheparenko und zwei Dolmetschern. Anscheinend waren die beiden Führer der Welt so gründlich übereinander informiert, daß keiner von ihnen die Initiative zu ergreifen wagte, wie zwei Boxer, die so viel über den Kampfstil des Gegners gehört haben, daß sie den eigenen nicht mehr unbefangen einsetzen können.

Vorsichtige Plattitüden über die Freiheit wurden ausgetauscht, und bald wurde, jedenfalls den Dolmetschern klar, daß jeder sich freier wähnte als der andere. Schtscheparenko sah aus wie ein Handelsvertreter aus dem Mittelwesten. Er hatte ein Durchschnittsgesicht mit aufgeworfener Nase und randloser Brille. Er hatte auch einen nervösen Tic in der Wange sowie die Angewohnheit, den Hals zu recken, als wolle er sich aus dem Zwang des Kragens befreien. Seine Stimme war sanft, und anscheinend hatte er Schwierigkeiten, seine Sätze zu formulieren. Oft verbesserte er sich mitten im Redefluß und mußte seine Gedanken noch einmal neu entwickeln.

Irgendwelche geistigen Fähigkeiten, die Schtscheparenko besitzen mochte, so sinnierte der Präsident, blieben jedenfalls so gut verborgen, daß sie das Wesen der Sowjet-Hierarchie nur noch geheimnisvoller und bedrohlicher erscheinen ließen. »Dieser Mann ist eine Null, falls ich je eine gesehen habe«,

grübelte Bill Holm. Ein kurzes Glitzern in Schtscheparenkos Augen verriet ihm, daß dieser im selben Moment ganz ähnliche Gedanken über ihn zu hegen schien.
Dieser Blick, was immer er bedeuten mochte, spornte den Präsidenten zu neuen Bemühungen an, aus einer Position der Stärke zu verhandeln, was die Amerikaner nun schon seit vielen Jahren zu tun versuchten. Es war vergebens. Er und Schtscheparenko hatten keinerlei gemeinsame Erfahrungen. Wenn er von Demokratie sprach, glaubte Schtscheparenko, er spräche über die Volksrepubliken. Wenn Schtscheparenko vom Frieden redete, verstand der Präsident, die Russsen fühlten sich noch nicht stark genug, um anders zu reden. Für ihn lag eine schreckliche Warnung in all dem verzweifelten Friedensgerede. Es bewies, wie eine Nation zu sprechen gezwungen war, wenn sie aus einer Position der Schwäche verhandelte.
»Wir glauben an das private Unternehmertum und an die Würde des einzelnen«, preschte er vor, als die Gesprächsthemen immer abstrakter und harmloser wurden.
Schtscheparenko hörte sich die Übersetzung an, nickte ernst und erwiderte: »Wir dagegen glauben an öffentliches Unternehmertum und die Würde des Staates.«
Dies wurde für den Präsidenten übersetzt, und er erklärte: »Der Glaube an das private Unternehmertum führt zu leistungsstarken, wettbewerbsfähigen öffentlichen Unternehmen; und die allgemein garantierte Würde des einzelnen gipfelt in der Würde des Staates.«
Auch dies wurde übersetzt, und Schtscheparenko lächelte wissend. »Das glauben wir nicht. Dagegen wissen wir, daß das private Unternehmertum niemals frei von Korruption bleiben kann und daß die Würde des isolierten einzelnen oft in einem Meer von Individuen ertrinkt, für die solche Würde nur toter Ballast ist. Euer System führt automatisch zur Korruption des Individuums und zur Ausbreitung von Kriegen im Dienst des Profitmotivs. Sehen Sie doch, welchen Optimis-

mus die New Yorker Börse gestern verbreitete, als Sie Ihren atomaren Sprengkopf abwarfen. Der Dow-Jones-Index kletterte einen ganzen Punkt nach oben. Je mehr Sie abwerfen, desto stärker haussiert die Börse!«
Der Präsident hatte nur »Dow Jones« verstanden und wartete gespannt auf den Rest der Übersetzung.
»Sie irren sich«, sagte er. »Der Glaube an das staatliche Unternehmertum leugnet den Wettbewerbsgeist des Menschen und versklavt ihn unter die allgemeinen Maximen einer Handvoll von Führern und Parteibonzen. Und die Würde des Staates ist ganz unmöglich, wenn dem einzelnen seine elementare Würde verweigert wird!«
»Was soll das Geschwätz vom Wettbewerbsgeist?« fragte Schtscheparenko, kaum hatte er den Einwand des Präsidenten verstanden. »Wie, glauben Sie, hätte ich die Stellung erreicht, die ich im Obersten Sowjet und in der Kommunistischen Partei der Union der Sowjetrepubliken bekleide, wenn ich nicht vom Wettbewerbsgeist angespornt gewesen wäre? Glauben Sie etwa, besagte Handvoll von Führern und Parteifunktionären, die Sie erwähnen, wären in ihre Machtpositionen hineingeboren? Glauben Sie, wir erben in der Sowjetunion unsere gesellschaftliche Macht? Ich weiß nicht, wie Sie Ihr Leben angefangen haben, Mister President. Aber ich habe als Nietenschlägerlehrling angefangen, im Getriebewerk einer Lastwagenfabrik in Krovoi Rog in der Ukraine.«
»Wie, glauben Sie, habe ich mein Leben angefangen?« bellte der Präsident.
»Vermutlich in den Salons von Philadelphia.«
»Als Zeitungsjunge in Minnesota!«
Mr. Schtscheparenko streckte die Hand aus, und der Präsident schlug ein. Für einen Moment brach die Sonne durch die Wolken, sogar die Dolmetscher lächelten einander zu.
»Trotzdem«, sagte Schtscheparenko listig, noch immer die Hand des Präsidenten schüttelnd, »Sie waren von Anfang an in der Distribution, ich war in der Produktion.«

»Eines kann man nicht ohne das andere haben«, lachte der Präsident gutmütig.
Mit dem Gefühl sicheren Bodens unter den Füßen setzte der Präsident nach.
»Wenn wir uns über die Verschiedenheit der Standpunkte einigen, ist dies schon ein großer Schritt vorwärts«, sagte er.
»Es ist Koexistenz«, sagte Schtscheparenko.
»Das Wort gefällt mir nicht, aber so ist es.«
»Gefällt das Wort Ihnen nicht, weil wir es geprägt haben?«
»Es ist ein häßliches Wort... für eine schöne und sinnvolle Sache.«
»Besser ein häßliches Wort als eine häßliche Tat, wie das Töten unschuldiger Frauen und Kinder mit Atomwaffen.«
Der Präsident wurde rot.
»Sie wissen ganz genau, daß diese häßlichen Taten nicht nötig wären, wenn Sie auch nur den geringsten Respekt vor Verträgen und Menschenrechten hätten.«
»Im Gegenteil, Ihr Wirtschaftssystem macht den Krieg unvermeidlich. Ihre Wirtschaft braucht den permanenten Anreiz des Krieges. Auch Ihr Arbeitslosenproblem, das zum Bestand Ihrer Wirtschaftsordnung gehört.«
»Und was ist mit Ungarn?« brüllte der Präsident. »Hat unsere Wirtschaft in diesem Fall den Tod von unschuldigen und freiheitsliebenden Menschen verursacht? Oder war es die nackte Aggression einer Militärdiktatur gegen ein geknechtetes Volk, das die Freiheit zu wählen versuchte?«
»Und was ist mit der Dominikanischen Republik?« fragte Mr. Schtscheparenko. »Sind Sie etwa besonders tolerant gegen Menschen, die versuchen, die Freiheit zu wählen?«
»Was ist mit Ostdeutschland?« konterte der Präsident. Aber bevor er Zeit fand, die Frage zu erläutern, fuhr Schtscheparenko dazwischen.
»Was ist mit Westdeutschland?«
»Mit der Schandmauer?«
»Mit der Wiederbewaffnung der Wehrmacht?«

»Mit den Zwangsarbeitslagern in Sibirien?«
»Letzte Woche wurden wieder zehn Neger vom Ku-Klux-Klan ermordet!«
»Ah, Blödsinn«, polterte der Präsident. »Woher haben Sie das?«
»›Prawda‹«, sagte Schtscheparenko knapp, als spiele er seine Trumpfkarte aus. »Und die Nachricht von der Börsen-Hausse in New York, als Sie Ihren Atomsprengkopf abwarfen, die habe ich aus der ›New York Times‹.«
»Ich will Ihnen mal die Wahrheit über die Pressefreiheit erzählen ...«
So ging es weiter und immer weiter – der Präsident lenkte Mr. Schtscheparenkos Aufmerksamkeit auf das Besondere, und Mr. Schtscheparenko lenkte den Präsidenten wieder aufs Allgemeine, und keiner von ihnen hatte die Voraussetzungen, den anderen auch nur zu verstehen.
Minuten vor dem Ende dieser Begegnung der beiden, die, wie sich klar abzeichnete, die letzte sein würde, änderte Mr. Schtscheparenko plötzlich seine Verhandlungstaktik und schickte seinen Dolmetscher hinaus. Anfangs begriff der Präsident nicht, was da gespielt wurde, und ihm wurde bewußt, wie ungewöhnlich es sei, einen Russen allein zu sehen. Mr. Schtscheparenko machte ein paar ungeduldige Handbewegungen, um anzudeuten, daß jemand zuviel im Raum sei.
»Was will er?« fragte der Präsident seinen Dolmetscher.
»Er will, daß ich hinausgehe.«
»Hat er das gesagt?«
»Er hat es viel anschaulicher ausgedrückt, Sir.«
»Wie sollen wir uns verständigen, wenn Sie gehen?«
»Ich habe allerdings strikten Befehl, Sie unter keinen Umständen allein zu lassen, Sir.«
Der Präsident wurde rot vor Zorn. Dies war beinah ein Mißtrauensvotum.
»Wer gab Ihnen diesen Befehl?«
»G-14, Sir.«

»Ich habe die Schnauze voll von G-14. Verschwinden Sie, sofort!«
»Aber, Sir –«
»Zum Teufel, verschwinden Sie! Selbst wenn er mir in Zeichensprache etwas erzählen will, das zum Weltfrieden beitragen könnte, fühle ich mich nicht an Befehle von G-14 gebunden.«
»Okay, Sir, aber –«
»Haben Sie mich verstanden? Welchen Eindruck machen wir auf die Russen, wenn mein eigenes Personal mir nicht gehorcht? Ist das etwa ein Beispiel für Demokratie, wenn jeder tut, was ihm einfällt? Los, packen Sie sich hinaus!«
Gehorsam, aber mit schlimmen Ahnungen, ließ der Dolmetscher die beiden allein. Statt aber etwas zu sagen, ging Mr. Schtscheparenko zielstrebig von einer Tür zur anderen und verriegelte sie.
Der Präsident, ein begeisterter Leser von Spionage-Thrillern, wurde unwillkürlich nervös und begann sich zu fragen, ob die Befehle von G-14 nicht doch einen Sinn hätten. Instinktiv trat er ans Fenster und sah hinaus. Die Tatsache, daß sie sich im fünften Stock befanden, trug nichts zu seiner Beruhigung bei.
Nachdem Mr. Schtscheparenko die Türen verriegelt hatte, schritt er langsam die Wände entlang, spähte hinter Bilderrahmen, klopfte vorsichtig die Vertäfelung ab und untersuchte die Stützbalken.
»Was ... tun ... Sie ... da?« fragte der Präsident in Diktatgeschwindigkeit.
Mr. Schtscheparenko kam herüber und sprach leise, in unvollkommenem, aber flüssigem Englisch.
»Ich untersuche Wände im Fall amerikanische Mikrophone.«
»Sie sprechen Englisch!« sagte der Präsident verblüfft.
»Von 1933 bis 1936 ich arbeiten bei Buick Motorfabrik in Flint, Michigan«, erklärte Mr. Schtscheparenko grinsend.

»Das ist der Grund, warum die CIA Sie in dieser Zeit spurlos verschwunden glaubte.«
»Es gibt alte mandschurische Sprichwort – sicherste Platz für Floh ist in Mähne des Löwen.« Beide lachten, obwohl der Präsident bezweifelte, daß es in der Mandschurei Löwen gab.
Mr. Schtscheparenko holte ein kleines Transistorradio hervor und drehte es voll auf. Das einzige Programm, das mit erforderlicher Lautstärke zu empfangen war, war ein interkantonaler Jodelwettstreit.
»Warum tun Sie das?«
»Falls amerikanische Mikrophone, wir machen schwierig für sie.«
»Amerikanische Mikrophone? Wer hätte je von amerikanischen Mikrophonen gehört? Sie meinen doch sowjetische Mikrophone!«
»Beides, beides«, versicherte Mr. Schtscheparenko. »Aber wir finden in unsere Botschaften, und wir auch legen«, gestand er ein. Dann deutete er mit einem Blick nach oben auf einen rosafarbenen venetianischen Kronleuchter.
»Da, sehen Sie. Dieser Arm. Ein schwarze Form, am Fuß von Kerze.«
»Mein Gott«, sagte der Präsident. »Ist das eines von unseren?«
»Kann sein unseres ... oder kann sein –?«
»Was?« fragte der Präsident aufgeregt. Es wurde immer kälter im Schatten des chinesischen Drachens.
»Schweizerisches.«
»Schweizerisch?«
»Sie immer schlauer als uns alle. Gute Gastgeber, finden alles heraus. Also.«
Er wurde beinah sentimental und schien dennoch eine innere Erregung zu verbergen. Er blickte dem Präsidenten tief, beinah peinlich tief, in die Augen und faßte ihn an den Armen.
»Ich, bitte, allein mit Ihnen, weil ich Geschenk habe für Sie –

und auch Wunsch –, falls Sie tun können etwas für mich in Amerika.«
Der Präsident hatte flüchtige Visionen von Care-Paketen, altersschwachen Verwandten, amerikanischen Zigarettenstangen.
»Geschenk nicht groß, unmöglich für uns groß Geschenk, weil so lange getrennt von andere Land – aber ich bitte Sie annehmen, mit guter Absicht, kommen von Herzen.«
Er zog ein kleines Couvert aus der Tasche und überreichte es dem Präsidenten.
»Sein vorsichtig!« mahnte er.
Der Präsident schüttelte behutsam den Inhalt aus dem Couvert – und hielt die Luft an.
»Das ist eine Zehn-Kopeken-Nikolaij-II, mit Druckfehler... Sie merken, Adler hat vier Köpfe... sehr selten... gibt nicht mehr... Andere ist komplette Satz, gedruckt von Volksrepublik Aserbeidschan, am ersten Tag von Republikgründung... sehr selten... Diese Satz gedruckt von ukrainische Separatisten... Petliura... zwischen deutsche Besetzung und sowjetische Machtergreifung... sehr selten... Und diese Satz, leider nicht komplett, gedruckt von weißer Regierung Koltschak, in Sibirien.«
»Woher wußten Sie –?« fragte der Präsident, tief gerührt.
»Oh, ist nicht schwierig sehen. Wir haben Gefühl einander. Wenn Sammler empfängt Brief, er sehen Umschlag anders als Nichtsammler. Auch wenn Briefmarke ganz gewöhnlich. Ich beobachten. Ich beobachten alle Menschen von Westen, weil sie mehr Briefmarken bekommen als arme sowjetische Sammler. Ich versuche Weg finden zu erwerben.«
»Na, das ist aber wirklich aufmerksam von Ihnen, Sir, und ich versichere Sie, diese Geschenke werden der Stolz meiner Sammlung sein«, erklärte der Präsident überschwenglich. »Und nun, welchen Wunsch haben Sie, Sir, was kann ich für Sie tun?«
Mr. Schtscheparenko wurde jetzt ganz gefühlvoll, ein merk-

würdiger Gegensatz zu seinem eisigen Verhalten in der Diskussion politischer Fragen.
»Ich weiß nicht, ob möglich ... ich weiß nicht ... wir Gefangene, Sie und ich, unserer eigenen Umgebung ... ist unmöglich allein sein ... wie Menschen ... spazierengehen im Wald ... angeln ... diskutieren ... atmen ... leben ... Ich weiß nicht, wie ist möglich ...«
Der Präsident war solche tränenrührenden Ausbrüche nicht gewöhnt. Er versuchte dem Gespräch einen rauheren, amerikanischeren Ton zu geben.
»Hängt nur von uns selbst ab, es möglich zu machen«, sagte er.
»Aber wie? Wie? Können Sie mir schreiben Brief? Kann ich Brief Ihnen schreiben? Wird alles geöffnet. Sekretariat. Geheimdienst. Hunderte Menschen.«
»Es gibt immer den heißen Draht.«
»Wie kann schicken Briefmarken auf heiße Draht?« fragte Mr. Schtscheparenko vorwurfsvoll.
»Oh, das also ist Ihr Wunsch? Briefmarken?«
»Papua«, sagte Mr. Schtscheparenko, unter Tränen lächelnd.
»Papua. Ich träumen von Papua. Ich wissen, es gibt. Ein Dreieck. Schwarz. Ganz einfach. Sehr schön. Sehr künstlerisch.«
»Papua«, murmelte der Präsident andächtig, mit dem geistesabwesenden Blick eines Soldaten, der sich an einen für immer verlorenen Freund erinnert.
»Sie haben? Papua?«
»Ja, allerdings, ich habe tatsächlich eine. Aber Sie sollen Sie haben, falls ich Sie Ihnen zukommen lassen kann.«
»Nein, nein. Sie behalten. Finden andere für mich.«
»Das ist schwierig.« Der Präsident konnte nicht angeben, warum es so schwierig sei, doch eine völlig neue Dimension menschlicher Beziehungen eröffnete sich vor ihm, während er die Ähnlichkeit ihrer Situation und ihrer Gesellschaftsstrukturen zu begreifen begann. Wie immer ein Haus gebaut sein

mag, stets wird es ein Obergeschoß geben, und der Bewohner wird immer gezwungen sein, alle Stockwerke zu passieren, um auf den Erdboden zu gelangen.

»Warum Papua?« fragte er zögernd.

»Ich kann erklären«, erwiderte Mr. Schtscheparenko. »Etwas Besonderes mit dem Namen, etwas wie weite Ferne. Wenn ich Junge gewesen, in Krivoi Rog, ich keine Vater hat, nur Onkel, Bruder von Mutter. Er Kapitän auf Schwarz Meer, und mir erzählt von andere Länder, weit fern. Russische Land groß und flach ist, wie Meer, Bäume so groß wie Schiffe, und laufen und immer laufen, von eine Horizont zu andere ... Immer viel Märchengeschichten in flache Land. Schweizerisch Land, viel Berge, Menschen wenig Phantasie, weil nicht brauchen. Wohnen in Märchenland. Russische Menschen viel Phantasie, weil flach Land, und müssen Märchen erfinden aus Wolken, aus Wasserglitzern, Geräusche in Wald, Mond ... Ich immer träumen von Land, das ist nicht russische ... Dann Onkel mir schenkt Buch, Atlas ... und ich klein Kind, ich vorstellen mir alle Länder mit wunderbar klingende Namen ... andere Völker, andere Alphabet ... Papua ...«

»Welche noch?«

»Oh, Tanganjika ... – Yukatan ... Uganda ...«

»Uganda?«

»Ja. Mozambique ... Sumatra ... Island ... die Färöer-Inseln ...«

»Die Färöer-Inseln?« wiederholte der Präsident leise, verzaubert.

Plötzlich erwachte er zu neuem Leben.

»Ich will Ihnen mal was sagen!« rief er energisch. »Ich werde dafür sorgen, daß Sie, verdammt, die größte Briefmarkensammlung in der Sowjetunion besitzen. Fragen Sie nicht, wie ich es schaffen werde, ich weiß es nicht. Aber ich werde es schaffen. Ah, das ist eine nationale Priorität! Ist Ihnen klar, daß wir im Sinne direkter, offener menschlicher Beziehungen in diesen letzten fünf Minuten mehr erreicht haben als in

einem Jahr fruchtloser Verhandlungen? Ah, mit unseren beiderseitigen Interessen ist es uns gelungen, eine gemeinsame Basis zu finden. Und das ist mehr, als wir in monatelangen diplomatischen Palavern geschafft haben!«
Mr. Schtscheparenko stimmte begeistert zu und küßte den Präsidenten sogar links und rechts auf die Wangen, um die emotionale Annäherung zu besiegeln.
Die Zeitungen der Welt, in ihrer Unwissenheit, berichteten vom Scheitern des Gipfels in Genf, und mit einem Gefühl nonchalanter Erleichterung kehrten die Diplomaten und die Öffentlichkeit zu ihren bequemen Vorurteilen und eingefahrenen Ängsten zurück. Die Hoffnung war eine zu anstrengende Botschaft, um lange an ihr festzuhalten. Die einzige Ausnahme bildete der Präsident, der gegenüber seinen Mitarbeitern fühlbar schroff und ungeduldig geworden war.

Die erste jener allwöchentlichen Sitzungen, die nach der Rückkehr des Präsidenten stattfand, verlief höchst unbefriedigend. Während die Landkarten der verschiedenen zur Diskussion stehenden Länder an der Wand aufleuchteten, würdigte der Präsident sie keines einzigen Blickes. Er sagte zu Professor Szasz, er wolle das Wort Eskalation nie wieder hören, was den großen alten Mann kränkte. Der einzige, den er mit einiger Nachsicht behandelte, war der Außenminister. Mr. O'Hehir und General Ruttledge B. Hooker traten, blaß und verkrampft, an den Präsidenten heran und baten, ihn privat nach der Sitzung zu sprechen. Die Bitte wurde abschlägig beschieden, aber am anderen Morgen blieb dem Präsidenten nichts anderes übrig, als die beiden zu empfangen. Sie hatten Joe Shales mitgebracht.
»Worum geht es, Jungs?« fragte er.
O'Hehir ergriff das Wort.
»Wir sind der festen Überzeugung, Sir, Sie sollten Walter Reed aufsuchen, zu einem ärztlichen Check-up. Wir haben uns mit General Vandervliedeburgh abgesprochen, es steht ein Privat-

zimmer für Sie bereit. Wir haben den heißen Draht schon durchstellen lassen.«
»Seid ihr verrückt geworden, Männer?« brüllte der Präsident.
»Sie sind nicht wiederzuerkennen, Sir, seit Sie aus Genf zurück sind«, beharrte O'Hehir.
»Sie tragen verdammt viel Verantwortung«, sagte General Hooker.
Shales nickte stumm.
»Und warum wollt ihr mich loswerden?« fragte der Präsident zögernd.
Die drei Männer wechselten einen Blick.
»Wissen Sie denn, wie die Russen ans Werk gehen?« sagte O'Hehir als Wortführer.
»Worauf wollen Sie hinaus?«
»Erinnern Sie sich an den Fall von Major Schwalbmaker?«
»Dieser schmutzige Verräter!« murrte der Präsident.
»Erinnern Sie sich an die Fakten, Sir?«
»Sicher erinnere ich mich an die Fakten«, erwiderte der Präsident. »Auf mein Gedächtnis kann ich mich verlassen.« Plötzlich und ostentativ ging er in die Defensive.
»Erinnern Sie sich, wie er nach Ost-Berlin wechselte und behauptete, er wolle mit den Kommies gegen den Yankee-Imperialismus zusammenarbeiten?«
»Sicher. Er war fünfzehn Jahre lang Mitglied einer geheimen Parteizelle in Pasadena. Und eure Leute haben bei seiner Durchleuchtung versagt.«
»Das ist die offizielle Version, die wir an die Presse herausgaben, Sir«, sagte Joe Shales.
»Wollen Sie etwa behaupten, es sei nicht wahr?«
»Nein, Sir. Hopgood E. Schwalbmaker war zu keiner Zeit Mitglied einer kommunistischen Parteizelle in Pasadena.«
»Wollen Sie mir vielleicht verraten, warum es nötig war, die Öffentlichkeit zu belügen – und mich?«
»Die Wahrheit war zu heiß, um sie zu erzählen, Sir. Hopgood

E. Schwalbmaker, allem Anschein nach ein guter Familienvater, mit einer reizenden Frau und sechs wunderbaren Kindern, war in Wirklichkeit ein hartnäckiger und praktizierender Homosexueller. Als er damals mit einem Sonderauftrag zu General Catherley nach Berlin kommandiert wurde, glaubte er sich weit fort von zu Hause und dem häuslichen Einerlei, und seine alten Begierden flackerten wieder auf. Dies sind, wohlgemerkt, nicht meine Worte. Ich zitierte aus einem Gutachten von Dr. Frydlob: ›... und er stürzte sich in eine Reihe von Affären mit Pervertierten aus der Berliner Region, wobei diese Treffen häufig in Auspeitschungen gipfelten ...‹«

»Ich lege keinen Wert auf Details.«

»Nein, Sir. Aber tatsächlich mußten wir damals feststellen, daß die Sowjets im Besitz von Photographien waren, die Major Schwalbmaker zeigten – als Kammerzofe verkleidet und von einem nackten Mann auf den Hintern gepeitscht.«

»Er ist eine Schande für die Uniform!« schrie der Präsident aufgebracht.

O'Hehir nahm den Faden der Erzählung auf.

»Und dann stellt Schwalbmaker fest, er ist eine leichte Beute für Erpressungen jeder Art. Darum liefert er geheime Informationen statt Geld, und als die Sache zu heiß wird, wechselt er nach Ost-Berlin und zieht dieses große ideologische Theater auf.«

»Ein ähnlicher Fall war Miss Inchbald, Sir, die Archivarin in unserer Moskauer Botschaft«, sagte General Hooker.

»Mein Gott, was war sie denn, eine Lesbe?« fragte der Präsident.

»Nein, eine Frau Mitte Vierzig, unverheiratet und sentimental. Sie ließ sich von einem *Agent provocateur* verführen, und wieder gab es Photos von ihr, im Evakostüm, besoffen, wie sie einen Kosakentanz aufführt, und auch sie suchte Zeit zu gewinnen, indem sie geheime Informationen lieferte.«

»Warum erzählen Sie mir diese Geschichten?« Dem Präsidenten dämmerte allmählich ein fürchterlicher Verdacht.

O'Hehir räusperte sich knapp.
»Dies ist die Art, wie die Sowjets zu Werke gehen, Sir«, sagte er gelassen. »Sie spüren die Schwächen eines Mannes auf, dann greifen sie an, am Punkt des geringsten Widerstandes. Oh, es braucht keine sexuelle Schwäche zu sein. Es hat Fälle gegeben, da versorgten sie einen Süchtigen mit Heroin oder einen Alkoholiker mit Schnaps; oder sie griffen auf noch harmloseren Gebieten an. Wir dürfen niemals die Tatsache vergessen, daß sie alle – vom niedrigsten Arbeiter bis zum Generalsekretär der Kommunistischen Partei – Angestellte desselben Apparates sind und daß sie *alles* über einen Mann herausfinden, weil jede Information irgendwann nützlich sein kann, auch wenn sie vorläufig bedeutungslos erscheint. Ihr wichtigster Ansatzpunkt ist nicht die Arbeit eines Mannes, auch nicht die Pflichten eines Mannes, sondern seine Geheimnisse, seine Freizeitbeschäftigungen, seine Laster, seine Hobbys...«
»Seine Hobbys? Wie könnte jemand da angreifbar sein?«
»Oh, Sir, Sie wissen doch, wie empfindlich wir sind gegenüber Geschenken von Privatleuten an Politiker im Amt. Luther Leap mußte seinen Hut nehmen, weil er von Attilio Frigone einen gebrauchten türkischen Teppich für seine Strandhütte angenommen hatte – und Frigones Firma dann einen großen Bauauftrag vom Landwirtschaftsministerium ergatterte.«
»Weiß ich alles«, antwortete der Präsident. »Und ich will euch mal etwas sagen: Frigones Firma hätte den Auftrag sowieso bekommen. Sie machte das günstigste Angebot.«
»Zweifellos. Es war eine Tragödie. Denn Leap ist einer der großen Unbestechlichen dieser Welt, und der Teppich war wertlos. Aber nehmen wir einmal an, nur theoretisch, ein hoher Amtsträger der Vereinigten Staaten würde von einem hohen sowjetischen Funktionär ein ungewöhnliches Geschenk annehmen, ich meine, einen Gegenstand oder Gegenstände privaterer Natur als etwa Kaviar oder Wodka, so

würde dieser Vorgang den Beamten der Vereinigten Staaten in eine angreifbare Position bringen.«

Eines ist sicher, dachte der Präsident. Old Schtscheparenko hatte recht. Das Mikrophon im Kronleuchter war eines von unseren.

»Vielen Dank, Leute, für interessante zwanzig Minuten. Das Krankenbett könnt ihr einem Patienten geben, der es dringender braucht«, sagte er.

Nachdem sie gegangen waren, begann der Präsident nachzudenken. Er war jetzt von vertrauten Gegenständen umgeben, und er war weniger desorientiert als damals in Genf. Die Drucke von Currier und Ives, der rülpsende Wasserspender, der moosgrüne Teppich, die kühle, summende Nacht seines Büros – all dies war ein Trost.

Woher wußte Schtscheparenko, daß ich ein heimlicher Sammler bin? Seine Ausrede klang ziemlich lahm, wenn man's bedenkt. Kann mich nicht erinnern, in seiner Gegenwart jemals Post empfangen zu haben. Nachrichten ja, aber keine Briefe – Nachrichten ohne Briefmarken. Warum habe ich nicht früher daran gedacht? Meistens denkt man ja nicht. Im Zweifelsfall für die Unschuld – ein Gewohnheitsprinzip der Demokratie. Und dann – wie war das mit den Färöer-Inseln? Und mit Uganda? Und mit Papua? – Papua! Das kann kein Zufall gewesen sein ... Tanganjika ... ich habe mir nie etwas aus Tanganjika gemacht. Wollte niemals hinfahren. Das war nur so dazwischengestreut, um den Zufall glaubwürdiger zu machen. Nur eine Handvoll Menschen wußte, daß ich Briefmarken sammele. Grace ... die Kinder vielleicht ... meine Art, ihnen beim Frühstück die Briefumschläge wegzuschnappen ... aber keiner von ihnen würde für die Roten arbeiten ... Don Rosco? ... Möchte mal wissen, ob der 'ne Schwuchtel ist! Macht ziemlich affektierte Gebärden ... Und Mrs. Rosco ist, wie mir scheint, auch nicht besonders gut angepaßt ... jedenfalls benutzt er reichlich After-shave ... muß ihn noch einmal durchleuchten lassen, als potentielles Sicherheitsrisi-

ko ... ohne Angabe besonderer Gründe ... Muß G-14 auf ihn ansetzen ...
Die Türen waren verriegelt, der Präsident zog sein Briefmarkenalbum hinter Ralph Waldo Emersons gesammelten Schriften hervor und betrachtete zum ersten Mal seine neuen, von einem so häßlichen Verdacht befleckten Erwerbungen. Statt sie in sein Album zu kleben, löste er vorsichtig sein prächtiges Papua-Dreieck mit dem knienden Kopfjäger heraus. Die gleiche Operation führte er an einer Ten-Penny-Uganda mit dem Profil Edwards VII. aus, auch an einer Zehn-Öre-Marke von den Färöer-Inseln, in leuchtendem Königsblau, ein Fischerboot auf rauher See darstellend. Diese drei Marken sowie Mr. Schtscheparenkos Geschenk legte er in einen seiner dienstlichen Briefumschläge und adressierte ihn an: Mr. Schtscheparenko, c/o Kreml, Moskau – mit der Aufschrift »Persönlich« – und gab ihn Miss Grininger in die Post.
Alle waren begeistert, den Präsidenten wieder in alter Form zu erleben, und tatsächlich verlief die nächste Wochensitzung sehr angenehm, mit Heiterkeitsausbrüchen und einem starken Gefühl zielstrebiger Kollegialität unter den Chefs der Ministerien. Überhaupt war es eine höchst erfolgreiche Woche gewesen, gekennzeichnet durch die Steigerung der Eskalation um weitere zwei Punkte auf allen Operationsfeldern – ein Trend, der seinen Widerhall an den Aktienmärkten fand. Nordafghanistan tauchte zum ersten Mal auf der Landkarte auf, und damit natürlich auch Südafghanistan.
Eine Woche später kam der Brief aus dem Kreml zurück – mit der englischen Aufschrift: »Empfänger unbekannt«. Niemand war überrascht, denn Mr. Schtscheparenko war durch Mr. Stabawoij abgelöst worden, von dem die CIA überhaupt nichts wußte.
Vielleicht war das Mikrophon im Kronleuchter doch eines von ihren gewesen.

Die Attentäter

In welchem Alter sollten Attentäter sich zur Ruhe setzen? Diese bohrende Frage beschäftigte Monsieur Ambroise Plageot, den jüngst ernannten Leiter der Abteilung Éloignement bei der französischen Sûreté. Die Aufgabe dieser Abteilung besteht darin, Leib und Leben ausländischer Würdenträger zu schützen, die auf Besuch in Frankreich weilen. Zu diesem Zweck werden alle potentiellen Attentäter zusammengetrieben und für eine Weile verschickt. Monsieur Plageots Stirn zog sich in Falten, als er von dem Aktenstapel vor sich aufblickte und die Gestalt des Mannes musterte, der ihm gegenübersaß.

»Sie sagen, Sie hätten eine angenehme Beziehung zu meinem Vorgänger gehabt, zu Monsieur Latille?«

»Oh, ja, Monsieur. Es war für uns alle ein Schlag, als er in Pension ging.«

»Für Sie alle? Gibt es denn noch mehr von Ihnen?«

»Sechs, insgesamt. Mitglieder der Nihilistischen Internationale.«

»Der Nihilismus ist tot. Schon seit der Jahrhundertwende.«

»Das glauben viele Leute.«

Plageot seufzte. Halb war er belustigt, halb verwirrt, aber als guter Staatsbeamter konnte er sich nicht leisten, seine Gefühle zu zeigen. Sein Blick wanderte erneut über die Dokumente. Das früheste datierte vom 18. Juli 1903. Es war vergilbt und brüchig. Daran angeheftet war das altehrwürdige Photo eines Jugendlichen mit mächtiger schwarzer Mähne, dessen langer

Hals aus einem etliche Nummern zu weiten Schillerkragen ragte. Sein Name war Bratko Zvoinitch. Die enge, nervöse Handschrift eines längst verstorbenen Polizisten verkündete, daß er – auf Ersuchen des Generalkonsuls von Montenegro – als mutmaßliches Mitglied einer terroristischen Organisation verhaftet worden war.
Mit spitzen Fingern blätterte Plageot die übrigen Papiere in der Akte Zvoinitch durch. 1910, als er erneut verhaftet wurde, nannte er sich Bruno Silberberg.
»Warum haben Sie den Namen Silberberg angenommen?«
»Habe ich das? Oh, wissen Sie, ich hatte so viele Namen in meinem Leben, daß ich mich wirklich nicht mehr erinnern kann.«
»Warum wählten Sie Silberberg? Sie sind doch kein Jude, oder?«
»Wäre ich es, dann hätte ich mich kaum Silberberg genannt. Man muß schon ein Goi sein, um freiwillig einen jüdischen Namen zu wählen. Ich habe gelegentlich, glaube ich, einen jüdischen Namen gewählt, um mich stärker mit dieser großen, verfolgten Rasse zu identifizieren. Revolutionäre können nur existieren, wenn sie in der Minderheit sind. Sie sind das lebende Gewissen der Menschheit. Sie sind Vorläufer des Fortschritts, Märtyrer, die den Weg bahnen. Sie setzen den Traum in die Tat um, statt faul auf die Realität zu warten, die vielleicht erst ein Jahrhundert später folgt.«
»Verstehe.«
Plageot blickte über seine Brille und verglich das Gesicht des schwarzhaarigen Jungen auf dem Photo mit der verrunzelten und asthmatischen Gestalt vor ihm. Kein Haar war übriggeblieben, keine Strähne, nicht die Spur einer Haarwurzel. Der Kopf war blank poliert und durch irgendein Mißgeschick in eine steife, vornübergebeugte Haltung fixiert. Seine Unfähigkeit, den Kopf zu bewegen, die Falten in seinem Nacken und seine großen, haubenförmigen Augenlider, eines davon wie ein Segel über dreiviertel seines rechten Auges gewölbt,

gaben ihm das Aussehen einer Schildkröte, weise und zugleich lächerlich. Das Firmenetikett seines Jacketts war deutlich sichtbar, denn das Kleidungsstück bauschte sich von selbst auf, um Fleisch zu umhüllen, das nicht mehr da war. Sein unentwegtes Lächeln wirkte weniger humorvoll als vielmehr ironisch, als erwarte er nicht viel von den Menschen. Die harten Linien um seine Mundwinkel verrieten jedoch, daß er gewöhnt war, mehr zu nehmen, als sie ihm anboten. Etwas Levantinisches lag in der beklemmenden Liebenswürdigkeit seines Ausdrucks, eine Art Resignation, eine Nähe zur Geschichte, eine nach Jahren heftig lodernder Glut übriggebliebene Schläfrigkeit, Geringschätzung des Werts materieller Dinge und eine müde Verbitterung über alles Zeitliche.
Wenn er sprach, war es mit einer kaum hörbaren Stimme, verstopft von Staub und schwarzem Tabak. Seine Worte bildeten sich weich aus keuchenden Atemzügen und klangen, als kämen sie aus weiter Ferne. Plageot wußte sich nicht zu helfen, ihm gefiel der Bursche. Er hatte Substanz.
»Erinnern Sie mich an ein paar andere Namen, die ich verwendet habe«, sagte er plötzlich.
Plageot tat ihm den Gefallen: »Vladimir Ilikov, René Saboureau, Wolfgang Tichy, Antal Solomon, Comte Napoléon de Souci ...«
Bei der Erwähnung des letzten Namens brach er in herzliches Lachen aus, das alsbald in schmerzhaftes Keuchen überging. Endlich ließ der Anfall nach, und er blickte Plageot an, erschöpft, aber milde belustigt.
»Am schlechtesten war ich immer, wenn ich aristokratisch sein wollte«, keuchte er. Ich konnte mir nicht mal einen Namen ausdenken. Napoléon de Souci ... Welch ein blödsinniger Einfall. Die Organisation hatte mir befohlen, das Königshaus Sachsen-Anhalt zu infiltrieren, um die Ermordung eines seiner Mitglieder vorzubereiten. Wir steckten uns niedrige Ziele damals. Man durchschaute mich natürlich sofort. Kaum hatte ich meine Visitenkarte gezückt, wurde ich

auch schon geschnappt und außer Landes geschafft. Ich sah einfach nicht aus wie ein Comte Napoléon de Souci, verstehen Sie? Nebenbei, ich kann mir nicht vorstellen, wie ein Comte Napoléon de Souci aussehen sollte.« Er wurde wieder ernst. »Nein, am besten, am gefährlichsten war ich als ein Mann des Volkes.«

»Gefährlich?« fragte Plageot. »Und doch, wenn ich Ihre Akte durchblättere, finde ich keinen Anhaltspunkt für auch nur ein einziges Verbrechen. Bestimmt keinen Mord. Immer wurden Sie nur auf Verdacht verhaftet.«

»Ich hatte nie Glück in Frankreich«, sagte Zvoinitch und seufzte.

»Warum sind Sie dann hiergeblieben? Sie haben hier offenbar keine Familienbindung, gewiß keine Blutsbande.«

»Ich liebe Frankreich«, murmelte Zvoinitch. »Solange Sie mich nicht hinauswerfen, werde ich niemals gehen.«

Gegen seinen Willen war Plageot gerührt. Er schloß die Akte und zündete sich eine Gauloise an. »Sehr schön«, sagte er. »Lassen Sie mich zusammenfassen. Ich kann keine Entscheidung treffen, solange mir das Problem nicht klar ist. Ich habe diese Abteilung gestern übernommen, und Sie haben mir durch Andeutungen dauernd zu verstehen gegeben, daß ich noch nicht Bescheid weiß. Das ist mir ebenso bewußt wie Ihnen. Aber versetzen Sie sich für einen Moment in meine Lage. Ein Mann von vierundachtzig Jahren betritt mein Büro – «

»Fünfundachtzig.«

»Fünfundachtzig. Verzeihen Sie. Es liegt mir fern, Ihr Leben verkürzen zu wollen. Sie betreten mein Büro, gestützt auf zwei Stöcke, und erklären, daß Sie ein gewalttätiger, berüchtigter Attentäter sind. Weil ich von Natur aus höflich bin, bitte ich Sie, Platz zu nehmen. Sie tun es mit sichtlicher Erleichterung, nachdem Sie sich vier Stockwerke heraufgequält haben, dann ziehen Sie den ›Aurore‹ von heute morgen hervor, in dem die

Ankunft des Imam von Hidschas angekündigt wird, der die Beziehungen zwischen seinem Volk und den Franzosen verbessern möchte. Ich frage Sie, was diese Tatsache mit Ihrem Besuch zu tun hat. Sie zeigen sich überrascht und sagen mir, daß mein Vorgänger, Monsieur Latille, dies verstanden haben würde. Als ich nachfrage, erklären Sie mir, daß das Leben des Imam in Gefahr sei. Ich werde neugierig und frage Sie, ob Sie irgendwelche Informationen haben, die Sie zu dieser Überzeugung führen. Sie lächeln mitleidig und sagen mir, Sie könnten in Versuchung geraten, ihn umzubringen, falls ich Sie nicht für eine Woche nach Korsika deportiere. Mein lieber Freund. Wissen Sie denn, wo Hidschas liegt?«
»Es spielt keine Rolle, wo es liegt«, antwortete der Alte. »Ich bin gegen alle Autokraten, und die Menschen dieses unglücklichen Landes, wo immer es liegen mag, verdienen es, befreit zu werden. Kein Despot ist sicher, solang ich lebe.«
»Sagen Sie mir«, fragte Plageot, »was hätte mein Vorgänger, Monsieur Latille, getan?«
»Mit ihm gab es keine Diskussionen«, erwiderte Zvoinitch. »Er kannte die Gefahr, die wir für Gäste der Republik darstellen. Er hätte die Vollmacht sofort unterschrieben, und wir säßen noch heute abend im Flugzeug.«
»Heute abend?« Plageot war aufrichtig überrascht. »Aber der Imam trifft doch erst übermorgen ein.«
»Monsieur Latille war nicht bereit, Risiken einzugehen, wo verwegene Männer im Spiel sind.«
»Ich verstehe. Mit ›wir‹ meinen Sie vermutlich sich selbst und ihre fünf Kollegen.«
»Ja.«
»Und wo sind Ihre fünf Freunde?«
»Sie haben alle gepackt und sind reisefertig.«
»Wieso das?«
»Als wir aus der Morgenzeitung vom Besuch des Imam erfuhren, hielten wir eine Versammlung ab, und ich wurde als Delegierter entsandt, um unsere Gruppe zu repräsentieren.«

Plageot holte einen Bleistift aus der Tasche. »Wären Sie so freundlich, mir die Namen Ihrer Freunde zu nennen?«
»Ist das nötig? Monsieur Latille – «
»Monsieur Latille ist nicht mehr da«, sagte Plageot scharf.
»Also gut. Asen Popoff, von der Nihilistischen Internationale Bulgariens. Yahuda Achron, von der Jüdischen Sektion. Professor Semyon Gurko, von der Separatistisch-Nihilistischen Liga der Ukraine. Lazar Parlescu, vom Nihilistischen Zentrum des Banat. Und Madame Perlescu, in Nihilistenkreisen besser bekannt als Rosa Liechtenstein.«
»Nun gut«, sagte Plageot. »Heute kann ich Ihnen noch keine Antwort geben.«
Zvoinitch machte keinen Versuch, seinen Ärger zu verbergen. »Morgen kann es zu spät sein.«
»Dieses Risiko müssen wir eingehen.«
Mühsam erhob sich Zvoinitch. Anscheinend glaubte er, in seiner vollen Länge von ein Meter sechzig noch beeindruckender zu wirken. »Sie sind jung«, erklärte er geheimnisvoll. »Wer in jungen Jahren die Verantwortung für eine staatliche Behörde trägt, muß als vielversprechend gelten. Durch Ihre Kurzsichtigkeit könnte Ihre Karriere zerstört werden.«
»Wissen Sie, was ich glaube?« antwortete Plageot. »Ich glaube, Sie sollten einen Arzt aufsuchen.«
»Ja wirklich? Binnen kurzem könnten Sie selbst in die Lage kommen, einen Arzt zu brauchen.«
»Drohen Sie mir jetzt?«
»Ich drohe jedem, der mir im Wege steht.«
Er klemmte sein schäbiges Köfferchen unter den Arm, nahm in jede Hand einen Stock und humpelte zur Tür.
»Es könnte Sie interessieren«, flüsterte Zvoinitch, »daß der Imam von Hidschas am Mittwoch morgen, um sieben Uhr achtundvierzig, mit Flug 178 der Air France aus Bagdad eintrifft. Er steigt im Hotel Raphael ab. Am Sonntag reist er mit dem Train Bleu nach Marseille weiter. Bewachen Sie ihn gut.«

Fort war er. Irritiert drückte Plageot seine Zigarette aus. Er klingelte nach Mademoiselle Pelbec, seiner Assistentin. Einen Moment später trat sie ein. Sie war eine jener treuen Beamtinnen, die durch französische Ministerien geistern, mit Schriftstücken hin und her wandernd und andauernd irgend etwas abstempelnd. Eine offene Schere hing an einer Kette von ihrem Gürtel herab. Ihre Bluse war hausgeschneidert und saß so schlecht, daß ein Straps ihres Büstenhalters ständig sichtbar blieb. Er wurde mit dem Straps ihres Unterrocks durch eine riesige Sicherheitsnadel zusammengehalten. Ihr Haar war von mattem Rot, ihr Mund zuckte unaufhörlich, und sie hatte keine Augenbrauen.

»Sie haben geklingelt«, erklärte sie, und es klang wie ein Vorwurf.

Sie hatte acht Jahre mit Monsieur Latille zusammengearbeitet und nahm seine Pensionierung übel.

»Mademoiselle Pelbec«, sagte Plageot, »was wissen Sie über einen Mann namens Zvoinitch, der sich als Nihilist bezeichnet?«

Mademoiselle Pelbec wurde wachsam und schien ihre Worte mit einigem Bedacht zu wählen.

»Nun, ich weiß, Monsieur Latille hielt ihn für einen ziemlich gefährlichen Charakter«, antwortete sie.

»Wenn er so gefährlich ist, wieso wurde er nicht deportiert?«

»Oh, liebe Güte, nein«, platzte Mademoiselle Pelbec heraus, dann fand sie ihre Fassung wieder. »Monsieur Latille hielt ihn zwar für gefährlich, aber er hielt ihn nicht für so gefährlich wie er sich selbst, falls Sie mir folgen können.«

»Offen gestanden, nein. Nach der ersten Begegnung halte ich ihn für einen harmlosen Spinner.«

»Sie meinen, Sie schicken ihn nicht nach Korsika?« fragte Mademoiselle Pelbec entsetzt.

»Warum sollte ich?«

»Nun, er meldet sich nie ohne guten Grund. Das Verhältnis

zwischen ihm und Monsieur Latille war ganz bemerkenswert. Solange ich mich erinnere, mußte Monsieur Latille diese Leute niemals holen lassen. Sie meldeten sich von selbst, sobald sie in der Zeitung lasen, daß jemand Wichtiges nach Paris kam. Es war ein ungewöhnlicher Fall von Zusammenarbeit zwischen dem potentiellen Verbrecher und dem potentiellen Strafverfolger. Wären alle Verbrecher so sozial gesinnt wie diese sechs, dann gäbe es keine Verbrechen mehr.«

»Genau«, sagte Plageot trocken. »Ich glaube, sie sind völlig harmlos.«

»Ist denn irgendeiner von uns völlig harmlos?« fragte Mademoiselle Pelbec. »Sie haben niemals jemanden in Frankreich umgebracht, das ist wahr. Aber in Makedonien ist ihr Strafregister fürchterlich.«

»Woher wissen Sie das?«

»Monsieur Latille hat es mir gesagt.«

Plageot brummte. »Hier gibt es keine Anhaltspunkte dafür«, sagte er.

»Monsieur Latille hätte doch solche Erkenntnisse nicht erfunden. Warum sollte er?«

»Frage ich mich auch. Das wär's, Mademoiselle Pelbec.«

Würdevoll ging sie ab und murmelte etwas von Emporkömmling und Undankbarkeit.

Plageot starrte aus dem Fenster, wo ein Sommertag ausklang. Dann telephonierte er mit einer anderen Abteilung der Sûreté Nationale. Auf seine Frage nach der Ankunft des Imam erfuhr er, daß der Potentat Mittwoch morgen, neun Uhr zwölf, mit Flug 264 der Air France aus Genf kommen und als Gast des Präsidenten der Republik absteigen werde. Grimmig lächelnd legte er den Hörer auf. Er war bereit, die Angelegenheit für den Moment aus seinem Gedächtnis zu verdrängen, als das Telephon klingelte. Der Mann am anderen Ende sagte ihm, er habe eben eine falsche Auskunft bekommen. Der Imam werde nicht im Elysée-Palast absteigen, sondern im Hotel Raphael.

Plageot fluchte. »Aber sagen Sie mir«, fragte er, »fliegt er von Genf aus und nicht aus Bagdad?«
»Die Auskunft, die ich Ihnen über den Flug gegeben habe, ist richtig«, sagte die Stimme.
»Und wohin fährt der Imam nach seinem Besuch in Paris?«
»Monte Carlo.«
»Monte Carlo, nicht Marseille?«
»Nein, nein, Monte Carlo. Der Imam kommt zwar, um das Schicksal seines unterprivilegierten Volkes zu verbessern, aber er selbst ist unermeßlich reich und macht gern ein Spielchen.«
Plageot lächelte. »Und ich vermute«, fügte er hinzu, »er wird nach Nizza fliegen und von dort mit dem Auto weiterfahren.«
»Nein«, sagte die Stimme. »Er reist direkt mit dem Train Bleu.«
»Was? Vielen Dank.« Plageot hängte auf und dachte nach.
Von den Fakten, die der Alte geliefert hatte, waren zwei richtig, zwei waren falsch. Verdacht zu schöpfen, war die Aufgabe eines Polizisten. Und doch war es viel leichter, jemanden zu verdächtigen, der den Verdacht zu zerstreuen suchte, als jemanden, der den Verdacht auf sich zu ziehen versuchte. Es wäre schrecklich, wenn der Imam ums Leben käme, in die Luft gejagt durch den traditionellen Blumenstrauß, der in seinen duftenden Tiefen die Höllenmaschine birgt. Sein Gewissen wäre unauslöschlich befleckt, falls so etwas passieren sollte; nie wieder könnte er Mademoiselle Pelbec in die Augen sehen, das war sicher. Verfluchter Zvoinitch! Bei all seiner Unbeholfenheit wußte er, was er tat, als er diese Zweifel wie kleine Kugeln ins Rollen brachte. Er war einfach zu unheimlich, um nicht lächerlich zu sein, aber nicht lächerlich genug, um ganz harmlos zu sein. Plageot ließ sich die Akten der Leute bringen, die Zvoinitch als seine Mitarbeiter angegeben hatte. Ihre polizeilichen Register waren bemerkenswert ähnlich. Alle hatten sie zahlreiche Decknamen.

Plageot stellte einige schnelle Berechnungen auf seinem Block an und kam zu dem bemerkenswerten Ergebnis, daß ihr Gesamtalter sich auf 508 Jahre addierte, wobei Yahuda Achron mit neunundsiebzig der jüngste der Gruppe war, Madame Perlescu mit zweiundneunzig die älteste.
Es wurde immer beunruhigender, immer absurder. Es gab nur einen Schlüssel zu dem Rätsel – Latille. Plageot suchte die Nummer aus seinem Kalender und rief Latille zu Hause an.
»Hallo, ist Monsieur Latille zu Hause?« fragte er.
Eine Frauenstimme schien zu zögern. »Wer spricht da?«
»Ambroise Plageot. Sind Sie Madame Latille?«
»Ja.«
»Ah, Madame. Hier spricht Plageot, der Nachfolger Ihres Herrn Gemahl. Vielleicht erinnern Sie sich an mich, von der kleinen Party, mit der wir vorgestern die Pensionierung Ihres Mannes feierten. Mich hatte man ausersehen, ihm das Tintenfaß als Andenken zu überreichen.«
»Ja, natürlich, ich erinnere mich, Monsieur. Das Tintenfaß steht bei uns auf dem Kamin. Es ist ganz wunderschön, wirklich, genau wie Ihre Ansprache.«
»Ich darf mir schmeicheln, daß ich Glück hatte mit der Wahl meiner Worte. Ist der Herr Gemahl zu Hause, Madame?«
»Augenblick«, sagte sie.
Monsieur Latille kam ans Telephon. »Hallo, Plageot. Wie läuft es im Büro, alter Knabe?«
»Ja, eben, Latille. Ich habe da eine Frage, die nur Sie beantworten können. Hätten Sie einen Moment Zeit, mich zu treffen?«
»Können Sie's mir nicht gleich sagen?«
»Nein.«
Am anderen Ende entstand eine Pause. »Oh, na gut. Kommen Sie gleich herüber, wenn es so dringend ist.«
»Danke«, sagte Plageot und fühlte sich schon etwas mehr als Herr der Lage.
Plageot war unverheiratet, aber er hatte eine Geliebte, die

ebensogut seine Frau hätte sein können, denn er war ihr nicht völlig treu. Dies war zufällig ihr Geburtstag. Er rief sie an. »Annik«, sagte er mit seiner autoritärsten Stimme, »ich verspäte mich eine Dreiviertelstunde. Was höre ich? Du bist fertig angezogen zum Ausgehen? Um so besser, dann wirst du mich nicht warten lassen, wenn ich komme.«
Er setzte seinen flotten schwarzen Hut auf und verließ für diesen Tag das Büro.

»Mein lieber Plageot«, sagte Monsieur Latille beim Eintreten in sein bescheidenes Wohnzimmer, »bitte entschuldigen Sie die Unordnung. Aber wir fahren morgen früh nach Dinard.«
Er war eine malerische Erscheinung, dieser Latille, mit seiner wilden grauen Mähne, seinem schütteren Spitzbärtchen und seinen wäßrig-blauen Augen, dem Äußeren nach mehr ein Künstler als ein Beamter. Plageot, so korrekt, so dogmatisch, so rasiermesserscharf, fühlte sich unbeholfen in Gegenwart solcher Ungezwungenheit.
»Mir ist klar, Sie sind sehr beschäftigt. Ich kann ohnehin nur einen Moment bleiben, darum will ich gleich zur Sache kommen. Es geht um einen gewissen Zvoinitch.«
Monsieur Latille verlor seine Herzlichkeit und setzte sich schwerfällig.
»Ja«, sagte er, »ich habe befürchtet, Sie würden mich nach ihm fragen. Als ich heute früh die Zeitung aufschlug und sah, daß der Imam von Hidschas morgen kommt, war mir der ganze Tag verdorben. Ich regte mich auf und rechnete mit dem Schlimmsten. Ich hoffte nur, noch wegzukommen, bevor der Sturm losbrach.«
Auch Plageot setzte sich. »Aber wo liegt das Geheimnis?« fragte er. »Entweder ist der Bursche gefährlich, oder er ist es nicht. Es müßte doch relativ einfach sein, diese Frage zu entscheiden.«
»Es ist alles andere als einfach«, sagte Latille betrübt. »Im Moment fühle ich mich wie der Chefkassierer einer Bank,

dem alle vertrauen und der plötzlich bei der Veruntreuung von Millionen Franc ertappt wird.«
»Warum kommen Sie sich so vor?« fragte Plageot in gewichtigem Ton.
»Weil – weil ich mir nie schlüssig werden konnte, ob diese überalterten Revolutionäre gefährlich sind oder nicht. Schließlich konnte ich die Ungewißheit nicht mehr ertragen und entschied im Zweifel zu ihren Gunsten.«
»Wollen Sie damit sagen, Sie gaben ihrer Forderung nach und schickten sie nach Korsika – ohne ersichtlichen Grund?«
»Genau.«
Plageots Haltung wurde steif und selbstgerecht. »Ist Ihnen klar, Latille, daß Sie für solche Marotten das Geld des Steuerzahlers ausgegeben haben?«
»Natürlich ist mir das klar, mein lieber Freund. Auch wenn ich nicht behaupten kann, daß es mir viel Kopfzerbrechen bereitet hätte. Das Endergebnis ist bei den meisten Steuergeldern weit weniger nützlich und weniger wohltätig. Denken Sie an die Summe, die in die Maginotlinie gesteckt wurde. Und wieviel Gutes hat sie gebracht?«
»Wenn jeder dächte wie Sie, dann hätten wir das Chaos!«
»Chaos entsteht in jedem Fall, mein lieber Plageot. Nicht weil alle so denken wie ich, sondern weil die Menschen verschieden denken. Wie Voltaire weise sagte, sollte jeder von uns seinen eigenen Garten bestellen. Zwei Teile gesunden Menschenverstands, gegeneinandergestellt, können leicht zum Chaos führen. Dagegen können wir nichts tun. Wir können nur unser eigenes Haus in Ordnung halten.«
Plageot sprang auf und durchmaß das Zimmer in großer Erregung.
»Ich bin nicht gekommen, um mich auf metaphysische Debatten einzulassen.«
»Nein«, sagte Latille nachsichtig. »Sie sind gekommen, um zu fragen, ob sechs alte Attentäter gefährlich sind oder nicht. Ich gebe Ihnen meine Antwort. Ich weiß es nicht.«

»Sie überraschen mich, Latille, und Sie schockieren mich. Jetzt verstehe ich, warum Zvoinitch mir sagte, er habe ein sehr angenehmes Arbeitsverhältnis mit Ihnen gehabt.«
Latille lächelte. »Sagte er das? Das war sehr freundlich von ihm, wenn auch ein wenig taktlos, nachdem er sich noch gar kein Urteil über Sie bilden konnte.«
Plageot blieb wie angewurzelt stehen. »Was wollen Sie damit sagen?« platzte er heraus. »Suchen Sie jetzt Ihre Handlungsweise zu rechtfertigen?«
»Ich glaube, sie bedarf keiner Rechtfertigung. Bis gestern war Ihre Abteilung meine Abteilung. Ich habe sie acht Jahre geleitet, und ich bedaure meine Entscheidung hinsichtlich dieser Männer nicht. Ich fürchtete lediglich den Tag, an dem ich mein Verhalten erklären müßte. Es gibt einen Unterschied zwischen Erklärung und Rechtfertigung.«
»Jetzt ist keine Zeit mit spitzfindigen Interpretationen zu vertrödeln!« schrie Plageot. »Erklären Sie sich also.«
Latille sprach leise und leicht amüsiert.
»Ich erinnere mich an das erste Mal, als Zvoinitch in mein Büro kam. Damals nannte er sich Zbigniew. Es war 1946, und in Paris wimmelte es von alliierten Generalen. Damals war ich überwältigt von seiner Ehrlichkeit. Er erzählte mir, er könne nicht der Versuchung widerstehen, Anschläge auf das Leben ausländischer Würdenträger zu verüben. Ich dachte, ich sollte ihn zum Psychiater schicken, aber irgendwie kam es mir verrückt vor, die Schwächen eines Mannes von über siebzig kurieren zu wollen, die sich laut seiner Akte zu einer unausrottbaren Gewohnheit verhärtet hatten. Wäre er ein junger Mann gewesen, ich hätte nicht gezögert. In Anbetracht seines Alters aber beschloß ich, ihn nach Korsika zu schicken. Zugegeben, ich wurde etwas mißtrauisch, als er plötzlich fünf Freunde vorstellte, die alle an der gleichen sonderbaren Versuchung litten. Nun, was wir am wenigsten gebrauchen konnten, war ein toter Diplomat oder General im Haus, besonders zu einer Zeit, als wir unser Möglichstes taten, um unser

geschlagenes Land attraktiv zu machen für die Touristen. Nach einiger Zeit war ein gewisses Maß an Stabilität wiederhergestellt, und die alten Leutchen durften nach Frankreich zurückkehren.
Dann kam irgend jemand wie Molotov nach Paris – habe vergessen, wer's genau war –, aber plötzlich war die Stadt voll von russischen Sicherheitsbeamten mit erschreckend vollständigen Listen, wen sie alles beseitigt haben wollten. Wenn sie das Wort ›beseitigt‹ gebrauchten, meinten sie, wie ich fürchte, unwiderruflichere Maßnahmen als die bloße Verschickung nach Korsika. In meinem Eifer, den Russen zu beweisen, daß ihre Listen alles andere als vollständig wären, schickte ich unsere sechs Freunde abermals demonstrativ über See. Ich brauchte sie nicht zusammenzutrommeln. Wie immer stellten sie sich von selbst, und in Anwesenheit von General Serov konnte ich den Russen in meinem Büro beweisen, daß Opposition gegen das Regime in einer Demokratie eine Bürgertugend darstellt.
Als Tito kam, wiederholte sich der gleiche Vorgang, und abermals, als Adenauer seine Aufwartung machte. Dann tauchten sie eines Tages ohne besonderen Grund auf. Ich fragte sie, welchem Umstand ich das Vergnügen ihres Besuchs verdanke – und es war wirklich ein Vergnügen, Plageot, das versichere ich Ihnen. Diese Leute vereinigten in sich Emotion und Spaß, wie gute Clowns es tun. Kurz, sie waren eine Erholung von dieser trostlosen Parade verbissener, häßlicher, uncharmanter Gestalten, die tagtäglich unsere Aufmerksamkeit beanspruchen. Ohne mit der Wimper zu zucken erklärten sie, daß der Schah von Persien in Frankreich erwartet werde. Ich lachte. ›Sie werden doch nicht behaupten‹, sagte ich, ›Sie wollten den armen, wehrlosen Schah ermorden. Er hat schon genug Schwierigkeiten, Öl aus der Erde zu buddeln; er braucht nicht noch Schwierigkeiten von Ihnen.‹
An diesem Punkt ergriff Zvoinitch das Wort. Er ist ihr Sprecher. Seine Augen leuchteten mit so offenherziger List, daß es

rührend war. ›Schlagen Sie nach in Madame Perlescus Akte‹, sagte er. ›Und sehen Sie, was im Spätsommer 1912 passierte.‹ Das tat ich. Sie war in Isfahan verhaftet und auf Verlangen der persischen Regierung nach Frankreich deportiert worden, weil sie in der Öffentlichkeit immer wieder Beleidigungen des Herrscherhauses herausgeschrien hatte.
›Die Perser waren anscheinend schrecklich empfindlich‹, bemerkte ich.
›Scharfsinnig, scharfsinnig‹, berichtigte er. ›Sie erkannten eine Gefahr, wenn sie sie sahen. In diesen Ländern ist es nicht üblich, Mordanschläge persönlich auszuführen. Man stiftet vielmehr den Mob an, und der erledigt die Sache kollektiv.‹
Die Geschichte war unglaublich, aber so geistreich vorgetragen, und sie hatten ihre wenigen Habseligkeiten so gewissenhaft gepackt, daß ich nachgab.
Etwa neun Monate später gingen sie wirklich zu weit. Sie kamen, gepackt und reisefertig, in mein Büro, unter dem Vorwand, der Fürst von Monaco werde erwartet. Ich sagte ihnen, sie sollten nach Hause gehen. Sie beharrten darauf, die Folgen meiner Entscheidung würden entsetzlich sein. Ich antwortete, daß sie meine Freundlichkeit mißbrauchten. Plötzlich schwang Zvoinitch eine riesige Pistole arabischer Herkunft, die er aus seiner ausgebeulten Manteltasche gezogen hatte.
›Haben Sie dafür eine Genehmigung?‹ fragte ich ihn. In Augenblicken der Gefahr finde ich immer den Mut zur Unbeschwertheit. Er antwortete, die Nihilistische Internationale habe für gar nichts eine Genehmigung, und dies sei Teil ihrer politischen Linie.
Ich fing an zu lachen. Dies schien Zvoinitch zu erregen; er hielt seine Pistole aus dem Fenster und drückte ab. Es gab einen donnernden Knall, der ein starkes Summen in meinen Ohren hinterließ. Die dramatische Wirkung wurde leider von der alten Perlescu etwas verdorben, die schrie: ›Du Narr, das war das letzte Schießpulver!‹
Ich sprang auf und zeigte mit zitterndem Finger auf die Tür.

›Hinaus! Hinaus!‹ brüllte ich. ›Und kommen Sie niemals wieder!‹
Sie verließen verwirrt mein Zimmer, gerade als Leute aus den Nachbarbüros hereinstürzten, um zu sehen, was passiert sei. Als bald darauf gemeldet wurde, daß der Kaiser von Äthiopien uns einen Besuch abstatten wolle, rechnete ich halb damit, daß sie wiederkehrten, aber die Tage verstrichen, und sie stellten sich nicht ein. Ich war von Reue geplagt, Plageot. Vielleicht lag es daran, daß auch ich älter wurde und den gähnenden Abgrund der Pensionierung vor mir spürte, der näher und immer näher rückte. Aus welchem Grund auch immer, ich fühlte mich von schrecklichem Mitleid mit diesen alten Narren gepackt. Nachdem ich sie aus meinem Büro geworfen hatte, bekam ich Schuldgefühle, wie ich sie empfände, wenn ich einen Hund prügelte oder einem Kind ein Bonbon stibitzte. An sich war mein Verhalten belanglos gewesen, aber ich fürchtete, daß es große Bedeutung für diese Leute gewinnen mochte, da ihre Welt so beschränkt war. Ich betete, sie sollten wiederkommen, um mein Gewissen zu erleichtern.
Dann, nur wenige Stunden vor der Ankunft des Negus am Flughafen Orly, wurde die Tür zu meinem Büro zögernd aufgestoßen. Es war Zvoinitch. Ich sprang auf und platzte heraus: ›Mein Gott, wo haben Sie gesteckt? Ich dachte schon, ich müßte kommen und Sie holen!‹
Zvoinitch lächelte schwach und begann zu zittern.
›Dann dürfen wir also nach Korsika fahren?‹
›Hier sind Ihre Papiere‹, sagte ich, mit einem Seufzer der Erleichterung.
Es war das letzte Mal, daß ich sie sah.«

Plageot starrte Latille an, als habe er eben einem Verkauf militärischer Geheimnisse beigewohnt.
»Eines haben Sie noch nicht erklärt«, schnarrte er. »Warum wollen diese Leute nach Korsika? Ist es der Tagungsort der Nihilistischen Internationale?«

»Oh, nein«, sagte Latille, mit einem Lächeln voll bezaubernder Offenheit. »Ich glaube nicht, daß die Nihilistische Internationale noch existiert. Nein, ich glaube, ihnen behagt das Klima von Korsika. Sie betrachten es als Urlaub. Ein Urlaub, den wir bezahlen.«

Plageot schwebte am Rande des physischen Zusammenbruchs. Er war lila vor Zorn.

»Dies ist der skandalöseste Vorgang, der mir jemals zu Ohren gekommen ist!« brüllte er. »Sie sind ein Opfer Ihrer eigenen Schwäche und Sentimentalität, Latille, und auf Grund Ihrer nahenden Senilität projizieren Sie Ihr Selbstmitleid auf eine Gruppe harmloser Schwachköpfe, die –«

Latille hob die Hand, um die Sturzflut aufzuhalten.

»Harmlos?« funkelte er. »Wäre diese Pistole auf einen Menschen gerichtet worden, sie hätte ihm den Kopf abgerissen. Den Leuten fehlt es nicht an Einfallsreichtum, wie Ihnen, Plageot. Sie mögen verrückt sein, aber sie haben Phantasie. In diesem Moment könnten sie in irgendeiner Mansarde hocken und irgendeinen teuflischen Plan austüfteln, um den Imam von Hidschas zu erledigen – nicht, Plageot, weil sie etwas gegen den Imam hätten, sondern weil es ihre Art ist, Ihnen zu sagen, daß es Zeit wird für sie, nach Korsika zu fahren.«

»Also verhaften! Sie ins Gefängnis werfen! Ihnen eine Lektion erteilen!«

»Das ist Ihre Methode, nicht wahr? Gefängnis. Auch dies geschieht auf Kosten der Öffentlichkeit, Plageot. Vielleicht kommt es billiger im Cherche-Midi, aber ihr Essen wird auch dort vom Steuerzahler bezahlt. Das französische Volk muß immer bezahlen, entweder für meine Toleranz oder für Ihre Intoleranz.«

»Dann verweisen wir sie des Landes!«

»Wohin? Wer würde sie aufnehmen? Mein lieber Junge, Sie haben eine sehr geringe Meinung von La France und ihren Traditionen.«

»Frankreich ist kein Wohltätigkeitsverein!«

»Frankreich ist die Heimat des zivilisierten Geistes. Sie sind so ehrgeizig, daß Sie eines Tages den obersten Ast des Baumes erreichen und den Samen Ihrer persönlichen Engherzigkeit weit und breit ausstreuen werden. Ich danke Gott, daß ich nicht Ihr Generationsgenosse bin.«
Plageot zitterte. Sein Mund arbeitete ausdruckslos, seine Augen blickten starr. »Wovon, zum Teufel, reden Sie?« schrie er.
»Warum habe ich mich diesen komischen Typen gegenüber so zivilisiert verhalten? Weil ich glücklich bin. Und der Glückliche ist großzügig. Er möchte andere teilhaben lassen an seinem Geheimnis. Ich bin seit einundvierzig Jahren verheiratet, und nie fiel ein hartes Wort zwischen meiner Frau und mir. Wir hatten Humor und Nachgiebigkeit. Ich wußte, ich würde nie bis zur Spitze aufsteigen, und ich war versöhnt mit meiner Mittelmäßigkeit. Ich konnte sogar bei passender Gelegenheit darüber witzeln. Unsere Töchter sind nicht besonders hübsch. Sie haben das Gesicht meiner Frau und meine Figur. Folglich haben sie Männer gefunden, die sie wegen ganz anderer, feinerer Eigenschaften heirateten, und sie sind alle ebenso glücklich wie wir. Als meine Frau voriges Jahr unser Auto gegen einen Baum lenkte, begrüßte ich die Gelegenheit, wieder zu Fuß zu gehen. Bei jedem Mißgeschick gibt es irgendeinen Vorteil.«
»Was hat das alles mit mir zu tun? Oder mit der rationellen Führung der Behörde?«
»Alles«, sagte Latille. »Sie sind ein ganz und gar erbärmlicher Charakter. Ihr Humor ist sarkastisch, als wären alle Ihre Gedanken im Filter Ihrer Seele ranzig geworden. Als Abteilungsleiter mit Anfang Vierzig gelten Sie als einer der verheißungsvollsten Männer bei der Polizei, und es steht zu erwarten, daß Sie zumindest als Präfekt von Lyon oder Marseille enden werden, um das Leben dort mit Ihren trostlosen, kleinlichen, schikanösen Entscheidungen unerträglich zu machen. Oder Sie enden als Gouverneur in einer unserer kleineren

Kolonien, wo Sie die Einheimischen verwirren und sich die Zeit vertreiben werden, indem Sie tagtäglich die Verkehrsregeln ändern. Ich kenne Ihre Sorte. Das Leben ist ein Dossier, die Erinnerung ist eine Polizeiakte, der Ehrgeiz ist eine Dienstmarke, die Liebe ist eine Vorschrift. Sie sind Junggeselle. Warum? Weil Sie selbstsüchtig sind. Sie brauchen die Frauen mehr, als daß sie Ihnen gefielen, und sie gefallen Ihnen mehr, als daß Sie sie liebten, und Sie lieben sie mehr, als daß sie eine von ihnen lieben könnten. Im Augenblick leben Sie mit einer zweitklassigen Schauspielerin zusammen. Und abermals – warum? Weil Sie einen Dienstgrad erreicht haben, wo es angemessen erscheint, mit einer zweitklassigen Schauspielerin zusammenzuleben. Niemals gehen Sie ein geistiges Risiko ein. Sie sind tot. Sie sehen das, was Sie sehen wollen, fühlen das, was Sie fühlen wollen, und Ihr Charme reicht so tief wie Ihr Eau de Cologne. Gestatten Sie, ich sage dies nur, weil ich Sie mag. Anders als diese unglücklichen Nihilisten sind Sie noch besserungsfähig. Wir können noch einen Menschen aus Ihnen machen.«

Genau in diesem Moment trat Madame Latille ein. Sie war von überraschender Häßlichkeit, aber ihr Lächeln strahlte Fröhlichkeit und Wärme aus. »Jules«, tadelte sie, »du hast unserem Gast nicht mal ein Glas Portwein angeboten.«

Plageot, ernüchtert durch die Anwesenheit einer Dame, sagte: »Bedaure sehr, Latille, aber ich werde eine gründliche Untersuchung Ihrer Vorgehensweise beantragen müssen und diesen Fall vor den Präfekten bringen.«

Latille zuckte die Schultern und grinste traurig. »Tun Sie, was Sie wollen, aber seien Sie nicht überrascht, wenn der Imam in die Luft gesprengt wird, während Sie sich mit Ihren Strafmaßnahmen beschäftigen, und die arabische Welt sich zur Rache gegen uns erhebt, nur weil Sie sich um wichtigere Dinge zu kümmern hatten.«

Plageot stürmte hinaus und stürzte sich in eine höchst unglückliche Geburtstagsfeier mit seiner Geliebten. Annik tat ihr Bestes, um ihren Liebhaber aufzuheitern, aber jetzt sah er nur noch die zweitklassige Schauspielerin in ihr. Er zankte mit dem Kellner um die Rechnung, der Besitzer mußte gerufen werden, das Auto wollte nicht anspringen, und als sie in seiner Wohnung anlangten, war eine Sicherung durchgeknallt. Annik zog einen kurzen, durchsichtigen schwarzen Pyjama an und lag, Verlangen ausstrahlend, auf ihrem rosa Laken, er aber hockte grimmig auf einem Stuhl und starrte die Wand an.

Plötzlich rief er die Sûreté an. »Inspektor Bréval«, sagte er, »haben Sie heute Nachtdienst? Hier spricht Plageot. *Éloignement*. Da sind sechs Leute, die ich verfolgt haben will. Es ist dringend. Höchste Priorität. Ich gebe Ihnen die Namen und die Adressen durch.«

Nachdem er dieses Gespräch beendet hatte, legte er sich aufs Bett und schloß die Augen. Bald war er eingeschlafen. Seine Träume waren von Mördern bevölkert. Jeder trug irgendein tödliches Werkzeug. Mademoiselle Pelbec versuchte ihn mit ihrer Schere zu erstechen. Er konnte keine Tür öffnen, ohne Latille vorzufinden, gefolgt von einem Regiment glücklicher und häßlicher Töchter. Als er an die Postfächer ging, um seine Post zu holen, sah er dort viele kleine nackte Frauen aufgestapelt, eine für jeden Dienstgrad. Das Postfach des Präfekten barg die berühmteste Schauspielerin Frankreichs, zwanzig Zentimeter groß. »*Bonjour,* Plageot«, sagte sie mit gewinnendem Lächeln. »Eines Tages wirst du Präfekt sein, und du wirst mich erben.« Er erwachte schweißgebadet und am Rand der Tränen.

»Verfluchter Latille!« schrie er laut.

Am nächsten Morgen erwarteten ihn zwei Detektive, die ihn sprechen wollten.

»Na«, fragte er, »haben Sie einen von ihnen erwischt?«

»Nein, Monsieur«, antwortete der Detektiv.

»Idioten!« Plageot donnerte mit der Faust auf den Tisch.

»Bei allem Respekt, wir sind nicht verantwortlich für die Abwesenheit der Verdächtigen.«
»Natürlich nicht. Ich habe schlecht geschlafen. Ich bin nervös.«
Langsam schleppte sich der Tag dahin. Plageot konnte nicht arbeiten. Um vier Uhr nachmittags meldete ein telephonischer Anruf Seiner Exzellenz, Dschamil Al Harun Ibn-Ibrahim Al-Salaouis, des ökonomischen Chefberaters Seiner Durchlaucht, des Imam von Hidschas, die Tatsache, daß ein Drohbrief die Delegation in Genf erreicht habe, am Vorabend ihrer Abreise. Der Brief, in Soissons abgestempelt, war offenbar kurz und bündig. Er lautete: »Der Tod erwartet Sie in Paris.« Keine Unterschrift, aber die amateurhafte Zeichnung eines abgeschlagenen Kopfes und eines blutbefleckten Krummsäbels.
Irgendwie war Plageot erleichtert. Jetzt gab es keine Unklarheit mehr, keine Angst mehr, sich lächerlich zu machen. Er informierte alle zuständigen Abteilungen über die Herkunft der Drohung. Um sechs Uhr wurde ein Mann, der sich mit Hilfe zweier Stöcke fortbewegte, verhaftet, aber nach einstündiger Vernehmung freigelassen. Er erwies sich als ein pensionierter Oberst mit glorreicher Vergangenheit. Auch bekundete er die Absicht, die Polizei zu verklagen. Die Operation stand unter einem schlechten Stern.
Um acht rief die Polizei aus Genf an, um den Eingang eines bedrohlichen Telegramms im Hotel der arabischen Delegation zu melden. Es lautete: *Wir meinen ernst, was wir in dem Brief sagten. Der Säbel der Rache ist gezückt.* Es war in Bordeaux abgeschickt worden. Bordeaux? Plageot studierte die Landkarte. Soissons war ziemlich weit entfernt von Paris, Bordeaux noch viel weiter. Dies mußte bedeuten, daß die Organisation größer war, als er geglaubt hatte. Er sah auf die Uhr und wurde nervös. Es blieb nur noch wenig Zeit.
Um acht Uhr hielt der Präfekt, Monsieur Vagny, eine Besprechung ab, an der Plageot teilnahm.

»Meine Herren«, sagte der Präfekt düster, »wir werden alle Vorsichtsmaßnahmen ergreifen, um die Sicherheit des Imam von Hidschas zu gewährleisten. Was ich Ihnen hier sage, unterliegt selbstverständlich höchster Geheimhaltung. Der Imam und sein Gefolge werden in letzter Minute von der Air-France-Maschine, die sie nach Orly bringen sollte, auf eine Maschine der Swissair umgebucht, die in Le Bourget landen wird. Die Swissair-Maschine landet zehn Minuten früher. Von dort wird ein Citroën einen falschen Imam auf direktem Weg ins Hotel Raphael bringen, während der echte Imam in einem Delage einen größeren Umweg fahren wird. Die Etagenkellner im zweiten Stock des Raphael sind allesamt durch Polizisten ersetzt. Den Fahrstuhl wird Inspektor Vaubourgoin bedienen, einer unserer besten Männer. Wir werden das Küchenpersonal mit unseren Leuten durchsetzen. Falls die Attentäter zuschlagen, werden sie uns bereit finden. Wir können es uns nicht leisten, die Gefahr für das Leben des Imam zu unterschätzen oder die Bedeutung seines Überlebens für unser Land zu überschätzen. Das wäre alles, meine Herren. Auf Ihre Posten!«

Kurz bevor die Maschine der Air France in Genf abheben sollte, wurde sie von der Schweizer Polizei durchsucht. Eine Bombe mit Zeitzünder wurde an Bord entdeckt, harmlos unter einem Sitz tickend. Die meisten Passagiere hatten bereits Platz genommen, als einer von ihnen, ein vornehmer Herr von dunklem Teint, einen Zusammenbruch erlitt. Er wurde mit Verdacht auf Blinddarmentzündung von Bord geholt. Unter seinem Sitz fand man die Bombe. Er wurde umgehend von den Schweizer Behörden verhaftet, und wie sich herausstellte, war er Mitglied einer arabischen Geheimgesellschaft, die sich verschworen hatte, den entthronten Onkel des Imam wieder an die Macht zu bringen, einen liederlichen Lebemann mit Wohnsitz in Rom. Als die Franzosen von diesen Erkenntnissen benachrichtigt wurden, befand sich die Maschine der

Swissair bereits im Luftraum über Paris. Die Schweizer teilten noch mit, daß der verhinderte Mörder, guten Glaubens als Blinddarmpatient eingeliefert, in der Notambulanz des Flughafens das Telephon benutzt und in erregtem Ton arabisch gesprochen habe, als die Polizei eindrang, um ihn zu verhaften. Möglicherweise hatte er erkannt, daß der Imam nicht mit dieser Maschine fliegen würde, und vielleicht hatte er die übrigen Mitglieder seiner Verschwörung davon in Kenntnis gesetzt.

Der französischen Polizei, die auf dem Flughafen Orly patrouillierte, fiel eine verdächtige Gruppe Araber auf, die nervös an der Bar Kaffee tranken und sich verstohlen unterhielten. Plageot marschierte mit Inspektor Lagnon auf und ab, entdeckte aber keine Spur von den Nihilisten.

»Hat das Flugzeug Verspätung?« fragte er plötzlich.

»Haben Sie nicht gehört?« antwortete Lagnon unauffällig. »Eben wurde eine Nachricht durchgegeben. Man hat an Bord eine Bombe gefunden. Das Flugzeug kommt überhaupt nicht. Der Mann wurde verhaftet, aber man nimmt an, er habe Zeit gefunden, um die übrigen Mitglieder seiner Organisation zu benachrichtigen, daß der Imam auf Le Bourget landet.«

»Was?« schrie Plageot. »Warum haben Sie mir das nicht gesagt?« Er rannte hinaus, winkte seinen Wagen herbei und raste mit Höchstgeschwindigkeit in Richtung Le Bourget.

In Le Bourget traf er ein, gerade als der Imam und sein Gefolge in einer Wolke von Weiß aus der Maschine wallten; ihre dunklen Brillen blickten und strahlten so intensiv wie ihre Zähne.

Inspektor De Valde trat an Plageot heran. »Alles in Ordnung. Eben kam ein Anruf aus Orly. Man hat alle Meuchelmörder verhaftet. Acht insgesamt. Araber.«

»Denkste!« schrie Plageot. Dort in der Menge stand Zvoinitch mit seinen fünf Alten. »Verhaften Sie diese Leute!«

»Weshalb?« fragte der verblüffte De Valde.

»Das sind die Attentäter!«

»Aber ich sagte Ihnen doch, man hat angerufen – «
»Tun Sie, was ich sage.«
Diskret wurden die sechs Nihilisten umstellt und fortgeschafft.
Zvoinitch blickte triumphierend. »Oh, bitte lassen Sie mich hören, wie das Ding hochgeht«, flehte er Plageot an, als die kleine Gruppe auf dem Bürgersteig stand.
»Welches Ding?« kreischte Plageot und schüttelte Zvoinitch gnadenlos an den Rockaufschlägen.
Zvoinitch klopfte ihm mit einer seiner Krücken schmerzhaft auf die Finger. »Die Bombe«, sagte er.
»Wo ist sie?« Plageot rieb sich die Hand.
»Werden Sie uns nach Korsika schicken?«
Plageot hob den Kopf und sah, wie der Imam und sein Gefolge auf ihren Wagen zuschritten. Von Zollformalitäten wurde im Namen der Gastfreundschaft abgesehen.
»Gut, gut«, zischte er. »Aber wo ist sie?«
»Unter dem Hinterrad des Wagens. Wenn der Wagen losfährt – *paff!*« Zvoinitch machte eine vielsagende Gebärde.
Wie der Blitz rannte Plageot los und hechtete unter den Wagen des Imam. Mit einem schwarzen Kästchen in den Händen raste er los wie ein Irrer, gefolgt von zweien seiner Männer, und stürzte auf die Herrentoilette. Zur Verwunderung der alten Wärterin, die dort stand, ließ er ein Waschbecken volllaufen und tauchte den schwarzen Kasten ins Wasser.
»Hinaus!« schrie er der Wärterin zu, und seine Männer bellte er an: »Dieses Gebiet abriegeln! Und holen Sie das Bombenentschärfungskommando!«
Auf dem Rückweg nach Paris schwamm er in Träumen von Ehre und Ruhm. Er hörte die Glückwünsche von Ministern, las den Neid in den Augen seiner Kollegen und zitterte vor Erregung über seinen eigenen, unglaublichen Mut. Eine halbe Stunde später saß er an seinem Schreibtisch. Napoleon hätte nicht selbstbewußter sein können, als er die Krone aus den Händen des Papstes ergriff. Die sechs Attentäter wurden ihm

vorgeführt. Er bot ihnen keine Stühle an. Besser, wenn sie standen. Er hatte De Valde hereingerufen, als Zeugen seines Triumphes.
»Wie ist der Name Ihrer Kontaktperson in Genf?« fragte er.
»Genf? Wir haben keine Kontaktperson in Genf«, sagte Zvoinitch.
»Und in Soissons?«
»Auch nicht in Soissons.«
»Und in Bordeaux?«
»Nein.«
»Sie lügen.«
Zvoinitch zuckte die Schultern. Mit Flegeln gab er sich nicht ab.
»Vielleicht kann der Name Mohammed-Bin-Mohammed Ihr Gedächtnis auffrischen«, schnauzte Plageot.
Die Attentäter sahen sich an, dann schüttelten sie die Köpfe.
»Das ist kein Name, den einer von uns je benutzt hätte«, sagte Zvoinitch.
»Sie machen wohl Witze«, sagte Plageot mit unangenehmer Betonung. »Ich rate Ihnen, dieses Verhör ernster zu nehmen. In Ihrem eigenen Interesse. Das Spiel ist aus. Das wissen Sie. Mohammed-Bin-Mohammed ist verhaftet. Er hat gestanden.«
»Ich begreife nicht, warum Sie all diese sinnlosen Fragen stellen«, bemerkte Zvoinitch sanft. »Sie haben versprochen, wir dürften nach Korsika fahren.«
»Korsika?« Plageot lachte rauh. »Ich glaube, Sie werden wahrscheinlich an einem schattigeren Plätzchen landen.«
»Aber Sie haben es versprochen!« Zvoinitch war entrüstet.
»Schnauze!«
Alle schwiegen, und das Echo der Grobheit Plageots verhallte im Raum.
»Ich will Ihnen sagen, was passiert ist, da Sie sich weigern, es mir zu erzählen«, brummte Plageot. »Sie hatten den Imam in Orly erwartet, aber wir sind Ihnen zuvorgekommen: Ihr Kon-

taktmann in Genf, Mohammed-Bin-Mohammed, bestieg das Flugzeug als Passagier und deponierte die Bombe sorgfältig unter seinem Sitz. Dann sah er sich um und erkannte, daß der Imam nicht mit dieser Maschine fliegen würde. Er simulierte rasch eine Krankheit und wurde in die Flughafenambulanz geschafft. Während die Schwester ihn allein ließ, rief er Sie unter einer vereinbarten Nummer an und fand Zeit genug, Sie nach Le Bourget in Marsch zu setzen, bevor die Schweizer Behörden ihn verhafteten. Sie begaben sich eilends nach Le Bourget, mit der Bombe, die Sie vorbereitet hatten für den Fall, daß der Anschlag im Flugzeug scheitern würde. Den Wagen, mit dem der Imam fahren sollte, erkannten Sie leicht an der Anzahl von Polizisten, die ihn umringten. Also bückten Sie sich, um Ihren Schuh zuzubinden, und legten die Bombe unter das hintere Rad. Dann tauchten Sie in der Menge unter, um den Erfolg Ihres tödlichen Handwerks zu beobachten. Können Sie dies leugnen?«

De Valde sah Plageot bewundernd an. An Hellsicht und Schläue, an Auffassungsgabe und Beurteilung einer Situation konnte ihm keiner das Wasser reichen. Es war ein Musterbeispiel polizeilicher Arbeit.

»Wir fuhren nach Le Bourget, weil wir vermuteten, daß der Imam dort landen würde«, sagte Zvoinitch.

»Lügen!« keifte Plageot. »Vorgestern haben Sie mir gesagt, der Imam würde mit einer Air-France-Maschine in Orly landen.«

»Habe ich? Das war eine Vermutung. Vermutungen vergißt man meist. Darum ist Ehrlichkeit die beste Politik.«

»Das ist sie tatsächlich. Sie nannten mir sogar die Nummer des Fluges.«

»Habe ich erfunden. Denn ich wußte, Sie würden sie vergessen. Und was die Air France betrifft, das stand in der Zeitung.«

»Aber die Morgenmaschine der Air France aus Genf landet nicht in Le Bourget.«

»Wie hätte ich das wissen sollen?« antwortete Zvoinitch. »Ich verließ mich auf meinen Instinkt. Hätte ich mich geirrt, dann hätten wir doch den Weg ins Hotel Raphael gefunden.«
»Aha! Zumindest ein Geständnis! Und wie wußten Sie vom Hotel Raphael?«
»Oh, das ist leicht«, sagte Zvoinitch. »Das Hotel Lancaster stellt jeden Morgen sehr früh seine Mülltonnen hinaus. Wenn man rechtzeitig da ist, findet man fast jeden Tag die Berichte der Gesellschaftschronik. Sie sind etwas veraltet, bis wir sie bekommen, aber für uns sind sie gut genug. Mitunter melden sie die bevorstehende Ankunft einer Prominenz.«
Plageot lächelte grimmig. »Unterschätzen Sie niemals den Einfallsreichtum eines geschulten Verbrecherhirns«, sagte er zu De Valde.
»Bemerkenswert«, murmelte De Valde.
In diesem Moment trat Monsieur Kellerer vom Polizeilabor ein. Er trug einen weißen Laborkittel.
»Ah«, sagte Plageot. »Jetzt kommt das Beweismaterial.«
»Sind Sie sicher, daß dies der richtige Gegenstand ist?« fragte Kellerer verwundert.
»Absolut«, sagte De Valde. »Ich habe selbst seine Bergung aus dem Waschbecken der Herrentoilette sowie den Transport hierher überwacht.«
»Ist etwas damit nicht in Ordnung?« fragte Plageot.
Kellerer klappte den Deckel auf. »Es ist leer«, sagte er. »Es ist nur ein leeres Kästchen.«
»Aber der Draht, der heraushängt«, stotterte Plageot. »Hat er nichts zu bedeuten?«
»Ganz und gar nicht. Er ist nur außen angelötet.«
»Könnte darin nicht etwas enthalten gewesen sein, das sich im Wasser auflöste?«
»Ausgeschlossen.«
De Valde fing an zu lachen, erst leise, dann hysterisch.
Plageots gereizte Frage: »Worüber lachen Sie, De Valde?« machte die Sache nur schlimmer.

Kellerer fürchtete, das Gelächter könnte ansteckend sein, und ging klugerweise mit dem Beweisstück hinaus; ein Lächeln breitete sich auf seinem Gesicht aus.
»Um Gottes willen, De Valde, reißen Sie sich zusammen!« kreischte Plageot.
»Welche Vorstellung ... Sie brechen den Weltrekord über zweihundert Meter ... um eine leere Schachtel zu entschärfen ... indem Sie sie in der Herrentoilette ins Wasser tauchen. Oh, es ist zu gut, einfach zu gut!« schluchzte De Valde und hielt sich mit beiden Händen am Schreibtisch fest.
»De Valde! Kehren Sie in Ihr Büro zurück!«
Aber es war zu spät. Das Gelächter sprang wie ein Waldbrand auf die Attentäter über. De Valde entfernte sich nur mit Mühe. Plageot stand vor seinem Schreibtisch, Tränen des Zorns in den Augen.
»Ruhe! Ruhe! Ich verlange Ruhe!« brüllte er wie ein Kind auf dem Gipfel eines Wutanfalls. »Ich werde Sie verhaften«, verkündete er, als der Tumult sich etwas beruhigt hatte.
»Aus welchem Grund?« fragte Zvoinitch.
»Ich – ich werde schon Gründe finden ...«
»Voraussichtlich werden wir vor Gericht gestellt, ganz gleich, welche Gründe Sie finden. Der Gerichtssaal wäre ein geeigneter Schauplatz, um diese Geschichten auszupacken, vielleicht sogar unsterblich zu machen.«
»Wollen Sie mich erpressen?«
»Ganz und gar nicht«, sagte Zvoinitch. »Erpressung dreht sich um ein finanzielles Geschäft. Falls wir vor den Richter treten müssen, werden wir schwören müssen, die Wahrheit zu sagen. Ich drohe nur an, genau das zu tun, was ich ohnehin unter Eid werde tun müssen.«
Plageot blickte um sich wie ein Irrer.
»In Ordnung«, sagte er. »Ich werde Sie verschicken, aber es wird die Sahara sein, oder der Tschad – Ubangi-Shari, dort, wo die Hitze unerträglich ist.«
»Monsieur Plageot«, erwiderte Zvoinitch ruhig, »wir sind

uns der Tatsache bewußt, daß es jedesmal, wenn wir aus Frankreich verschickt werden, auf Kosten der Allgemeinheit geschieht. Falls Sie sich an uns rächen wollen, indem Sie uns nach Äquatorialafrika schicken, werden nicht wir die Leidtragenden sein, sondern der arme Steuerzahler. Die Flugpassage ist wesentlich teurer. Es wäre mir eine unerträgliche Vorstellung, daß unser harmloser Spaß als Last für den kleinen Mann auf der Straße endet, nur weil Ihre Gefühle verletzt wurden.«

Genau diese gefühlvolle Rücksicht, vorgetragen mit solch bekümmertem Edelmut, war zuviel für Plageot, der sich einfach hinsetzte und weinte.

Nach einer Weile klingelte er nach Madame Pelbec.

»Die Papiere, Mademoiselle«, sagte er matt, »für Korsika.«

»Hier sind sie«, antwortete Mademoiselle Pelbec und legte sie ihm auf den Schreibtisch.

»Sie hatten sie schon bereit?«

»Oh, ja. Seit ich in der Zeitung las, daß der Imam kommen sollte.«

»Ich datiere sie zurück auf gestern, vor die Ankunft des Imam, für die Akten«, sagte Plageot und überreichte ihnen die Dokumente.

Die Situation war heikel. Die Attentäter nickten nur höflich und gingen hinaus. Sie geruhten nicht mal, ihren Dank abzustatten, aus Angst, einen weiteren Sturm zu entfesseln.

Plageot saß allein, und seine Seele war eine Wüste. Aus dem Büro nebenan hörte er Gelächter, und er konnte sich keinen anderen Grund vorstellen, als daß die Geschichte seiner Schande inzwischen die Runde durch den weitverzweigten Komplex von Gebäuden machte. Er wurde verbittert, und sein Mund spannte sich in einem energischen, melancholischen Bogen. Solche Erlebnisse sollten einen Mann läutern, seinen Starrsinn mildern. Mit einem letzten gequälten Schluchzen im Herzen blickte Plageot zum Himmel auf. Er wußte, er würde es weit bringen.

»Mademoiselle Pelbec«, rief er mit militärischer Stimme, »bringen Sie mir die Deportationsakten neunzehn und einundzwanzig, sofort!«

Nur im Märchen kommt es vor, daß eine läuternde Erfahrung anhaltende Veränderungen im Charakter eines Menschen bewirkt. Monsieur Plageot wurde allenfalls härter und scheußlicher. Er nutzte jede Gelegenheit, um De Valde und auch Kellerer anzuschwärzen, ohne die Gründe für seinen Haß wirklich zu untersuchen. Seine Beziehung zu Annik war kalt, künstlich, gezwungen: Wenn er sie verletzen wollte, nannte er sie eine zweitklassige Schauspielerin. Nur in einer Hinsicht hatte der Zwischenfall mit den sechs Attentätern auf ihn eine Wirkung. Da er wußte, daß sie sich niemals zur Ruhe setzen würden, und er warten mußte, bis sie starben, schlug er die Morgenzeitung niemals mehr ohne ein Gefühl gräßlicher Beklommenheit auf.

Geschenkter Hund

Angela betrachtete sich im Spiegel und taxierte kühl ihren Marktwert. Sie war nackt, und ein paar Tropfen Badewasser glitzerten noch auf ihren Schultern und Armen. Morgen sollte sie heiraten. Und es war die letzte Gelegenheit, sich mit solcher Unvoreingenommenheit zu betrachten. Sie dämpfte das Licht, denn die Helle schien ihr plötzlich zu indiskret. Kaum war das Zimmer ins Halbdunkel getaucht, nahm sie ihren Platz vor dem Spiegel wieder ein, um festzustellen, wie schmeichelhaft Photographie sein kann, wenn die Kunst des Dunklen und das Werk des Lichts zusammenspielen.

Ihr Mann würde mehr bekommen, als er verdiente. Ihr Körper war voll und reif und dennoch verschwiegen in seiner Üppigkeit. Aus allen Blickwinkeln war sie schön, und sie besah sich ihr Antlitz mit einem Ausdruck dahinschmelzender Dankbarkeit, die ihr die Quintessenz inniger Weiblichkeit zu sein schien. Dann verhärteten sich ihre Gesichtszüge, und sie tadelte sich mit einem Blick voll der besten Erziehung.

»Närrin«, sagte sie laut. »Närrin.«

Sie war sechsundzwanzig, ein Alter, in dem eine Frau, die argwöhnt, daß sie niemals heiraten wird, die erste Bestätigung lebenslanger Einsamkeit zu fühlen beginnt. Umgekehrt ist dies ein Alter, in dem jene, die Kinder mehr als jede andere Quelle der Fruchtbarkeit begehren, die ersten Stiche der Verzweiflung zu empfinden beginnen. Sie war beinah eine Ewigkeit mit Bryan Upstreet verlobt gewesen. Sie hatten sich als Kinder gekannt und sich gehaßt. Ihre Eltern waren befreundet

und schienen sich zu verstehen. Jugend und Schulzeit traten dazwischen, und beide waren sie für einige Zeit getrennte Wege gegangen: er an eine berühmte Internatsschule in den Midlands, sie an ein altehrwürdiges Töchterseminar auf den Klippen von Kent. Als sie sich wiedertrafen, betrachteten sie einander mit der scheuen Zuneigung, die kindliche Haßliebe in jungen Erwachsenen hinterlassen kann. Ein Teil ihrer Beziehung war bereits das Resultat von deren Langlebigkeit, eine Eigenschaft, die gewöhnlich das Monopol wesentlich älterer Leute ist. Was sie aber nie erkannten, ist, daß ihre Schulen sie witzigerweise auf genau solch eine Ehe, auf genau solch eine distanzierte, vernünftige Liebe vorbereitet hatten. Sie sprachen mit dem gleichen abgehackten Akzent der britischen Oberschicht, mit den ärgerlichen, groben Verunstaltungen einer Sprache Chaucers und Shakespeares, den schrulligen Abkürzungen, den herausgeschleuderten Vokalen und dem plötzlichen barocken Überschwang, der einen einzigen Laut mit einem Regenbogen von Farben befrachtet, wo grammatikalisch und ästhetisch nur Platz für eine einzige ist.
Sie hielten bei Tanzveranstaltungen Händchen, bis es zur Gewohnheit wurde, verbunden durch ihr Gefühl der Zugehörigkeit, nicht notwendig zueinander, sondern zu einer etablierten Norm. Aber natürlich wäre die Oberschicht niemals zur Oberschicht geworden, hätte sie sich von Anfang an so benommen. Wie alle Dinge ihre Zeit haben, so muß auch Dekadenz zwischen Aufstieg und Wiedererneuerung treten. Die Eleganz von heute ist nur das Resultat der Skupellosigkeit von gestern. Der Ehrenwerte Gyles Carchester-Fielding war es, der dies unter Beweis stellte, und zwar mehr als einmal. Er war selbstverständlich der Erbe eines Lord Sparshot. Selbstverständlich.
Mit *yeah-yeah* hatte er sich einen Weg in Angelas Leben getanzt, ähnlich wie mit Rumba-, Tango- oder Watussi-Rhythmen in manch anderes mehr oder minder unschuldiges Leben, bei einem dieser grandiosen Bälle, die in den nebligen

Tälern der englischen Countryside immer noch eine Illusion trägen Reichtums aufrechterhalten. Als Angela sich nackt im Spiegel betrachtete, erinnerte sie sich an die absurde Jagd durch die Nacht, im offenen italienischen Cabrio auf der Straßenmitte, ohne Rücksicht auf die drängenden Lichter entgegenkommender Wagen, ohne Rücksicht auf die Kälte, ohne Rücksicht auf überhaupt alles. Sie erinnerte sich, wie sie sich in dem Hotel in Maidenhead eintrugen, auch Gyles Drohung, als Mr. und Mrs. Smith zu unterschreiben.
»Wage es nur!« hatte sie gelacht.
Genau dies hatte er getan, und der Nachtportier hatte, ohne mit der Wimper zu zucken, gefragt: »Zimmer vierundzwanzig, wie üblich, Sir?«
Damals hätte sie es wissen müssen, aber es war ihr egal. Sie war berauscht von Champagner und Nachtluft, und sie hatte Verrücktheit im Sinn. Auf dem Zimmer hatte er versucht, sie auszuziehen, doch ihre gute Erziehung war in plötzlicher Aufwallung zu ihr zurückgekehrt, wie eine Ermahnung aus fernen Kindertagen. Sie hatte sich gesträubt, und er hatte sich eine Zigarette angezündet, eine türkische, speziell für seinen Vater hergestellt von einer alten Handwerksfirma in der Stadt. Ein amüsierter Ausdruck lag in seinen Augen, während er ihre Reaktion studierte, ein Ausdruck, der eine Herausforderung war und gleichzeitig eine Verheißung verbotener Wonnen.
Sanft, aber unbarmherzig, begann er sie zu necken. War sie schon einmal im Ausland gewesen? Hatte sie schon mit vielen Männern geschlafen? War sie noch Jungfrau? Die Fragen plätscherten dahin wie in der Sprechstunde eines freundlichen Doktors. Die Peinlichkeit der Unwissenheit überwog auf einmal die Peinlichkeit der Nacktheit, und mit einer kontrollierten und automatischen Kälte, die sie zu anderer Zeit vielleicht in einem Hauswirtschaftskurs im Seminar an den Tag gelegt hätte, stieg sie aus ihrem Abendkleid, ließ ihren Unterrock auf den Boden fallen, knüpfte ihren Büstenhalter auf und hängte ihn über eine Stuhllehne.

Er rührte sich nicht, denn er hatte noch eine halbe Zigarette aufzurauchen.
Nach einem qualvollen Augenblick sagte er: »Du hast hübsche Brüste, weißt du das?«
»Wirklich?«
Verglichen zu werden gab ihr ein sonderbares Gefühl von Trost, von Vertrauen. Er zog tief an der Zigarette und verdarb ihr den Effekt, indem er den Rauchkringeln nachsah, die langsam zur Decke stiegen und sich dort auflösten.
»Du erwartest doch nicht von mir, daß ich aufs Ganze gehe, nicht wahr?« sagte sie mit ihrem abgehackten Akzent, und klang damit abszönerweise angezogener denn je.
Er zuckte mit den Schultern.
»Ich wollte dir ja helfen, aber du wolltest mich nicht lassen«, antwortete er und setzte sich auf einen Stuhl – rittlings, als sei es ein Pferd.
In einem Anfall von Wut (eine Wut, in die sie sich hineinsteigern mußte, anders hätte sie es nicht durchgehalten) zog sie sich Schuhe und Strümpfe aus und kämpfte sich aus ihrem Hüfthalter. Ihre Verrenkungen entlockten ihm ein gutmütiges Lachen.
»Worüber lachst du?« fragte sie feindselig.
»Die Frau ist das wunderbarste Wesen der Schöpfung, verdammt«, kicherte er, »aber um die Schicklichkeit zu wahren, zwängt sie sich in die lächerlichsten Kleidungsstücke, die ein perverses Hirn erfinden konnte. Du siehst aus wie ein seltsames afrikanisches Tier in der Brunftzeit.«
Sie stand in ihrem Höschen und hielt ihren Hüfthalter in der Hand, der jetzt aussah wie ein monströses verschrumpeltes Leukoplastpflaster für eine Blase am Finger eines Riesen, und starrte ihren Verführer an, der noch immer mit weißer Krawatte und Frack dasaß und hinter einer blauen Tabakwolke hervorlachte; es war zuviel. Sie brach in Tränen aus.
»Laß uns nach Hause fahren«, sagte er müde und schickte sich an aufzustehen. »Wo wohnst du?«

Sie weinte bitterlich. Aber die Tränen kamen ihr nur mit Mühe, so daß sie die jämmerlichen Geräusche von jemandem hervorbrachte, der all sein Gefühl zurückzuhalten sucht.
»Du bist hysterisch«, fügte er überflüssigerweise hinzu. »Oder du bist zu jung für dergleichen. Tut mir leid. Ich habe mich geirrt.«
Ihr Zorn kehrte zurück. Sie schrie irgend etwas in dem Sinn, er habe ja noch nichts dergleichen getan. Sie kehrte ihm halb den Rücken zu und zog ihr Höschen aus, mit der Panik von jemandem, der zum ersten Mal einen Kopfsprung macht.
»Prächtig«, sagte er.
»Was ist prächtig?« schrie sie, noch immer von ihm abgewandt, und dann drehte sie sich nach ihm um und fuhr mit herrischer, heftiger Stimme fort: »Ist das alles, verflucht, was du sagen kannst – ›prächtig‹?«
Während sie so dastand, wie Gott und Mrs. Symington-Stobart sie geschaffen hatten, ihr Körper geschüttelt von krampfhaftem Schluchzen, lächelte er, drückte wohlkalkuliert seine Zigarette aus und begann langsam, seine Krawatte zu lösen.

Jetzt, da sie sich erinnerte, war sie wieder nackt, doch diesmal in einer völlig anderen Gemütslage.
Du bist viel älter geworden, und ein bißchen weiser ... vielleicht, sagte sie sich. Es wäre sinnlos gewesen, dich ein Leben lang an einen Mann wie Gyles Carchester-Fielding zu binden, selbst wenn es bedeutet hätte, eines Tages Lady Sparshot zu sein. Es hätte bedeutet, das Unglück herbeizubeschwören. Damit hättest du dich im tiefsten Winkel irgendeiner Grafschaft begraben, wo die Leute nichts anderes zu tun haben, als zu mutmaßen, wer mit wem schläft, und wo die gleichmäßigen Bewegungen der Pferde unter ihnen die müßigen Geister auf Kopulationsgedanken bringen. Die Ehe war eine Festung, aus der man Ausfälle in gefährlichere Gewässer wagen konnte, doch es war unbritisch und vor allem unviktorianisch, die Aufgaben von Ehemann und Liebhaber zu verwechseln.

Gerade um solche Verwechslungen zu vermeiden, hatte die Architektur englischer Herrenhäuser so ein labyrinthisches, aller Logik spottendes Netzwerk von Korridoren hervorgebracht. Sie dachte an Bryan, mit seiner Schülerbrille und seinem leichten Hang zum Stottern. Mit exemplarischer Hartnäckigkeit hatte er sein Examen fürs Foreign Office bestanden, und schon kleidete er sich mit dem lächerlichen Ernst eines Botschafters im Embryonalzustand. Sein Kopf ragte empor wie eine Riesenlakritzpastille, bedeckt mit einer üppigen Schicht pomadisierten gelben Haars, mit unglaublicher Akkuratesse in der Mitte gescheitelt, so daß die weiße Linie seiner Kopfhaut feucht und sauber und gesund hervorschimmerte. Er trug bereits die leicht gebückte Haltung des wißbegierigen, freundlichen und hilfsbereiten älteren Herrn zur Schau, eine Augenbraue immer etwas höher gezogen als die andere, steter Ausdruck seines Eifers, offen zu sein für jeden Scherz und immer empfänglich zu sein für alle Bekundungen von guten Geschmacks. Sein Hang zu gesellschaftlichem Takt wurde unterstrichen durch eine nervöse Gewohnheit, bei einer Unterhaltung das Wort »ja« mit metronomischer Regelhaftigkeit zu wiederholen, während ein anderer sprach, bis eine negative Antwort angebracht war und das »Ja« plötzlich in ein verständnisvolles und mitfühlendes »Nein« umschlug, meist eine Bruchteilsekunde zu spät, um sein Gegenüber zu überzeugen, daß er wirklich zugehört hatte.

Und dies war der Mann, dem sie ihre halb erwachte Weiblichkeit überantworten wollte, ein Mann, der auf dem Liebeslager zweifellos all jene Qualitäten des Takts und der Höflichkeit entfalten würde, die ihn zum geborenen Diplomaten machten.

Ihre Träumerei wurde gestört durch das Eintreten ihrer Mutter, einer Dame, deren Gesicht an einen hie und da angeschlagenen Porzellanteller mit Blumenmuster erinnerte. Ihre Augen verschwanden beinah in den mit Make-up zugecremten Altersfältchen, ihre winzige Nase ragte hervor wie ein ge-

krümmter Finger, und Puder verstopfte die Poren, so daß ihr Gesicht in einem ungesund clowneskem Weiß leuchtete.
»Was machst du da, Darling, in deinem Geburtstagskostüm?« forschte Mrs. Symington-Stobart.
Angela lief nach einem Handtuch und hüllte sich darin ein. Aus unerklärlichem Grund genierte sie sich in Gegenwart desjenigen Menschen, der sie öfter unbekleidet gesehen hatte als jeder andere.
»Nichts, Mutter«, antwortete sie, leicht gereizt.
»Ist es nicht einfach aufregend?«
»Nein, offengesagt nicht. Ich frage mich, ob ich nicht den dümmsten Fehler meines Lebens mache.«
»Oh, das fragen wir uns alle am Tage vor unserer Hochzeit – allerdings ist es besser, du sagst es dir jetzt, als später.«
»Du redest wie Bryan, Mammi«, murrte Angela.
»Was willst du *damit* sagen?« fragte Mrs. Symington-Stobart, die einen Hang zu starken Betonungen hatte.
»Als ich dies Abenteuer mit Gyles Carchester-Fielding hinter mir hatte – «
»Oh, sprich nicht davon!«
»– sagte Bryan genau dasselbe wie du – oder beinah: ›Besser, du kriegst es jetzt aus dem Blut, altes Mädchen, als später, wenn wir verheiratet sind.‹«
Es war eine grausame Parodie auf ihren Verlobten, und Mrs. Symington-Stobart stieß einen Seufzer aus, aber das immerwährende bebende Lächeln kehrte rasch wieder, als Schutzwall gegen die schockierenden Wahrheiten des Lebens.
»Wenn du so alt bist wie ich«, murmelte sie, »wirst du anfangen, etwas vom Wert der Dinge zu verstehen. Na, gute Nacht, mein liebstes Hochzeitskind. Ich bin nur gekommen, um dich zu küssen und um einen Plausch zu halten, falls du gewollt hättest. Das war alles.«
Angela akzeptierte den Kuß mit steinerner Resignation, und da sie offensichtlich nicht zu einem Plausch aufgelegt war, ging ihre Mutter hinaus, mit einem noch tieferen Seufzer als üblich.

Mit Rücksicht auf ihre bevorstehende Hochzeit schlief Angela gut und traumlos.

Der nächste Morgen war in jeder Hinsicht abscheulich. Als erstes entwickelte sich ein großer, pochender Pickel auf ihrer Wange, an einer Stelle, wo weder Schmuck noch die geschickte Drapierung ihrer Frisur ihn verbergen konnten. Ihr Hochzeitskleid saß nicht mehr wie bei der Schneiderin. Zupfend und zerrend kniete Mrs. Symington-Stobart hinter ihrer Tochter, und das gelegentliche Erscheinen Major Symington-Stobarts, halb angekleidet und bereits mit dem widerwärtigen und humorlosen Grinsen eines Mannes auf dem Gesicht, dessen steifer Kragen eine halbe Nummer zu klein ist, trug nicht dazu bei, die Spannung im Hause zu mildern. Die jüngeren Brüder Oliver und Eric flitzen in Unterhosen umher, durchdrungen von einem respektlosen Verständnis für den Anlaß, der sie dazu verführte, zotige Witze auf Kosten ihrer Schwester zu reißen, die sich allmählich wie ein zum Opfer bereitetes Mastkalb fühlte.

Als die Hochzeitsgesellschaft an der Kirche vorfuhr, war die Stimmung gereizt, und mit wahrem Entsetzen bemerkte Angela, daß ein kleiner italienischer Sportwagen direkt vor ihnen parkte. Verstohlen überblickte sie das Spalier romantischer alter Jungfern und sentimentaler Hausfrauen, die bei Hochzeiten mit der gleichen klinischen Aufmerksamkeit umherschweben, die ausgeglichenere Naturen für Verkehrsunfälle aufbringen.

»Kuckuck!« rief Gyles Carchester-Fielding und umfing seine Beute in der Taille.

Die Symington-Stobarts musterten den Eindringling mit Unbehagen, und Angela, jungfräulich wie eine frisch vom Stapel gelaufene Yacht vor ihrem Verderber, sagte: »Was machst du hier?«

»Ich kann nicht zum Gottesdienst bleiben, ach, leider«, murmelte Gyles in seiner besten Verführermanier, seine

Augen sprudelnd vor Bosheit. »Bin ohnehin keine Zier für 'ne Kirche – und Paps ist zurück aus Howth – hat 'ne neue Puppe in der Stadt – aber dies hier, das hab' ich dir mitgebracht – «
Er schlug den Mantel auf und zog einen riesigen Hundewelpen von unbestimmbarer Rasse hervor. Gegen ihren Willen mußte Angela lächeln, und die sentimentalen Ladys gurrten vor Entzücken.
»Oh, wie allerliebst!« rief sie. »Ist es ein Er oder eine Sie?«
»Nie im Leben würde ich dir eine Sie schenken«, sagte Gyles. »Es ist eine Rasse, die Paps zu züchten versucht, er nennt sie Leominster-Bluthunde. Sie sind sehr selten. So selten wie du. Da hast du ihn, mit all meiner Liebe.« Er sprang zu seinem Auto und fuhr davon.
Rasch wurde Rat gehalten, was mit dem unerwarteten Hochzeitsgeschenk zu geschehen habe. Bruder Oliver fand sich bereit, das Tier in die Kirche zu schmuggeln, sich nah an den Ausgang zu setzen und es beim ersten Zeichen von Unruhe hinauszuschaffen. Der Major war zu unsicher, um Einwände zu machen, obwohl er irgend etwas von »armseligem Theater« zischte, und Mrs. Symington-Stobart fragte ganz offenherzig, ob »dieser flotte Lothario« nicht schon genug Schaden angerichtet hätte.
»Mutter, bitte!«
Der Geistliche schaffte es in seiner Ansprache, eine Ahnung davon zu vermitteln, daß die Ehe ein drückendes Joch sei, ein Zustand ungedankter Selbstaufopferung, ein ständiges Schlucken bitterer Medizin, beendet erst durch die Trennung im Tode, was sich auf Grund seiner klagenden Stimme anhörte wie die segensreiche Erlösung vom eintönigen Epos mißverstandener Gesten und bruchstückhafter Freuden. Der erste und einzige, der gegen diese düsteren Prophezeiungen protestierte, war der Hund, der mit einem tiefen, seinen Jahren weit vorgreifenden dantesken Baß zu heulen anfing. Die Leute schauten sich mit empörter Belustigung um, während sich die steinernen Augen des Geistlichen mit Tränen füllten. Oliver,

der erkannte, daß der Hund noch nicht das Alter der Selbstbeherrschung erreicht hatte, brachte ihn schleunigst aus der Kirche. Aber diese Rasse war von Lord Sparshot für waidmännische Sportarten gezüchtet worden, und jetzt gab das arme, entwurzelte Tier seinem Unglück mit voller Stimme Ausdruck, da die widersprüchlichen und verwirrenden Düfte der Straße ihn in der Nase zu kitzeln begannen. Oliver konnte nicht abschätzen, ob das Geheul in der Kirche zu hören sei, doch es schien unwahrscheinlich. Er war im Irrtum.
Bryan wurde immer erregter und warf Angela strenge Seitenblicke zu, die zu verstehen gaben, daß sie für diese Verhöhnung seiner Hochzeit verantwortlich sei. Angela nahm Zuflucht zu einer Miene schlichter Frömmigkeit, doch als ein paar jüngere Mitglieder der Gemeinde zu kichern anfingen, fühlte sie, wie ihre Beherrschung sie verließ. Es war eine Reaktion der Nerven. Ihr Zwerchfell pulsierte von selbst, und dagegen war sie machtlos. Sie fing an zu lachen. Der Geistliche, dessen Quell der Trostlosigkeit unerschöpflich war und der nur in den Pausen zwischen ihren Lachanfällen zu Wort kam, sowie das Bewußtsein der Erwartung machten die Sache für sie noch schlimmer. Als Bryan sich endlich mit dem Ring zu ihr umdrehte, glaubte sie, er würde ihr den Finger brechen. Beim zeremoniellen Kuß spürte sie die Glut seines Zorns in der Verspannung seiner Lippen.
Endlich war die Zeremonie vorbei, aber der Welpe wußte das nicht. Er untermalte das trostlose Orgelspiel, während alle sich hinausbewegten, mit noch verzweifelterer Beharrlichkeit als zuvor. Der Empfang fand in einem der größeren, unpersönlichen Hotels statt, und hier konnte das Hündchen frei umherlaufen und in einem Wald von Beinen nach einem vertrauten Duft schnuppern. Manchmal blickte es mit einem Ausdruck tragischer Dankbarkeit auf, wenn eine freundliche Hand sich regte, um ihm den Kopf zu tätscheln, aber dann taumelte es wieder los – mit der unkoordinierten Tapsigkeit eines sehr jungen Geschöpfes – und verbellte den ganzen Saal

mit unerträglich schrillen Lauten. Ein gewisses Unbehagen lag in Major Symington-Stobarts Stimme, als er die Telegramme verlas, auf die das Hündchen anscheinend allergisch reagierte, denn es begann zu heulen. Solcher Art ist der Masochismus der Briten, wenn sie mit dem Unglück geringerer Kreaturen konfrontiert werden, die ohne den Vorteil sprachlicher Verständigung zu leben gezwungen sind, daß alle Sympathien rasch dem unglücklichen Hündchen zuflossen und eine Atmosphäre der Feindseligkeit gegen jeden menschlichen Übergriff auf den Seelenfrieden des lieben Tierchens entstand.
Als die Torte angeschnitten wurde, hätte es ebensogut die Hochzeit des Hundes sein können, tatsächlich schnappte er sich mit so schneller wie tückischer Bewegung das erste Stück vom Teller und zerfleischte es am Boden, als sei es etwas Lebendiges. Die Gäste fanden seine Gefräßigkeit einfach unwiderstehlich, während Angela aufschrie, als ihre Hand zwischen den Messergriff und den härteren, heißeren Griff von Bryans Hand geriet, die zornig auf die Torte niederfuhr. Die Reden und Toasts waren alle von jener Art, die Hochzeitsfeiern zu Bewährungsproben der wahren Liebe machen. Dr. Upstreet war, sofern überhaupt möglich, noch weniger inspiriert als Major Symington-Stobart. Im Gegensatz zu dessen endlosen Vorbehalten und Beteuerungen seiner Unzulänglichkeit bei Aufgaben dieser Art verströmte Dr. Upstreet eine Sicherheit, eine Kraft und Klarheit, die bei diesem heiteren Anlaß einfach unangebracht schienen. Er schwelgte ausführlich in Erinnerungen an die ersten kindlichen Symptome, die seine Frau und ihn zu dem Schluß führten, daß ihr einziger Sohn das Zeug zum Botschafter hätte. Eine Anekdote nach der anderen wurde zum Ergötzen der Versammlung vorgetragen, Anekdoten, die im Lauf der Zeit ihren Witz, ja sogar ihre Pointe verloren hatten – für jeden, mit Ausnahme des hingebungsvollen Biographen, der nun herzhaft lachte, und zwar allein, während er jede einzelne Erinnerung auskostete. Jetzt

war es an Angela, ihrem frischgebackenen Gatten Blicke voller kühler Feindseligkeit zuzuwerfen, der seinen Vater während der endlosen halben Stunde dieser Ansprache mit Freuden hätte erwürgen können. Endlich kam für das junge Paar die Zeit zum Aufbruch. So liebenswürdig wie möglich winkten sie der Gesellschaft ein Lebewohl.
»Sagen Sie mir, wie werden Sie den Hund nennen?« fragte eine Dame, die für eine Frauenzeitschrift über die Hochzeit berichtete.
»Casanova«, antwortete Angela, ohne nachzudenken.

Die Flitterwochen fanden in einem Hotel in Folkestone statt. Ins Ausland zu reisen kam nicht in Frage, denn Bryan arbeitete hart im Foreign Office und erwartete ohnehin, nach Übersee versetzt zu werden. Das Hotelpersonal sprudelte über von jener widerlichen Komplizenhaftigkeit, die Flitterwochen umgibt, voll Augenzwinkern und Lächeln und zuckersüßem Verständnis, auch wenn man sich reichlich bestürzt zeigte über die Ankunft des Hundes, weil Haustiere in diesem Hotel streng verboten waren, selbst an der Leine.
Um aber keinen Schatten auf das rührende Bild intakter Illusionen fallen zu lassen, gab die Hotelverwaltung in diesem Punkt nach.
»Achten Sie aber darauf, daß das Kerlchen sich möglichst ruhig verhält«, flehte der Empfangschef. »Sonst wollen demnächst auch andere Gäste ihre Lieblinge mitbringen.«
»Das würde man einen Präzedenzfall nennen«, sagte Bryan mit einem pedantischen kleinen Kichern.
»Absolut richtig, Sir«, schnarrte der Portier, der eine Autoritätsperson erkannte, sobald er sie sah.
Angela fragte sich, was sie eigentlich in ihrem Mann gesehen hatte. Ihre Gedanken bewegten sich weiter in diese Richtung, und als sich die Tür hinter ihnen und ihrem ersehnten Alleinsein schloß, versäumten sie es, einander in die Arme zu sinken. Sie setzte sich vor ihren Toilettenspiegel und betrachtete ihr

müdes Gesicht und den pochenden Pickel auf der Wange. In ihrer Beziehung zu Spiegeln lag ganz allgemein etwas Ungesundes. Sie schienen für sie Ratgeber zu sein, und wie stets war der Rat, den sie gaben, bestechlich, parteiisch und unmoralisch. Sie sah Bryan im Hintergrund auf und ab gehen, der so tat, als sei er mit diesem und jenem beschäftigt. Er polierte seine schlechte Laune auf. Die Fahrt in der gemieteten Luxuskarosse hatte man praktisch schweigend hinter sich gebracht, abgesehen von einer kurzen Debatte, ob das Fenster geschlossen oder leicht geöffnet bleiben sollte, ein Höhepunkt dieser ersten Begegnung der Herzen, die so lange vorhalten sollte wie das Leben selbst. Plötzlich spürte Angela eine feuchte Nase an ihrem Knie, und sie richtete all ihre frustrierte Liebe auf Casanova, dessen unstete rötliche Augen hysterisch zwischen Dankbarkeit und dem Verlangen nach mehr und immer mehr Liebe schwankten. Bryan empfand einen Stich der Eifersucht, die wuchs, ganz gleich, wie energisch er sich ermahnte, sich nicht lächerlich zu machen. Schließlich versuchte er, ihr die Liebe des Hundes abspenstig zu machen, indem er am anderen Ende des Zimmers in die Hocke ging und sich bemühte, verspielt dreinzuschauen.
Der rauhe Adelsmann hatte Casanova jedoch so gezüchtet, daß er nur einen Herrn anerkannte, und die Tatsache, daß er Angela in den Arm gelegt worden war, galt ihm als mehr als ein Zeichen. Auf beschämende Weise ignorierte er Bryan, der weiter auf seinen Knien herumrutschte und leise Hundelaute ausstieß. Leise, weil Bryan ein großer Ordnungsfreund war und die Ermahnung der Hotelleitung für ihn bereits Gesetz geworden war. Casanova warf ihm mißtrauische Blicke zu, dann bellte er plötzlich – ein mächtiges Bellen aus archaischer Zeit – und stürzte sich auf Bryan.
»Er hat mich gebissen!« Bryan richtete sich zu voller Größe auf, und seine Würde umhüllte ihn wie eine Pelerine.
»Oh, Schatz, es ist doch nur ein Hündchen«, schrie Angela.
»Schau, bis aufs Blut!«

»Komm, ich küss' es dir weg.«
Auf dem Weg zu ihrem Gatten blieb Angela stehen, um Casanova ein paar präzise Schläge auf seine Schnauze zu geben. Casanova zuckte zusammen und blickte sie voll Verehrung an.
Sie küßte Bryans Finger, und dann küßten sie sich auf den Mund. Der Hund, empört über den Anblick solcher Harmonie, fing an zu kläffen.
»Still!« kommandierte Angela, und Casanova fiel wie ein kleiner Sack zu Boden.
»Ich werde nach Jod klingeln«, sagte Bryan. »Das verdammte Vieh hat wahrscheinlich Tollwut.«
Sie speisten auf ihrem Zimmer, denn immer, wenn sie hinausgehen wollten, um sich in den Speisesaal zu begeben, fing Casanova an zu heulen. Pflichtgerecht prosteten sie sich mit Champagner zu, und als es Zeit wurde, zu Bett zu gehen, entkleideten sie sich, als gelte es, in den Badeanzug zu schlüpfen. Bewußt hatte Angela Bryan noch nie ohne Brille gesehen, und er sah ganz anders aus. Zum erstenmal glichen seine Züge denen seiner Eltern, und sie hatte eine störende Vision von all den Verwandten, die im Geiste ihr Hochzeitsbett teilen würden. Seine Unterwäsche war nicht von modernster Art. Sie war von babyblau-seidener Diskretion, die mehr über seine Geisteshaltung als über seinen Körper verriet. Sein Pyjama war gestreift, rot und schwarz, und ihr schien es, als hülle er sich sogar für die Nacht in die Loyalität zu seinem Club.
Sie bürstete sich ihr Haar, so daß es in jungfräulicher Fülle und Schlichtheit über ihre Schultern fiel, und schlüpfte diskret in einen durchsichtigen Traum aus Lavendel und Spitzen, verziert mit kleinen Unschuldsschleifchen. Ein Zischen erregte ihre Aufmerksamkeit, und sie drehte sich um, rechtzeitig, um zu sehen, wie Bryan ein atemverbesserndes Mundspray benutzte.
»Oh, kalt!« sagte sie, als sie ins Bett schlüpfte.
»Das werden wir bald ändern«, erwiderte er, sichtlich errö-

tend, weil er glaubte, zu weit gegangen zu sein. Zaghaft rückte er an sie heran und spielte eine Weile mit ihrem Haar.
»Du bist die schönste Frau, die ich je gesehen habe«, sagte er ziemlich förmlich.
»Danke«, antwortete sie.
Kurz darauf fragte er, ob es nicht ihrer Meinung nach ein wenig zu hell sei.
Sie pflichtete bei und knipste ihre Nachttischlampe aus.
Im Schutz der Dunkelheit machte er sich verstohlen an sie heran, und sie spürte die Nähe seines Mundes, denn sie versank in einem Nebel von Pfefferminz und Nelken. Dann fühlte sie ein schweres Gewicht über sich, doch es fühlte sich nicht an wie das Gewicht eines Mannes.
»Aus dem Bett!« zischte Bryan. »Runter! Runter! Geh auf dein Kissen!«
In der Dunkelheit überkam Angela die gleiche überspannte Reaktion wie in der Kirche, und sie fing hilflos an zu lachen.
»Du lachst schon wieder!« sagte Bryan vorwurfsvoll.
»Ich kann nicht anders.« Sie lachte um so mehr, als sie eine Pfote auf ihrer Brust fühlte und eine heiße, klebrige Zunge ihr Gesicht einzuseifen begann.
Das Licht ging auf Bryans Seite an. Er setzte die Brille auf und erhob sich in äußerster Wut.
»Ich werde ihn einschläfern lassen!« brüllte er. »Hinunter! Verstehst du mich?«
»Oh, Schatz«, flehte sie. »Er ist doch noch ein Hündchen.«
»Das wirst du noch sagen, wenn er zehn Jahre alt ist und mit dir im Bett liegt und ich im Hundezwinger sitze!«
Dies brachte sie wieder zum Lachen.
»Das ist nicht komisch!« kreischte er. »Das ist eine tragische Wahrheit. Sorge dafür, daß der verdammte Hund dir gehorcht. Auf mich hört er nicht. Mich beißt er nur!«
»Runter! Geh aufs Kissen. Geh, mach die Augen zu«, sagte Angela.

Schuldbewußt glitt Casanova aus dem Bett und trottete zu seinem Kissen. Bryan folgte ihm mit den Augen, und plötzlich brüllte er wieder los: »Schau!«
Da war eine riesige Pfütze am Boden, und die Zierspindel, die am Ende der Vorhangschnur hing, war bis zur Unkenntlichkeit zernagt. Holzsplitter und Stoffetzen lagen überall verstreut.
»Das werde ich alles bezahlen müssen!« kreischte Bryan. »Und das ist erst der Anfang. Wir sind noch eine Woche hier. Zeit genug für ihn, das ganze Hotel zu zerlegen!«
Es klopfte gebieterisch an der Wand.
»Hörst du?« flüsterte Bryan.
»Was?«
»Die Nachbarn. Der nächste wird der Direktor sein. Mach das Licht aus.«
»Es ist deine Lampe, die brennt.«
»Oh, ja.« Bryan drehte sich nach dem Hund um.
»Jetzt bleib, wo du bist!« befahl er mit mahnendem Finger.
Casanova knurrte, und Bryan löschte das Licht. Fast im selben Moment hörte man klirrendes Glas. Beide wußten, daß eine Vase mit teuren Blumen auf einem kleinen Beistelltisch gestanden hatte, mit besten Empfehlungen von der Hotelverwaltung. Angela fing wieder an zu lachen, eine Mischung aus Lachen und Weinen, und Bryan hatte nicht den Mut, das Licht wieder anzumachen. In seiner praktischen Art hoffte er, daß das Blumenwasser auf die Hundepfütze gekippt war und daß man das Ganze als Unfall herunterspielen könne. Unfälle konnten immerhin jedem passieren, und am Ende wäre der Direktor sogar gezwungen, sich zu entschuldigen, daß man die Blumen auf ein so zierliches Tischchen gestellt hatte.
Die Nacht war ruiniert, und damit die Flitterwochen.

Zurück in der Stadt, in ihrem neuen kleinen Haus, probierten sie eine neue Methode aus, die im Hotel unmöglich gewesen wäre. Sie stellten den Hundekorb auf den Flur. Sie taten es voll

neuem Besitzerstolz. Es gab einen kleinen Garten, für den man planen konnte, und Möbel – ererbte, geschenkte und gekaufte. Sie waren zu Hause.
In der ersten Nacht benahm Bryan sich absolut zauberhaft. Er war entschlossen, seine Ehe in geordnete Bahnen zu bringen, trotz ihres katastrophalen Anfangs. Ein Tag im Büro, fern den häuslichen Sorgen, hatte ihn in beste Laune versetzt, und er hatte das Gefühl wiederentdeckt, sein eigener Herr zu sein. Er brachte Angela Rosen und hörte sogar mit bewundernswerter Gelassenheit ihre Klagen an. Anscheinend hatten sie Mrs. Bradlock verloren, die Haushaltshilfe, weil sie die Art nicht ertrug, wie der Hund sie anstarrte.
»Macht nichts, ich werde das Geschirr spülen, bis wir eine tierliebende Hilfe finden«, sagte Bryan.
Angela war gerührt durch solch wunderbare Nachsicht und begann wieder, ihrem eigenen Urteil zu trauen. Sie kochte ein Abendbrot, das sie einträchtig und sogar glücklich zu sich nahmen, und Bryan wagte es, über Veränderungen zu spekulieren, die sie vornehmen müßten, falls sich Familienzuwachs einstellen sollte.
Sie gingen zu Bett, gutwillig und mit einem Gefühl von Abenteuer, ohne das die Liebe eine leere Sache bleibt. Der gestreifte Pyjama wirkte jetzt flott, unternehmungslustig, während die Pfefferminzwolke nach einem Hauch Frühling duftete.
Sie löschten das Licht und fanden einander im Dunkeln, voll Freude und voll Erleichterung.
Dann begann das Scharren – das Scharren und dann das Fallen eines schweren Gegenstandes.
»Was war das?« fragte Bryan.
»Oh, Schatz, wen kümmert's?«
»Mich kümmert es.«
Der Zauber war wieder verflogen.
Bryan stieß die Tür auf, und als er zurückkehrte, verkündete er mit rechthaberischer Stimme: »Die Queen-Anne-Standuhr, die dein Vater uns geschenkt hat, ist von oben bis unten zer-

kratzt. Und der Aufsatz ist heruntergefallen. Er liegt in Stükken.«

»Die Uhr, die Daddy uns schenkte?« schrie Angela erschrokken und stolperte aus dem Bett. Sie entdeckte Casanova und prügelte ihn gehörig durch. Er winselte leise und kroch in sein neues Körbchen, das bereits nur noch ein halbes Körbchen war, denn zernagtes Weidengeflecht lag im ganzen Haus verstreut. Angela brauchte jemanden, an dem sie ihr Schuldgefühl auslassen konnte.

»Wer hat die Tür zum Speisezimmer offenstehen lassen?« fragte sie.

»Ich hatte erwartet, in einem Haus zu wohnen, nicht im Gefängnis.«

»Es ist doch nur logisch, nicht wahr, wenn ein Welpe im Haus ist, ich meine, die Türen zu schließen.«

»Logik ist nur von relativem Nutzen, wenn man es mit einem verrückten Hund zu tun hat – ich bitte um Verzeihung, einem verrückten Welpen.«

»Oh, um Himmels willen, du bist zu Hause, nicht im Büro!«

»Jedenfalls war nicht ich es, der die Speisezimmertür offenließ.«

»Machst du mir Vorwürfe?«

Wieder konnte offensichtlich eine Nacht abgeschrieben werden, und sie endete in den frühen Morgenstunden, als Bryan ein Ultimatum stellte. Sie würde wählen müssen zwischen ihm und Casanova. Eine andere Möglichkeit gab es nicht. Man würde den Hund weggeben oder töten müssen.

Die Tatsache, daß er in seiner geistigen und physischen Erschöpfung vorgeschlagen hatte, den Hund zu töten, empörte Angela, und sie hielt es ihm von nun an auf dem Höhepunkt jeder weiteren Auseinandersetzung vor. Als Kompromiß beschlossen sie, das Tier für ein Weilchen wegzugeben, und mit dem Instinkt einer Mutter, die spürte, daß in der Ehe ihrer Tochter etwas nicht stimmte, fand Mrs. Symington-Stobart sich bereit, Casanova aufzunehmen.

Er wurde vom Chauffeur abgeholt und schaffte es während der kurzen Fahrt, eine Armstütze und einen halben Sitz im Familien-Rolls-Royce zu zerlegen. Die Symington-Stobarts taten ihr Bestes und duldeten jede Peinlichkeit, und am Ende ihrer Geduld waren sie erst angelangt, als Casanova Mrs. Symington-Stobarts Pekinesen totbiß und ihr den Leichnam wie ein gut ausgebildeter Jagdhund im Maul apportierte, während sie im Salon mit drei anderen Damen beim Bridge saß. Sie mußte nach dieser Tragödie zur Schlafkur ins Sanatorium, aber ihr Gatte, rasend vor Wut, konnte Casanova nirgends finden. Er war ausgerissen.

Während seiner Abwesenheit herrschte eine merkwürdige, drückende Stille in Angelas Haus. Wenn Bryan im Büro war, begann sie das Tier zu vermissen, erst heimlich und ungläubig, dann ganz offen. Jetzt, da sie frei war, mit ihrem Tag anzufangen, was sie wollte, wollte sie nichts mit ihm anfangen. Sie bekam jenen harten, spröden Gesichtsausdruck, den unbefriedigte Frauen haben, und in ihrer Zwanglosigkeit lag etwas Gezwungenes. Selbst ihre Zerstreuungen schienen sorgfältig geplant, und ihre Konversation war beängstigend kühl.

Wenn Bryan abends nach Hause kam, fand ihre Unzufriedenheit ein Ziel. Inzwischen war der Hund durch seine Abwesenheit spürbarer zugegen als vorher. Jetzt gab es keine Katastrophen, die die Aufmerksamkeit der beiden von dem beharrlichen Schweigen während ihrer Mahlzeiten und der Stille ihrer Nächte abgelenkt hätten. Sie waren nicht verheiratet. Sie lebten nicht einmal zusammen. Sie wohnten nur unter demselben Dach.

Und in Bryans Abwesenheit geschah es eines Tages, daß Angela in Versuchung geriet. Sie wählte Gyles' Nummer und legte den Hörer auf, bevor jemand Zeit fand abzunehmen. Ihre Wangen glühten vom Gefühl der Gefahr, und sie geriet durch die Verwegenheit ihrer Tat in eine Art ruchloser Ekstase.

Am nächsten Tag ging sie eiskalt noch einen Schritt weiter. Es wurde ihr mitgeteilt, er werde gegen acht zurück sein. Ob sie

eine Telephonnummer hinterlassen wolle? Nein, das wollte sie nicht. Acht sei ein bißchen spät für sie. Sie würde es morgen wieder versuchen.
Sie tat es. Gyles schien entzückt, aber nicht überrascht, ihre Stimme zu hören.
»Wie macht sich das Hündchen?«
»Oh, sehr gut. Vielen Dank. Er ist mächtig gewachsen. Im Augenblick ist er auf dem Land.«
»Im Grunde ist er ein Hund wie geschaffen fürs Land.«
»Ja, ich weiß.«
»Behandle ihn hart. Es sind sehr launische Hunde, und sie lieben es, hart angefaßt zu werden. Eine sehr feminine Rasse, wie man sieht. Übrigens, wie nennst du ihn?«
»Casanova.«
Einen Augenblick herrschte Schweigen.
»Besonders passend«, sagte Gyles. »Und wie läuft die Ehe?«
»Was geht dich das an?« antwortete Angela.
»Ich will es wissen, falls ich mich je versucht fühle, das Geschlecht fortzupflanzen.«
»Sie hat ihre Vor- und Nachteile.«
»Wie ist er im Bett?«
»Du bist das Allerletzte, ehrlich«, sagte Angela, die vor Erregung errötete.
»Wieso? Ist das nicht wichtig?« fragte Gyles unschuldig.
»Das ist es. Sehr wichtig sogar. Falls du's wissen mußt, er ist absolut großartig.«
»Ich hätte dir diese Frage nicht stellen sollen.«
»Warum um Himmels willen nicht?« Angela war plötzlich großzügig.
»Weil es sehr enttäuschend ist, falls es stimmt. Und weil es sehr traurig und sehr tapfer ist, falls nicht.«
Wieder entstand eine Pause, eine sehr lange.
»Wie ist deine Telephonnummer?« fragte Gyles schließlich.
»Typisch.«

»Was ist?«
»Du bist sogar zu faul und arrogant, um im Telephonbuch nachzuschlagen.«
Sie legte auf und stellte sich seine Stimme vor, wie sie am anderen Ende »Angela ... Angela!« rief.
Ihr Tagtraum wurde unterbrochen, als das Telephon klingelte.
Er kann es noch nicht sein, dachte sie, es sei denn, er hätte vorher die Nummer nachgeschlagen.
»Hallo«, sagte sie.
Es war ihr Vater, der sie schalt, sie verbringe ihr ganzes Leben am Telephon. »Konnte einfach nicht durchkommen«, knurrte er und erzählte ihr dann die ganze bedauerliche Geschichte vom Tod des Pekinesen.
»Aber wo ist Casanova jetzt?« fragte Angela aufgeregt.
»Du bist wirklich merkwürdig, Angela«, sagte Major Symington-Stobart. »Li-Pong ist tot, deine Mutter wurde in fortgeschrittenem Schockzustand ins Smallwood-Hill-Sanatorium eingeliefert, und du machst dir nur Sorgen, wo dieser verfluchte Welpe steckt.«
»Ich will wissen, wo er ist«, beharrte Angela in unangenehmem Ton.
»Weißt du, daß er den Rolls praktisch zerlegt hat? Der Tennisplatz ist eine einzige Schweinerei, die Petit-Point-Sessel sind nicht mehr zu reparieren, das ganze Haus liegt bis unters Dach voll Baumwolle und Porzellanscherben, und er hat Ambrose beinah einen Finger abgebissen. Wäre Ambrose nicht schon so lange bei uns – «
»Daddy!« unterbrach Angela mit drohender Beharrlichkeit.
»Was?«
»Ich habe dir eine Frage gestellt.«
»Ich habe nicht die blasseste Ahnung, wo der Satansköter steckt. Und obendrein ist es mir egal! Ich habe die Polizei benachrichtigt, aus Bürgerpflicht. Ich hoffe, sie haben ihn erschossen.« Und er knallte den Hörer auf.

Danach wanderte Angela eine Stunde erregt durchs Haus. Falls es noch Liebe in ihr gab, so galt sie jetzt Casanova. Sie fühlte sich gebraucht – und hilflos. Tränen flossen ihr über die Wangen. Als sie sich eine Zigarette anzündete, merkte sie, daß ihre Hände zitterten. Schließlich hockte sie, wie üblich, vor ihrem Frisiertisch, und im Spiegel sah sie das Portrait einer reifen Frau, tief und unglücklich verliebt.
Sie brauchte nicht lange nachzudenken, denn sie hörte ein leises Kratzen und Winseln an der Haustür. Sie lief hin und öffnete. Da stand Casanova, zitternd und reumütig mit dem Schwanz wedelnd. Sie fiel auf die Knie und umarmte ihn, wie Penelope den Odysseus umarmt haben mochte. Als sie ihre Fassung wiedergefunden hatte, brachte sie ihn ins Badezimmer und frottierte sein nasses Fell mit dem erstbesten Tuch, das ihr in die Hand fiel, zufällig war es Bryans Gesichtshandtuch, mit seinen Initialen in der Ecke. Dann gab sie ihm warme Milch und bettete ihn vor das Gasfeuer des Kamins im Salon. Er revanchierte sich für all diese Fürsorge, indem er ihr mit matter Beharrlichkeit das Gesicht leckte und auf dem Weg vom Bad in den Salon in der Vorhalle eine gewaltige Schweinerei hinterließ.
Als Bryan nach Hause kam, trat er in die Schweinerei, verlor aber nicht die Fassung. Er war unverhohlen guter Laune, ließ seine beschmutzten Schuhe neben dem Schirmständer zurück und trat in den Salon. Der Hund knurrte schwach.
»Hund ist wieder da, wie ich sehe«, sagte er fröhlich.
Angela berichtete ihm die ganze Geschichte so dramatisch wie möglich, doch er schien nur halb hinzuhören, und selbst die fürchterlichsten Einzelheiten ließen ihn bemerkenswert unbeeindruckt.
»Nun, ich habe auch einige Neuigkeiten«, meldete er, nachdem er sich höflicherweise vergewissert hatte, daß seiner Frau die Worte ausgegangen waren. »Ich habe endlich meine Versetzung. Sir Norman Guildforth-Nasmith wird uns mitnehmen, wenn er nächsten Monat als Botschafter nach Bagdad geht.«

»Bagdad!« staunte Angela.
»Ja, Bagdad. Es werden mindestens zwei Jahre sein. Ziemlich heiß dort, soviel ich weiß. Du wirst allerhand Einkäufe machen müssen. Ich habe schon ein anglo-arabisches Wörterbuch bestellt.«
»Bagdad. Wo ist das?« fragte Angela.
»Irak, glaube ich.« Bryan war ernüchtert und bemühte sich angestrengt um einen verständnisvollen Ton.
»Oh, dann bleibt noch das Problem Casanova«, fuhr er fort.
Es war so ungewöhnlich für ihn, den Hund beim Namen zu nennen, daß beide, Angela und Casanova, ihn anblickten.
»Selbstverständlich können wir ihn nicht mitnehmen«, erklärte Bryan. »Wegen der Quarantänebestimmungen. Falls wir ihn außer Landes bringen, können wir ihn nicht ohne sechsmonatige Quarantäne wieder einführen. Und das ist unfair für einen Hund. Es bedeutet dreieinhalb Jahre in einem Hundeleben.«
»Oh, das ist der Grund für deine gute Laune«, murmelte Angela.
»Nein, nein, das sind die kühlen Fakten, Schatz«, antwortete er. »Immerhin weiß ich, wie sehr du an dem ..., an Casanova hängst, und ich würde alles tun, um es zu ermöglichen, daß er mitkommen kann, aber leider ...«
»Du bist ein verdammter Heuchler«, sagte Angela ruhig. »Du haßt dieses Hündchen, und du bist hoch entzückt, mir die schlechte Nachricht überbringen zu können. Es macht dir ein sadistisches Vergnügen, hier hereinzuspazieren und das Unvermeidliche auf deiner Seite zu wissen. Ah, ich habe auch Neuigkeiten für dich. Ich werde nicht nach Bagdad gehen. Du kannst allein gehen.«
»Du bist meine Frau«, sagte Bryan. »Und du wirst mit mir nach Bagdad kommen.«
»Nein, das werde ich nicht.«
»Und außerdem sind wir morgen abend zum Dinner bei Sir

Norman und Lady Guildforth-Nasmith. Es ist eine große Ehre, dort eingeladen zu sein. Das ist der Grund für meine Begeisterung, falls du's wissen willst ... und der Grund für meinen angeblichen Sadismus.«
»Niemals wirst du erraten, wer heute angerufen hat, wie aus heiterem Himmel«, schnurrte Angela, ihre Taktik ändernd.
Bryan ging hinaus.
»Bist du nicht neugierig?« rief sie hitzig.
Er kam mit einem Lappen und einem Topf zurück.
»Ich mach' meinen Job als Haustier«, sagte er. »Ich werde die Schweinerei meines Rivalen aufputzen, die durchs Haus stinkt.«
»Gyles Carchester-Fielding.«
»Was ist mit ihm?«
»Er rief an.«
»Dieser Mann«, sagte Bryan. »Das ist poetische Gerechtigkeit. Da kann Casanova gleich dorthin zurückkehren, woher er gekommen ist.«
Casanova schaute in diesem Moment über seine Schulter und begegnete Bryans Blick. Vielleicht kam es nur daher, daß er seinen Namen gehört hatte, auf den er zu reagieren anfing, aber Bryan sah dort einen beinah menschlichen Haß aufblitzen. Einen Moment war Bryan versucht, sich zu entschuldigen, verscheuchte aber ärgerlich diese verrückte Idee und ließ sich mit hörbarer Anstrengung auf die Knie fallen.
Angela weinte und haderte fast die ganz Nacht, und sie erklärte, sie werde nicht mit nach Bagdad gehen, obwohl sie im Herzen wohl wußte, daß sie es tun würde. Die Vorstellung war einfach zu aufregend. Bryan saß aufrecht im Bett, manchmal tobend und manchmal scheinbar in ein Buch vertieft, das er schon einmal gelesen und langweilig gefunden hatte. Einmal kam er in Versuchung, sie zu schlagen, beherrschte sich aber, als er sich die bis in endlose Zukunft verlängerte Kette der Vorwürfe vorstellte. Noch bemerkenswerter als dieser Familienstreit war die Tatsache, daß Casanova sich während all

dessen perfekt benahm und ruhig auf seinem Kissen lag und kein einziges Mal bellte oder auch nur winselte.

Das Frühstück wurde schweigend eingenommen.

»Ich werde rechtzeitig zurück sein«, sagte Bryan, als er ins Büro aufbrach.

»Sei bitte so freundlich und lege nur den Smoking heraus. Die Guildforth-Nasmith' wohnen in Chelsea. Das Dinner ist um Punkt acht.«

Angela verbrachte den Tag am Telephon mit ihren Freundinnen, denen sie erzählte, daß sie in Kürze in Bagdad sein würde.

»Oh, Liebste, wie aufregend!«

»Nicht wahr? Bryan hat dort einen schrecklich guten Posten ergattert. Es ist nur ein erster Schritt, natürlich, aber Sir Norman soll riesig nett sein – wir sind dort heut abend zum Dinner – und man sagt, Sir Norman ist eigentlich der geborene Mann für Paris und Washington – und weil er so große Stücke auf Bryan hält ...«

Um halb sechs etwa begann Angela die Wanne zu füllen. Sie hatte Bryans Smoking ordentlich auf seiner Seite des Ehebettes zurechtgelegt. Daneben ein sauberes Hemd, frische Unterwäsche, seine Manschettenknöpfe und seine Smokingspange, seine Abendsocken und sein Menthol-Mundspray. Auf dem Weg ins Bad fiel ihr auf, daß Casanova vor der Haustür stand.

»Du möchtest nach draußen, mein Liebling?« fragte sie erstaunt. Bisher hatte er nie hinausgewollt und war ganz zufrieden mit dem Teppich gewesen. Er wedelte mit dem Schwanz. Sie öffnete die Tür und sah ihn zur Hecke hinüberlaufen, wo er ein Bein hob.

»Wir werden aus dir noch einen anständigen Hund machen«, sagte sie und fügte hinzu: »Du wirst jetzt dort bleiben und das Haus bewachen, während Mami ein Bad nimmt.«

Bryan kehrte heim, während Angela in der Wanne lag, und kaum hatte er die kleine Pforte geschlossen, die von der Straße zum Garten führte, als Casanova ihn mit solcher Wucht ansprang, daß er taumelte und seine Brille auf den Kies fiel. In blindem Schrecken, sich der Nähe des Hundes bewußt, sank er auf alle viere und tastete nach seiner Brille. Der Hund packte ihn am Nacken, wie sein Instinkt ihm befohlen hätte, einen wilden Eber oder Hirsch zu fassen, und kaum lag Bryan auf der Erde, grub er seine Zähne tief ein und zerfetzte das schutzlose Fleisch mit der rasenden Disziplin eines Tieres, das dem Gesetz der Natur gehorcht. Nachdem er sein Werk getan hatte, beschnupperte er mit offenkundiger Gleichgültigkeit Bryans reglose Gestalt und trollte sich ins Haus, als wäre nichts geschehen.

Angela kam aus dem Badezimmer – nackt, bis auf die Duschhaube – und ging in ihrem Zimmer hin und her. Sie machte sich nicht mal die Mühe, die Gardinen vorzuziehen. Weil sonst niemand da war, mit dem sie hätte sprechen können, sprach sie mit Casanova, der sie vergnügt anschaute.

Sorgfältig machte sie sich für die Abendgesellschaft zurecht.

»Der alte Knabe übertreibt's ein bißchen, findest du nicht?«

Casanova wedelte einmal mit dem Schwanz.

»Viertel vor sieben, und noch keine Spur von ihm. Das sieht ihm nicht ähnlich, was? Punkt sieben Uhr dreißig, Frühstück. Halb sieben abends, Schlüssel ins Haustürschloß – pünktlich wie die Uhr. Gott, sehe ich müde aus. Verdammte Dummheit. Die Nacht ist zum Schlafen da, oder ... Ach, na, reden wir nicht darüber, mein Casanova, auch wenn es ein bißchen deine Schuld ist. Die Liebe. *L'Amour. Amore. Love.* Wie sagt man auf hündisch, frage ich mich?«

Von einer nahen Kirche schlug es sieben.

»Wir kommen zu spät! Na, einmal wenigstens nicht meine Schuld.«

Ihr Ärger wuchs, und statt ihr Abendkleid anzuziehen, legte sie sich aufs Bett. Seine Schuld, immerhin, wenn er sie unbekleidet vorfand.

»Was, du bist noch nicht fertig?« würde er fragen – und dann, als empörter Nachsatz: »Zieh wenigstens die Gardinen vor, wenn du schon so herumliegen mußt!«
Während sie in solch attraktiv-perversen Gedanken schwelgte, gab es im Bett einen unangenehmen Ruck, und Casanova stand oben, den Kopf gesenkt, und starrte auf sie herab.
»Was machst du da? Sofort hinunter! Sofort!«
Der Hund machte keine Anstalten, ihr zu gehorchen.
Sie lächelte, unwillkürlich ein wenig erschreckt, und sagte: »Na gut, bleib also oben, aber leg dich hin, und laß dich nicht vom Alten erwischen, sonst ist die Hölle los. Dein Leben wäre, wie meines, nicht mehr lebenswert.»
Casanova legte sich neben sie und starrte sie an, seine orangeroten Augen leuchtend und reglos wie die einer Eule.
Träge begann sie mit seinem Ohr zu spielen, faltete es und klappte es wieder auf, während sein Maul sich öffnete und er zu hecheln anfing, die Augen jetzt halb geschlossen, wie in Ekstase. Die Wärme seines Fells an ihrem Schenkel war nicht unangenehm. Es war auch seltsam beunruhigend für sie, daß sie ihren Sklaven ein wenig fürchtete.
»Oh, mein Casanova«, murmelte sie, »mein ruchloser Casanova, du bist jetzt nur ein Hündchen . . . wie wirst du erst sein, wenn du ein Hund bist?«

Das Leben ist eine Operette

Im Winter 1927 geschah es, daß Mizzis Traum wahr wurde. Das kleine Mädchen vom Stadtrand von Kekesféhervar gab ihr Debüt in einer Operette, aus der Feder des großen Imre Dobos persönlich. Böse Zungen flüsterten, daß sie, um ihre Ziele zu erreichen, sich selber Dobos schenken mußte, und bedauerlicherweise, wie es so oft der Fall ist, hatten die bösen Zungen auch recht. Doch sie sang hübsch, war Anlaß für die vierte Scheidung Dobos', und das Stück, befeuert zweifellos von Liebe und einem Auflodern plötzlicher Jugend im Herbst des Lebens, wurde als Meisterwerk seiner Art beklatscht.

Mizzi hatte sich immer zur Operette hingezogen gefühlt; schon in der Schulzeit kannte sie alle Melodien und alle Texte der gängigen Schlager. Ihr erster Liebster, Lajos Palotai, war ein sanfter, langhaariger Bursche, leidvoll kurzsichtig, dessen Geschmack mehr zur ernsten Musik tendierte; doch seiner schwarzäugigen Liebsten zu gefallen, hämmerte er die frivolen Melodien auf dem Klavier. Gemeinsam, an Ufern glitzernder Sommerflüßchen, in kleinen Cafés, schmiedeten sie ihren Traum. Einst würde sie eine große, große Sängerin sein. Seine Rolle in diesem Traum wurde nie recht klar, doch Lajos war zu verliebt und zu schüchtern, um Anspruch auf ein bestimmtes Register in ihrem Ehrgeiz zu erheben. Es schmeichelte ihm, nur dazusitzen und ihr zu lauschen und Händchen zu halten.

Als sie achtzehn wurde, ging sie nach Budapest.

Lajos brachte sie zum Bahnhof, ohne böse Ahnungen, aber

mit einem Dschungel der Traurigkeit im Herzen, die er männlich hinter unbeholfener Galanterie zu verbergen suchte. Das Vorsingen führte in das vierpfostige Himmelbett in Dobos' Villa, auf dem Umweg über ein kerzenbeleuchtetes Lokal mit Zigeunern und eine nächtliche Fahrt in einem offenen Hispano Suiza.
Lajos kam zur Premiere von *Liebe im Zigeunerwagen* und saß allein in einer Loge, die Mizzi bezauberndenderweise für ihn reserviert hatte. Weder war die Handlung der Operette durch überraschend neue Einsichten zum Zigeunerproblem gekennzeichnet, noch verriet die Musik mehr als Spuren eines melodischen Talents. Im ersten Akt schlug eine wandernde Gruppe von Roma ihr Lager unwissentlich auf den Ländereien eines Fürsten auf, der zufällig seine Verlobung beging, indem er seinen üblen Husarenkameraden erlaubte, sich in der Ahnengalerie schlecht zu benehmen. Im zweiten Akt gingen die Husaren auf die Jagd und stießen auf die Zigeuner. Ihr berechtigter Zorn auf Leute, die nicht in Schlössern lebten, verrauchte plötzlich, als der Fürst einen Blick auf die von Mizzi dargestellte Tochter des Zigeunerkönigs warf. Unterlegt mit einem gesummten Csàrdàs, sang er die Arie *Einsam blüht eine Blum' im Herbst,* die späterhin zur beliebten Zugabenummer für hohe Tenöre überall auf der Welt wurde. Er vergaß seine Verlobung mit der Gräfin Etelka, einer drallen Blondine in weißem Pelz, und machte Mizzi mit der unerbittlichen Verve eines talentierten Kavallerieoffiziers den Hof. Der Zigeunerkönig ermahnte seine Tochter in hallendem Baß: *Hüte dich vor Fürstenliebe* und beschwor sie, dem Wanderleben und Besenbinden treu zu bleiben und einen Gefährten aus ihren eigenen Reihen zu wählen. Als seine Argumente nicht verschlugen, sperrte er sie in ihren Wohnwagen ein.
In der Nacht schlich sich der Fürst, in Lumpen gehüllt und mit einem bunten Tuch um den Kopf, in das Lager und sang seiner Angebeteten ein Ständchen, das berühmte *Schätzchen, mein Herz pocht in deiner Brust.* Hier fand Mizzi wahrhaft zu sich

selbst, wenn sie ihm mit dem welterschütternden Schlager antwortete: *Deine Stimme klingt wie eine Symphonie.* Alles endete glücklich mit einer Abwandlung des Raubs der Sabinerinnen – einer Rhapsodie auf die ungarische Völkervereinigung, wobei die Husaren fröhlich zappelnde Zigeunermädchen in den Armen schleppten, während der grausam konservative *Zingari*-König sich durch die allgemeine Stimmung erotischer Ausgelassenheit an den wogenden Busen der Gräfin Etelka schwemmen ließ.

Der Applaus war stürmisch, und ein zitternder, in Tränen aufgelöster Lajos drückte anschließend in der blumenüberhäuften Garderobe Mizzi die Hände. Er war ein wenig verstimmt, weil sie nicht zusammen zu Abend essen konnten, aber sie hatte eine wichtigere Verabredung mit dem großen Dobos (»Geschäfte, du verstehst doch, Schatz meines Herzens«). Gleichwohl sagte er, er verstünde, was nicht der Wahrheit entsprach, aber er war nicht der Typ, der dies ausgesprochen hätte.

Er sah sie selten während der nächsten Woche, denn Dobos schien unglaubliche Mengen an Geschäftsbesprechungen zu haben. Zehn Tage später komplizierte sich die Lage zusätzlich, nicht etwa durch eine verhärtete Haltung von seiten Lajos' oder durch vermehrte Aufmerksamkeiten ihres Geliebten, sondern durch den Umstand, daß sie sich plötzlich in Ferenc Ferensci verliebte, den hohen Tenor, der in der Operette die Rolle des Fürsten spielte. Sie war nicht die Frau, die sich allabendlich Ständchen bringen und küssen ließ, ohne davon ungerührt zu bleiben.

Dobos erbleichte, denn er war erstens sehr prominent und zweitens nicht mehr jung. »Verdammte Undankbarkeit!« schnaubte er, und das Echo seines *Cri de cœur* brach sich an allen Kaffeehauswänden von Budapest. Lajos fühlte mit ihm.

Eines Abends, bald darauf, sandte der junge und liederliche Fürst Szent-Mihaly einen gewaltigen Blumenstrauß zum Bühneneingang. Diesem folgte am nächsten Abend ein noch größerer. Dann folgte das Unvermeidliche; noch mehr Violinen, ein dazu passender Mond, wieder eine hektische Fahrt durch die Nacht – diesmal in offener Kalesche mit Familienwappen am Schlag und einer Equipe gelangweilter Dragoner, die nebenhergaloppierten – und ein riesiges, knarrendes Bett, in dem Generationen von Szent-Mihalys gestorben waren, geliebt hatten und zur Welt gekommen waren.

Ferensci begann in seiner Depression sehr flach zu singen – und schrill in Augenblicken des Zorns. Lajos und Dobos konnten es ihm beide nachfühlen. Nach einer Weile aber wurde Fürst Szent-Mihaly von seiner schrecklichen Mutter ernstlich gemaßregelt und zur Strafe nach Monte Carlo geschickt. Ausgerechnet zu diesem Zeitpunkt beschloß Dobos, sich an der Schönheit wieder eines anderen Mädchens zu berauschen, das ihm vorgesungen hatte, und er erklärte der Presse, er habe die Stimme des Jahrhunderts entdeckt. Die doppelte Demütigung war zuviel für Mizzi. In einer Orgie der Zerknirschung beichtete sie Lajos alles, und sie hielten wieder Händchen.

Das Leben, sinnierte sie, ist nun mal so. Was sie meinte, war: Das Leben ist wie eine Operette. Die Raffiniertheit der Liebe eines ältlichen Wüstlings, der Witz und das Funkeln seiner schmalzigen Konversation, das Knallen von Champagnerkorken, das von hysterischem Verlangen angeheizte Kichern, während die gewichsten Schnurrbartspitzen eines Fürsten ihre nackte Schulter kitzelten, das Herz brennend nach unverzüglicher Hingabe, durch die Tiefen der Sinnlichkeit geführt vom fiebrigen Schmachten einer schluchzenden Geige – führte all dies zu Erfüllung und Glück? Nein, nein und abermals nein. Wahre Liebe fand sich nach dem Ende des dritten Akts, in Armut, in den fleckigen Gehrock eines geplagten Musiklehrers gehüllt, des lieben Treuen, der schweigend zu ihr gestanden und gelitten hatte, während sie, die flatterhafte, unwiderstehliche Nachtschwärmerin, tief aus dem flitterigen Kelch der Illusionen geschlürft hatte.

Kaum hatte sie dieses profunde Gefühl der Läuterung erfahren, begann sie auch schon, den sprachlosen, unentschlossenen Lajos entschieden langweilig zu finden. Er hatte für den Moment seinen Zweck erfüllt. Sie hatte ihr Geständnis hervorgesprudelt, und er hatte nur unter Tränen gelächelt, als sei eine verlorene Seele in den Schoß der Kirche zurückgekehrt. Ihr Gewissen war wieder rein. Der Budapester Triumph wiederholte sich in Wien, doch mit einem österreichischen Tenor, in den sie sich verliebte, weil es zur Handlung dazugehörte. Sie kaperte auch den berüchtigt modernistischen Komponisten Manfred von Ilch, der in einer selbsterfundenen, dreizehnwertigen Tonleiter schrieb und sich damit den unversöhnlichen Haß derer zuzog, die mit religiöser Sucht an einer Leiter von nur zwölf Tönen festhielten. Mit bemitleidenswertem Mangel an Urteilskraft, wie die meisten großen Männer ihn beweisen, wenn sie sich verlieben, befand der ansonsten unbeirrbare Dr. von Ilch, daß Mizzi genau das richtige Timbre für seine gefährdete Muse besäße, und schrieb eigens für sie seine fragmentarischen *Vier grausamen Lieder*, die auf den Gesängen mittelalterlicher Flagellanten beruhten und eingerichtet waren für eine weibliche Sprechstimme, eine durch Schwachstrom absichtlich verzerrte Elektrogitarre, Käseraspel, Kastagnetten und vier Peitschen unterschiedlicher Größe. Die einzige Aufführung des Werks war ein Desaster, denn Mizzi konnte, kaum hatte sie Publikum vor sich, nie der Versuchung widerstehen, den allereinschmeichelndsten Ausdruck auf ihr Gesicht zu zaubern, und folglich geriet dieser eindringliche Vorstoß in die finsteren Abgründe des menschlichen Unterbewußtseins lediglich komisch – die Selbstverspottung irgendeines Avantgarde-Kabaretts. Je mehr das Publikum kicherte, desto verlegener wurde Mizzi, und kurz darauf nahm sich Dr. von Ilch das Leben und hinterließ nichts als einen rätselhaften Brief in Latein.

Mizzi, wieder einmal in den Fängen eines köstlich tragischen Schuldgefühls, rief Lajos nach Wien. Sie sagte ihm, sie sei verzweifelt einsam, ein Gefühl, das sie stets hatte, wenn ein Verhältnis gerade zu Ende war und bevor sie Zeit gefunden hatte, ein anderes einzugehen. Der leidgewohnte Lajos blickte ihr tief in die Augen und sagte zu ihr: »Mizzi, eines Tages wirst du meinen Wert erkennen. Du lächelst jetzt, weil du lieb bist. Aber eines Tages wird niemand mehr dasein – die Fürsten, die Komponisten, die Tenöre, sie alle werden verschwunden sein. Dann wirst du im Kessel der Erinnerung rühren und jemanden suchen, dem du dich zuwenden kannst. Plötzlich wird dein Gesicht aufleuchten, du wirst meinen Namen rufen, und es wird für immer sein.«

»Es ist jetzt schon für immer«, sagte sie, ihre Augen groß und unschuldig, als sei sie unerklärlicherweise mißverstanden worden.

»Ich glaube dir«, log er, und Tränen der Rührung standen ihm in den Augen, »und ich werde bei dir bleiben, die kleine Klasse aufgeben, die ich in Budapest aufgebaut habe.«

»Klasse? Welche Klasse?« Sie wurde kokett. »Ich habe eigentlich nie gewußt, was du in deiner freien Zeit machst. Ich war absurd eifersüchtig. Was für eine Klasse?«

»Klavier und Theorie.«

»Wie interessant.«

»Du meinst es nicht ernst.«

Mizzi funkelte. »Morgen werd' ich dir zeigen, wie ernst ich es meine. Wir werden zusammen nach dem Theater im Sacher essen, und wir werden Pläne machen, große Pläne, wie wir es in alten Zeiten taten.«

Als Lajos im Restaurant eintraf, sah er, daß Mizzi mit einem älteren Herrn dinierte. Er zog sich verwirrt ins Foyer zurück und schrieb ein Briefchen, das sie an ihre Verabredung erinnern sollte. Nervös gab er es dem Kellner und setzte sich, um die weiteren Entwicklungen abzuwarten. Nach einer scheinbaren Ewigkeit kehrte der Kellner mit einer Karte zurück, auf der geschrieben stand:

Liebster Freund,
ich habe dich überall zu erreichen versucht. Vergebens. *Nicht* heute abend, mein Lajos, nicht *diese Woche*. Ich bin mit Mr. Nate Schiffnick aus *New York* zusammen. Könnte höchst wichtig sein *für uns beide*.

Deine *kleine* Gans
Mizzi

Lajos verließ das Café mit krankem Herzen.
Liebe im Zigeunerwagen ging in New York Ende 1931 über die Bretter, herausgebracht von Wyant und Schiffnick, und in den Hauptrollen Mizzi und Diego de la Luna, ein Stummfilmdarsteller, der zum Musical gefunden hatte, als man entdeckte, daß seine Sprechstimme unmöglich hoch lag für die Schurkenrollen, auf die er festgelegt war, während seine himmelhohe Singstimme ihn zur idealen Besetzung für die Rolle des Fürsten am Broadway machte. Bis der heldenmütige Lajos auf dem Weg über die ungarische Einwanderungsquote in die Vereinigten Staaten gelangte, hatte Mizzi nicht nur in der Operette Triumphe gefeiert, sondern auch ihre Affäre mit Diego de la Luna hinter sich gebracht. In ihrem Austausch der Leidenschaften hatte er spanisch gemurmelt, während sie auf ungarisch kreischte, weil ihrer beider Englischkenntnisse für einen Gedankenaustausch nicht ausreichten.

Lajos kam an seinem ersten Abend in Amerika ins Theater, wo man ihm sagte, daß Miss Mizzi Somlos keine Besuche empfangen könne. Als er an der Theaterkasse eine Karte zu kaufen versuchte, sagte man ihm, daß es keine gäbe, und wenn es welche gäbe, wären sie sündhaft teuer. Bar aller Bestechungsmittel, lungerte er bis zum Schluß der Vorstellung jämmerlich um das Gebäude herum und stellte sich dann vor den Bühneneingang, zusammen mit ein paar neurotischen Autogrammjägern, die starre, schwachsinnige Augen hatten und Selbstgespräche führten.

Einer nach dem anderen tauchten die anderen Schauspieler auf, dazwischen Orchestermitglieder, die ihre Instrumente trugen. Endlich kam Mizzi heraus, in teurem Zobel ertrinkend und in Parfumnebel getaucht, am Arm des ältlichen, bleichen Mr. Schiffnick, der einen Frack trug. Eine Sekunde lang trafen sich Mizzis und Lajos' Augen, und sie schaute rasch weg, eher verärgert denn überrascht, und bückte sich, um in die Limousine einzusteigen, die sie und ihren kahlköpfigen Zauberprinzen in einen vergnügten Abend entführen sollte.
Gleich am nächsten Tag und mit einem kleinen Empfang für ein paar hundert Gäste heirateten Mizzi und Nate Schiffnick auf dem Dachgarten eines eleganten Hotels. Alles war arrangiert mit erlesenem Geschmack und jener lobenswerten Zurückhaltung, die alle künstlerischen Unternehmungen Mr. Schiffnicks kennzeichnete. Eine Orgel wurde von einer Dame gespielt, die Zylinder und Frack trug, doch sonst fast gar nichts. Die Lichter in der Orgel wechselten je nach Stimmungslage der Liturgie ihre Farben. Eine Torte in Mizzis Gestalt wurde hereingerollt und von Mr. Schiffnick angeschnitten, der sich bei jedem Messerschnitt lüsterne, aber freundliche Bemerkungen gegenüber seinen vielen Bekannten erlaubte.
Diesen Abend stand Lajos wieder am Bühneneingang, und es gelang ihm, das Wort »Mizzi« zu rufen, als sie auf dem Bürgersteig auftauchte. Diesmal ignorierte sie ihn nicht. Mit größter Kälte und Verärgerung sah sie ihn an. »Du verstehst nichts. Gar nichts«, sagte sie.
Lajos zitterte vor Wut, wie er sie noch nie empfunden hatte. »Ich verstehe, und du nicht!« schrie er. »Das Leben ist keine Operette. Man kann es nicht leben, als ob's eine wäre!«
»Belästigt dich dieser Mann, Schatz?« fragte Mr. Schiffnick.
»Ja.«
»Burger!«

Der Bühnenportier tauchte auf und machte eine drohende Bemerkung.
»Vergiß nicht«, rief der zurückweichende Lajos, »du wirst mehr leiden als ich. Lebe wohl, für immer!«
Zwei Wochen später, in direkter Folge seines schonungslosen Versuchs, das Leben eines viel jüngeren Mannes zu führen, verstarb Mr. Schiffnick. Sein Begräbnis, in Szene gesetzt von Mr. Wyant, seinem ehemaligen Partner, war ebenso majestätisch, wie seine Hochzeit intim gewesen war. Seine größten Hits wurden von einem gigantischen Orchester während des Gottesdienstes gespielt. Mr. Wyant erwies seinem alten Kompagnon alle Ehre. Als aber das Testament verlesen wurde, entdeckte man zur allgemeinen Überraschung und zu Mizzis Entsetzen, daß er nichts als Schulden hinterlassen hatte. Schiffnick war ein Verschwender gewesen, ein Mann, fasziniert von einem gefährlichen Leben im Jetzt und Hier, und auch ein wenig ein Gauner. Die ihm Nahestehenden waren sich alle einig, daß er gerade rechtzeitig gestorben sei, um der massiven Vergeltung zu entgehen, die sich im Lauf der Jahre zusammengebraut hatte, um ihn einst zu ereilen. Manche nannten ihn nach seinem Tod sogar den »Glücklichen Nate Schiffnick«.
Mizzi kleidete sich von Kopf bis Fuß in Schwarz und weinte tüchtig, wie um sich selbst zu überzeugen, daß ihre Ehe mit diesem Mann, der im Leben wie im Tod wie aus vergilbtem Elfenbein geschnitzt ausgesehen hatte, die Folge wahrer Liebe gewesen sei. Auch wenn sie es nie eingestand, dachte sie stets an den Tod ihres Vaters, wenn Tränen gefragt waren. Die Leute argwöhnten, sie sei im Leben eine bessere Schauspielerin als auf der Bühne.
Der erste Erfolgsrausch begann zu verfliegen, und bald schleppte sich *Liebe im Zigeunerwagen* nah am Rand des Verlustes dahin. Die Budapester Zeitungen, die Mizzis Bruder ihr schickte, sprachen von ihrem großen Erfolg in der Neuen Welt. Bald verfing sie sich zwischen Realität und Legende. Es

war ihr unmöglich, jetzt noch zurückzukehren. Nachdem die New Yorker Spielzeit zu Ende war, tingelte sie auf Tournee und molk die Kuh alter Erfolge, bis das Letzte herausgeholt war. Sie trug immer noch Trauer – aus Ehrerbietung für den Mann, den sie kaum gekannt hatte.

Sie belagerte die Büros der Agenten, aber Zigeunermädchen waren nicht mehr gefragt, und ihre Beherrschung des Englischen blieb hartnäckig unverbessert. Das Geld wurde knapp, und ihre Liebe zu Gulasch und Sachertorte begann ihren Tribut zu fordern. Sie wurde rundlicher, stämmiger. Männer fielen ihr nicht mehr zu Füßen. Sie fiel ihnen zu Füßen und verschreckte sie durch ihre lebhafte Entschlossenheit, ihre schrillen Lachkaskaden, ihr schwülstiges Gerede von schicksalhafter Liebe – alles Nachahmungen von Techniken der Verführung, die Mata Hari als veraltet abgelehnt hätte. Sie dachte an Selbstmord, nicht im Ernst, aber romantisch.

Eines Abends, während sie niedergeschlagen in ihrer Einzimmerwohnung saß, klopfte es an der Tür. Es konnte nur ein Gläubiger sein, sagte sie sich. Beim dritten Klopfen schlich sie auf Zehenspitzen zum Schalter und machte das Licht aus. Vergeblich. Es klopfte weiter. Eine saftige Beleidigung auf der Zunge, riß sie die Tür auf.

»Lajos!«

Sie verbarg ihr Gesicht. »Schau mich nicht an. Ich bin alt und häßlich.«

»Du bist neunundzwanzig und schöner denn je.«

»Wo hast du gesteckt? Und wie hast du mich gefunden?«

»Ich wußte immer, wo du warst. Cleveland, Cincinnati, Columbus. Ich wußte sogar, daß deine Ehe nicht von Bestand sein würde. Ich konnte nicht ahnen, daß das Ende so plötzlich, so schrecklich kommen würde, aber ich wußte, irgend etwas würde passieren.«

»Woher wußtest du?« fragte sie geheimnisvoll, denn sie hatte eine Vorliebe für das Okkulte, vielleicht, weil sie so lange eine Zigeunerin gespielt hatte.

»Ich wußte es, weil es Gerechtigkeit gibt in dieser Welt«, antwortete er erhaben, »und weil ich wartete.«
Ermutigt durch diese Bekundung von Großmut, konnte sie sich ein wenig Verbitterung leisten. »Weißt du, er hinterließ keinen Penny, aber er hatte ein goldenes Herz.«
»Aber warum, warum hast du ihn geheiratet?«
Das war es, worauf Mizzi gewartet hatte, die Frage, die alle ihre frustrierten theatralischen Talente herausforderte.
»Weil ich eine Närrin war«, heulte sie los, »eine Närrin. Wie ein Schmetterling war ich von der Flamme angezogen. Ich war eine kleine magyarische Cinderella, verwirrt durch den Glanz der Glaskugel, und ich habe meinen Traum voll ausgelebt!«
Die nächste Stunde lang konnte Lajos kein einziges Wort einwerfen, so stürmisch war die Flut konventioneller Klischees, die seine Trommelfelle sprengten. Sie posierte, sie versteckte ihr Gesicht, nur um es noch dramatischer wieder vorzuzeigen, sie spielte ihre Version der *Kameliendame* vor brechend vollen Rängen, sie sang ein paar Takte mit sorgsam gebrochener Stimme, sie warf sich auf einen Diwan, wälzte sich in nonnenhafter Selbstkasteiung am Boden, sprang dann wieder ungestüm auf, um der Welt zu trotzen, und Wimperntusche floß ihr übers Gesicht wie Schatten von Gefängnisgitterstäben. Endlich erreichte sogar ihre Energie eine Grenze, und sie setzte sich schwer atmend auf einen Küchenstuhl, ihr Haar auf der Stirn schweißverklebt, ihre dralle Figur geschüttelt von unkontrollierbaren Nervenkrämpfen.
»Heirate mich«, sagte Lajos.
Sie streckte eine vorzeitig blau geäderte Hand aus, die Hand einer alten Frau. »Liebster Junge«, murmelte sie.
Lajos erhob sich und sprach mit tonloser Stimme: »Ich arbeite als Musikkritiker für ein ungarisches Wochenblatt.«
»Davon kann man nicht leben.«
Er stotterte: »Ich spüle auch Geschirr, im ›Come-n-Gettit Steak House‹.«

Tränen quollen wieder in ihre schwarzen Augen.
Verlegen fügte er hinzu: »Ich habe meine Adresse aufgeschrieben, falls du mich brauchen solltest.« Er legte einen Zettel auf den Tisch und ging.
Sie starrte ihm geistesabwesend nach, dann blickte sie in den Spiegel. Rasch machte sie sich zurecht, erneuerte den Puder, das Rouge, die Mascara, den Lippenstift, und prüfte sich dann mit einem Blick voll rätselhafter Faszination.
»Ich bin nicht alt genug, um Lajos zu heiraten«, stellte sie fest.

Ihr Abstieg war um so qualvoller, als er schrittweise erfolgte. Als das Geld aus war, suchte sie sich einen Job als Ungarischlehrerin an einer Sprachenschule, aber wenngleich ihre Kenntnisse des Ungarischen ausreichend waren, waren es ihre Englischkenntnisse nicht, und ihre Schüler machten keine Fortschritte. Schließlich schlug sie sich als selbständige Näherin durch und plagte sich mit Aufträgen anderer, anerkannter Bekleidungsfirmen. Sie nannte sich Mrs. Mary Schiffnick, denn sie behauptete stolz, der Name Mizzi Somlos würde nur mit Glanz und Ruhm in Verbindung gebracht.
Lajos besuchte sie etwa einmal pro Woche und versäumte nie, seinen Antrag zu erneuern. Etwas Verzweifeltes lag in seiner Zurückhaltung, etwas beinah Verrücktes in seiner Beharrlichkeit. Die Zeit verging, und damit wuchs die Verbitterung. Der Krieg brach aus, aber Mizzi konnte sich noch immer nicht überwinden, eine Entscheidung von solcher Tragweite zu treffen. Immer noch ging sie zum Vorsingen und nannte sich Mary Schiffnick, immer exzentrischer gekleidet in Sachen, die sie sich selber nähte – aber vergebens. Sie probierte es mit Namen wie Mary Buda, Maritza Liszt und Marimka Csàrdàs, aber anscheinend lag kein Zauber in solchen Pseudonymen.
Lajos zuliebe pflegte sie zu sagen, daß sie beide ja mehr oder minder verheiratet wären, da keiner von ihnen andere Versuchungen kenne. Was ihn betraf, hatte sie recht; doch ihre Augen

hatten sich angewöhnt, auffordernde Blicke nach links und nach rechts zu werfen, eine Gewohnheit, die sie als unerläßlich in ihrem Beruf ansah. Ihre kunstlose Flirterei, die immer jämmerlicher wurde, war nicht dazu angetan, Lajos zu trösten, der zu schwer gelitten hatte, um noch klar urteilen zu können.
Während des Krieges wurde Mizzi sonderbar patriotisch und weinte ausgiebig beim Gedanken an ihre »arme Heimat« unter den Händen »dieser Deutschen«. Wenn man sie hörte, konnte man meinen, sie sei eine entthronte Kaiserin, die den Verlust ihrer Ländereien und Kronen beklagte.
»Nie wird die jüngere Generation das Leben kennenlernen, das wir führten«, pflegte sie säuerlich zu predigen, »die Husaren mit ihren blitzenden Tschakos, ihren pelzbesetzten Jakken, so sorglos über die Schulter geworfen, ihre Galanterie – ah, wie die Komplimente flossen! Am Schluß eines fürstlichen Banketts ritten sie dann auf weißen Pferden über die langen Tische und verschonten die Tokaier-Flaschen mit solcher Eleganz, ach, mit solcher Eleganz!«
In dieser Schilderung des Lebens in der Heimat gab es nichts, was Lajos wiedererkannt hätte. Die Wahrheit ist, Mizzi hatte zur Flasche gegriffen, weil die Realität ihr zu trübselig war, und betrunken lebte sie in der rauschenden Welt des Musicals.
Bei einer Gelegenheit erlaubte Lajos es sich, die Geduld zu verlieren, und schrie sie an: »Ich habe es dir schon einmal gesagt, und ich sage es dir abermals, das Leben ist keine Operette!«
Er knallte die Tür, nur um die Demütigung zu erfahren, ihre betrunkene Stimme in verwaschenem Gewürzgurken-Sopran auf zuckrigen Passagen aus *Deine Stimme ist wie eine Symphonie* entschweben zu hören. Anscheinend hatte seine Erwähnung des Wortes »Operette« sie in Stimmung gebracht.
Der Krieg ging vorbei, und Lajos wurde melancholisch. Er war nicht mehr bei bester Gesundheit. Er wünschte, er hätte die Charakterstärke, sich von der unerträglichen Last seiner

Verpflichtung gegenüber dieser Frau zu befreien, aber eine seltsame Schicksalhaftigkeit band sie aneinander. Diese sinnlose Romanze hatte so viel von seinem Leben beansprucht, daß er sich ohne sie ganz verloren gefühlt hätte, als drohte einem mit seiner Blindheit versöhnten Mann in so spätem Alter das Augenlicht geschenkt zu werden, daß es ihm nichts mehr bedeutete. Seine Liebe war eine Krankheit geworden, ohne die der Körper nicht mehr auskommen konnte.

Er besuchte sie häufiger – tatsächlich jeden Tag. Er kochte sogar für sie, wenn er ein paar Stunden frei hatte. Sozialer Aufstieg hatte ihn ereilt, und das »Come-n-Gettit« war in eine solidere Gegend umgezogen und hatte sich den Namen »Filet Mignon« beigelegt. Jetzt war er stellvertretender Oberkellner des Etablissements und schien einen gewissen Stolz daraus zu schöpfen, daß er rund um die Uhr einen Frack trug. Selbst außer Dienst trug er sein feierliches Gewand und reckte sein hageres Haupt hoch unter seinem Wust grauen, drahtigen Haars. Die Kellner nannten ihn »den Diplomaten«.

Der Grund für diese sonderbare Gemütsruhe war, daß Mizzi in einen Zustand halb hilfloser Gleichgültigkeit abgeglitten war. Sie erlaubte ihm, manche Dinge für sie zu tun, ohne zu protestieren. Eine Melancholie hatte sie erfaßt, eine Resignation. Sie sprach nicht mal mehr soviel, und wenn sie es tat, dann ohne Farbe, ohne Erfindungsgabe. Sie waren verheiratet – in allem, bis auf den Namen. Sie hielten nicht mehr Händchen, aber sie gestattete ihm, ihre Hand in seine zu nehmen, ohne zu reagieren. Die zahnlose Löwin hatte womöglich noch Träume von Glanz und Ruhm, doch sie behielt sie majestätisch für sich. Sie war abgeklärt geworden.

Nur gelegentlich bildete Lajos sich ein, einen beunruhigenden schrägen Blick voll unendlicher List in ihren Augen zu bemerken, meist, wenn sie sich nicht beobachtet glaubte. Eines Tages, er hatte gerade Kohlrouladen für sie gekocht, bemerkte er diesen verstohlenen dunklen Blick, zugleich berechnend, boshaft und schrecklich.

»Woran denkst du?« fragte er.
Sie wachte aus ihrem Tagtraum auf. »Rache«, antwortete sie schlicht.
»Rache? An wem?«
»An euch allen«, antwortete sie in genau demselben Ton wie vorher.
Es entstand eine Pause.
»Das Leben ist keine Operette«, erklärte sie leidenschaftslos.
»Du hast keine Ahnung, wie du mich verletzt hast, als du das sagtest.«
»Ich, dich verletzt? Wieso? Ich muß zugeben, ich war sehr wütend.«
»Wütend? Ich bin oft wütend gewesen. Das ist gar nichts. Aber verletzt zu werden... das kann ein Leben lang vorhalten. Du erlaubtest mir zu träumen, als ich jung war. Du wußtest es, nicht wahr? Wie grausam du warst, wie grausam.«
Ihre grüblerische Ruhe war viel beunruhigender als die Wutanfälle der Vergangenheit. Mit zitternden Händen wusch er das Geschirr und ging. Vielleicht war sie abgeklärter, aber sie wurde allmählich verrückt.

Die ungarische Revolution brach 1956 aus. Lajos hörte die Nachricht, hatte aber den Abenddienst vor sich, und es wurde Mitternacht, bevor er auf Mizzis Zimmer eilen konnte. Es schimmerte kein Licht unter der Tür. Er klopfte, ohne Antwort zu bekommen. Er drückte die Klinke herunter. Die Tür war offen. Das Zimmer war leer. Es sah aus, als sei es geplündert worden. Ihre Schmuckschatulle war und leer und lag am Boden. Alte Briefschaften waren überall im Raum verstreut. Eine Schürze lag auf dem Bett. Entsetzt schaute er sich um. Plötzlich fiel sein Blick auf einen Brief, der am Spiegel lehnte. Er war an ihn adressiert. Er riß ihn auf. Als einziges enthielt er den rätselhaften Satz: »Ist das Leben keine Operette?«
Zerstreut wanderte er durch die Straßen und versuchte zu entscheiden, was er tun sollte. Er war kein Mann, der sich ohne

Grund mit der Polizei einließ. Immerhin mochte dies nur ein Teil jener verrückten Rache sein, von der sie geredet hatte. Vielleicht hatte sie die Nachricht dort hinterlassen, um ihm einen tüchtigen Schreck einzujagen. Er war tief verärgert. Dann verfiel er auf die Idee, es könnte der Abschiedsbrief einer Selbstmörderin sein. Vielleicht schwamm sie jetzt schon im East River. Die Polizei würde wissen wollen, was die Botschaft bedeutete. Wie könnte er es ihnen erklären? Seine Fingerabdrücke waren überall in dem Zimmer. Falls sie etwas Unwiderrufliches getan hätte – würde er nicht verdächtigt werden? Wie sollten seine Fingerabdrücke auf den Brief gekommen sein, wenn er vorgab, nicht in dem Zimmer gewesen zu sein? Er war ein potentiell Verdächtiger, und zwischen einem Verdächtigen und einem Verbrecher liegt nur ein kleiner Schritt. Er sah sich unter den grellen Lampen der Ermittlungsbeamten, und seine Story klang immer unglaubwürdiger und zusammenhangloser. Es wäre wohl besser gewesen, zur Polizei zu gehen, und doch konnte es sein, daß er damit nur in Mizzis listige Falle tappte. Es gab keine Lösung. Er ging nach Hause und saß die ganze Nacht wach und dachte sich Alibis aus. Je weiter er sich von der Wahrheit entfernte, desto unglücklicher wurde er. Im Morgengrauen lief er hinaus und kaufte die Morgenzeitung. Nirgendwo wurde ein Selbstmord erwähnt. Er seufzte erleichtert, bis ihm der Gedanke kam, die Leiche könnte vielleicht noch nicht gefunden sein. Er war weiß wie der Tod und gelb vor Erschöpfung.

Mizzi traf an diesem Abend per Flugzeug in Wien ein. Ihr amerikanischer Paß wurde gestempelt, und nach einem raschen Imbiß im Flughafen nahm sie ein Taxi zum Bahnhof. Sie war in alte Sachen gekleidet und trug keinen Schmuck, aus dem einfachen Grund, weil sie alles versetzt hatte, um die Reise möglich zu machen – die Platin- und Smaragdbrosche von Dobos, die sagte »Auf ewig«, Fürst Szent-Mihalys Anhänger aus Rubinen und Diamanten, der dasselbe besagte, und die anderen Tapferkeitsmedaillen ihrer horizontalen Siege. Auf dem Bahnhof sicherte sie sich ein Billet dritter Klasse im Personenzug nach einer Stadt, die wenige Meilen vor der ungarischen Grenze liegt. Wegen Überlastung der Strecke kroch der Zug durch die Nacht, mit häufigem Halt, während Streckenbeamte einander anbrüllten und mit bunten Laternen geheimnisvolle Muster in die Luft zeichneten. Es fing an zu regnen, nicht allmählich, sondern mit taktloser Intensität, als habe eine Brigade Flamenco-Tänzerinnen auf halber Strecke plötzlich mit ihrem Auftritt begonnen. Kurz vor vier Uhr morgens rollte der Zug endlich in den Bahnhof. Ein paar Gestalten standen auf dem Bahnsteig gegenüber, und aus ihrem Geschrei erkannte Mizzi sie als Ungarn. Eilig verließ sie den Bahnhof. Ein paar Last- und Lieferwagen standen auf dem Parkplatz; mindestens zwei waren Krankenwagen, mit großen rot aufgemalten Kreuzen; ein anderer war offensichtlich die mobile Aufnahmestation irgendeines Rundfunksenders. Es herrschte beträchtliche Aktivität, und Mizzi hörte Englisch, Französisch und mehrere skandinavische Sprachen, während sie rasch durch die schlafende Stadt schritt. Bald erreichte sie den Punkt, wo die Hauptstraße das Städtchen durchschnitt, und dort fand sie den unvermeidlichen Wegweiser, der in einer Richtung nach Wien, in der anderen zur Grenze zeigte. Sie spähte nach der beleuchteten elektrischen Uhr, die über einem geschlossenen Café hing. Es war vier Uhr einundzwanzig. Es galt, keine Zeit zu verlieren. Tapfer lenkte sie ihre Schritte zur ungarischen Grenze.

Es gab keine Dämmerung an diesem Tag. Verwirrte Hähne krähten mit schwacher Überzeugungskraft über das öde Land. Plötzlich blendeten Scheinwerfer sie. Sie kullerte in einen Graben. Das Auto raste vorbei und bespritzte sie mit einem Schauer gefrorenen Schlamms. Es war ein österreichisches Militärfahrzeug. Fluchend erhob sie sich, und ohne der Tatsache zu achten, daß sie durchnäßt war, stapfte sie entschlossen weiter.

Bald wurden ein paar schwarze Gestalten auf der Straße vor

ihr sichtbar. Sie versteckte sich hinter einem Gebüsch und wartete, und weil sie warten mußte, fing sie an zu zittern. Ihre Zähne ratterten wie ein Maschinengewehr, und sie hielt sich die Hand vor den Mund, überzeugt, daß das Geräusch meilenweit zu hören sei. Die düstere kleine Prozession schritt vorbei – vier bis fünf Männer, mehrere Frauen, ein weinendes Kind, ein Karren. Sie sprachen Ungarisch. Als sie verschwunden waren, setzte Mizzi ihre Wanderung fort. Sie hörte Schüsse, und dann das Bellen von Hunden. Nicht das ziellose Gebell irgendeines bäuerlichen Hofwächters, sondern diszipliniertere Laute, das tiefkehlige, beängstigende Grollen mehrerer großer Hunde von gleicher Rasse. Die Grenze. Sie bog von der Hauptstraße ab und marschierte eine gelbe Karrenspur entlang. Etwa nach einer Meile kam sie auf ein sumpfiges Feld, das sie halb stürzend, halb stolpernd überquerte, wobei sie sich parallel zur Hauptstraße hielt. Es wurde unangenehm hell. Das Feld ging in eine scheinbar endlose Wiese über. Plötzlich, in einem Gehölz, stand sie vor einem seichten, vom Regen angeschwollenen Bach, der rasch dahinfloß und heftige Wasserwirbel um aufragende Felsbrocken bildete. Kopflos stürzte sie sich hinein, stolperte, stürzte und erreichte das andere Ufer, eine Böschung, die ins Ungewisse führte. Mit Tränen der Panik in den Augen kämpfte sie sich einen Kilometer am Ufer entlang, bis sie einen sanften Pfad erreichte, der den jähen Hang hinaufführte. Stöhnend vor Erschöpfung, kletterte sie langsam hinauf, nur um oben vor einem Stacheldrahtverhau zu stehen.

Jetzt konnte sie nicht mehr aufgeben. Sie zog ihren Mantel aus und legte ihn über den Draht. Dann versuchte sie hinüberzukriechen. Immer wieder mußte sie sich zurückziehen, während die grausamen Stacheln ihr in die Haut schnitten. Sie verlor die Geduld und trat auf die Rolle, aber dabei schnellte ihr der übrige Draht entgegen. Sie weigerte sich zurückzuweichen. Kniend, fallend, rollend, zwängte sie sich hindurch. Ihre Beine und Hände bluteten, aber sie war drüben.

Nach einer Atempause marschierte sie am Stacheldrahtverhau entlang, am Ostufer des Baches, wo das Gelände hoch und fest war. Sie wollte zurück zur Hauptstraße. Endlich sah sie ein kleines Haus, mit Fahnenmast daneben, und einen rotweißgrünen Schlagbaum, flott gestreift wie die Ladenreklame eines Friseurs. Während sie sich dem Haus näherte, hörte sie drinnen Anzeichen eines Tumults. Ein paar Leichen, die achtlos am Straßenrand lagen, konnten sie nicht beruhigen. Sie hielt inne, und dabei merkte sie, wie ihre Wunden schmerzten. Sie betrat die Zollbaracke.
Ein paar zu Tode erschrockene Bauern standen herum, während ein grimmiger Mann in der Uniform eines Majors der Staatssicherheit auf und ab ging, mit Papieren herumfuchtelte und brüllte. Seine Augen und sein Schnurrbart waren so schwarz, daß sie mineralisch blau schimmerten. Hinter ihm standen zwei Zollbeamte in einer Haltung des Schreckens und stummen Protests.
»Wir haben heute morgen schon acht von den Schweinen erschossen!« brüllte der Major. »Ihr seid sechs. Das macht vierzehn vor dem Frühstück. Gute Ausbeute an faschistischen Hyänen, nach allen Richtlinien!«
Plötzlich entdeckte er Mizzi.
»Wer sind Sie?« schrie er und fuhr fort, ohne eine Antwort abzuwarten: »Aha, da haben wir eine feine Dame, die so darauf brennt, das sozialistische Paradies zu verlassen, daß sie es sogar mit illegalem Ausbruch versucht. Ich seh's am Zustand der Beine der Gnädigsten, daß sie versucht hat, den Stacheldraht zu überwinden, den die Staatsführung vorsorglich zu unserem Schutz um unsere Grenzen gespannt hat. Aber da sie feststellen mußte, daß unsere Pioniere tüchtige Arbeit geleistet haben, stellt sie sich seelenruhig den Zollbehörden und erwartet, hindurchgewinkt zu werden.«
»Sie mißverstehen völlig – «
»Ruhe!« donnerte der Major. »Diese Grenzkontrollbeamten haben sich schwerer Pflichtversäumnisse schuldig gemacht

und werden bestraft werden. Über hundert Bürger unseres Landes konnten nach Österreich hinüberwechseln. Dies ist eine unerträgliche Situation. Zweifellos haben sie geglaubt, solch eine kriminelle Ausreise sei möglich. Ich bin hier, um ihnen zu sagen, daß Sie sich geirrt haben. Ein Exempel wird an euch allen statuiert werden!«
»Ich bin amerikanische Staatsbürgerin«, sagte Mizzi gelassen und zog ihren Paß aus der Tasche.
Die Augen des Majors verengten sich. »Lassen Sie mich sehen«, fauchte er. »Mrs. Schiffnick. Geboren in Kekesféharvar. 9. Juli 1908.«
»Mußten Sie der vollzähligen Versammlung das Datum laut vorlesen?« fragte Mizzi erbost. »Es müßte 1918 heißen.«
»Kekesféhervar? Für unsere Zwecke sind Sie Ungarin.«
»Ich bin Amerikanerin, und der Konsul in Budapest weiß, daß ich hier bin«, sagte Mizzi.
»Sie hatten heute in den frühen Morgenstunden einen Herzanfall«, antwortete der Major mit einem, wie er sich vorstellte, liebenswürdigen Lächeln. »Die Volksregierung wird Ihrem Freund, dem Konsul, ihr Beileid aussprechen.«
Das Lächeln schwand aus seinem Gesicht. »Bringt sie raus, und erschießt sie!« schrie er.
Die Bauern gerieten in Panik, aber Mizzi blieb bemerkenswert ruhig. Sie kannte keine Operette mit solchem Schluß. Genau in diesem Moment klingelte das Telefon. Der Major hob den Hörer ab. Während er dies tat, hörte man das Geräusch eines Motorrads.
»Was? Unmöglich!« brüllte der Major. »Wiederholen Sie das langsam, zum Mitschreiben. Ich kann es nicht glauben. Was sind das für Geräusche, die ich höre? Schüsse? Szilay – Szilay, antworten Sie! Ich befehle Ihnen, zu antworten!«
Während dieses stockenden Gesprächs war ein junger Mann in Lederjacke hereingekommen und hatte aufgeregt mit den zwei Zollbeamten geflüstert. Kaum hatte der Major den Hörer aufgelegt, wurde er von den drei anderen Männern

ergriffen und trotz heftiger Gegenwehr aus dem Raum geschleppt. Nach kurzer Pause hörte man drei Schüsse.
Die Zollbeamten kehrten zurück, und der Ältere von ihnen, ein großer, blonder, asketischer Mann, verkündete, daß eine ausgewachsene Revolution durch das Land fege.
»Dies ist das Geschäft der jüngeren Leute«, fügte er hinzu. »Es steht Ihnen frei, zu gehen.« Und zu Mizzi gewandt, sagte er: »Mütterchen, ich rate Ihnen, keine Tricks mit gefälschten Pässen zu versuchen. Wenn er uns nicht getäuscht hat, wird er gewiß auch nicht die Amerikaner täuschen.« Und damit warf er ihren Paß in den Papierkorb.
»Warum haben Sie mich Mütterchen genannt?« fragte Mizzi, tief verletzt. »Bin ich so alt?«

Am selben Abend fand Mizzi sich in einem Flüchtlingslager an der Straße nach Wien wieder. Eine holländische Krankenschwester hatte ihre Wunden versorgt, sie trug warme Kleidung, aus Italien geschickt, und sie hatte einen Schnupfen, den sie selbst beigesteuert hatte. Man hatte noch nicht entschieden, was mit den Flüchtlingen geschehen solle, und sie saßen schwatzend und rauchend in einem kahlen Raum herum.
Im Verlauf des Abends kam ein Photograph hereinspaziert. Seine Kleidung und seine Manieren verrieten den Amerikaner, und es lag etwas überaus Erfolgreiches in seiner Ungepflegtheit und der kalkulierten Art, wie der Kaugummi in seinem Mund ihm nachdenken half. Er war mit Kameras und Blitzlichtern behängt. Mit geübtem und berechnendem Auge blickte er sich in dem überfüllten Raum um.
Mizzi wußte, der Vorhang war aufgegangen, und ohne die Spur von Schüchternheit füllte sie ihre Lungen mit Luft, die dann mit den Klängen von *Deine Stimme ist wie eine Symphonie* verströmte. Alle Köpfe im Raum wandten sich ihr zu, um zuzuhören. Die Blitzlichter leuchteten auf und der Gummi wurde mit doppeltem Tempo gekaut.

Als Mizzi spürte, daß die Kamera in ihre Richtung zielte, dachte sie schnell an den Tod ihres Vaters und begann ausgiebig zu weinen, ohne zuzulassen, daß ihre Tränen auch nur einen Moment ihre Stimme oder ihren Atem beeinträchtigten.
Als der Auftritt endete, gab es stürmischen Applaus. Der Photograph kniete neben ihr.
»Das war einfach riesig«, sagte er. »Mein Name ist Cy Endhouse, vom ›Be-Magazine‹. War das nicht der Schlager *Deine Stimme ist wie eine Symphonie?«*
»Ja«, sagte Mizzi spröde.
Cy kramte in seinen Erinnerungen. »War das nicht aus *Liebe im Zigeunerwagen?«*
»War es. Ja.«
»Sang dieses Lied in New York nicht – «
»Mizzi Somlos«, unterbrach sie. Es wäre zu peinlich gewesen, hätte er sich geirrt.
»Jaja. Jaja. Richtig. Mizzi Somlos. Was ist überhaupt aus ihr geworden?«
»Ich bin Mizzi Somlos«, sagte sie mit unermeßlicher Wehmut.
»Sie! Aber, wieso – warum sind Sie hier?«
»Ich habe die Freiheit gewählt«, antwortete sie mit fatalistischem Schulterzucken und fügte hinzu: *Sie* wollten mich nicht singen lassen, aus politischen Gründen.«
Die nächste Nummer des »Be-Magazines« brachte ein ganzseitiges Photo von Mizzi, brillant aufgenommen aus ungewöhnlicher Perspektive und untertitelt: »Die Stimme der Freiheit«. Für dieses Bild erhielt Cy Endhouse schließlich den Pulitzerpreis für Photographie, und zwar verdientermaßen.
Eine Woche später empfing Lajos folgenden Brief:

Liebster Träumer,
ich bin in Wien, nach *vielen unglaublichen* Abenteuern aus Ungarn geflüchtet. Ich will Dir alles erzählen, wenn wir uns

wiedersehen. Ich warte hier darauf, nach *Amerika* zu fahren, und ich habe Deinen Namen als *Bürgen* angegeben. Ich werde natürlich als *Flüchtling* kommen. Aber, mein süßer Lajos, *Liebster* meiner Jugend, in bin in *schrecklichen Schwierigkeiten,* und Du *mußt mir helfen,* wie Du allein es kannst. Infolge des Bildes von mir, das im »Be-Magazine« erschien, habe ich die Geschichte meines Lebens unter den *Kommunisten,* die mich am Singen *hinderten,* weil mein Vater ein *Großgrundbesitzer* war, für 100 000 Dollar an den Film verkauft. Bitte, mein Herzliebster, laß mich nicht im Stich. *Träume,* wie Du es einst so *wundervoll* konntest, und schreibe unverzüglich die Geschichte meines *Lebens* auf. Ich weiß, ich kann Dir *vertrauen*, wie *immer.*

Stets Deine *kleine* Gans
MIZZI

Der Brief erreichte Lajos, als er in seinem Bett im Krankenhaus saß, nach einem totalen Nervenzusammenbruch infolge seines Schuldgefühls wegen Mizzis mutmaßlichen Selbstmordes. Bevor er einen unerwarteten Rückfall erlitt, hatte er eben noch Zeit, sich zu überlegen, daß für einige seltene, unmögliche, gefährliche und undurchschaubare Menschen das Leben, alles in allem, eine Operette ist und nie etwas anderes sein kann.

Gott und die Staatlichen Eisenbahnen

Um diese Geschichte ganz zu verstehen, braucht man praktische Kenntnisse der Gewerkschaftsbewegung in Italien. Da es keinen Italiener gibt, der diese Kenntnisse besäße, kann es wohl sein, daß die Geschichte unverständlich bleibt, und doch kommt meist Gott in solchen Fällen zu Hilfe und bringt eine wenn auch vielleicht rudimentäre Ordnung in ein Chaos, daß zunächst allumfassend schien.

Ich habe in meinem Leben viele Götter gesehen. Es gibt einen russischen Gott mit mahnend erhobenem Finger und braunen Augen von Mißbilligung, ein Terrakotta-Phantom mit einer Beziehung zu steifen Gesängen, Gerüchen der Erde, feuchten Klöstern und Weihrauch, mit glitzernden Goldspuren an den Rändern; es gibt einen anglikanischen Gott, vernünftiger und weniger theatralisch, das Opfer eines tragischen Justizirrtums, bei dem sein einziger Sohn mit einem Rechtssystem in Konflikt geriet, das keinen der Vorzüge britischer Gelehrsamkeit auf dem Gebiet der Jurisprudenz aufwies, ein außergewöhnlich verständnisvoller und zurückhaltend trauriger Gott, angebetet mit einer Inbrunst, die, wenngleich merkwürdig zwanglos, deshalb nicht weniger feierlich ist; es gibt einen Gott von Hollywood, nur von hinten zu sehen in der Gestalt Christi, oder als beunruhigendes Beben an einem Himmel, zu tiefblau, um wahr zu sein, eine Erscheinung, die römische Peitschen mitten im Schlag verharren läßt, die mißbilligendes Runzeln auf die Stirnen von Prokuratoren und Centurionen zaubert, während sie sich zu im voraus verlorenen Schlachten rüsten, das Zeichen zum Einsatz für eine Hundertschaft weiblicher Stimmen, sich in verzücktem Hymnus bis an die Grenze ihrer Tonskala emporzuschwingen, begleitet von den Klangreserven eines mittelviktorianischen Orchesters; es gibt den Gott der frommen Funkhäuser in den Sendegebieten der amerikanischen Fernseh-Prediger, ein Gott der randlosen Brillen und der ernsthaften Begegnung von Mensch zu Mensch, ein Gott der elektrischen Orgel, des neugotischen Spitzbogens, ein Gott von der Straße, ohne nutzlose Vorliebe für barocke Kunst.

Man braucht nicht Katholik zu sein, um eine Ahnung vom italienischen Gott zu haben – nicht der bärtigen Gestalt, wie die Maler der Renaissance sie abbildeten, sondern des Widerscheins im himmelwärts gerichteten Auge der schlichten Witwe, für die alles zu kompliziert geworden ist, um sich noch ein Urteil zu bilden, geschweige denn eine Lösung zu finden. Es ist die letzte Instanz der Vernunft, nach aller Enttäuschung über eine irdische Gerechtigkeit, die letzte Stimme, die der Polizei, den Richtern, den Anwälten, den Regierungsbeamten ins Gewissen redet, all jenen, die Papiere zu unterschreiben, Karten zu lochen, Briefmarken zu stempeln haben, diese Last, die jeder Sterbliche für die Frist seines Erdendaseins wie ein Atlas auf den Schultern schleppt – und je ärmer das Land, desto größer die Last. Manchmal gehen sogar den zungenfertigen Italienern die Argumente aus, und dann wird ein Streik ausgerufen. Niemand ist sich recht sicher, wer ihn ausgerufen hat, und diejenigen, die ihn ausrufen, sind sich nie ganz sicher, ob der Aufruf zum Streik befolgt werden wird. Weil die Gewerkschaften nicht über die Mittel für längere Protestaktionen verfügen, haben solche Streiks nur den Wert von Störaktionen. Sie sollen die Regierung daran erinnern, daß die Gewerkschaften existieren, doch sie erinnern die Regierung auch daran, daß die Gewerkschaften verhältnismäßig schwach sind.

Am 8. November wurde in ganz Italien ein Streik der Eisenbahner ausgerufen. Aufrührerische Transparente gingen hoch, mit viel Gerede von Brot, Lohn und Ehre. Mitternacht sollte die Stunde der Aktion sein. Um zwanzig vor neun – oder vielmehr um zwanzig Uhr vierzig – geht jeden Abend von Rom ein Zug nach Florenz, Mailand, Domodossola und Genf ab, mit Kurswagen nach Dünkirchen, Hamburg, Zürich und Brüssel. Mehrere Schlafwagen sind an die regulären Waggons angekuppelt, und deren Insassen sind ausnahmslos hochgradig international. Ich kann verbindlich nur über die Reisenden im Schlafwagen Nummer drei sprechen, mit Zielort Genf, denn ich war einer von ihnen.

Ich kam etwa zehn Minuten vor Abfahrt des Zuges am Bahnhof an. Die Mehrheit der Gepäckträger wirkten verdrossen. Entweder waren sie streiklustig oder sonst irgendwie befangen. Als ich unter der Last meines Gepäcks von meinem Taxi wegtorkelte, deutete ein Träger auf einen anderen, der auf seinem Karren saß und auf einen dritten deutete, der an der Wand lehnte und auf einen vierten deutete. Dann tauchte aus dem Nirgendwo ein fünfter auf, hilfsbereiter, als ein Gepäckträger es sein sollte. Worte fielen.

»Italien wird noch an Dummheit ertrinken, solange es Kreaturen wie dich gibt«, sagte der erste Träger. Der zweite spuckte nur aus. Dies war seine Art von Beredsamkeit.

Mein Träger stellte meine Koffer ab. »Leute, ich will euch was sagen –«

»Von Streikbrechern wollen wir nichts hören«, sagte der dritte.

»Geh in die Heilige Messe«, sagte der vierte, der ins Leere starrte und einen Löwenzahnsamen kaute.

»Der Streik wird erst nach Mitternacht ausgerufen«, fuhr mein Gepäckträger fort, »aber ihr Leute tut so, als hätte er schon angefangen. Das ist nicht ehrlich.«

»Du arbeitest extra hart, um die Zeit gutzumachen, die du während des Streiks verlieren wirst. Nennst du das ehrlich?« Der erste Träger geriet in Rage.

»Ist doch zwecklos, mit einem Idioten zu diskutieren. Geh in

die Heilige Messe, das ist's, wo du hingehörst – zu den Priestern.«
»Es geht gar nicht um die Priester«, gab mein Gepäckträger zornig zurück, »sondern um die Ehre, und darum, ob wir eine *bella figura* vor den Ausländern machen. Nach Leuten wie euch beurteilen die meisten Ausländer unser Land.«
»Tut den Ausländern ganz gut, unser Land zu sehen, wie es wirklich ist«, sagte der dritte Träger. »Und außerdem, zum Teufel mit den Ausländern.«
»Wo wäre unsere Wirtschaft ohne die Ausländer?« sagte mein Träger. »Wollt ihr mir das beantworten?!«
»Wir könnten allesamt reich sein, wenn die Schätze des Vatikans unter das Volk verteilt würden«, sagte der erste.
Ich erlaubte mir, mich einzumischen. »Mein Zug fährt in sieben Minuten.«
Mein Träger hob mein Gepäck auf und warf es auf seinen Karren. »Die Schätze des Vatikans verteilen«, brummelte er, halb im Laufschritt. »Die Kommunisten finden immer solch eine negative Lösung. Gut, verteilen wir die Schätze der Kirche. Für einen Nachmittag wären wir alle reich – und was dann? Wir würden alle wieder arm sein, einschließlich der Kirche. Es ist besser, wenn es auch Reiche gibt, es ist beruhigend. Eh! Das Geheimnis ist, daß es schwerfällt, reich und ein Kommunist zu sein. Ich weiß nichts über die anderen, die Russen, aber hier hat jeder Kommunist die Hoffnung, sich irgendeine erfolgreiche Masche auszudenken, damit er kein Kommunist mehr zu sein braucht. Der Kommunismus ist, strenggenommen, für die Habenichtse, und jeder will etwas haben. So tief geht das, und nicht weiter.«
Nach all der Hetze war die Atmosphäre vor Schlafwagen Nummer drei überraschend ruhig, sogar ernst. So viele grausame Waffenstillstände sind in Eisenbahnwaggons unterzeichnet worden, daß nicht viel fehlt, um sie mit einer Aura von Verhängnis und Schwermut zu umgeben. Jetzt stand eine kleine Gruppe von Beamten vor der Eingangstür, die mitein-

ander tuschelten, während der Dampf träge unter dem Zug hervorkreiselte und sich um ihre Beine wand. Sie verglichen Dokumente, machten Notizen, strichen Dinge aus.
Der Schaffner sah mir direkt in die Augen, und schon fühlte ich mich wie ein General in der Niederlage. »Es ist doch klar«, sagte er, »daß Sie auf eigene Gefahr reisen.«
»Ja«, sagte ich. Es war eine bedingungslose Kapitulation, aber was blieb mir übrig? »Wieviel schulde ich Ihnen?« fragte ich meinen Träger.
»Was Sie wollen, *Dottore.*« Er zuckte fatalistisch die Schultern, was das Bild notleidender Kinder beschwor, die sich mit einer Brotkruste begnügen würden. Es war unehrlich, aber brillant. Es gibt eine feststehende Gebühr pro getragenem Gepäckstück. Das wußte ich, aber ich gab ihm trotzdem zuviel. Ich wünschte nicht, daß jemand gerade in diesem Moment seinen Glauben an den Kapitalismus verlöre.
»Wie sieht es aus?« fragte ich den Schaffner.
»Schlecht«, erwiderte er. »Vor einer halben Stunde war es besser; vor einer Viertelstunde war es dann schlechter. Jetzt ist es einfach nur schlecht.«
Er war ein gutaussehender Mann, dieser Schaffner, dem es gelang, in seiner braunen *Wagon-lit*-Uniform militärisch zu wirken. Er war jung und von dunklem Typ, mit dem berechnenden Blick eines Mannes, der gern die Initiative ergreift und das Gefühl hat, den Finger am Puls der Ereignisse zu haben.

Ich stieg ein und sah die meisten Insassen des Waggons auf dem Korridor. Die Dame im Nachbarabteil wirkte herrisch und zugleich besorgt. Später erfuhr ich, daß sie die Herzogin von Calapiccola war und daß wir absolut keine gemeinsamen Freunde hatten. Sie hielt ein winziges Hündchen im Arm, das wie ein Chamäleon mit ihrem bräunlichen Tweed verschmolz. Es war unsichtbar, bis es bellte, was es manchmal auf eine ganz eigene Art tat, etwa wie das bronchiale Rülpsen eines sehr alten und sehr dicken Mannes. Leute, die diese Stimme gehört, nicht aber den Hund gesehen hatten, neigten dazu, die Herzogin meist voll Überraschung anzublicken, ein Blick, dem sie mit einem Zurückstarren von melodramatischer Feindseligkeit begegnete. Weiter entfernt auf dem Gang stand eine ältere Nonne von irgendeinem seltenen Orden. Der kleine Teil ihres Gesichts, der sichtbar war, gab keinen Hinweis auf dessen wahre Dimensionen. Vielleicht hatte sie einen Hang zur Fettleibigkeit, oder vielleicht war sie spindeldürr; ich wußte es nicht und wollte es auch nicht wissen. Was ich sehen konnte, war weniger rosig als vielmehr weiß, mit purpurnen Rötungen, dazu ein so in sich gekehrter Gesichtsausdruck und ein so rätselhaftes und beharrliches Lächeln, daß ich nur den Wunsch hatte, jeden Kontakt mit ihr zu meiden. Ohnehin hatte sie Gesellschaft, in Gestalt eines hageren, säuerlichen Priesters mit Schuppen auf den Schultern. Sie unterhielten sich flüsternd, wobei er sie mit einer gelblichen, galligen Intensität anblickte und sie mit kaum wahrnehmbarer Lippenregung antwortete, ihre Augen so sittsam gesenkt, daß sie wie die groteske Karikatur eines wohlerzogenen kleinen Mädchens wirkte.

Dann gab es natürlich den unvermeidlichen amerikanischen Individualisten, der überall irgendwie in Eile war, dauernd seine Uhr mit anderen Uhren vergleichend, Fahrscheine studierend, die ihm zu Hause in Dayton, Ohio, verkauft worden waren, und ein Büchlein voll *Hundert nützlichen Wendungen Italienisch* durchblätternd, ohne einen sagbaren Satz zu finden, der seiner Stimmung entsprochen hätte.

»Bahn fahren, um Zeit zu sparen«, sagte er ohne Gewißheit, daß irgend jemand ihn verstehen würde, »und du landest direkt mitten in einem Streik. Schätze, man kann nicht gewinnen.«

Der Hund der Herzogin, als er einen Mann mit ungewohntem Timbre in der Stimme sprechen hörte, stellte zwei Ohren auf, beinah so groß wie er selbst, neigte den Kopf zur Seite, fing an, wie ein Epileptiker zu zittern, und bellte. Der Amerikaner

reagierte wie alle anderen und sah die Herzogin an, dann erblickte er den Hund.
»Hallo, Kerlchen«, sagte er und streckte eine liebevolle Hand aus, mit einem riesigen Verbindungsring am vierten Finger. Der Hund, der eine große, fünfzackige Waffe gegen sich vorrücken sah, verziert mit einer goldenen, von einem roten Stein und kabbalistischen Runen geschmückten Kugel, bekam einen trotzigen Wutanfall. Er mochte klein sein, aber er hatte dennoch den Instinkt eines Hundes, und zwar eines bissigen Hundes. Jetzt setzte er sich zur Wehr und verteidigte seine Herrin. Die Herzogin legte ihm eine blaugeäderte Hand über die Augen, und da seine Welt unverhofft in Dunkelheit versank, schniefte er kurz vor frustrierter Blutgier und schlief binnen Sekunden ein, seine Träume voll von Gewalt und ungezügeltem Haß.
»Tut mir leid«, sagte der Amerikaner verwirrt. »Was ist das? Ich dachte, es sei ein Chihuahua, aber dafür scheint er zu klein.«
Die Herzogin starrte ihn mit unverhülltem Abscheu an.
»Jedenfalls süß. Nur schwierig, nicht draufzutreten, würde ich meinen.«
Die Herzogin trat in ihr Abteil und schloß die Tür. Der Amerikaner, der sich geschnitten fühlte, schaute den Priester an, der unglücklich von irgendwo aus dem Mittelalter zurückstarrte, das Weiße seiner Augen beinah so dunkel wie die Pupillen. Selbst das Lächeln der Nonne zeigte eine Spur von Tadel.
Verwirrt, ins Unrecht gesetzt und mißverstanden, zog sich der Amerikaner in sein Abteil zurück. Ich sah den Priester an und versuchte nicht, meine Mißbilligung zu verbergen. Plötzlich lächelte er zurück. Sein Ausdruck war schockierend freundlich und offen. Es war mir unmöglich, nicht darauf einzugehen.
»Hoffen wir, daß wir alle rechtzeitig unser Ziel erreichen«, sagte er achselzuckend. »Eisenbahnen und Autos und Flugzeuge haben uns träge gemacht – sie haben uns Hoffnung

geschenkt und uns nachlässig gemacht. Dank ihnen verschieben wir alles auf den letzten Moment. Vor tausend Jahren wären wir zu Pferde aufgebrochen, mit genügend Zeit in Reserve.«
»Damals gab es keine Streiks«, sagte ich.
»Oh, es gab Schlimmeres als Streiks. Ich kann es den Eisenbahnern nicht verübeln, daß sie ihre Klagen zum Ausdruck bringen.«
»Es ist alles eine Frage der Verständigung«, antwortete ich. Der Gesichtsausdruck des Priesters, den der Amerikaner als vorwurfsvoll aufgefaßt hatte, war in Wirklichkeit nur Geistesabwesenheit. Wahrscheinlich hatte er den Hund nicht mal bellen hören. Was die Herzogin betrifft: Wäre der Amerikaner schamlos galant gewesen und hätte er ihr ein paar nichtssagende Komplimente gemacht, statt seine Munterkeit an den Hund zu verschwenden, so hätte sie diesem wahrscheinlich einen tüchtigen Klaps versetzt, wegen der Störung im unrechten Augenblick. Wenn das Leben schon in seinen unbedeutenden Augenblicken schwierig war, um wieviel schwieriger war es in Augenblicken von Bedeutung. Die Nonne hatte wahrscheinlich recht, jeden Kontakt zu meiden, außer mit den Wandgemälden, den Kruzifixen, den kühlen Korridoren ihrer Phantasie, einer statischen Welt ohne Überraschungen. Und dennoch, war dies nicht eine Form von Verzicht, von Selbstgenügsamkeit auf Kosten des Lebens?
Ich schaute auf meine Armbanduhr. Es war neun Uhr zwölf. Der Zug stand immer noch im Bahnhof. Ich löste das Rouleau, das hochschnellte, und kurbelte das Fenster herunter. Der Schaffner war allein.
»Wie sieht's jetzt aus?« rief ich ihm zu.
Er lächelte grimmig. »Hätten Sie mich vor fünf Minuten gefragt, dann hätte ich gesagt: schlimmer. Jetzt weiß ich nicht recht.«
Der Zug ruckte und begann loszukriechen.
»Florenz jedenfalls werden wir erreichen«, rief der Schaffner

und richtete sich mit der Eleganz eines Menschen auf, der es gewohnt ist, auf rollende Gegenstände zu springen. »Und von dort an – *beh!*« Er schnitt eine Grimasse und schwang sich auf den Zug.

Ich versuchte zu lesen, jetzt, da ich allein war. Die Nonne, so vermutete ich, fühlte sich in der Eisenbahn ganz zu Hause, denn ich stellte mir das klösterliche Leben ähnlich vor wie die Existenz in einem Schlafwagen, die gleiche embryonale Wärme und Intimität, die Isolation, das Gefühl, in den eigenen Gedanken umherzuschweifen. Wenn ich ein Mönch wäre, hätte ich nur die eine Angst, in eine große Zelle eingewiesen zu werden. Das wäre das Schlimmste von beiden Welten.

Nebenan bellte das Hündchen. »Halt's Maul«, sagte ich laut, aber nicht so laut, daß die Herzogin es hören konnte. Ich legte mein Buch weg und schlief ein.

Als ich aufwachte, bewegte sich der Zug nicht mehr. Ich sah auf die Uhr. Es war weit nach Mitternacht. Der Streik hatte angefangen. Ich vernahm Stimmen, nicht nur die üblichen Stimmen eines Bahnhofs. Jemand hielt eine Rede. Es gab Zwischenrufe.

Ich spähte durch das Rouleau. Es war wie eine Szene aus einem frühen sowjetischen Film. Fast konnte ich den schmetternden Soundtrack hören, der solch eine Sequenz begleiten würde, hauptsächlich Blechbläser, einen Halbton zu flach aus technischen Gründen, aber auch mit der Bürde einer epischen Trauer. Die Eisenbahnarbeiter waren auf dem Bahnsteig versammelt. Es war kalt. Immer wenn einer von ihnen sprach, explodierte sein Atemhauch in das Mitternachtsblau. Die Beleuchtung war eisig, unfreundlich. Sie ließ alle hungrig aussehen. Papier lag auf dem Bahnsteig. Ein Rollwagen mit Erfrischungen stand verlassen da – seit Punkt zwölf Uhr, stellte ich mir vor. Bauchige Chiantiflaschen, Schokoladenriegel, alle vier Räder in verschiedene Richtungen gedreht.

»*Ragazzi!*« sagte der Sprecher. »Auf Anordnung des Zentalkomitees der –« Es war schwer zu verstehen; der Inhalt solcher Ansprachen ist immer ziemlich vorhersagbar. Wie würdig der Anlaß auch sei, revolutionäre Resolutionen verlieren stets ihren Schwung in einem Nebel sinnloser, vorhersagbarer Rhetorik. Wem so etwas gefällt, der mag es aushalten.

Ich sah nicht mehr hin, hörte nur noch zu. Anfangs gab es sehr wenig Widerspruch, nur vereinzelte Rufe. Dann setzte eine neue Stimme sich durch, eine Stimme, die ich rasch als die unseres Schlafwagenschaffners erkannte. Er sprach mit einer gewissen – mangels eines besseren Wortes möchte ich sagen – Würde. Da gab es kein Bemühen um großes Pathos; er erlag keiner der Versuchungen, die das Italienische für jene bereithält, die mit einer allzu klangvollen Stimme oder einer allzu barocken Phantasie begabt sind. Er sprach einfach, wie ein Ausländer, und vielleicht weil er sich wie ein Ausländer anhörte, hörten sie ihm zu.

Der Streik, behauptete er, sei darauf angelegt, als Schikane zu wirken. Er sei auch sorgfältig so geplant, daß er nichts anderes bewirken könne. Auch könnten die Gewerkschaften, in ihrer gegenwärtigen Struktur, nie darauf hoffen, irgend etwas besser zu organisieren. Er verglich den Wert der Aktion mit dem Treiben von Straßenjungen, die auf Türklingeln drücken und dann wegrennen. Er stellte der Versammlung eine rhetorische Frage: War dies eine würdige Beschäftigung für Familienväter?

Er erinnerte die Zuhörenden daran, daß die Italiener stets eifersüchtig auf fremde Laster und nachlässig mit ihren eigenen Tugenden wären. »Warum sollten wir uns schämen oder schwach fühlen, weil wir eine gastfreundliche Nation sind? Manche von uns wünschen sich, wir wären in Rußland. Manche von uns sind in Rußland gewesen und sind jetzt froh, hier zu sein. Ich wäre lieber hungrig in Italien«, erklärte er am Schluß unumwunden, »als vollgestopft mit Buchweizen in einem mir vorgeschriebenen Paradies!«

Es gab Applaus, weniger für den Inhalt als für die Darbietung.

Eine Art Abstimmung fand statt, und nach fünf Minuten rollte der Zug zögerlich aus dem Bahnhof.
Ich zog meinen Morgenrock an und ging hinaus, um dem Schaffner zu gratulieren.
»Meinen Sie das im Ernst, was Sie sagten?« fragte ich ihn.
»Nein.« Oh, er war absolut ehrlich.
»Meine Pflicht ist es«, sagte er, »den Zug aus Italien hinauszubringen. Dafür werde ich bezahlt. Ich mag mit meinem Lohn unzufrieden sein, aber jetzt, mit einem Zug voller Reisender, ist nicht der richtige Zeitpunkt.«
»Und waren Sie während des Krieges in Rußland?«
»Nein«, antwortete er ausdruckslos. »Aber ich habe nicht gelogen. Ich sagte nicht, ich wäre dort gewesen. Ich sagte nur, einige von uns wären dort gewesen, und das ist die Wahrheit. Allerdings würde ich sehr gerne eines Tages hinfahren.«
»Woher hatten Sie den Einfall mit dem Buchweizen?«
»Oh, ich bin nicht ungebildet. Ich weiß, was andere Völker essen. Man läßt einen solchen Satz fallen, und diejenigen, die in Rußland waren, werden nie auf die Idee kommen, einen zu fragen, ob man selbst dort gewesen ist.«
»Sie sollten in die Politik gehen«, sagte ich.
»Ah, *Dottore*, ich bin ja nicht unehrlich«, antwortete er. »Ich gebrauche nur meinen Kopf, um es nicht sein zu müssen. Die Politik würde mich korrumpieren.«
Der Amerikaner spähte auf den Korridor hinaus. »Haben Sie Mineralwasser mit Eis?« fragte er.
»Ja, Sir«, antwortete der Schaffner.
»Übrigens«, fuhr der Amerikaner fort, »ich würde gern Ihren Namen erfahren.«
»Warum, Sir? Habe ich etwas getan, was Ihnen mißfallen hat?« Der Schaffner war nicht im geringsten aus der Fassung gebracht.
»Im Gegenteil«, sagte der Amerikaner mit einem bewundernden Augenzwinkern. »Ich habe gesehen, wie sie gerade mit einer ziemlich häßlichen Situation fertig wurden. Oh, wirk-

lich, Sie haben eine kühlen Kopf behalten. Ich verstehe natürlich nicht Italienisch, aber ich habe, schätze ich, genügend Erfahrung mit solchen Sachen, um zu würdigen, was Sie getan haben.«

»Vielen Dank, Sir«, antwortete der Schaffner. »Aber darf ich Sie fragen, was Sie mit meinem Namen vorhaben?«

»Ich bin nächste Woche, wenn ich aus Genf zurückkehre, beim Generalkonsul der Vereinigten Staaten in Milano zum Lunch. Ich möchte Sie ihm empfehlen.«

»Zu welchem Zweck?«

»Nun, ich dachte, Ihnen einen Gefallen zu tun. Außerdem brauchen wir jeden Freund, den wir bekommen können. Das weiß ich, und Sie wissen es auch.«

Der arme Mann kam ein bißchen ins Schleudern. Er hatte sogar ›Milano‹ statt Mailand gesagt, eine Geste der Solidarität. Er war tief überzeugt, daß die meisten Menschen Brüder seien. Verzweifelt war er bemüht, seine Brüderlichkeit denen aufzudrängen, die er ihrer für würdig hielt.

»Nun, nehmen Sie doch meine Karte«, sagte er. »Falls Sie jemals in Schwierigkeiten kommen, erinnern Sie sich an William C. Rosencrantz. Ich bin, wie man so sagt, ein Troubleshooter, bei der –« Und hier nannte er eine Ansammlung von Initialen, die für eine der vielen sich überschneidenden Agenturen der US-Regierung standen. Der Schaffner nahm die Karte, bedankte sich und ging das Mineralwasser holen, das der Amerikaner wahrscheinlich gar nicht haben wollte, sondern nur zur listigen Eröffnung eines Gesprächs benutzt hatte.

»Ja, das war eine ziemlich häßliche Situation«, sagte Mr. Rosencrantz.

»Oh, schlimmstenfalls hätte es passieren können, daß der Zug nicht weitergefahren wäre«, sagte ich.

»Glauben Sie das nur nicht. Es braucht lediglich einen Funken, um solch eine Situation zu entflammen. Jemals in Laos gewesen?«

»Nein.«
»Na, wären Sie dort gewesen, dann wären Sie nicht so optimistisch.«
Ich fand es womöglich zu grausam, ihn aufzuklären, daß wir nicht in Laos waren. Darum sagte ich ihm, um des lieben Friedens willen, daß er wahrscheinlich recht haben könnte. Er nahm mein Zugeständnis sehr übel auf.
»Ich weiß verdammt genau, daß ich recht habe«, schnappte er. »Überhaupt habe ich viel zuviel Gleichgültigkeit in Europa gesehen.«
»Gleichgültigkeit wogegen?« fragte ich scharf.
»Die internationale kommunistische Verschwörung!« bellte er zurück.
»Ach, das.« Ich entspannte mich und lächelte. »Darf ich Sie fragen, wie lange Sie schon hier sind?« fragte ich.
»Wo?«
Ich beschloß, die Initiative zu ergreifen. »Wir sind im Moment in Italien, nicht in Laos.«
»Ich war sechs Jahre in Laos«, sagte er.
»Und hier?«
»Nächsten Donnerstag werden es zwei Wochen sein.«
»Na also. Sollten wir mehrere Tage in diesem Zug aushalten müssen, dann werde ich mir mit größtem Respekt anhören, was Sie über den Fernen Osten zu sagen haben. Aber ich sehe mich offenbar doch gezwungen, das, was Sie über Italien sagen, nicht ganz wörtlich zu nehmen.«

Der Schaffner kam mit dem Mineralwasser zurück, gerade als die Herzogin ihre Tür aufstieß. »Es ist eine Schande!« schrie sie. »Der Zug fuhr gerade aus dem Bahnhof, als ich mich anschickte, meinen Hund spazierenzuführen.«
»Normalerweise haben wir in Florenz nur zehn Minuten Aufenthalt«, antwortete der Schaffner. »Heute nacht hatten Sie mehr als eine Stunde Zeit, Ihren Hund auszuführen.«
»Widersprechen Sie nicht«, sagte die Herzogin feindselig.

»Wollen Sie damit sagen, daß wir schon eine Stunde Verspätung haben? Es ist ein Skandal! Ich fahre nur mit dem Zug, weil mein Hund Luftreisen gesundheitlich nicht verträgt.« Sie betrachtete das Hündchen mit einer – gemessen am Maßstab der griechischen Tragödie – besitzergreifenden Liebe: »Deine Öhrchen ertragen die Höhe nicht, ja?«
»Signora Duchessa, lassen Sie doch den Hund auf dem Korridor umherlaufen. Falls er ein kleines Geschäftchen macht, werde ich es aufwischen.«
»Wie, wenn jemand darauf tritt? Könnte die Eisenbahn mir den emotionalen Verlust ersetzen?«
»Ich werde auf sie aufpassen. Es ist eine ›Sie‹, nicht wahr?«
»Überzeugen Sie sich selbst.«
»Kann ich nicht ohne meine Brille.«
Die Herzogin lächelte grimmig und gab dem Hund ein paar letzte Belehrungen, bevor sie ihn dem Schaffner aushändigte. Das Hündchen schien weder auf sie zu hören, noch den zeitweiligen Besitzerwechsel zu beachten.
»Wer ist diese alte Hexe?« fragte Mr. Rosencrantz, nachdem die Herzogin sich zurückgezogen hatte.
»Sie ist keine Kommunistin, wie Sie vielleicht glauben«, antwortete ich. »Genau wie Sie kein Kommunist sind – was sie vielleicht glaubt.«
»Glaubt sie, ich bin Kommunist?«
»Sie glaubt zweifellos, daß die gesamten Vereinigten Staaten kommunistisch sind, und nach ihren Maßstäben hat sie recht. Die *Bill of Rights* ist ein schreckliches Stück freiheitlicher Rechtsprechung; der Süden hatte wohl recht; und es gibt kaum Unterschiede zwischen Washington und Lenin. Beide glaubten sie nicht an das Gottesgnadentum der Könige, und das genügt, um sie beide ins Lager des Aufstands gegen die bestehende Ordnung zu stecken.«
»Das ist lächerlich«, sagte Mr. Rosencrantz hitzig. »Wieso –«
»Ich spreche nur die vermutlichen Überzeugungen der Herzogin von Calapiccola aus«, unterbrach ich. »Hat keinen

Zweck, mir zu sagen, daß sie lächerlich sind. Sagen Sie's ihr.«

»Ich spreche nicht Italienisch.«

»Sie spricht zweifellos besser Englisch als wir beide. Sie muß ein Regiment von britischen Gouvernanten gehabt haben, als sie klein war.«

Mr. Rosencrantz war so unglücklich, daß ich ihm entgegenzukommen suchte. »Wie fühlt man sich plötzlich als Linker, zusammen mit Benjamin Franklin, Admiral Radford und dem Erzbischof von Canterbury?«

Der Schaffner versuchte, das Hündchen abzusetzen, aber das Schaukeln des Zuges war zuviel für seine Beinchen, und es schwankte hin und her wie ein winziger Trunkenbold. Noch schwieriger erwies es sich, es wieder aufzuheben. Die Nonne tauchte auf und bückte sich, mit einem Blick selbstverleugnender Sanftheit. Die Tatsache, daß der Hund es schaffte, sie zu beißen, während er an ihren flehenden Händen vorbeischlidderte, diente nur dazu, ihre Leidensmiene noch mehr zu versüßen.

Der Priester hatte die ganze Zeit auf dem Korridor gestanden. »Das haben Sie gut gemacht«, sagte er zu dem Schaffner, »aber ich glaube ehrlich, diese armen Leute hätten mehr Lohn verdient, als sie bekommen.«

»Ich bin einer dieser armen Leute«, sagte der Schaffner. »Erwarten Sie also nicht von mir, daß ich Ihnen widerspreche. Niemand bekommt jemals genug Lohn auf dieser Welt, mit Ausnahme derer, die zuviel bekommen.«

Der Priester genoß diese Bemerkung und nickte traurig. Ich übersetzte das Gespräch für Mr. Rosencrantz, der die Stirn runzelte.

»Glauben Sie, der Priester steckt mit in der Verschwörung?« flüsterte ich.

»Es gibt 'ne ganze Menge gutwilliger Idealisten, die Fellowtravellers sind, ohne es zu wissen«, vertraute er mir an.

Dem Hund gelang es, sich des Fingerhuts voll Wasser zu entle-

digen, den er während des Tages getrunken hatte, und der Schaffner brachte ihn der Herzogin zurück, die eine so gute Erziehung hatte, daß sie darauf verzichten konnte, ihm zu danken. Vielmehr bestellte sie Kaffee, sehr heiß und sehr schwarz, pünktlich acht Uhr dreißig, zusammen mit einem halben Glas lauwarmen Wassers, merken Sie sich, lauwarm, 45 Grad, um damit eine Medizin einzunehmen; und sollte der Zug an einem Bahnhof halten, auch eine Morgenzeitung sowie ein Päckchen türkischer Zigaretten, und falls der Zug nicht an einem Bahnhof hielt, wünsche sie die Gründe dafür zu erfahren, und im übrigen habe sie Beziehungen.
Der Schaffner lächelte, als sie gegangen war, und erklärte dem mißtrauischen Mr. Rosencrantz, daß die Herzogin von Calapiccola einer der ältesten Familien Roms entstamme und daß sie den größten Teil der Provinz Basilicata besitze.
»Mir scheint sie eine sehr undankbare Lady zu sein«, bemerkte Mr. Rosencrantz mit einer Zurückhaltung, die dem Wunsch entsprang, sich versöhnlich zu zeigen – bis zu dem Zeitpunkt, da er genau wüßte, wer mit wem fellow-travellte und wohin, und besonders warum.
»*Wir* besitzen keine Provinz, Sir«, sagte der Schaffner. »Wir können es uns leisten, freundlich zu sein. Niemand verlangt etwas von uns.«
»Erwarten Sie noch weitere Schwierigkeiten?« fragte Mr. Rosencrantz, um das Gespräch wieder in eine vertrautere Richtung zu lenken.
»Im Norden könnten sie schwerer zu überzeugen sein.«
»Wegen der Industrie?« schnappte Mr. Rosencrantz messerscharf.
»Ja.«
»Gilt das auch für Laos?« fragte ich.
»Ja«, antwortete er ernsthaft, »insofern, als es dort nicht viel Industrie gibt. Sehen Sie, es ist ein vorwiegend agrarisches Land, hauptsächlich gestützt auf –«
»Reis!« warf ich ein, jetzt selber messerscharf.

»Richtig!« schrie Mr. Rosencrantz. Ich hatte einen Freund gewonnen.

Ich schlief gut, bis mir bewußt wurde, daß der Zug sich nicht mehr bewegte. Etwas unangenehm Endgültiges schien diesmal in der allgemeinen Atmosphäre von Ruhe und Frieden zu liegen. Ich sah hinaus. Wir befanden uns am Rande eines großen, unsäglich trostlosen Bahnhofs. Der Frühnebel war von lähmender Freudlosigkeit. Eine Lampe brannte in einem Signalwärterhäuschen, und ein Mann las. In mittlerer Entfernung leuchtete ein Fenster auf. Eine Frau mit ungemachtem Haar schien einen Tisch zu decken, während ein Mann in langen Unterhosen immer wieder auftauchte und verschwand. Soviel ich sah, sprachen sie nicht miteinander.
Ich wusch mich, putzte mit die Zähne und kleidete mich an. Anschließend fühlte ich mich immer noch so, als hätte ich mich weder gewaschen noch meine Zähne geputzt oder mich angekleidet. Soviel zu Schlafwagen.
Mr. Rosencrantz war auf dem Korridor. »Wir stehen schon mehr als eine Stunde hier«, sagte er grimmig, als triebe die Situation merklich auf eine diplomatische Auseinandersetzung zu.
»Wo sind wir, in Mailand?«
»Schätze ja. Unser Mann versucht herauszufinden, was los ist.«
»Oh! Zigarette?«
»Nein, danke trotzdem. Habe vier Päckchen täglich geraucht. Gab es auf, als ich am Blinddarm operiert wurde, mit Komplikationen, Bauchfellentzündung. Seither habe ich's nicht mehr angefangen.«
Diesem Gesprächsthema hätte ich sogar Laos vorgezogen, und daher kehrte ich in mein Abteil zurück, um der Dinge zu harren.
Nach einer Viertelstunde kam der Schaffner zurück. »Ist bald in Ordnung«, sagte er. »Der Streik war nur teilweise erfolg-

reich. Hier oben sind sie alle zu müde, um viel zu unternehmen. Es gibt nichts Anstrengenderes, als die ganz Nacht wachzusitzen und die Arbeit bewußt zu meiden. Ein paar von ihnen halten noch durch, aber ich habe sie beschwatzt, uns ausfahren zu lassen.«

Bald waren wir wieder unterwegs, und als die Sonne aufging, überraschend und strahlend über der friedlichen Weite des Lago Maggiore, unverschämt heiß für die Jahreszeit, so daß die Falten im Fleisch der schneebedeckten Berge sich rötlich und grau abzeichneten, begann ich, in fröhlicher Erwartung meiner Ankunft in Genf, meine Reisegefährten halb zu vergessen. Dann, fünf Kilometer vor der schweizerischen Grenze, verlangsamte der Zug unerwartet seine Fahrt und kam schließlich zum Stehen. Ich ließ das Fenster herab und lehnte mich hinaus. Das Signal stand auf Rot. Ich sah, daß wir bei der üblichen Umstellung der Waggons gleich hinter die Lokomotive aufgerückt waren, und jetzt standen wir neben dem Fünfzig-Meter-Bahnsteig eines, so schien es, Dorfbahnhofs. Es gab eine Art Bahnhofsgebäude, aber es wirkte wie ein Spielzeug. Es gab ein kleines Buffet, aber kein Lebenszeichen.

Der Schaffner sprang auf den Bahnsteig.

»Hält der Zug hier normalerweise?« fragte ich ihn.

»Ich bin seit zwölf Jahren bei der Bahn«, antwortete er, »aber ich habe noch nie hier gehalten.« Dann rief er dem Lokomotivführer etwas zu, mit einem Schwenken der gewölbten Hand, die er vor den Körper hielt, der italienischen Geste für: Was, zum Teufel, ist los?

»Die Ampel steht auf Rot!« brüllte der Lokomotivführer.

Der Schaffner stemmte die Hand in die Hüfte und stand einfach eine Weile da, enttäuscht.

Dann kam der Auftritt des Bahnhofsvorstehers. Es lag wenig Tröstliches in der theatralisch perfekten Wahl seines Zeitpunkts. Er stieß die Glastür in der Bühnenmitte auf und trat vor – mit den kleinen, energischen Schritten eines korpulen-

ten Tenors, der sich seiner Berühmtheit und daher des Beifalls sicher ist. Sein Blick war kampflustig, unerbittlich.
»Was gibt's?« fragte der Schaffner.
»Es ist Streik. Wußten Sie nichts davon?« fragte der Bahnhofsvorsteher kampflustig.
»Sie wollen behaupten, Sie halten den Zug auf, um den Streikaufruf zu befolgen?«
»Gewiß.«
»Wie lange?«
Der Bahnhofsvorsteher konsultierte eine alte, gußmetallene Uhr. »Noch achtzehn Stunden und sechsundvierzig Minuten.«
Der Schaffner lächelte gewinnend. »In Florenz und Mailand haben sie uns durchgelassen.«
»Das ist deren Fehler.«
»Wollen Sie behaupten, daß wir bis hierher gekommen sind, nur damit Sie uns fünf Kilometer vor der Grenze aufhalten?«
»Gewiß. Streikaufrufe werden erlassen, um befolgt zu werden.«
»Nun, sehen Sie mal –«
»Es gibt keine Debatten bei mir!« schrie der Bahnhofsvorsteher. »Keine Debatten!«
Der Schaffner blickte zum Lokomotivführer hinauf.
»Es wird mich die Stellung kosten, wenn ich ein Signal überfahre!« rief der Lokomotivführer.
Der Banhofsvorsteher nickte mit grimmiger Befriedigung. »Auf jeden Fall habe ich die Weichen umgestellt, damit ihr, falls ihr so frech wärt weiterzufahren, auf dem Abstellgleis landen würdet.« Damit zeigte er auf zwei unter eine feuchte Felswand geschmiegte Puffer.
Weitere Schaffner tauchten auf, ein Bahnpolizist, sogar der Oberkellner des Speisewagens, die sich durch den Zug gezwängt hatten.
»Wie ist der Name dieses Bahnhofs?« fragte der Schaffner.
»Mine di Trasquera«, antwortete der Bahnhofsvorsteher.

»Steht nicht auf der Karte. Ist die Schuld des Staates, nicht meine.«
»Aber wo liegt das Dorf?«
»Es gibt kein Dorf. Nur eine Zementfabrik und eine Kapelle, um den Arbeitern Sand in die Augen zu streuen.«
Gesichter tauchten jetzt an allen Fenstern auf: die Nonne, eine ältere Nonne, die mit ihr reiste, sich aber frühzeitig zurückgezogen hatte, der Priester, der Amerikaner, die Herzogin, sogar der Hund – alle waren sie da, und noch viele mehr.
»*Figlio mio*«, sagte der Priester.
»Oh, Sie sind es.« Der Bahnhofsvorsteher erkannte ihn.
»Warum machen Sie so abfällige Bemerkungen über etwas, das für so viele eine Quelle des Trostes ist?«
»Sie kennen meinen Standpunkt, Don Gioacchino. Die Kirche ist ein Element des Rückschritts. Ihre Macht beruht auf der Unwissenheit, in der sie die arbeitenden Massen hält. Sie sagen, der Herr habe Seine Kirche auf Sankt Petrus gebaut. ›Auf diesen Felsen will ich bauen meine Gemeinde.‹ Der Felsen heißt Aberglaube. Der Felsen heißt Dummheit. Der Felsen heißt Hexerei!«
Beide Nonnen bekreuzigten sich.
Der Priester lächelte. »Immer beweisen Sie in der Diskussion eine erstaunliche Kenntnis der Bibel.«
»Der große Stalin wurde in einem Priesterseminar erzogen. Es gibt keine bessere Ausbildung für einen Führer des Volkes. Das gebe ich zu.«
»Danke. Wenigstens geben Sie mir das Gefühl, daß wir nützliche Arbeit leisten«, antwortete der Priester ruhig.
»Auf Ihren Sarkasmus kann ich verzichten, Don Gioacchino«, fauchte der Bahnhofsvorsteher.
»Ich kann auf den Ihren verzichten – und doch höre ich ihn mir geduldig an. Nun, können wir ein Taxi nach Iselle di Trasquera bekommen?«
»Sie können tun, was Sie wollen, aber Sie können nicht mein Telephon benutzen.«

»Wir haben Mutter Maria bei uns. Es geht ihr schlecht. Wir waren eben in Rom, um einen Spezialisten aufzusuchen.«
»Tut mir leid. Wir sind im Streik.«
»Oh, machen Sie meinetwegen keine Zugeständnisse«, sagte die ältere Nonne barsch, unfähig, ihren Ärger zu verhehlen.
Die Bahnbeamten versuchten, den Bahnhofsvorsteher umzustimmen, aber es war vergebens. Er gefiel sich zu sehr in der Rolle eines Politkommissars, um sich erweichen zu lassen.

Während die Sache sich hinzog, wandte ich mich an Mr. Rosencrantz, der im Geiste wieder mal in Laos war. »Na, wie fühlt man sich, wenn man der Realität begegnet?« fragte ich ihn. »Kein Fellow-traveller, kein Mann, der vorgibt, ein zuverlässiger Staatsbürger zu sein, sondern ein bekennender, stolzer, unbußfertiger Kommunist.«
»Ist er das? Ein Kommunist in einer Schlüsselposition, in einem Land, das durch Vertrag mit den Vereinigten Staaten verbündet ist?«
»Durch ein Militärbündnis«, verbesserte ich.
»Richtig. Um so schlimmer. Wie heißt dieser Ort?«
»Mine di Trasquera.«
»Würden Sie das buchstabieren?«
Ich tat es.
»Und wo ist das?« erkundigte er sich.
»Etwa fünf Kilometer –«
»Das heißt, drei Meilen.«
»– So ungefähr ... von Iselle di Trasquera entfernt, das an der schweizerischen Grenze liegt.«
»Das heißt an der italienischen Grenze zur Schweiz.«
»Falls Ihnen das lieber ist.«
Mr. Rosencrantz machte sich ausgiebig Notizen. »Würden Sie ihn bitte nach seinem Namen fragen?«
Ich versuchte die Beachtung des Bahnhofsvorstehers zu finden, aber es war nicht leicht, weil er in eine ideologische

Debatte mit den Bahnbeamten verwickelt war. Schließlich kam er zu uns herüber. »Ja?«
»Dieser Herr möchte gern Ihren Namen wissen.«
»Wozu?«
»Er ist ein hoher Beamter der amerikanischen Regierung.«
Der Bahnhofsvorsteher lächelte boshaft. »Cavalieri, Ferruccio, Bahnhofsvorsteher, Sekretär des Partito Communista Italiano, Sezzione Iselle di Trasquera.«
»Würden Sie das buchstabieren?« bat Mr. Rosencrantz mich wieder.
Ich tat es, umständlich. Mr. Rosencrantz war eher gewöhnt zu diktieren, als sich diktieren zu lassen.
»Insgesamt sieben Jahre von den Faschisten eingesperrt.«
Genosse Cavalieri war erpicht auf einen umfangreichen und korrekten Eintrag im Schwarzbuch des State Department.
»Major in der Stoßbrigade ›Pariser Commune‹ des Partisanenheers«, fuhr er fort. »Dreimal verwundet, einmal schwer. Ausgezeichnet mit sieben Orden, einem amerikanischen, der versprochen, der aber nie geliefert wurde.«
Die Herzogin konnte diese Beschwichtigungspolitik nicht mehr ertragen. »Ich bin die Herzogin von Calapiccola«, zischte sie.
»Das tut mir sehr leid«, antwortete der Bahnhofsvorsteher, ihr seine Aufmerksamkeit zuwendend.
»Mein Schwager ist Graf Parri-Ponte, der Bevollmächtigte der Staatlichen Eisenbahnen.«
»Sie sollten sich schämen.«
»Dafür werde ich Sie feuern lassen.«
»Das hat man versucht, das hat man versucht, glauben Sie mir. Aber Bahnhofsvorsteher von meiner Qualität und Erfahrung wachsen nicht auf den Bäumen. Ich wäre heute für einen richtigen Bahnhof verantwortlich, wäre ich nicht meinen Überzeugungen treu geblieben. Padua, Parma, Brescia – ein Bahnhof, auf den ein Mann stolz sein kann. Man läßt mich hier sitzen, aber man wagt es nicht, mich loszuwerden. Wenn

ich ginge, würde die Hälfte aller Bahnhofsvorsteher im Norden aus Solidarität mitgehen.«
»Ich werde Sie hinauswerfen lassen!« schrie die wütende Herzogin. »Ich bin eine sehr kranke Frau. Ich bin in einer Klinik in Lausanne angemeldet. Ich werde sterben, wenn ich nicht heute nachmittag in der Klinik bin.«
»Es gibt in Iselle ein sehr angesehenes Bestattungsinstitut, geleitet von Ronco, Giuseppe, einem Mitglied unserer Zelle.«
Die Herzogin spuckte dem Bahnhofsvorsteher ins Gesicht. Bedauerlicherweise hatte der Bahnhofsvorsteher wenig Erfahrung mit der solche Fälle regelnden Etikette und spuckte zurück, mit größerer Kraft und Treffsicherheit. Der Hund, zu seiner ewigen Schande sei es gesagt, unterließ es zu bellen.
Die Beamten hatten sich wieder bekümmert auf ihre Posten im Zug begeben. Der Priester und die zwei Nonnen waren ausgestiegen und standen jetzt mit ihrer Habe auf dem Bahnsteig. Ich hörte die Herzogin nebenan das Mobiliar zertrümmern. Mr. Rosencrantz schoß ein Photo vom Bahnhof.
Die Schlacht war vorbei. Der Bahnhofsvorsteher beherrschte das Schlachtfeld. Der Priester und die Nonnen standen herum wie Kriegsgefangene, die darauf warten, daß man ihnen Befehle gibt. Sogar der so erfolggewohnte Schaffner saß im Korridor, den Kopf in die Hände gestützt. Es galt nun, achtzehn Stunden zu warten. Achtzehn Stunden des Schweigens, und nichts zu tun, außer die Zeiger über das Zifferblatt kriechen zu sehen.

Ich blickte zum Himmel auf. Falls es einen italienischen Gott gab, dort droben im italienischen Himmel, dann war dies gewiß der Zeitpunkt, um einzugreifen. Nur fünf Kilometer entfernt lag das Reich des Schweizer Gottes, so stur, vernünftig und korrekt, der wahrscheinlich die achtzehn Stunden verstreichen lassen würde, denn er ist der Gott der Uhren und Chronometer. Auch die Nonnen blickten himmelwärts.

Könnte es sein, daß aus so ungeheurer Höhe die Grenzen sich ein wenig verwischten?
O Dio, siamo Italiani!
Dann geschah es. Vor Erregung zitternd, tauchte der Assistent des Bahnhofsvorstehers aus seinem Schalterhäuschen auf. Ein Junge von achtzehn Jahren, ein Meter neunzig groß, der schielte und stotterte.
»Weiter oben an der S-t-trecke«, keuchte er.
»Was? Sprich deutlich!« schrie der Bahnhofsvorsteher.
»Ein Erdrutsch, beim Tunnel –«
»Ein Erdrutsch?«
»Gleich hinter der Kurve, wo die S-s-signale sind!«
»Ein Erdrutsch!« Der Bahnhofsvorsteher war wie vom Donner gerührt.
In missionarischer Ekstase wandte der Junge sich an den Zug: »Hätte der Zug weit-t-terfahren dürfen, dann w-w-wäre er entgleist. Ihr alle wäret t-t-tot!«
Die junge Nonne fiel auf die Knie. »*Un miracolo!*« kreischte sie.
Der Bahnhofsvorsteher stand da, bleich wie der Tod, gedemütigt, meuchlings getroffen.
»Würden Sie das übersetzen bitte?« fragte Mr. Rosencrantz.

Wir fuhren im Bus über den Simplonpaß und dann mit den Schweizer Bundesbahnen unserer verschiedenen Wege.
Zwei Tage später, in Genf, fiel mir zufällig eine italienische Zeitung in die Hand. Die Schlagzeile lautete: »Geistesgegenwärtiger Bahnhofsvorsteher rettet internationalen Zug vor Katastrophe.« Ich las den Artikel. Er war in Form eines Interviews mit Cavalieri, Ferruccio, Bahnhofsvorsteher von Mine di Trasquera, gehalten.
»Ja«, sagte der Bahnhofsvorsteher zu dem Journalisten, »ich bin seit sechsunddreißig Jahren im Dienst der Staatlichen Eisenbahnen, unterbrochen natürlich durch sieben Jahre in

einem faschistischen Gefängnis. Man kommt nicht umhin, Erfahrung zählt in jedem Beruf. Ich wußte, daß der nahende Winter viele Gefahren mit sich bringt, vor allem in Bergregionen. Erst vor zwei Tagen hatte ich zu Finzi, Cianni, meinem Assistenten, gesagt: ›Ich würde mich nicht wundern, wenn wir eines schönen Morgens einen Erdrutsch vor diesem Tunnel hätten, dort, wo die Signale stehen.‹ Ich weiß nicht, warum, aber als der Expreß gestern einfuhr, zögerte ich, ihn weiterfahren zu lassen. Oh, sie versuchten, mich zu überreden. Sagten, sie wären durch irgendeinen Streik unten im Süden aufgehalten worden. Brachten alle möglichen Gründe vor, um mich zu bewegen, den Zug fahren zu lassen, aber ich blieb unerbittlich.«

»Der Kardinal-Erzbischof von Mailand äußerte die Vermutung, es sei die göttliche Vorsehung, die Sie so hartnäckig bei Ihrer Weigerung bleiben ließ«, warf der Journalist ein.

»Ich bin ein zu demütiger Mann, um die Wahrheit zu ergründen«, fuhr Cavalieri fort, »aber ich darf wohl behaupten, daß, während ich mit mir haderte, ob ich das Signal umstellen sollte oder nicht, eine Stimme in meinem Innern immer wieder sagte: ›Nein.‹«

»Einfach ›nein‹?«

»Nein. ›Du sollst nicht lassen den Zug durchfahren!‹«

Ich wunderte mich über die außerordentliche Loyalität des Assistenten zu seinem Chef, bis ich unten auf der Titelseite ein Photo sah. Er und Cavalieri wurden beide von Graf Parri-Ponti beglückwünscht, dem Bevollmächtigten der Staatlichen Eisenbahnen, dem Schwager der Herzogin von Calapiccola, und beide strahlten vor Freude. Ordensverleihungen würden zweifellos folgen, sagte die Bildunterschrift, und die Versetzung an einen größeren Bahnhof.

Der Leitartikel der Zeitung übertrug das Thema der Treue des Menschen zu seiner Pflicht ins Mystische und stellte die brennende Gewissensfrage Italiens: »Wie viele solche Menschen gibt es in unserem Land, an entlegenen Orten verborgen, nur um durch eine Laune des Schicksals als das entdeckt zu werden, was sie sind: schlichte, vertrauensvolle Helden mit der Fähigkeit, die Stimme Gottes zu verstehen, wenn sie sie hören? Es ist an der Zeit, daß unsere Politiker die einfache Wahrheit erkennen, die sich mit kristallener Klarheit aus einem solchen Fall ergibt. Italiener zu sein, heißt zu glauben. Das ist die Stärke des Ferruccio Cavalieri. Das ist auch unsere Stärke.«

O milde lächelnder Gott Italiens, Du weißt: Während anderswo vielleicht Geld die Menschen korrumpiert, oder Macht, oder etwas anderes aus Myriaden von Lastern, die der Mensch wählen mag zu seiner irdischen Lust und seinem endlichen Verhängnis, in Deinem Land liegen die Dinge nicht so einfach. Alexander VI., der Borgia-Papst, war nicht der beste unter den geistlichen Führern – manche behaupten gar, er sei ein Ausbund des Lasters gewesen. Und dennoch: Um wieviel ungehemmt lasterhafter hätte er sein können, wäre er nicht Papst gewesen! In seinem Fall, wie im Fall des Ferruccio Cavalieri, Bahnhofsvorsteher von Mine di Trasquera, korrumpiert die Tugend den Menschen. Nie wieder kann der arme Kerl mit der Härte und Klarheit seines Herzens eine kategorische Entscheidung treffen, nie wieder kann er mit der absoluten Überzeugung, im Recht zu sein, vor eine Versammlung hintreten, nie wieder kann er die dogmatische Geste des sowjetischen Theoretikers einnehmen. Warum nicht? Weil er Italiener ist, und weil auch Du, sein Gott, Italiener bist. Was immer er von nun an tun oder sagen mag, er wird nicht verhindern können, daß sein Blick himmelwärts schweift – in der Vorahnung Deines nächsten Fingerzeigs.

Der seidene Dolch

Der Staub hatte sich noch nicht gelegt über Europa: Es gab noch immer unbeerdigte Leichen. Hie und da leisteten Fanatiker, die nicht bereit waren, ihre Träume aufzugeben, noch immer verrückten Widerstand und bevorzugten, wenn es sein mußte, die zufällige Kugel der absichtlichen.

Für Giuseppe Gargaglia war es zu spät für Spekulationen dieser Art. Er hatte seine Chance gehabt, und er hatte sie verpaßt. Schmählich in den Kleidern einer alten Frau gefangengenommen, saß er jetzt in einer Zelle, und zur Gesellschaft nichts als seine Gedanken. Er hätte es vorgezogen, allein zu sein.

Um alles schlimmer zu machen, waren seine Gefängniswärter Italiener und daher mitfühlend. Sie machten endlose kleine Gesten, in der Hoffnung, es ihm annehmlich zu machen. Einer von ihnen, Arnaldo, ein stupsnasiger Junge aus Reggio Emilia, ging sogar so weit, ihn um ein Autogramm zu bitten. Sein Autogramm?

»Eh«, sagte Arnaldo schulterzuckend, »man weiß nie, wie die Geschichte sich wenden wird. Eines Tages kann ich vielleicht Ihre Unterschrift meinem Sohn geben und sagen, sie sei ihm gewidmet, von Exzellenz Gargaglia, dem Staatssekretär des Innern während der letzten Tage der faschistischen Ära.«

Gargaglia lächelte ein wenig bitter. Die Haltung des Wärters war vertraulich und doch ehrerbietig, als wäre ihm klar, daß, wiewohl sein Schutzbefohlener ein seiner Rechte entkleideter Häftling war, der Sturz in die Ungnade doch aus schwindelnder Höhe erfolgt war.

»Na gut«, knurrte Gargaglia mit einer Spur seiner gewohnten Energie, »geben Sie mir Papier und Federhalter.«
Arnaldo grinste. »Ich habe etwas Passenderes als Papier.« Und aus der Tasche zog er einen fleckigen Ausschnitt aus einer illustrierten Zeitschrift, der Gargaglia auf dem Gipfel seiner Laufbahn zeigte, zähnefletschend auf einem Balkon, die Nase in Falten gekräuselt vor Haß und Verachtung, sein Mund teuflisch bis an die Augenwinkel hochgezogen, während seine Hand mächtig in die Luft ausgriff, um irgendeinen imaginären Feind herabzuzerren. Neben ihm stand der Duce in einer Haltung nachdenklicher Anerkennung und heroischer Zufriedenheit.
»Um Gottes willen! Wo haben Sie das her?«
»Es liegen eine Menge alter Zeitschriften herum.«
Jemand, der sich gut auf Diplomatie verstand, mochte vielleicht die Möglichkeit eines Hinweises in Arnaldos ausweichende Antwort hineinlesen. Gargaglia musterte ihn scharf.
»Sind Sie Faschist?« fragte er leise.
»Nein. Nie gewesen. Natürlich mußten wir so tun.«
Aufreizend, dieser junge Bursche. Man konnte nicht wissen, wie intelligent er tatsächlich war.
Während Gargaglia schwungvoll seinen Namen schrieb, schöpfte er eine gewisse Befriedigung daraus, wieder einmal die flüssige Fanfare seiner Unterschrift zu spüren. »Wie heißt der Junge?« fragte er.
»Benito.«
»Nach dem Duce?«
»Nach dem Vater seiner Mutter, einem Märtyrer für die Sache.«
»Die Sache?«
»Wir sind Kommunisten«, sagte Arnaldo im Ton einer sachlichen Mitteilung.
Gargaglias Kehle war trocken. Die letzten vierundzwanzig Stunden waren voll von Verwirrung gewesen, und zwar geistig und seelisch. Er hatte nicht gut dagestanden, als er in den

gestohlenen Lumpen einer alten Vettel die Straße entlangstolperte. Er mochte ein feuriger Redner sein, aber er war kein Schauspieler. Seiner Darbietung hatte es an Überzeugung gefehlt. Er war sich dumm vorgekommen, es auch nur zu versuchen. Noch immer klang ihm das Gelächter der Partisanen in den Ohren, als ihm die Kleider vom Leib gerissen wurden, und auch die plötzliche stumme Ehrfurcht, als sie die Größe ihres Fangs erkannten.
Jetzt fuhr er sich mit müder Hand über die schlaflosen Augen. »Wenn Sie Überzeugungen dieser Art vertreten, warum, zum Teufel, bitten Sie mich um ein Autogramm?« fragte er.
»Oh, wie gesagt, man kann nie wissen«, antwortete Arnaldo freundlich. »Nur wenige Männer dürfen die Geschichte auch nur für ein Weilchen beherrschen. Ich bin wohl Kommunist, aber ich bin gewiß keiner von jenen. Ich habe kein Talent. Das ist der Grund, warum ich Gefängniswärter bin und nicht Offizier, ein Mann, der Entscheidungen trifft, und seien es kleine. Aber mein Sohn liebt Autogramme. Er hat schon etliche Filmstars beisammen, und ein paar Berühmtheiten aus anderen Bereichen des Lebens. Nun, ich liebe meinen Sohn. Er ist klein, aber es ist nicht meine Schuld, daß er noch nicht viel von seiner Kindheit gehabt hat. Wenn er Autogramme haben will, ist es das mindeste, was ich tun kann, sie für ihn zu besorgen. Und sie sind billiger als Spielsachen. Ich meine, ich habe nichts übrig für Hitler, doch wenn die Chance bestünde, sein Autogramm zu bekommen, würde ich es mir holen, verstehen Sie? Ich weiß nicht, was man in ein paar Jahren über Sie sagen wird. Vielleicht wird man Sie als Verräter ansehen, oder als Mann, der für Italien viel Gutes getan hat, oder man wird Sie vergessen. Die Geschichte läßt sich nicht voraussagen. Also dachte ich mir, besser auf Nummer Sicher gehen, für Benito. Darum habe ich Sie um Ihr Autogramm gebeten.«
»Klingt logisch«, murmelte Gargaglia, aber er hatte nicht die Kraft, das Gesagte ironisch klingen zu lassen.
Es entstand eine Pause, während Arnaldo die signierte Photo-

graphie ordentlich zusammenfaltete und in seiner Tasche verstaute. »Einen Becher Wasser?« fragte er.
Gargaglia wollte eigentlich kein Wasser, aber er nickte sparsam, wie er es getan hatte, als er im Amt war. Ein Kopfnicken, das Autorität unterstrich.

Während Arnaldo draußen war, erinnerte sich Gargaglia an eine Operation, bei der ihm die Gallenblase entfernt worden war. An der immer wiederkehrenden Gelbsucht war Afrika schuld gewesen. Er war einer der Pioniere in diesen grausamen Wüsten, die Italiens Wirtschaft enorme Anstrengungen kosteten, im Tausch für den bloßen Titel eines Imperiums. Seine schadhafte Galle hatte in seinen Augen den Charakter einer Wunde angenommen, glorreich empfangen im Dienst seines Vaterlandes.
Er erinnerte sich an das Krankenhaus, die Atmosphäre funktionaler Leistungsfähigkeit, wirbelnde Ventilatoren an der Decke, um die träge Luft aufzupeitschen, die besorgte Fröhlichkeit der Ärzte, die ab und zu einen freundlichen Blick übrig hatten, das stumme Dahingleiten der Nonnen und ihr Ausdruck direkter Verbindung mit dem Himmel. Es hatte ihm Mut gemacht, dieses Gefühl, Teil einer Heilungsfabrik zu sein, und er hatte sich unter das Messer gelegt, überzeugt, daß seine Kooperation entscheidend sei, wenn die Sache gut abgehen sollte.
Was ist der Tod anderes, fragte er sich, als eine Operation, von der ein Mann nicht mehr aufsteht? Das entscheidende ist, sachlich zu bleiben und mit den Männern zu kooperieren, die diese Pflicht erledigen. Bei jeder Hinrichtung hat das Opfer eine Rolle zu spielen. Es ist weniger ein tragischer Vorgang als vielmehr ein Ritual mit eigenen vorgeschriebenen Regeln und Gesetzen, eine Art Gottesdienst. Nonnen sterben ab für die Welt, indem sie sich hilflos auf den Boden strecken und mit einem symbolischen Leichentuch zugedeckt werden, bevor sie in den eifersüchtigen Schoß der Mutter Kirche einziehen. Das

Hinrichtungskommando ist nichts anderes. Voraussetzung für den Novizen ist ein Gefühl für die Würde des Augenblicks sowie Entsagung; zu allen Zeiten Entsagung.
Beim großen Totentanz durfte er nicht vergessen, das Taschentuch zurückzuweisen, wenn es ihm angeboten wurde. Diese Ablehnung ist die einzig erlaubte Auflehnung, die der Zeremonie ihre profane Qualität verleiht. Ganz sinnlos, Unschuld zu beteuern, sinnlos auch, irgendwelche Plattitüden über die Nation zu brüllen. Es beunruhigt nur das Erschießungskommando, die Männer, die nicht aus eigenen Stücken hier stehen und anschließend weiterleben müssen. Es ist eine Frage des Anstands, den Tröstungen des Priesters zu lauschen, als wäre er wirklich ein Überbringer höherer Labsal. Er hätte es unerträglich gefunden, wenn der Priester auch nur einen Moment lang glauben könnte, daß seine freundlich melancholischen Phrasen auf taube Ohren stießen. Es wäre ebenso ungezogen, als erlaubte man sich, in Gedanken abzuschweifen, während ein gutwilliger Langweiler einem eine Geschichte erzählt, die man schon einmal gehört hat.
Endlos träumte Gargaglia, und endlos war es der immer gleiche Tagtraum. Er sah sein eigenes edles Profil und seinen vornehmen Kopf, einen Kopf, der seltsamerweise durch seine Kahlheit noch vornehmer wirkte. Ohne mit der Wimper zu zucken, hörte er zu, wie der Kommandant des Hinrichtungskommandos sein vom Volksgericht getroffenes Urteil verlas. Er gestattete sich sogar ein unmerkliches Lächeln, und auch ein knappes Kopfnicken. Seine gekräuselten Lippen verrieten sogar auf distanzierte, keinen Widerspruch duldende Art, welch geringe Meinung er über den Volksgerichtshof hegte. Auf jeden Fall schien der Kommandant des Erschießungskommandos für einen Moment verblüfft über soviel *Kaltblütigkeit*. Er sah den Priester und hörte sein rasches Gemurmel. Es waren so viele heilige Texte, die in so kurzer Zeit durchgehechelt werden mußten. Man band ihn an den Pflock. Das Taschentuch wurde hochgehalten. Seine schwarzen Augen

wurden hart. »Nein«, sagte er laut und klar. Vielleicht, wenn man's recht überlegte, wäre es besser, nichts zu sagen, nur verneinend den Kopf zu schütteln. Der Film seiner Phantasie lief rückwärts. Wieder wurde das Taschentuch hochgehalten. Diesmal schüttelte er den Kopf. Der Kommandant schien Mut zu schöpfen aus solchem Beispiel und starrte ihn einen Augenblick in stiller Bewunderung an. Der Degen fuhr hoch. Nein, nein, er durfte vorher nicht vergessen, dem Priester zu danken. Er dankte dem Priester mit größter Schlichtheit. Der Priester war verwundert über solche Geistesgegenwart, und auch in seinem Glauben bestärkt, da er die Magie seiner Worte wirken sah. Wieder wurde der Degen erhoben. Die vordere Reihe der Soldaten sank auf die Knie. Er blickte über sie hinweg, in den strotzenden Himmel Italiens, und dachte beinah beglückt an seine Ehre. Irgendwo glaubte er einen Ruf zu hören, und dann wurde alles rot hinter seinen Augenlidern, wie es geschieht, wenn man in der Mittagssonne zu schlafen versucht. Erst rot, dann schwarz. Die Soldaten schauten einander an und murmelten: »Das war ein tapferer Mann.«
Gerade begann er seinen Tagtraum von neuem, als Arnaldo mit einem Becher Wasser zurückkehrte. »Tut mir leid, daß es so lange dauerte«, sagte er, »aber im Hauptquartier herrscht große Aufregung. Man hat General Zaleschi gefangen und den Bankpräsidenten Mora. Auch Gozzi-Parella, den Herausgeber der Faschistischen Jugendzeitschrift.«
»Was hat man mit ihnen gemacht?«
»Ich weiß nicht – noch nichts. Zaleschi und Mora waren als Bauern verkleidet – aber als Männer.«
Gargaglia zuckte zusammen. Diese Bemerkung war überflüssig. Immerhin, von einem gemeinen Soldaten kann man nicht viel Takt erwarten.
»Gozzi-Parella spazierte einfach ins Hauptquartier«, fuhr Arnaldo fort, »und sagte, es würde allen Beteiligten viel Mühe ersparen, wenn er sich einfach stellte. Ja, ja, der Bursche hat Schneid, auch wenn er die Jugend verdorben hat.«

»Ich glaube, man wird die meisten von uns erschießen«, sagte Gargaglia.
»Kann ich nicht sagen«, erwiderte Arnaldo. »Da müßten Sie jemand mit größeren Vollmachten fragen. Bis gestern haben wir ohne langen Prozeß erschossen, aber heute scheinen sie hinterherzuhinken.«
»Was passierte mit Colonnello Gasparone?« fragte Gargaglia, obwohl er es sehr gut wußte.
»Oh, er kam gestern morgen vor das Tribunal – den Volksgerichtshof, oder wie auch immer sie das nennen. Der Prozeß war sehr kurz. Zehn Minuten, nicht mehr. Dann brachten sie ihn hinaus und erschossen ihn.«
»Wie werden diese kleinen Zeremonien durchgeführt?« Das war's, was Gargaglia wissen wollte.
»Oh.« Arnaldo wurde verlegen. »Sind Sie sicher, daß Sie darüber sprechen wollen?«
»Selbstverständlich«, sagte Gargaglia knapp. Zu diesem Zeitpunkt war es noch leicht, Bravour zu beweisen. Er glaubte, einen Funken Bewunderung in Arnaldos Augen blitzen zu sehen, und es freute ihn.
»Nun, man bringt das Opfer hinaus, man verbindet ihm die Augen –«
»Das wird nicht nötig sein.«
»Dann setzt man es auf einen Stuhl, bindet ihm die Hände hinter den Rücken und erschießt es.«
»Ein Stuhl? Steht selbstverständlich frontal zum Hinrichtungskommando.«
»O nein. Die Exekutionen, die ich gesehen habe, da erschießt man die Leute immer von hinten.«
Gargaglia wurde blaß. »Das ist abstoßend«, sagte er.
»Vielleicht gelingt es Ihnen, dieses in Ihrem Fall zu ändern, falls es soweit kommen sollte. Ich meine, fragen schadet ja nichts; sie können nur nein sagen.«
»Aber, sagen Sie mir, amtiert da ein Priester?«
»Nicht im Fall Colonnello Casparones. Es war keine Zeit,

einen aufzutreiben. Sie müssen bedenken, wir sind nicht wie eine reguläre Armee organisiert. Wir sind nur Partisanen. Unsere Gerechtigkeit muß sich nach den Umständen richten. Ich glaube, wir würden Ihnen den Priester nicht verweigern, falls einer verfügbar wäre; aber wir würden die Exekution kaum aufschieben, um einen zu suchen.«
Gargaglia hörte nicht mehr zu. Durch den Wunsch nach Rache waren die Chancen, Heldentum oder auch nur Würde zu beweisen, stark eingeschränkt worden. Man hatte das Ritual verändert, und es war beinah eine Blasphemie, diese Verweigerung althergebrachter Höflichkeitsformen. Nur Feiglinge wurden von hinten erschossen. In ihrem finsteren Haß wußten die Veränderer der Regeln, daß keine großen Gesten möglich waren, wenn man, wie das Opfer eines Raubüberfalls, auf einem vulgären Küchenstuhl kauerte. Und kein Priester! Keiner, der Geist genug gehabt hätte, um die Qualität eines stolzen Schweigens zu würdigen!
Gargaglia nahm Zuflucht zum Zorn und stampfte auf.
»Ich sagte Ihnen doch, wir hätten nicht darüber sprechen sollen«, sagte Arnaldo. »Es ist kein guter Gesprächsstoff.«
»Ruhe!« brüllte Gargaglia. »Sollte mir ein letzter Wunsch gewährt werden, wird es Ihr Schweigen sein.«
»Sie haben Ihr Wasser noch nicht getrunken«, sagte Arnaldo sanft. »Wollten Sie es nicht?«

Die Zellentür ging auf, und Quattrospille trat ein. Er war der örtliche Kommandeur der Partisanen, ein kettenrauchender Intellektueller mit einem ewigen Stirnrunzeln, und Augen, die in die Ferne zu blicken schienen. Gargaglia geriet einen Moment in Panik, als er ihn sah, klammerte sich dann aber an seinen Zorn, wie an ein Rednerpult. »Na?« bellte er und gab zu verstehen, daß es gut wäre, das Schreckliche, falls es getan werden mußte, rasch hinter sich zu bringen.
Quattrospille steckte sich eine neue Zigarette am Stummel der letzten an und lehnte sich an die gekalkte Wand.

Gargaglia empfand die Pause als Kränkung.
»Was ist los mit Ihnen?« fragte Quattrospille. »Sie haben doch keine anderen Probleme, als zu warten.«
»Warten, warten. Worauf?«
»Ah«, antwortete Quattrospille seufzend, »ich wollte, ich wüßte es. Wenn es nach mir ginge, hätte ich Sie auf der Stelle erschossen, sofort, als wir Ihnen die Frauenkleider vom Leib rissen. Es hätte mir Kopfzerbrechen erspart, und ich bin sicher, auch Sie wären glücklicher dabei gewesen.«
»Versuchen Sie etwa zu scherzen?« fragte Gargaglia und holte Luft.
Quattrospille blickte gequält. Die Müdigkeit hatte seine Reflexe verlangsamt. »Nein. Ich sage nur, was ich denke. Immerhin sind dies bewegte Tage, und jeder scheint eine Woche zu dauern. Wir zerstören mit der einen Hand, und versuchen mit der anderen, mühsam wiederaufzubauen. Das ist schwer. Während der Schlacht sind die Probleme so einfach. Dann, wenn der Frieden kommt, fangen die alten Schwierigkeiten von vorne an.«
Gargaglia räusperte sich. »Sind Sie gekommen, um mir etwas zu sagen, oder vertreiben Sie sich nur die Zeit auf Kosten meiner Nerven?«
»Ich?« antwortete Quattrospille. »Ich lege meine Karten auf den Tisch. Ich erzähle Ihnen von meinen Problemen, von Verwaltungsproblemen, weil Sie selbst einmal ein hoher Verwaltungsbeamter waren und vielleicht in der Lage sind, sie zu begreifen.«
»Ich habe stets auf einer klaren Sprache bestanden.«
Quattrospille lächelte, und während er lächelte, gähnte er. »Wirklich?« antwortete er. »Na, was könnte klarer sein, als wenn ich Ihnen sage, daß Sie, wäre es nach mir gegangen, auf der Stelle erschossen worden wären.«
»Aber was versuchen Sie mir jetzt zu sagen?« schrie Gargaglia. »Daß es nach Ihnen geht und ich erschossen werde – oder daß es nicht nach Ihnen geht und ich nicht erschossen werde?«

Quattrospille nahm einen tiefen Zug und beobachtete, wie der Rauch langsam im Raum aufstieg und sich in trägen Kringeln ausbreitete. »Die Situation ist noch nicht klar«, sagte er.

Amateure! dachte Gargaglia. Kaum sind sie an der Macht, funktioniert nichts mehr, Eisenbahn, elektrisches Licht, Rechtsprechung. Nichts. Doch er gestand Quattrospille den Luxus weiteren Grübelns zu.

»Sehen Sie«, fuhr Quattrospille fort, »in den ersten Tagen waren wir auf uns selbst gestellt. Verbrecher, die wir fingen, wurden erschossen. Und keine Fragen wurden gestellt. Dies gab uns die Möglichkeit, schnelle und gute Arbeit zu leisten. Jetzt ist die Hauptmacht der alliierten Streitkräfte gekommen, nicht nur Soldaten, sondern auch die Verwaltung, nicht nur Anglo-Amerikaner, sondern auch Italiener. Dies kompliziert die Dinge unvermeidlich. Wenn ich Sie jetzt erschieße, wird man wissen wollen, warum Sie nicht der schwerfälligen Justiz eines höheren Gerichts übergeben wurden. Ich könnte immer sagen, daß Sie auf der Flucht erschossen wurden, doch dann besteht die Gefahr, daß irgendein ehrgeiziger Trottel das Gegenteil bezeugt, und ich sitze in der Tinte.« Er warf einen Seitenblick auf Arnaldo, hielt inne und zündete sich eine neue Zigarette an, obwohl die zwischen seinen Lippen kaum zur Hälfte geraucht war.

»Ich bin nicht in der Verfassung, mich für Ihre Probleme zu interessieren«, sagte Gargaglia steif. »Ich kann mich nur für Ihre Entscheidung interessieren. Ich wäre dankbar zu erfahren, wie sie ausfällt.«

Quattrospille lachte leise und humorlos. Dann forderte er Arnaldo auf, die Zelle zu verlassen. Als sie allein waren, fuhr er fort: »Sie sind völlig im Irrtum. Ich bin gekommen, um Sie zur Kooperation zu ersuchen, um Ihnen ein Angebot zu machen, wenn Sie so wollen. Falls ich Ihnen die Flucht ermögliche, könnte ich Sie erschießen und mich vor jeder nachträglichen Anschuldigung schützen.«

»Sie sind völlig verrückt!« platzte Gargaglia heraus.
»Wieso? Es gibt immer noch die schwache Chance, daß unsere Kugeln Sie verfehlen; es ist die Art Chance, die die Engländer als ›sportlich‹ bezeichnen. Und bevor Sie übereilte Schlüsse ziehen, denken Sie an die Alternative. Wenn Sie nicht heute erschossen werden, jetzt, diese Minute, werden Sie höheren Instanzen ausgeliefert und vor Gericht gestellt. Sie waren ein hoher faschistischer Funktionär. Man wird Sie für ein paar Verbrechen in Äthiopien verantwortlich machen, wie auch für Ihre Restriktionen gegen die Juden, ganz zu schweigen vom Tod zahlreicher Partisanen und Geiseln. Das bedeutet auf jeden Fall das Hinrichtungskommando. Überlegen Sie also, was vorzuziehen ist – ein sauberer Schuß, jetzt, wo Sie auf das Schlimmste vorbereitet sind, oder eine feierliche Exekution zu einem späteren Datum, nach unzähligen Aufschüben, wenn Sie sich an die Hoffnung gewöhnt haben.«
Gargaglia blickte in Quattrospilles Augen und sah dort keine Menschlichkeit, nur Neugier.
»Arnaldo!« rief Gargaglia.
»Sie werden es noch erleben, daß Sie Ihre Entscheidung bedauern«, sagte Quattrospille, »aber schließlich waren die meisten Ihrer Entscheidungen idiotisch.«
»Während der ganzen faschistischen Ära«, stammelte Gargaglia, sein Gesicht gerötet vor Zorn und Angst, »ist mir nie solcher Haß begegnet.«
Quattrospille schien überrascht. »Ich bin doch sehr barmherzig. Eines Tages werden Sie vielleicht das Ausmaß meiner Barmherzigkeit erkennen. Da war kein Haß in meinem Angebot, nur Verständnis.«

Arnaldo kam wieder herein und begann Quattrospilles Waffenrock abzuklopfen. »Ganz weiß«, sagte er, »von der Mauer«, und dann flüsterte er seinem Chef irgendeine Nachricht ins Ohr.
Quattrospille schloß vor Erbitterung die Augen. Als er sie

wieder aufschlug, sah er Gargaglia direkt an. »Sie haben Besuch«, sagte er und ging.
»Besuch?« Gargaglia zitterte. In der melodramatischen Sprache, die die Partisanen gebrauchten, konnte dies alles mögliche bedeuten. Er krümmte sich in der Ecke zusammen. Es konnte nichts weiter besagen als einen anderen Gefangenen, der seine Zelle teilen sollte, oder es konnte den Lauf einer Maschinenpistole durch die Gitterstäbe bedeuten.
Die Zellentür ging knarrend auf, und ein Mann trat langsam ein, blinzelnd, als sei er nicht an das Licht gewöhnt. Er war ziemlich groß und von der Natur offenbar zur Korpulenz bestimmt, aber im Augenblick war er mager und blaß, vielleicht von langer Krankheit genesen. Sein Hals war viel zu dünn für seinen Kragen, und lockere Haut hing in Falten von einem energischen Kinn herab, die leise zitterte, wenn er den Kopf drehte. Die Kleidung, die er trug, war so spartanisch, daß sie beinah eine Art Uniform bildete. Mit der Hand umklammerte er einen steifen schwarzen Hut und eine Ebenholzkrücke, auf die er sich stützte.
»Signor Gargaglia? Darf ich eintreten?« keuchte er mit asthmatischer Stimme.
»Wer ist da?«
»Guido Manasse.«
Gargaglia war es, als explodiere Eis in seinem Innern. Er konnte es nicht glauben, und er fürchtete sich. Professor Manasse war einer der größten Strafverteidiger vor italienischen Gerichten gewesen, ein Anwalt mit einer Rhetorik von so elementarer Gewalt, daß unter ihrem Trommelfeuer kein Richter noch seinem eigenen Urteil trauen konnte. Er hatte nichts als seinen Verstand; seine Stimme war uninteressant und klanglos, seine Gebärden steif, und seine zwei Reihen von Zähnen hatten sich nie recht einigen können, welche nun vor der anderen stehen sollte. Wenn er den Mund schloß, wirkte es immer noch, als stünde er halb offen. Doch sein Verstand war außerordentlich, nicht nur kraft seines Einfallsreichtums,

sondern auch auf Grund seiner unglaublichen Disziplin und Schärfe. Er erinnerte sich an alles, was er je gehört hatte, und konnte die Fakten filtern, sie nach Bedeutsamem und Wertlosem sortieren, während er sprach, und wenn er sprach, waren die aus solchen Denkprozessen geborenen Worte stets originell, eindringlich und präzise.

»Warum sind Sie gekommen?«

»Hmm. Sie haben es offenbar ganz angenehm hier, Exzellenz.«

Gargaglia war unfähig, sich zu bewegen, während Manasse langsam in die Mitte der Zelle trat. »Sind Sie gekommen, um mich zu verhöhnen?«

»Ganz und gar nicht« sagte Manasse verbindlich. »Sie scheinen zu vergessen, daß ich die letzten drei Jahre in Zellen verbracht habe. Wenn ich also die Annehmlichkeit der Ihren bemerke, vergleiche ich sie nicht mit einem Zimmer, sondern mit einer Reihe anderer Zellen. Wie Sie vielleicht wissen, bin ich ein Connaisseur.« Er betrachtete einen Moment das Arrangement der Möbel. »Wie ich sehe, haben Sie einen Stuhl und eine Kiste. Darf ich mich setzen?«

»Was könnte Sie daran hindern?«

Manasse lächelte, und seine blaßblauen Augen funkelten vor Belustigung, die allem Anschein nach echt war. »Sie waren immer ein so guter Gastgeber, in alten Tagen«, sagte er aufmunternd. »Möchten Sie nicht, bitte, aus Ihrer Ecke kommen, damit ich mich hier wie zu Hause fühle?«

Gargaglia rührte sich nicht.

»Ich bin unfähig, Ihnen physisch Gewalt anzutun, selbst wenn ich es wollte, denn ich bin schwer krank, und jedenfalls habe ich immer die häßlicheren Seiten des Lebens verabscheut«, fuhr er fort. »Die Ärzte sagen mir, ich muß mich möglichst schonen. Es wäre höflich von Ihnen, wenn Sie mich, aus rein medizinischen Gründen, aufforderten, Platz zu nehmen.«

»Bitte, setzen Sie sich«, knurrte Gargaglia. Er argwöhnte Ironie in jedem Satz.

»Danke. Nun, nachdem dies Ihre Zelle ist, werden Sie doch eine Vorliebe haben für eine dieser zwei Sitzgelegenheiten. Für mich ist es unerheblich, denn ich lebe nicht hier. Möchten Sie mir vielleicht andeuten, wo ich mich setzen soll?«
»Mir egal.«
»Das kommt wahrscheinlich daher, daß Sie noch nicht lange genug hier sind. Nach ein paar Monaten entwickelt ein Mann Eigenheiten. Nun, falls Sie nichts dagegen haben, werde ich diese hier wählen. Sie erinnert mich ...« Er setzte sich auf die Kiste. »Aber, bitte, gesellen Sie sich doch zu mir, in die Mitte der Zelle. Ich verhöre Sie nicht für eine Ermittlung. Ich bin nur zu Besuch.«
»Ich ziehe es vor zu stehen.«

Gargaglia sah, daß Manasses Augen unter einem bestimmten Blickwinkel sich voneinander trennten und in verschiedene Richtungen starrten, was ihm vor Gericht den nützlichen Anschein gab, alles zu sehen. Dann wieder waren seine Augen en miniature durch die dicken Gläser seines randlosen Kneifers zu sehen, so daß es schien, als stünden ihm vier Augen zu Gebote.
»Sie benehmen sich sehr kindisch, falls Sie mir diese Feststellung erlauben. Ich hätte nie erwartet, daß ein hoher Staatsfunktionär mich mit so jugendlichem Trotz begrüßen würde.« Manasse lachte.
Gargaglia setzte sich, aber um seine Verlegenheit zu verbergen, fragte er: »Kommen Sie in amtlicher Eigenschaft?«
»Könnte ich schwerlich, da ich kein Beamter bin.«
»Aber Sie wollen mich doch nicht glauben machen wollen, Sie hätten die Reise nur zum Vergnügen unternommen?«
Manasse lachte laut. »Das ist schon besser«, kicherte er. »Der alte Gargaglia, der Journalist mit der ätzenden Feder. Wir sind zusammen zur Schule gegangen, erinnern Sie sich?«
»Natürlich erinnere ich mich«, erwiderte Gargaglia kurz angebunden.

»Ja, ich hatte eine rote Haarmähne damals. Sehen Sie nur, was davon übriggeblieben ist – weiß, ein paar Strähnen, aber sie wollen noch immer nicht liegenbleiben, wenn ich sie kämme. Damals habe ich mich immer leicht verliebt, das war, bevor ich lernte, meine Gedanken und meine Gefühle zu organisieren. Der liebeskranke Jude, so nannten sie mich. Und ich erinnere mich an eine ganz zauberhafte Gelegenheit, bei der Sie meinetwegen sehr wütend wurden. Ich war immer ziemlich schüchtern. Sie drohten einem Jungen, ihn zusammenzuschlagen, wenn er es noch einmal sagte – der liebeskranke Jude. Erinnern Sie sich? Ja, das Leben ist voll kleiner Ironien.«

»Hat Ihr Besuch etwas mit meiner mißlichen Lage zu tun?« forschte Gargaglia.

»Ah, Gargaglia der Praktiker, der Administrator, der Mann aus Stahl. Ein weiteres Symptom einer komplexen Persönlichkeit.« Manasse tätschelte dem Gefangenen das Knie. »Verzeihen Sie mir, falls es Ihnen scheint, als spotte ich ihrer. Es ist mein Überschwang, da ich Sie nach so langer Zeit wiedersehe, und ganz ehrlich, ich habe im Gefängnis manchmal gedacht, die Gelegenheit, unsere Bekanntschaft zu erneuern, würde sich nie mehr ergeben.«

»Genug davon«, sagte Gargaglia schroff. »Sie mögen alle Zeit der Welt für solche Neckereien haben, ich nicht. Jeden Moment kann man kommen, um mich zu erschießen.«

»Das hat keine Eile«, sagte Manasse. »Ich habe darum gebeten zu warten.«

»Dann kommen Sie also mit einem offiziellen Anliegen. Ich verlange zu erfahren, um was es sich handelt.«

»Mein Anliegen ist keineswegs offizieller Natur«, erwiderte Manasse geduldig. »Es ist nur so, daß mit dem Zusammenbruch des Faschismus mein guter Ruf wiederhergestellt ist. Plötzlich weiß jedermann, wer ich bin. Ich bat die derzeitigen Machthaber, in Ihrer Sache nichts zu unternehmen, bevor ich nicht mein Gespräch mit Ihnen beendet hätte. Sie waren

sofort einverstanden. Solange ich hier bin, können Sie sich sicher fühlen.«
Gargaglia runzelte die Stirn. »Ich weiß nicht, was Sie von mir wollen«, sagte er zögernd, »aber es wäre nicht menschlich, wenn Ihre Einstellung zu mir nicht von Rachegefühlen diktiert wäre.«
»Es wäre nicht menschlich? Wieso?« Manasse schien erstaunt; dann kam ihm plötzlich die Erleuchtung. »Ah, weil Sie es waren, der die Unterdrückungsmaßnahmen gegen die Juden veranlaßte. Ja, ja, ja. Daran habe ich gar nicht gedacht.« Sein Ton wurde plötzlich äußerst verständnisvoll. »Was hätten Sie dagegen tun können? Es war sehr wichtig für uns, das Bündnis mit den Deutschen zu pflegen, um, wie ich vermute, die Mängel unserer eigenen Streitkräfte zu verbergen. Es war unerläßlich für Sie, sich der Linie zu unterwerfen, die die Deutschen Ihnen vorschrieben, wann und auf welchem Gebiet auch immer. Falls Sie Wert darauf legen – ich persönlich verurteile Sie nicht für die plötzliche Welle des staatlich geschürten Antisemitismus oder für meine Verhaftung. Sie werden Ihre Gründe gehabt haben. Ich bin geneigt, die Gründe für Ihr Verhalten im voraus zu akzeptieren.«
Gargaglia war bemüht, sich verständig zu geben. »Gewiß, der Druck der Deutschen war beträchtlich –«
»Beträchtlich? Ich bin sicher, er war übermenschlich.«
»Es gab keinen Druck von deutscher Seite, dem wir uns nicht hätten widersetzen können. Es wäre falsch, anzunehmen, daß wir eine einzige Entscheidung unter Zwang getroffen hätten. Wir waren absolut verantwortlich für jede einzelne Aktion, die im Namen der italienischen Regierung durchgeführt wurde.«
Oh, Gargaglia war kein Narr. Er sah die Falle, die ihm gestellt war, doch er nahm an, daß ein Mann von Manasses Temperament offenherzige Ehrlichkeit höher schätzen würde als versuchte Spitzfindigkeiten.
»Mit anderen Worten, Sie sagen mir nun, daß die plötzliche

Verfolgung unserer jüdischen Bevölkerung eine ausschließlich italienische Initiative war?«
»Ja«, antwortete Gargaglia.
»Aber sind Sie aufrichtig überzeugt, daß Sie ohne das Beispiel Deutschlands auf diese Idee verfallen wären?«
»Das ist eine akademische Frage, Professor.«
»Wäre Italien je in den Krieg eingetreten, ohne ein Zeichen von seinem großen Bruder – oder sagen wir, Halbbruder?«
»Auch dies ist eine akademische Frage. Tatsache ist, daß diese Vorgänge aus bestimmten Gründen stattfanden. Es ist sinnlos, darüber zu spekulieren, was sie veranlaßte oder was hätte sein können.«
»Sinnlos, aber faszinierend«, sagte Manasse lächelnd. Eine Zeitlang musterte er Gargaglia, der hastig Geistesabwesenheit vortäuschte. Diese vier blauen Augen, deren jedes seine eigene Richtung verfolgte, waren mehr, als er ertragen konnte. Gargaglia fühlte sich in die Enge getrieben.
»Sagen Sie mir noch, nachdem Sie sich alles auf die eigene Schulter zu laden wünschen – was haben Sie gegen die Juden?« säuselte Manasse sanft.
»Die Juden? Sie sind ... verschieden.«
»Verschieden wovon?«
Gargaglia verriet seine Gereiztheit durch eine rasche Gebärde. »Das wissen Sie sehr gut.«
»Nun, ich weiß sehr gut, daß wir verschieden voneinander sind. Ein schockierender Gedanke, nicht wahr? Ein Gedanke, der Ihnen vielleicht nie gekommen ist. Wenn die Leute über ›die Juden‹ reden, sehen sie vor ihrem inneren Auge meist eine amorphe Masse, eine Menge, aber niemals eine Menge von Individuen, einen Mikrokosmos von Mängeln und Tugenden, wie sie sich im gesamten Menschengeschlecht finden.«
»Die Juden waren und sind verschieden von den Italienern.«
Gargaglias Taktik war die der Unverbindlichkeit, der einsilbigen Antworten, wo ihm dies möglich schien. Manasse behielt

bei diesem rätselhaften Gespräch die Initiative. Er allein mochte wissen, wo ihre Debatte hinführte. Gargaglia hielt sich zurück, um seine Bewegungsfreiheit möglichst lange zu wahren und um seine Reserven an Energie und Logik zu schonen.

»Auch die Italiener sind verschieden voneinander«, mutmaßte Manasse. »Und selbst wenn Sie dem absurden Traum anhängen, daß die Rasse sich seit Römertagen überhaupt nicht verändert hätte, dürfen Sie nicht vergessen, daß auch Rom selbst seine Juden hatte, und welch ein Ärgernis, verdammt, waren sie mit ihrer Hitzköpfigkeit und Hartnäckigkeit und ihrem Klagen in den Katakomben.« Er lachte knapp und lautlos über das Bild, das er entworfen hatte. »Verschiedenheit an sich ist gewiß kein Anlaß zu Verfolgung. Ich würde meinen, daß Wehrlosigkeit vielleicht ein stichhaltigerer Antrieb ist. Die Deutschen sind verschieden von den Italienern, aber nie haben die Italiener die Deutschen verfolgt. Sie waren nicht in der Lage dazu. Die Juden sind viel leichter zu verfolgen. Ist das nicht der wahre Grund – die leichte Gelegenheit? Wenn man wütend auf seine Vorgesetzten ist, brüllt man seine Frau an. Ist es nicht so? Wenn eine Nation frustriert und ohnmächtig ist, hat sie immer die Juden, an die sie sich halten kann, wie ein Mann an seine Frau. Werfen Sie doch einen Blick auf die Geschichte, und Sie werden feststellen, daß die Juden in Zeiten des Wohlstands und der nationalen Zufriedenheit meist in Ruhe gelassen werden.«

»Ich persönlich habe nichts gegen die Juden.«

»Aah –«

»Ihr Urteil über die Ursachen der Verfolgung ist äußerst bestechend. Es gibt selbstverständlich Ausnahmen.«

»Selbstverständlich. Bei den meisten Verallgemeinerungen gibt es Ausnahmen.«

»Ein Idiot müßte sein, wer nicht zugeben wollte, daß der Beitrag einzelner Juden zum Fortschritt der Menschheit« –, sagte Gargaglia –, »in keinem Verhältnis zur Größe der jüdischen

Bevölkerung steht. Einstein, Spinoza, Ehrlich; man kann ohne weiteres eine glänzende Schar von Namen aufzählen, die zur Bereicherung von Philosophie, Musik oder Wissenschaft beigetragen haben. Ich bin kein Idiot; daher erkenne ich das an. Dennoch gibt es einen Unterschied zwischen einzelnen Juden und den Juden in der Masse.«

»Wenn Juden in einer Masse sind, sind sie mehr sie selbst«, sagte Manasse. »Dasselbe gilt für die Italiener. Dies mag eine der wenigen Regeln sein, von der es keine Ausnahme gibt.«

Der Ton sanften Spotts hemmte Gargaglia, der einen Moment ins Wanken geriet. »Damals schien es mir, daß eine beschränkte Verfolgung gerechtfertigt sei, als Instrument nationaler Politik.«

»Damals?« hakte Manasse ein. »Sie denken heute nicht mehr so?«

»Ich – ich könnte mich geirrt haben.«

»Als Politiker, oder als Mensch?«

»Als Politiker.«

»Und als Mensch?«

»Als Mensch – könnte ich mich ebenfalls geirrt haben.«

Manasse lehnte sich zurück und kratzte seinen fast unsichtbaren weißen Schnurrbart mit dem Zeigefinger. »Lassen wir das Thema Juden«, sagte er. »Ich bin Jude, aber ich bin kein Zionist, kein Fanatiker. Warum? Weil ich Italiener bin, und man kann nicht beides sein, Italiener und ein zionistischer Fanatiker. Ich sprach lediglich von der Verfolgung der Juden, weil ich Verfolgung ablehne, nicht etwa, weil ich meine eigene Rasse mit unvernünftiger Leidenschaft liebte. Die Drangsalierung eines Pferdes durch einen Bauern ist auf ihre Art ebenso abscheulich wie die Drangsalierung einer Minderheit durch eine Mehrheit. Das Böse an sich sollte nicht nach Quantität, sondern nach Qualität beurteilt werden.« Manasse blickte auf den Boden. Plötzlich deutete er auf einen Spalt zwischen den Fliesen. »Sehen Sie«, sagte er. »Da ist eine Spinne. Töten Sie sie!«

»Warum?« fragte Gargaglia. »Fürchten Sie sich vor Ihr?«
»Nicht im mindesten. Sie ist ganz harmlos.«
»Warum sollte ich sie also töten?«
»Warum sollten Sie sie nicht töten?« fragte Manasse. »Sie sind stärker als sie. Es kostet nicht viel Mühe, sie zu zertreten.«
»Das ist noch kein Grund, sie zu töten!« brüllte Gargaglia unvermittelt.
»Finden Sie Gründe. Sie sind ein intelligenter Mann«, krächzte Manasse. »Die Spinne lebt in einer grausamen Welt, in einer Welt ohne Sprache, ohne Verständigung, ohne Gespräch, einer Welt der Jäger und der Gejagten, einer unsentimentalen Welt. Fragen Sie sich doch selbst: Wenn Sie die Größe einer Spinne hätten, und diese die Größe eines Menschen, würde sie zögern, Sie zu töten?«
»Nein.«
»Darum töten Sie sie.«
»Nein!«
Manasse entspannte sich. »Warum haben wir den Krieg erklärt?« sagte er leise. »Es gab keinen Grund, diese Männer zu töten. Der Gedanke, eine Spinne zu töten, stößt Sie nicht ab, Gargaglia; nur weil ich Sie aufforderte, diese eine zu töten, scheuten Sie davor zurück. Sie sahen sie harmlos herumspazieren; sie hatten Zeit nachzudenken. Von Ihrem hohen Balkon herab sahen Sie die intakten Divisionen der italienischen Armee vor sich aufmarschieren, die Bajonette blitzend in einer Sonne, die offenbar nur für Sie alleine schien. Sie sahen nur die Uniformen, nicht die Männer; und da Sie die Männer nicht sahen, sahen Sie auch nicht die Frauen, die zukünftigen Witwen, und die Kinder, die Waisen von morgen. Sie sahen die goldenen Hüllen, aber nicht das verheißene Elend, das sie enthielten. Sie hatten keine Vorstellungskraft, Gargaglia. Bei all Ihrer oberflächlichen Intelligenz, bei all Ihrer Klugheit waren Sie unverantwortlich wie ein Kind, das man mit den unbezahlbaren Schätzen einer Kathedrale spielen läßt. Ihre Schuld ist gewaltig, unermeßlich, erschreckend.«

Heftig trat Gargaglia mit dem Fuß auf die Spinne.
»Bravo!« Manasse klatschte sarkastisch in die Hände. »Welch ein Mut! Ich hatte Sie unterschätzt. Sie sind doch ein Mann von Charakter, ein Staatsmann bis zum Schluß!«
Gargaglia brach in Tränen der Demütigung aus.
»Warum weinen Sie?« fragte Manasse leise. »Gelten diese Tränen vielleicht der letzten Witwe, die Sie zu einer solchen machten?«
Gargaglia hämmerte sich mit den Fäusten auf die Knie. Sein Zorn war der eines Kindes, und dennoch flossen seine Tränen nicht aus seinem Verstand.
Manasse wurde sanft und zartfühlend. »Es ist furchtbar, auf die Entscheidung von Leuten zu warten, denen Sie weder Vertrauen noch Bewunderung entgegenbringen, nicht wahr? Sie erleben es erst ein paar Stunden; ich erlebte es drei Jahre lang. Aber ich kann Ihnen verraten, die ersten Stunden sind die schlimmsten. Ich weiß nicht, wie es Ihnen ergeht, aber ich war ein Feigling. Ich stellte mir nur vor, wie ich mich verhalten würde, wenn es zum Schlimmsten käme. Nie sah ich mich meine Beredsamkeit unter Kontrolle halten. Ich war mir immer sicher, ich würde sterben und dabei Reden halten, mich rechtfertigen vor einem Gericht von Gewehrläufen.« Er machte ein Pause. »Ich bin sicher, es ist schwerer, wenn man begabt ist. Ein einfacher Mann kann mit Würde sterben, weil ihm letzten Endes nichts anderes übrigbleibt. Würde ist ja nichts anderes als Schweigsamkeit, und was führt eher zu Schweigsamkeit als Unwissenheit? Bei uns ist es anders. Haben Sie nicht das Gefühl, Sie hätten noch so viel zu geben, so viel zu tun? Erscheint Ihnen das Leben, selbst wenn es bis an sein natürliches Ende währte, nicht fürchterlich kurz?«
»Warum quälen Sie mich?« kreischte Gargaglia. »Sind Sie nicht zufrieden, mich so zu sehen?«
Manasse zog überrascht die Augenbrauen hoch. »Solch ein Wutanfall«, sagte er, »und dabei bin ich gekommen, um Ihnen gute Nachricht zu bringen.«

Der schluchzende Gargaglia sah seinen Peiniger an, und sein Atem ging merklich langsamer. »Gute Nachricht?«
Manasse grinste gewinnend. »Sie werden nicht erschossen.«
»Nicht –?«
»Sie werden vor Gericht gestellt.«
Gargaglia gelang ein bitteres Auflachen. »In diesem Fall werde ich nicht jetzt erschossen. Später.«
»Sie werden überhaupt nicht erschossen.«
»Wie – woher wissen Sie das?«
»Weil ich Sie verteidigen werde.«
»Sie?«
Es entstand ein langes Schweigen, während Gargaglia das Gesicht des Anwalts studierte.
Plötzlich sprang Gargaglia auf. »Das also ist Ihre Rache?« schrie er. »Sie werden mich verteidigen. Sie werden mich auf solche Art verteidigen, daß ich verurteilt sein werde, noch bevor ich den Fuß in den Gerichtssaal gesetzt habe. Sie werden alle Ihre juristischen Tricks einsetzen, um klarzustellen, daß Sie nicht an meine mögliche Unschuld glauben. Nein, vielen Dank. Ich habe bessere Chancen, wenn ich mich selbst verteidige. Aber vielen Dank für Ihre Großzügigkeit!«
Manasse wartete geduldig das Ende des Ausbruchs ab. Dann sprach er mit großer Aufrichtigkeit zu der Kreatur, die nun in ihrer Wut durch die Zelle strich. »Ich bin zu stolz auf meine Laufbahn, als daß ich so handeln würde, wie Sie vermuten. Ich habe es mir zur Gewohnheit gemacht, meine Prozesse zu gewinnen. Glauben Sie, ich als menschliches Wesen könnte es ertragen, wenn meine Kollegen anfangen würden zu sagen: ›Der alte Manasse läßt nach.‹? Schon jetzt setze ich mich unfreundlichen Kommentaren von einigen meiner besten Freunde aus, indem ich diesen Fall übernehme. Glauben Sie, es fällt einem Juden leicht, seinen Verfolger zu verteidigen? Welche Motive werden die Leute womöglich meiner Entscheidung unterstellen? Sie wissen, ich bin anders. Es ist mir wirklich

egal, ob sie mich für verrückt halten, aber ich könnte es nicht ertragen, wenn man mich als unfähig ansähe.«
Gargaglia hielt inne in seinem Umherlaufen und hörte zu.
»Die Wahrheit ist, daß Gerechtigkeit mich nie so sehr interessierte wie die Toleranz. Ich habe immer verteidigt, falls Sie sich erinnern, und niemals angeklagt. Ich bin von meiner Veranlagung her unfähig anzuklagen. Dafür braucht ein Mann ein hochentwickeltes Gerechtigkeitsgefühl. Ich bin dafür zu emotional. Ich glaube, daß das Recht in allen Ländern ein viel zu grobes Werkzeug ist, um wirkliche Gerechtigkeit herzustellen. Ich hasse das Recht als die kalte, fühllose, unmenschliche Institution, die es ist, immer nur Schwarz und Weiß und ohne Raum für die unendlichen Schattierungen in Grau, die menschliches Verhalten motivieren und gute Menschen dazu bringen, böse Taten zu begehen, und intelligente Menschen zu unglaublicher Dummheit treiben. Aus diesem Grund habe ich oft einen Mann verteidigt, von dem ich wußte, daß er ein Verbrecher war, und ihm mit meiner Begabung die Freiheit geschenkt. Als Jurist bin ich schlecht, aber brillant. Es ist mir gleichgültig, solange ich mir die Qualitäten bewahre, die ich als Mensch besitze, der unter Menschen lebt. Das ist das einzig Wichtige für mich.«
Es herrschte Stille in der Zelle.
»Wenn Sie wollen, werde ich Sie freibekommen.«
»Warum?« fragte Gargaglia betäubt.
Manasse lächelte. »Es gibt noch Hoffnung für Sie«, sagte er. »Einen Augenblick fürchtete ich, Sie würden mich fragen, ›wie‹, und nicht, ›warum‹.«
Manasse erhob sich. »Ich bin gekommen«, fuhr er fort, »um zu sehen, ob Sie verletzlich wären, ob Sie menschlich wären, ob Sie leiden könnten, und ich bin befriedigt. Sie kauerten in einer Ecke, als ich eintrat. Sie hatten Angst. Das war ein gutes Zeichen. Sie versuchten, Ihre Taten zu rechtfertigen, und fanden es unmöglich. Sie haben ein Gewissen, das wieder anfangen wird zu funktionieren, langsam und mühselig, wie ein

Kind laufen lernt. Sie weinten, und es geschah nicht nur aus Erschöpfung. Sie sind besserungsfähig, und insofern haben Sie meinen Glauben an die Menschheit ein wenig bestätigt. In diesen Zeiten brauche ich wenigstens jeden Tag eine Bestätigung, bis auch ich anfangen kann, Güte wieder für selbstverständlich zu halten.«

Manasse bewegte sich zur Tür. »Wollen Sie, daß ich Sie verteidige?«

Gargaglia blickte auf den Boden. »Warum machen Sie sich die Mühe?« flüsterte er.

»Warum?« antwortete Manasse. Seine blauen Augen waren jetzt kalt und klar und völlig gefühllos. »Weil es die furchtbarste Rache ist, die ich mir vorstellen konnte – Sie erfolgreich zu verteidigen, und kostenlos.«

Die Zelle war leer. Gargaglia sah sein Leben vor sich ausgebreitet, bis ins Unendliche, jeder Tag eine Zelle, so leer wie diese, in der er sich befand. Er sank auf die Knie, nicht um zu beten, sondern weil das Gewicht seiner Demütigung ihn niederdrückte. Er versuchte wieder zu weinen, aber es waren ihm keine Tränen geblieben. In diesem Moment hätte er jedem Befehl gehorcht, von jedem. Die Salve des Hinrichtungskommandos wäre ein menschenfreundlicher Akt gewesen; aber andererseits ist das Leben häufig grausamer als der Tod, denn es ist reich an Zeit, der Tod nur reich an Schweigen.

Die Einsamkeit von Billiwoonga

Europa besetzt den gleichen Platz im Herzen mancher Europäer wie eine Schule. Geliebt und gleichzeitig gehaßt. Seine Gewohnheiten sind unersetzbar, seine Geheimnisse und verborgenen Freuden können in anderen, offeneren Gegenden nicht in vergleichbarer Art entstehen, und doch scheinen seine strengen Regeln auf festen Fundamenten der Bigotterie erbaut und seine Handlungsweisen einer uralten Dummheit zu gehorchen. Alle zwanzig Jahre etwa, auf einen Trompetenstoß hin, der so beiläufig ertönt wie das Schlagen einer Uhr, will es der Brauch, daß gesunde Männer zum Bahnhof ziehen und dann, inmitten eines Meeres trauriger weißer Taschentücher und beim Schmettern martialischer Musik aus krächzenden Lautsprechern, zur Grenze aufbrechen. Welche Grenze? Jede Grenze, denn sie wechseln wie die Gezeiten; Politiker nennen sie historisch, Generale nennen sie strategisch, einfache Menschen nennen sie ein verdammtes Ärgernis.
Jiři Polovička war es leid. Er war es 1939 leid gewesen, und jetzt war er es erst recht. Geboren 1904 als Sohn eines tschechischen Vaters und einer slowakischen Mutter, hatte er sich nach Ende des Ersten Weltkriegs als ungarischer Staatsbürger wiedergefunden – aus keinem anderen Grund als jenem, daß sein Vater sich auf der falschen Seite eines Flusses niedergelassen hatte. Schließlich beschloß der alte Herr Polovička, in sein Mutterland zurückzukehren, denn Minderheiten haben ihre Probleme in Mitteleuropa. Von dem Wunsch geleitet, sich so weit von Ungarn zu entfernen, wie es die etwas sonderbare

Geographie der Tschechoslowakei erlaubte, eröffnete er ein kleines Lebensmittelgeschäft in Teschen, einer Bergwerkstadt an der polnischen Grenze. Das Leben war relativ ruhig, bis zu den Unruhen der späten Dreißiger, als die ganze Familie Polovička über Nacht polnisch wurde. Da ihr ganzes Kapital in der fraglichen Stadt investiert war, war es ihnen wirtschaftlich unmöglich, erneut auszuwandern. Was Patrioten auch immer sagen mögen bei der Enthüllung von Statuen – die Drohung des Hungers ist ein stärkeres Argument als abstrakte Gefühle der Zugehörigkeit. Alsbald hatte Hitler ohnehin all diese höheren Gefühle zu einem Unfug gemacht, und Jiři war noch keine zwei Tage in der polnischen Armee gewesen, als er sich schon als Kriegsgefangener inmitten von Leuten wiederfand, deren Sprache er nur mühsam verstand, und wo er reichliche Unannehmlichkeiten unter der Willkür der Herrenrasse auszustehen hatte.

Ein Arbeitseinsatz zum Kartoffelbuddeln für einen freundlichen schlesischen Bauern wurde durch das Angebot unterbrochen, in eine böhmisch-mährische Brigade einzutreten, dazu bestimmt, die Lücken der Ostfront aufzufüllen, wenn die Stunde dazu käme. Als er dieses Angebot mit großer Höflichkeit ablehnte, faßte die deutsche Regierung dies als persönlichen Affront auf, und Jiři wurde auf einen Besuch nach Ravensburg geschickt, der nach nur sechs Monaten endete, als er nach Auschwitz überstellt wurde. Die Gestapo gab ihm zu verstehen, daß sie seine Maskerade als Pole für einen vorsätzlichen Täuschungsversuch ansah, und erklärte, daß er als Tscheche nunmehr unter dem Protektorat des Reiches stünde und seine Meldung bei einem ausländischen Heer nichts anderes gewesen sei als Verrat.

Zu seinem Glück brauchte man mehrere Jahre, um das genaue Ausmaß seines Verrats zu bestimmen, und so überlebte er, mehrfach verlegt von einem Lager in das nächste. Die Russen waren es schließlich, die ihn befreiten, und wieder verbrachte er einige Zeit in einem Lager und beantwortete

endlose Fragen mit dem letzten Rest seiner erschöpften Kräfte. Sie hatten Mühe, zu entscheiden, ob er nun Pole, Ungar oder Tscheche sei, und reagierten skeptisch auf alles, was er ihnen erzählte. Schließlich gaben sie es auf, und Ende 1946 kehrte er heim in eine graue, unruhige Tschechoslowakei.
Sein Vater war spurlos verschwunden; ebenso seine Mutter. Der Laden war nicht mehr da. Er war zweiundvierzig Jahre alt und fühlte sich wie eine Waise, aller Gefühle beraubt, hart, leer, ohne die nötige Kraft zum Selbstmord. Selbstmitleid wäre unter solchen Umständen lächerlich gewesen. Der Winterschlaf hatte zu lange gedauert, die Wunde war zu tief, zu scharf. Er wollte sich endlich frei bewegen, seine Beine gebrauchen, wieder bewußt atmen – ein, aus, ein, aus.
Einige Zeit arbeitete er als Nachtwächter in einer Wurstfabrik. An Einsamkeit war er gewöhnt; ohne sie fühlte er sich sogar verloren. Doch die Freiheit war ihm noch ungewohnt, und er kochte sich jede Nacht einen scheußlichen Kaffee, und jede Nacht schien es ihm eine Art Wunder, daß so etwas möglich sei: Kaffee zu wollen und ihn sich machen zu können. Dies waren die Nächte des langsamen Auftauens. Allmählich wagte er zu denken. Irgendwann wagte er sogar zu zweifeln. Es war wie die langsame, schmerzhafte Genesung nach einem Unfall, einem Unfall des Gemüts.

Eines Tages, als er bereit war, zog er Bilanz. Er glaubte einen entfernten Vetter in Amerika zu haben. Amerika – die Symphonie *Aus der Neuen Welt*, Dvořak –, wo Tschechen nach der Verfassung Tschechen sein durften. Bei genauerer Betrachtung war es ihm gleich, ob er Tscheche war oder nicht. Er wollte nur leben und vielleicht einen Grund dafür finden, kein Pessimist zu sein. Er sehnte sich nach einem Ort völlig ohne Traditionen, nach einem Ausbruch aus dem Tollhaus Mitteleuropa.
Eine zufällig bei der Arbeit aufgeschnappte Bemerkung brachte ihn auf die Idee mit Australien. Es gab eine Landkarte

an der Wand im Büro des Direktors, übersät mit kleinen Fähnchen, die solche Gebiete kennzeichneten, wo die Würste sich gut verkauften.
Bulgarien schien ausschließlich von Wurst zu leben, falls man der Landkarte trauen konnte. Ungarn machte eher seine eigenen Würste, aber Griechenland und die Türkei mußten überraschend gute Absatzmärkte sein. Unten rechts, in eine Ecke gequetscht, lag Australien, jungfräuliches Land, ohne tschechische Wurst innerhalb seiner Grenzen, geheimnisvoll und weit entfernt von dem Alptraum. In seiner Mitte schien es meilenweit keine Stadt zu geben. Dies war der Platz für ihn. Nachts pflegte er im Büro des Direktors zu sitzen, diese riesige Insel auf der Landkarte anzustarren und sich die Gegend im Innern vorzustellen, unerschlossen, brach. Dort, wo es keine Menschen gab, würde es auch keine Unmenschlichkeit geben.
Eines Tages wußte er instinktiv, daß der Augenblick für die große Wanderung gekommen war. Es wäre unnatürlich gewesen, hätte er nach seinen Erfahrungen nicht ein Gefühl für drohende Katastrophen entwickelt, und jetzt erkannte er, daß es keine Zeit zu verlieren gab. Vier Tage nachdem er die österreichische Grenze überschritten hatte, kamen die Kommunisten in der Tschechoslowakei an die Macht, und wieder traten Parolen an die Stelle von Gesprächen.
Vom Internationalen Flüchtlingskomitee in Wien erfuhr Jiři, daß bei mehreren Wasserkraftwerken im Hochland von South New Wales dringend Arbeiter benötigt wurden. Binnen zwei Wochen befand er sich an Bord des italienischen Dampfers *Salvatore Rosa*, mit Kurs auf Suez und die Freiheit. Die See war ruhig und freundlich, und er stand an Deck, eine etwas lächerliche Erscheinung in einem unförmigen Hemd ohne Kragen, die auf das goldene Wasser starrte, als sei es ein Feuer, der passende Hintergrund für seine Phantasie. Aber er träumte gar nicht, denn er hatte nichts, wovon er träumen konnte. Er besaß keinerlei Vorstellung von dem Unbekannten. Selbst

in jenem Büro, als er die leere Landkarte anstarrte, hatte er nur an die Leere gedacht, nicht an vorstellbare Landschaften. Die Realität war zu grausam gewesen, als daß er sie je hätte ignorieren können, selbst wenn er ihr entfloh. Die Sonne hatte noch nie so heiß geschienen, und sie bewirkte eine köstliche Schläfrigkeit, ein sinnliches Gefühl des Wohlbefindens, wie Hunde es zum Ausdruck bringen, wenn sie eine besonders gemütliche Vertiefung am Boden finden und müde blinzelnd darauf warten, daß der Schlaf sie überwältigt. Jiři war glücklicher als jemals zuvor. Gleichzeitig konnte er nie seine Ärmel aufkrempeln, wegen dieser auf seinen Arm eingebrannten Nummer, einem Überbleibsel der vergangenen Nazi-Herrschaft.

Er sprach nicht mit den anderen Auswanderern. Es gab Italiener, Ungarn, Deutsche, man konnte nie wissen, wer nun wer sei. Besser, den Mund halten. Wenn er mit jemandem zusammenstieß, entschuldigte er sich unhörbar, oder wenn ein Passagier ihm eine der schweren Türen aufhielt, murmelte er tonlos seinen Dank. Am allerwenigsten wünschte er mit anderen Tschechen zusammenzutreffen und sich in all dem öden Jammer zu ergehen, dem verfrühten Heimweh schwächerer Naturen, die das Gewohnte hinter sich lassen. Er wollte allein sein.

In Aden kaufte er sich ein albernes schwarzes Kissen, sein erster Kauf seit Jahren. Aufgestickt waren, in abwechselnd irisierenden oder gelbstichigen Farben, ein schneebedeckter Berggipfel und sein Spiegelbild in einem unbestimmbaren Gewässer, ein Minarett und eine Fichte auf einem Hügel. »Souvenir aus Aden«. Er hatte angefangen, sich ein Zuhause aufzubauen.

Sydney war viel größer, als er gedacht hatte, und er war enttäuscht und verängstigt zugleich. Einsamkeit packte ihn, während sein Auge die Skyline aufnahm, sein Ohr den Verkehrslärm, das Summen industrieller Geschäftigkeit. Nun, er

blieb nicht lange dort, sondern war bald in einem großen modernen Bus unterwegs in die Stadt Billiwoonga. Seine neue Heimat war seltsam in ihrer unbekümmerten Majestät, ihrer ungeheuren grünen Weite, mit Licht und Schatten gesprenkelt, während die trächtigen Wolken in endloser Prozession von Horizont zu Horizont zogen.
Auch wenn die Landschaft unbelebt war, schien sie in dauernder Bewegung. Billiwoonga, auf der Landkarte stolz mit etwas fetteren Buchstaben markiert als manche der umliegenden Städte, erwies sich als zufällige Ansammlung von Häusern im modernen Vorortstil, die an die Wohnquartiere verheirateter Offiziere in einem entlegenen Luftwaffenstützpunkt erinnerte. Es gab eine gotische Kirche, die direkt aus einem trostlosen, nebligen Stadtteil Londons eingewandert sein konnte; ein spärliches kleines Kriegerdenkmal, mit ein paar Namen darauf, an die einige winzige Blumensträußchen in seinem Schatten erinnerten; eine Reihe von Geschäften; ein langes, flaches Gebäude, das einen schmiedeeisernen Laubengang mit geriffelten Pfosten vorzeigen konnte und sich stolz als Royal Antipodes Hotel bezeichnete; und ein sehr neues Bauwerk in zeitgenössischer Bushaltestellenbauweise, wo Exsoldaten zusammenkommen, Bier trinken, Tischtennis spielen und sich erinnern konnten. Nur die Hauptstraße war geteert, und dies auch nur etwa hundert Meter auf beiden Seiten jenseits der Stadtgrenzen.
Die Arbeit an dem geplanten Wasserkraftwerk war schwer, aber der Lohn dafür in jeder Hinsicht gut. Er war vielleicht ein bißchen alt für solche Schwerstarbeit, aber die körperliche Anstrengung ließ ihn seine Probleme vergessen, und es tat gut, aus schierer Erschöpfung einzuschlafen. Was er fürchtete, waren die Wochenenden. Hier war es nicht wie auf dem Schiff; hier gab es keine Chance, sich der Geselligkeit zu entziehen. Es gab nicht einmal die Möglichkeit, andere Tschechen zu meiden, und bald begann ihn ein irrationales Heimweh zu plagen, die Sehnsucht nach einem Land, das nur auf

unbestimmte Art seine Heimat gewesen war, und auch dies nur unter bedrückenden Umständen.
Es war ein Zusammenprall von Einsamkeiten, der ihn mit Ida zusammenbrachte. Sie war ein blondes Mädchen, hoch in den Jahren endgültiger Altjungfernschaft, die starken Tee aus nicht allzu sauberen Tassen im Café Anzac servierte, einem hölzernen Schuppen, dessen Inneres auf eine leicht verzweifelte Art fröhlich genug war, um die Trostlosigkeit draußen noch zu unterstreichen. Idas Blondheit war keine, mit der Menschen zur Welt kommen, und ihre Haut war von Puder verstopft, was eine entschlossene Gegenwehr gegen die Gleichgültigkeit der Zeit und die Roheit der Natur verriet. Ihre kräftige Adlernase und die wäßrigen blauen Augen, komisch tief eingebettet, gaben ihr das Aussehen eines deutschen, mit internationalem Hochadel entfernt verwandtem Fürsten um die Wende des neunzehnten Jahrhunderts. Andererseits, und abgesehen von ihrem Kopf und ihrer schneidend unmusikalischen Stimme, war ihr Körper voll und verschwenderisch, wie Jiři jedesmal feststellen konnte, wenn der üppige Busen über seinem Tisch bebte. Es fiel ihm immer schwerer, sich auf das karge Menü zu konzentrieren.
Sie blieb nicht unberührt von seinen Aufmerksamkeiten. Oft warf sie Blicke voll beflissener Nachlässigkeit in die Richtung dieses erbärmlichen kleinen Burschen mit Augen von der Farbe trockener Steine, der zu schüchtern war, um seine Stimme zu erheben und Tee zu bestellen. Sein Lächeln allerdings war angenehm, und ihr gefiel sein Gang, wenn er hereinkam, dieser vorgeneigte, wiegende Gang eines leichtgewichtigen Mannes von unerwarteter Körperkraft. Sein Nacken war nie erwachsen geworden. Er war jung und wehrlos und unterernährt.
Nach einer Weile wurden das kleine Lächeln, das Zögern bei der Wahl des Essens, die linkischen Späße über sein schlechtes Englisch zur Gewohnheit, und es dauerte auch nicht lange, und sie verließen das Café gemeinsam. Aus Erfahrung wußte er, wann das Lokal schloß, und folglich ging er immer später

zum Abendessen. Eines Tages fanden sie sich Seite an Seite auf dem Bürgersteig. Es war dunkel, und sie hakte sich bei ihm unter. Nach ein paar Metern küßten sie sich, beide mehr erstaunt als leidenschaftlich. Sie hatten beide die Hoffnung schon vor langer Zeit aufgegeben.

Sie lag neben ihm in ihrem schmalen Bett, und ihr ganzes Wesen war lebendig, voll Sehnsucht und warm. Als er die Augen schloß, wußte er, daß die schönste Frau der Welt die seine geworden war und er zum begehrenswertesten aller Männer. Die Illusion der Vollkommenheit hat viele Ebenen, und da sie eine Illusion ist, gehorcht sie dem Geist.

Die Verliebtheit dauerte nicht lange. Sie waren zu alt, um allzuviel Zeit damit zu verlieren, ein Quantum konventioneller Poesie aus dem Anblick des Mondes zu ziehen, in einer Nacht, die zu kalt war zum Küssen. Es war für beide zu spät im Leben, um sich gegenseitig mit vielsagenden Textstellen aus populären Schlagern zu erregen, diesen vorgefertigten Stückchen schneller Verführung, die rund um die Uhr aus dem Radio strömten, diesem Casanova der kleinen Leute. Für sie beide waren es die Augenblicke wohligen Nichtstuns vor einem Kaminfeuer, das Klirren einer Teetasse auf dem Unterteller, das Summen des Wasserkessels, das Gefühl, einander schon lange zu kennen, vielleicht schon von Jugend an, die Geborgenheit boten. Aber als Frau, und als kräftige Frau zumal, begann Ida bald jene drängenden und manchmal unheilvollen Eigenschaften zu entwickeln, die ihre Schwestern Messalina und Delila und Lady Macbeth in großzügigeren Zeiten der Geschichte so wirksam eingesetzt hatten. Obwohl sie und Jiři noch vor kurzem, und gezwungenermaßen, mit dem bloßen Überleben zufrieden gewesen waren, nahm Ida ihr neu gefundenes Glück viel rascher, als er es wagte, für selbstverständlich und begann ihm einzureden, daß die Arbeit an dem Wasserkraftwerk unter seiner Würde sei.

»Aber Geld gut«, wandte er dann ein, »sechzig australische Pfund pro Woche!«

»Du bist was Besseres als ein einfacher Arbeiter«, lautete ihre Antwort, die sie stets mit absurder, doch gefährlicher Leidenschaft vorbrachte. »Du hast Klasse. Sieh dir deine sensiblen Hände an. Willst du dein Leben in diesem lausigen Tunnel verbringen, jetzt, wo du mich gefunden hast? Erst letzten Freitag flog wieder ein Itaker in die Luft, netter Junge, mit wunderbarer Singstimme. Kein Wunder, daß das Geld gut ist – die Arbeit ist gefährlich. Nein, Georgie, du hast jetzt Verantwortung, und es ist Zeit, daß du dein eigener Herr wirst.«
Was meinte sie damit? Er starrte seine Hände an und sah dort nichts besonders Sensibles – zehn spachtelförmige Finger, die in rissigen Nägeln endeten. Er durfte nicht vergessen, sie zu reinigen. Ohne Gegenargumente konnte er nur wiederholen: »Geld gut.«
»Hör zu«, sagte sie leise, indem sie ihre weibliche Taktik mit der Grazie einer Lokomotive änderte, »du kennst doch Aldo Zenoni. Er arbeitete damals auch zuerst im Tunnel, wie alle anderen neuaustralischen Jungs. Dann fing er an, zerrissene Arbeitsklamotten zu flicken. Alle kamen sie zu ihm. Er machte gute Arbeit, weißt du. Dann heiratete er eines Tages eine Irin, ein Mädchen aus dieser Stadt. Sie gab ihm das Selbstvertrauen, das ihm fehlte. Das ist's, wozu Frauen da sind. Er verließ den Tunnel und eröffnete ein Geschäft. Jetzt besitzt er das Venezia-Herren-und-Damen-Bekleidungsgeschäft in Billiwoonga, mit einer Filiale in Canberra, die Pullover an die Botschaften verkauft.«
»Ja, das ist ein Einzelfall«, erwiderte Jiři kläglich.
»Ein Einzelfall? Hast du diese dreiachsigen Lastwagen rumfahren sehen, mit dem Namen dieses Mannes an der Tür, diese Polen, dessen Namen niemand aussprechen kann? Der größte Fuhrunternehmer weit und breit. Wie hat er angefangen? Im Tunnel. Hielt die Augen offen. Merkte, daß es einen Mangel an Transportmöglichkeiten gab. Fing mit einem Vorkriegskarren an. Jetzt hat er dreißig, funkelnagelneu. Oder nimm die Deutschen. Sie halten zusammen wie die Juden. Alt-Hei-

delberger Likörfabrik, Ottos Delikatessenladen, K.K.'s Chemische Reinigung, die neue Garage an der Ecke River Street und Imperial Way, die mit Volkswagen handelt – alles gehört Deutschen, und die Besitzer kamen zuerst alle hierher, um im Tunnel zu arbeiten. Nur die Hoffnungslosen bleiben bei der Arbeit in den Bergen. Weil sie gutes Geld machen. Aber was tun sie damit? Sie kommen am Wochenende herunter, mit fünfzig, sechzig, siebzig Pfund in der Tasche, und sie suchen nach Frauen. Es gibt keine. Hier in Billiwoonga kommen zehn Männer auf eine Frau. Du hast Glück, mich gefunden zu haben, hast du wirklich. Dann beschickern sie sich, fangen an zu prügeln und kehren montags total pleite in den Tunnel zurück. Ich sage dir, Georgie, diese Idioten aus dem Tunnel haben 'ne Menge Geld auszugeben. Das ist der Grund, warum die hellen Köppe in der Stadt bleiben und ein Geschäft aufmachen. Denn das bringt Wohlstand, wenn man 'ne Menge Männer hat, die Taschen voll Geld und nichts, um es auszugeben.«

Darauf gab es keine Antwort. Es war die Wahrheit.

Eines Tages fügte sie ihrer langen Liste von Versuchungen eine sonderbare Fußnote an und sagte: »Ich muß dich mit den Deutschen zusammenbringen, die arbeiten am härtesten.«

Jiři war bereits mit den Deutschen zusammengetroffen und hatte nicht das Bedürfnis, die Erfahrung zu wiederholen, doch als er den Mund aufmachte, hörte sie nicht mehr zu. Sie hatte eine Freundin, etwas jünger als sie selbst, aber genauso reizlos, ein Mädchen, das sich ebenfalls in die fernen Provinzen gewagt hatte, unbewußt auf der Suche nach Männern mit weniger anspruchsvollem Geschmack. Diese Person, sie hieß Floss, hatte einen aus der deutschen Kolonie von Billiwoonga geheiratet, einen Herrn Willi Schumacher, jetzt Mr. Bill Shoemaker, ein unternehmungslustiger Einwanderer, der eine Radioreparaturwerkstatt eröffnet hatte, wozu noch ein Sportartikelgeschäft kam, und sogar eine kleine Fabrik, die kohlensäurehaltige Getränke produzierte.

Die ehrgeizige Ida hatte ihre Freundin Floss schon lange beschwatzt und es sogar geschafft, die mißtrauische Abwehr Bill Shoemakers zu überwinden. Ihre Idee war ein Restaurant, das von Jiři und ihr auf partnerschaftlicher Basis mit den Shoemakers betrieben werden sollte.

»Ich hab' keine Lust, meine Nase in ein Geschäft zu stecken, von dem ich nichts verstehe«, sagte Bill mit seinem seltsamen Akzent, halb australisch, halb norddeutsch.

»Hast du etwas vom Radioreparieren verstanden, als du damit anfingst?« fragte Ida mit ihrem gewohnten Feuer.

»Ich verstand es, ein Radio irgendwie auseinanderzunehmen und wieder zusammenzubauen.«

»Hast du was verstanden von Jagdflinten und Scrabble-Spielen und Plastikbooten?«

»Von Gewehren, ja.«

»Und hast du etwas verstanden von prickelnden Limonaden und all diesen lausigen Drinks, die du unter die Leute bringst? Nun, ich allerdings verstehe etwas von Gastronomie, und was Georgie betrifft, arbeitete er in einer Wurstfabrik, drüben in der Tschechoslowakei, wo er herstammt. Wir haben ein syrisches Café in Billiwoonga, ein jugoslawisches, ein italienisches, und kein einziges deutsches, obwohl ihr Deutschen die größte Gruppe von Neu-Australiern in der Stadt seid. Eine Schande nenne ich das.«

»Was für eine Frau!« rief Bill kichernd, während Floss ihre Freundin mit mehr als einer Spur von Eifersucht ansah.

Als Jiři und Ida heirateten, war Bill Trauzeuge, und der anschließende Empfang fand im frischgestrichenen Rohbau des Rhinegold Restaurant statt. Es war ein stolzer Tag, obwohl Jiři, immer wenn er Bill anschaute, überzeugt war, ihn schon einmal irgendwo gesehen zu haben. Die Erinnerung war nicht unangenehm. Im Gegenteil, Bill hatte ein recht sympathisches Gesicht, eine lange, aufwärts geschwungene Nase, strahlende blaue Augen, leicht gewelltes Haar und einen riesigen Mund, der immer zu einem Lächeln bereit war. Er hatte ein Sprichwort für jede Lebenslage parat, aber er wählte sorgsam aus seinem unerschöpflichen Schatz von Plattitüden, und seine ungeheure Schlagfertigkeit mit passenden Volksweisheiten verlieh seiner Persönlichkeit einen Stich ins Ironische, was ihn ein wenig aus der Masse der sich abrackernden Menschheit heraushob. Es war, als betrachtete und studierte er die Paradoxien des Lebens aus höherer Warte, und diese weckte Vertrauen. Jiři bewunderte einen solchen Mann.

»Ich trinke auf unsere neuen Partner, George und Ida, oder sollte ich sagen, Ida und George Pollen«, sagte Bill und hob sein Glas australischen Champagners; und mit erhobener Hand das begeisterte Beifallklatschen dämpfend, fuhr er fort: »Ich begrüße die Tatsache, daß Billiwoonga, das zur Heimat für so viele von uns geworden ist, endlich ein echtes deutsch-tschechisch-mitteleuropäisches Restaurant von gehobenem Niveau haben wird, wo ihr am Abend zusammenkommen und Bratwurst, Königsberger Klopse, Kasseler Rippenspeer und all die anderen Köstlichkeiten genießen könnt, an die wir uns liebevoll aus unseren Heimatstädten erinnern. Wir werden euch Qualität zu angemessenem Preis bieten, dazu Service mit einem Lächeln, und ich weiß zuversichtlich, daß ihr unsere treuen Gäste sein werdet. Und jetzt fordere ich Mr. Victor Ludlow auf, einen Toast auf die Jungvermählten auszubringen.«

Mr. Victor Ludlow, der als Witold Lumbomirski aus Lwów in Sidney angekommen war, hielt eine wortreiche Rede auf Mr. und Mrs. George Pollen und schilderte sie als Symbole des neuen Australien, das im Begriff sei, sich wie ein Phönix aus der verzweifelten Feuersbrunst Europas zu erheben, und dann wurden ausgiebig Photos geschossen, von einem Mr. Bernie Peters, der als Bratislav Petrosevic in Zagreb zur Welt gekommen war. Ida fand es ungeheuer romantisch, als Einwanderin behandelt zu werden, und spät am Abend versuchte sie einen trunkenen serbischen Volkstanz, begleitet von einem

Akkordeon, einer Querpfeife und zwei Suppenlöffeln als Kastagnetten. Tränen standen in manchen Augen, als die Party auseinanderging. Sie hatte ein wenig Intimität geschaffen, ein wenig Nähe, in einem Land, wo beides so auffällig fehlte.
Das Geschäft ging gut. Es konnte kaum anders sein. Die einzige Schwierigkeit bildeten die Wochenendsäufer und die Lizenzbestimmungen. Bill hatte eine Lizenz für Bier und Wein bekommen, doch der Verkauf harter Spirituosen war im Rhinegold verboten. Dennoch verschafften die Einsamen sich samstags und sonntags Zutritt und bettelten in ihren verschiedenen Sprachen um Drinks, und es war nicht immer einfach, sie abzuweisen. Nicht gegen das Gesetz zu verstoßen konnte schlecht sein für das Geschäft. Niemand, außer der Polizei, liebt einen Spielverderber. Das Rhinegold konnte sich bald eine dreiköpfige Kapelle leisten, die das Geklapper der Bestecke übertönte, wie Kapellen dies überall auf der Welt tun, indem sie jenen, die sich etwas zu sagen haben, die Unterhaltung unmöglich machen, und den anderen das Reden ersparen.
Da Montag ein freier Tag war, gingen Bill und George öfter auf die Jagd, wie feine Herrn in der Alten Welt. Und bei einem dieser Ausflüge erzählte George Bill von seinem Gefühl, daß sie einander schon mal begegnet seien.
»Komisch, daß du es sagst«, antwortete Bill. »Ich hatte dasselbe Gefühl. Warst du lange in Sydney?«
»Einen Tag.«
»Nun, ja, dann kann es dort nicht gewesen sein.«
Es entstand eine Pause, während sie den Horizont nach Enten absuchten.
»In Europa vielleicht?« spekulierte George.
»Möchte ich bezweifeln. Ich bin nicht viel herumgekommen. Kaum war der Krieg vorbei, packte ich meine Koffer und kam hierher.«
»Während des Krieges?«
»Nein. Nein, kann nicht sein. Wieso, wo warst du damals?«

»Ich? Oh.« George seufzte. »Willst du das wirklich wissen?«
»Mein Motto ist: Stell keine Fragen, dann hörst du keine Lügen.«
»Ich habe nichts zu verbergen«, sagte George. »Ich war in Auschwitz, Belsen, Dachau, Mauthausen und ein paar anderen Orten.«
»Du bist doch nicht Jude, oder?« fragte Bill und hob das Gewehr an die Schulter.
»Nein, wieso?«
»Die meisten dieser armen Schweine endeten in den Lagern, wenigstens hat man mir das erzählt.«
»Oh, nicht nur Juden.«
»Nein? Nun, ich sage ja nur, was man mir erzählt hat. Die ganze Zeit damals, da kann ich drauf verzichten. Wie Schweine haben sich alle benommen – wir, die Alliierten ... Ich will nicht daran denken.«
»Wo warst du damals?«
Bill ließ sein Gewehr sinken. »Ich? Wo glaubst du wohl? In der Wehrmacht. Sanitäter. Nach Griechenland schickten sie mich. Und Nordafrika. Die Fliegen waren schlimmer als der Feind. Dann setzte ich mich ab.«
»Wie?«
»Magengeschwüre.«
»Du hattest Magengeschwüre?«
Bill lächelte. »Nein.«
George betrachtete seinen Freund mit glühender Bewunderung. Selbst jetzt hatte er die Haltung eines Großindustriellen.
Bill sagte leise: »Man verbringt nicht die Jahre als Helfer eines Doktors, ohne selbst etwas zu lernen.«

Ein Freitag war es, als Ida verkündete, daß sie schwanger sei. Es war kaum zu glauben, und doch war Dr. Chalkburner, der als Dr. Kalkbrunner ein führender Spezialist in Szeged gewesen war, seiner Sache sicher. Wieder einmal wurde Champagner getrunken, und George leistete eine Anzahlung auf ein kleines, modernes Haus. Er kaufte auch ein amerikanisches Auto, alt, aber sehr geräumig. Sein Freund Bill schenkte ihm eine herrliche Jagdflinte, als er die Neuigkeit hörte. Während George das Geschenk sprachlos entgegennahm, zermarterte er sich das Hirn nach all den Wohltaten, die ihm je erwiesen worden waren, und versuchte sich zu erinnern, versuchte seinen Freund einzuordnen.

Das Rhinegold expandierte. Es hatte jetzt beinah dreißig Tische. Als Idas Stunde näher rückte, wurde zusätzliches Personal eingestellt. Das Niveau sank ein wenig, aber die Leute merkten es nicht. Das Lokal hatte sich als eleganter Treffpunkt in Billiwoonga etabliert.

Dann, eines Morgens, als George bereits an der Arbeit war und die Bestände aufnahm, klingelte das Telephon. Es war Dr. Chalkburner, der ihm mitteilte, daß Ida ins örtliche Krankenhaus geschafft worden sei und daß man nichts zu befürchten habe. George rief sofort Bill an. Bill sagte ihm, er solle das Lokal schließen und ihn im Krankenhaus erwarten.

»Wir können uns nicht leisten, das Restaurant nur wegen so was zu schließen«, sagte George im Wartezimmer, als Bill eintraf. »Es ist Samstag, bester Tag der Woche.«

»Hör mal, du wirst nicht jeden Tag Vater«, erwiderte Bill. »Ich erinnere mich, als der kleine John zur Welt kam, war ich beinah pleite. Ich hatte damals nur das Radiogeschäft, und wir hatten keinen so guten Start gehabt, aber ich schloß den Laden. Als ich aufbrechen wollte, um ins Krankenhaus zu gehen, kam eine Kundin. Ich habe sie abgewiesen.«

»Trotzdem – Sonnabend.«

Bill lachte freundlich. »Falls das Kind in den nächsten Minuten geboren wird, können wir das Lokal heute abend aufmachen. Mach dir keine Sorgen deshalb. Hier, ich habe eine Flasche Schnaps mitgebracht, echten deutschen Schnaps. Das ist's, was wir brauchen.« Während sie tranken, wurde George von widersprüchlichen Gefühlen überwältigt, von Freude und einer starken, unerklärlichen Sorge. Er hatte Angst um seine Frau. Alles in diesem Wartezimmer war so funktional, so alltäglich; das Wetter war unbestimmbar. Es war kaum ein passender Hintergrund für ein großes, beängstigendes Ereignis.

»Wie wirst du es nennen?« fragte Bill.

George war ihm dankbar für seinen Takt. Bill schien die Qual im Herzen seines Freundes zu verstehen, und seine Worte waren wie Trittsteine über einen Abgrund.

»Wenn es ein Mädchen ist, Ida. Wenn es ein Junge ist, Malcolm.«

»Wieso Malcolm?« fragte Bill, echt überrascht.

»Ich weiß nicht. Ist ein guter Name. So fern von den Namen, die wir kennen. Wenn ich über mein Leben nachdenke, verstehe ich nicht, wie ich in diese Situation gekommen bin – beinahe Vater, verheiratet, mit einem Auto und einem Haus und einem Geschäft. Diese Lager, das war das Ende der Welt –«

»Ja, ja«, unterbrach Bill, beinah schroff. »Aber denke jetzt nicht an so was. In diesem unserem Australien hat niemand eine Vergangenheit, jeder hat eine Zukunft. Ich möchte Europa nicht wiedersehen. Ich weiß, das Essen ist besser, die Arbeitsmoral ist besser. Er gibt mehr Unterhaltung, es gibt keine Lizenzbestimmungen, aber ich wünsche für meine Kinder eine Zukunft, die anders ist als das, was ich kannte. Bis sie einmal in meinem Alter sind, wird dies ein Ort sein, wo es sich lohnt zu leben, und Gott allein weiß, was mit Europa sein wird.«

»Ich frage mich, warum wir immer Englisch zusammen sprechen«, sagte George. »Wir sprechen beide Deutsch besser.«

Bill weigerte sich, zu Mittag nach Hause zu gehen, und während der Nachmittag verstrich und der Schnaps dahinschwand, wurde die Beziehung zwischen den beiden Männern warmherziger, als sie es je gewesen war.

»Ich weiß nicht, wie ich dir danken soll, Bill.«

»Ich brauche keinen Dank. Du bist ein guter Arbeiter, und ein guter Arbeiter ist ein guter Partner, und wenn man beides hat, ist es ein gutes Geschäft. Wir haben gute Frauen. Sie sind nicht schön, aber schöne Frauen bedeuten Schwierigkeiten. Frauen sollten gute Köchinnen sein, gute Haushälterinnen, gute Mütter, gut im Bett. Das ist alles, was ich verlange.«
»Alles gut.«
»Alles gut«, echote Bill.
Gerade in diesem Moment kam die Schwester herein und verkündete mit der beherrschten Stimme einer Stewardeß, daß es ein Junge sei. Malcolm Pollen hatte die Welt betreten, genauer gesagt, Australien.

George wollte nichts davon hören, das Restaurant zu schließen, und um sieben Uhr war es zur Dinnerzeit offen und überfüllt. Während der Abend fortschritt, kamen die üblichen Trunkenbolde herein und bettelten um Alkohol. Zwei wurden besonders unangenehm. Einer war Deutscher, der andere Tescheche. Sie schlugen auf den Tisch und drohten zu singen. Sie verlangten, die dreiköpfige Kapelle solle *Lili Marleen* spielen.
George versuchte, den einen auf tschechisch zur Vernunft zu bringen. Es half nichts. Der Tscheche fing an zu weinen und sagte, er sei so weit weg von zu Hause. Was wollte er denn? Slivovitz – zur Erinnerung. Bill kam an den Tisch. Der Deutsche fing an, Australien besoffen herunterzumachen, und verlangte Schnaps. Irgend etwas, was immer da sei.
»Gib ihnen lieber Slivovitz in einer Kaffeetasse, damit sie ruhig bleiben«, sagte Bill leise.
»Wenn wir sie bedienen, und sie fangen an, die Kneipe zu demolieren, können wir nicht die Polizei rufen. Wir haben keine Lizenz«, sagte George.
»Wir werden sagen, sie sind schon besoffen hereingekommen.«
»Okay, wenn du es sagst.«

Einen Augenblick später warf Bill von seinem Platz hinter der Registrierkasse einen Blick nach den Betrunkenen. Sie waren nicht mehr betrunken, sondern notierten verstohlen etwas auf Zettel. Er schaute zur Durchreiche und sah, daß der Kellner mit zwei Kaffeetassen auf einem Tablett losging. Er rannte zwischen den Tischen hindurch, um den Kellner abzufangen, und gerade bevor dieser bei den Betrunkenen anlangte, stieß er das Tablett zu Boden und brüllte: »Du ungeschickter Idiot, kannst du nicht aufpassen?«
George kam hinzu, als er den Lärm hörte, und sah, wie Bill sich bei den Betrunkenen entschuldigte.
»Die Tasse am Boden sicherstellen«, sagte der eine Betrunkene zu dem anderen, jetzt stocknüchtern.
Bill trampelte auf die Tassen.
George wußte sofort, daß die Betrunkenen Inspektoren von der Abteilung Einundzwanzig waren, einem sonderbaren fliegenden Kommando von *Agents provocateurs*, die von der Regierung in New South Wales eingesetzt wurden, um Gastwirte zu einem Verstoß gegen die Lizenzbestimmungen zu verführen. Sich betrunken zu stellen war eine ihrer erfolgreichsten Strategien, und man war sich nicht zu gut, Agenten verschiedener Nationalitätengruppen einzusetzen, um den Patiotismus und das Heimweh, und schlimmer noch, die Gutmütigkeit der eingewanderten Kneipenwirte auszunützen.
George konnte sich diesen Typ des Deutschen oder Tschechen gut vorstellen, der seine Heimat verließ, nur um anderswo Polizist zu werden. Für ihn war dies kaum der Sinn eines freiwilligen Exils, aber er wußte, es gab Leute auf dieser Welt, die sich außerhalb einer Uniform, oder wenigstens außerhalb der Zwangsjacke einer Autorität, verloren fühlten.
Der deutsche Inspektor wies sich brüsk aus und verlangte auf deutsch, die zerbrochene Kaffeetasse zu untersuchen. Bill wurde weiß vor Zorn. Er fing an, Beleidigungen zu brüllen, ebenfalls auf deutsch. Eine dicke Ader, verzweigt wie ein Baum, zeichnete sich ab und pochte an seiner Schläfe. Einen

Augenblick schien seine Wut in Epilepsie überzuborden. Die zwei Inspektoren brüllten zurück, und ein paar Abendgäste sprangen auf, um den Zank durch das Gewicht ihrer Meinungen zu bereichern.

George hatte Bill noch nie Deutsch sprechen, geschweige denn brüllen hören. Sanitäter? Er sah plötzlich einen Raum voll nackter Menschen, Männer und Frauen, manche von durchsichtiger Magerkeit, manche aufgebläht vor Hunger, und er roch den Verwesungsgeruch. Die Stimme trug ihn zurück in das Halbdunkel, zu den weißen Kitteln der Ärzte, dem pergamentenen Gelb nackten Fleisches, dem Blitzen von Gläsern, der Routine des Alptraums. Und dann der stämmige Dr. Tichte, der gelassen die Spritze aufzog, mit einem Wattebausch tupfte und seine plumpe Hand nach Instrumenten ausstreckte.

Husten. Husten. Einatmen. Tiefer. Schafft ihn fort. Untauglich. Eine ruhige, rationale Stimme. Und hinter ihm, in Braun und mit einer braunen Kappe, hysterisch brüllend, während eine dicke Ader, wie ein Baum, an seiner Schläfe pochte, ein anderer Mann: *Stillgestanden! Ihr Schweine! Schweine! Jüdische Rassenschänder!*

Während das Gebrüll anschwoll, wankte George in die Küche und erbrach sich auf den Boden. Jetzt erinnerte er sich an seinen Freund. Als er nach Hause kam, war das Haus leer. Ida war im Krankenhaus und überschlief Schmerz und Zufriedenheit. Er machte Licht. Es war zu hell. Er machte es wieder aus. Es war zu dunkel. Er machte das Fenster auf. Es war zu kalt. Er machte ein anderes auf und starrte in die Nacht. Er glühte vor Fieber. Er mußte seinen Partner töten. Zum Gedenken an jene, die sinnlos gestorben waren. Zuerst mußte er ihn foltern. An die hundertmal spielte er sich die Szene im Geist vor, perfektionierte sie, feilte sie aus. Auf hundert verschiedene Arten sah er Bill schreien, sich zusammenkrümmen, um Gnade flehen. Es würde keine Gnade geben. Er würde ihn mit

seinem eigenen Gewehr erschießen, mit seinem Geschenk. Das ist Ironie.
Aber warum all diese Geschenke? Warum war dieser Barbar so freundlich zu ihm gewesen? Konnte es sein, daß er eine Art Gewissen entwickelt hatte? Hatte sich Bill an ihn erinnert, als sie sich in Australien zum ersten Mal trafen? Einer von Millionen, die in Mauthausen durch seine Hände gegangen waren? Schwerlich. Doch selbst wenn er nur symbolischer Gegenstand der Reue wäre – konnte es denn sein, daß Gut und Böse nicht ausgewogen waren in diesem unseligen Herz und daß er, George Pollen, zum Werkzeug erkoren worden war, das Bill befähigen sollte, den Menschen wieder ins Gesicht zu sehen? Unsinn. Bill hatte seit langem, und ohne solche Hilfe, angenehm und kommerziell erfolgreich in Billiwoonga gelebt.
In diesem unserem Australien hat kein Mann eine Vergangenheit, jeder Mann hat eine Zukunft. Ach, wie bequem. Von den Australiern selbst wurde es so bequem gemacht. Er erinnerte sich an Gerüchte aus dem Umkreis des Internationalen Flüchtlingskomitees in Wien. Nach Amerika war schwer hineinzukommen, sogar Kanada bestand auf einer gründlichen Überprüfung, doch Australien nahm all jene, die von den anderen beiden abgelehnt wurden. Wer konnte sagen, welch giftige Saat in der Wildnis ausgestreut worden war?
Der Gedanke an Mord gab ihm Zuversicht, und er versuchte, auf dem Sofa zu schlafen. Er träumte, und sein eigener Schrei weckte ihn. Er sah auf die Uhr. Er hatte zehn Minuten geschlafen.
Ein ferner Hahn krähte, und ein Hund bellte irgendwo. Er ging hinaus in die Dunkelheit und lief. Er hatte keine Ahnung, auf welcher der Schotterstraßen er sich befand, als die Dämmerung anbrach, aber plötzlich, nach ein paar Augenblicken schiefergrauer Trostlosigkeit, explodierte eine riesige, posaunenschallende Sonne über den schwarzen Bäumen, und ein Jahrmarkt von Vögeln wurde zwischen den Ästen eingeläutet. Die Erde schien sich in ihrem leichten Schlaf herumgewälzt

zu haben, und die Nacht starb schmerzlos binnen einer Sekunde.
Fast sofort war es heiß in der Sonne, aber noch kalt im Schatten. Er starrte auf dieses seltsame Land, auf die ulkigen Felsbrocken, die durch irgendeine prähistorische Flatulenz der Erde über die Landschaft verstreut worden waren. Die sterbenden Gummibäume standen zwischen den toten, weißen, unbeerdigten Leichen, der Ernte der Schlacht. Wieder Mauthausen. Die Leichenhaufen. Er wollte sich mit den Fäusten schlagen. Das war Selbstmitleid, Überdramatisierung. Die Bäume waren nicht durch Bosheit gestorben, sondern auf Grund von Nachlässigkeit, was beinah noch schlimmer war. Man hatte sie sterben lassen; die Erlaubnis zu sterben war ihnen garantiert. Und die noch lebten, warteten nur.
Er schauderte. Das Leben war kostbar, und alles war von Bedeutung. Neben seinem Fuß baute eine Ameisenzivilisation ihr Imperium auf, Stück für Stück so wichtig wie Australien, die Tschechoslowakei, ein Mikrokosmos, aber nichtsdestoweniger eine Welt. Der Weg ihrer Mühen führte sie über einen großen Stein. Sie bauten ihr Wasserkraftwerk. Er lächelte innerlich bei der Vorstellung, und runzelte dann die Stirn, als ihm klar wurde, daß er mit einem Fuß eine ganze Kompanie von ihnen töten konnte. Er könnte es mit Leichtigkeit tun, ohne Reue, weil er sich nicht mit ihnen verständigen konnte. Ein Mann kann keine Liebe empfinden zu einer Ameise. Das Leben ist unvollkommen.
Stillgestanden! Schweine!
Er war Vater, zum ersten und zweifellos einzigen Mal im Leben, ein Vater mit Ende Vierzig. Es war ein Tag von erheblicher Bedeutung, ein Tag der Freude. Und doch stand er hier und dachte an Rache. Oh, was tun? Er hielt sich den Kopf mit beiden Händen und gähnte plötzlich. Er war müde. Wenn man am Ende ist, setzt die Natur sich durch, respektlos und spöttisch. Er wanderte zurück zur Stadt, die Hände in den Hosentaschen.

Wenn er die Partnerschaft kündigte, würde er das Haus aufgeben müssen. Aber nun war er wahrscheinlich zu alt für den Tunnel. Es würde bedeuten, wieder von vorn anzufangen. War das fair gegenüber Ida oder Malcolm? Ein neuer Gedanke kam ihm in den Sinn. Konnte er sich geirrt haben, was Bill betraf? Es war so lange her. Er hatte damals so viel Brüllen gehört. Stimmen ähneln einander. Müssen sie zwangsläufig. Stimmbänder haben ein schmaleres Spektrum als Gesichter, weniger Unterscheidungsmerkmale. In seinem Herzen wußte er, daß er sich nicht geirrt hatte.

Er würde ihm das Gewehr zurückgeben. Ausgerechnet ein Gewehr! Wie sollte er es anstellen, ohne Erklärung? Daran würde die Partnerschaft zerbrechen. Er mußte entweder alles zerstören oder alles so lassen, wie es war. Ameisen.

Zehn Minuten später war er zu Hause. Er schaute sein Haus an, etwas, wo nichts gewesen war. Durchs Fenster sah er das Kissen auf dem Sofa liegen, noch eingedrückt, wo sein Kopf gewesen war. »Souvenir aus Aden«. Damit hatte er angefangen. Er schloß die Haustür auf. Ein Kinderwagen stand in der Eingangshalle, neu und blitzend. Ein Preisschild war noch an der Achse befestigt. Er hörte hinter sich ein Geräusch. Dort vor der Tür, schwanzwedelnd und mit gespitzten Ohren, die Augen großmütig und fiebrig zugleich, stand ein roter Kelpie, einer der zahllosen streunenden Köter, die Billiwoonga verseuchten und auf der Hauptstraße den Autos nachliefen.

George hielt diese Hunde für eine Plage.

»Lauf nicht weg«, sagte er und brachte ihm eine große Mahlzeit aus der Küche.

Um elf Uhr ging er zum Restaurant, gefolgt von dem Kelpie. Kurz darauf kam Bill, verstört und unsicher.

»Es wird eine Buße von dreißig Pfund geben«, sagte er, »und vielleicht eine Anklage wegen Beleidigung. Macht nichts, wenn es mir wieder passierte, würde ich die gleiche Sprache reden zu diesen Hunden.«

»Diesen *Schweinen*«, sagte George auf deutsch.

»Ja, ja. Schweine, Schweinehunde«, erwiderte Bill geistesabwesend.
George sprach weiter deutsch. »Wie die Gestapo«, sagte er.
»Genau. Dieselbe Mentalität. Daß die australische Regierung hier so etwas erlaubt!«
»Die gibt es überall«, sagte George, immer noch auf deutsch, »die Polizei, und andere. Es ist keine Frage der Uniform, es ist eine Frage der Mentalität. Schöpfer und Zerstörer. Herren und Sklaven. Ein Angestellter kann Herr sein, ein Arbeitgeber Sklave, genau wie ein Polizist ein Mensch sein kann, und ein Mensch, von dem man es nie vermuten würde, ein Polizist. Es ist eine Frage der Mentalität.«
»Ich glaube, das hat was für sich«, murmelte Bill, und dann blickte er plötzlich mit einem gehetzten Ausdruck auf und fragte: »Wieso sprechen wir Deutsch?«
»Oh, ich weiß nicht. Macht der Gewohnheit, nehme ich an«, antwortete George.
»Macht der Gewohnheit?« Bill zwinkerte nervös und suchte Georges Gesicht. Plötzlich wurde Bill pathetisch, so groß war sein Bedürfnis, geliebt zu werden. Jede Geste war eine Bestechung – das Gewehr, der Schnaps ... Zahlungen einer Schuld nach einem Ratensystem.
»Macht der Gewohnheit. Ich bin gleich zurück. Ich gehe kurz auf die Bank.«
»Auf die Bank?«
George ließ Bill stehen, der ihm durch das Fenster des Restaurants nachschaute, und nach einem kurzen Besuch in der Bank kaufte er einen Blumenstrauß und ging ins Krankenhaus, noch immer gefolgt von dem Hund.